suhrkamp taschenbuch 645

Fritz J. Raddatz, geboren 1931 in Berlin, ist Professor für Neuere Deutsche Literaturwissenschaft an der Universität Hannover und lebt als Kulturkorrespondent der ZEIT in Hamburg. Wichtige Publikationen: *Verwerfungen. Sechs literarische Essays,* 1971; *Traditionen und Tendenzen. Materialien zur Literatur der DDR,* 1972; *Karl Marx. Eine politische Biographie,* 1975; *Heine. Ein deutsches Märchen,* 1977; *Revolte und Melancholie,* 1979; *Eros und Tod,* 1980; *Kuhauge,* 1984; *Der Wolkentrinker,* 1987; *Tucholsky. Ein Pseudonym,* 1989. Essays, Übersetzungen und Editionen.

Eine sechsköpfige Jury – Rudolf Walter Leonhardt, Hans Mayer, Rolf Michaelis, Fritz J. Raddatz, Peter Wapnewski, Dieter E. Zimmer – präsentierte 1978–1980 Woche für Woche im Wochenmagazin DIE ZEIT »Die 100 Bücher der Weltliteratur«. Diese literarische wie literaturkritische Anthologie ist hier zu einem einmaligen Band zusammengefaßt.

»Man hat uns das Lesen nicht beigebracht« – diesen Satz in vielerlei Varianten kann jeder hören, der mit jüngeren Menschen zu tun hat; ob in der Schule oder an der Universität. Literaturstudenten geben ohne Umschweife zu, noch nie einen Roman »ganz« gelesen zu haben.

Fotokopierte Exzerpte der Sekundärliteratur haben das Buch verdrängt, der Genuß des Lesens ist der informatorischen Lektüre gewichen. Lesen aber als große Wanderung durch das Unwirkliche, gerade in unserer Zeit der optischen Inflation, ist die Chance zur Besinnung, zur Selbstbegegnung. Wer sich dem Sog fremder Phantasie nie ausgesetzt hat, kann schwer eigene entwickeln; kann Bedrohungen und Zwängen der wirklichen Welt kaum Aktivität entgegensetzen, nicht einmal Toleranz.

Intellektuelle Trägheit entspricht schnell moralischer Leere. Sie ist auffüllbar – zum Beispiel mit politischem Chaos.

Fritz J. Raddatz ist auch der Herausgeber des Bandes *Die ZEIT-Bibliothek der 100 Sachbücher* (st 1074) und des Bandes *ZEITmuseum der 100 Bilder* (it 1213).

Die ZEIT-Bibliothek der 100 Bücher

Herausgegeben von Fritz J. Raddatz

Suhrkamp

Umschlagabbildung: Manfred Hamm / F.A.Z.-Magazin

suhrkamp taschenbuch 645
Erste Auflage 1980

Druck: Nomos Verlagsgesellschaft, Baden-Baden
Printed in Germany
Umschlag nach Entwürfen von
Willy Fleckhaus und Rolf Staudt

12 13 14 15 – 05 04 03

Vorbemerkung

»Man hat uns das Lesen nicht beigebracht« – diesen Satz in vielerlei Varianten kann jeder hören, der mit jüngeren Menschen zu tun hat; ob in der Schule oder an der Universität. Literaturstudenten geben ohne Umschweife zu, noch nie einen Roman »ganz« gelesen zu haben. Photokopierte Exzerpte der Sekundärliteratur haben das Buch verdrängt, der Genuß des Lesens ist der informatorischen Lektüre gewichen. Wallraff über *Bild* wird verschlungen, aber das »Paper« eines Germanistikstudenten im fünften Semester heißt »Nathan, der Waise«. Die jüngste und bisher umfassendste Studie zum Leseverhalten nennt auch prompt Nachschlagewerke an erster Stelle: 46 Prozent der Bevölkerung machen von ihnen Gebrauch. Dann folgen Kochbücher, berufsbezogene Fachbücher, Schulbücher, Gesundheitsratgeber, Bastelbücher und so fort. Schöne Literatur erscheint zum erstenmal auf Platz 10: Krimis. Aber moderne Literatur, möglicherweise mit einigem literarischen Anspruch, erreicht auf Platz 19 nur noch 11 Prozent der Bevölkerung, Lyrik und klassische Literatur, auf den Plätzen 31 und 32, nur je 6 Prozent.

Lesen aber als die große Wanderung durch das Unwirkliche, gerade in unserer Zeit der optischen Inflation, ist die Chance zur Besinnung, zur Selbstbegegnung. Wer sich dem Sog fremder Phantasie nie ausgesetzt hat, kann sehr schwer eigene entwickeln; kann Bedrohungen und Zwängen der wirklichen Welt kaum Aktivität entgegensetzen, nicht einmal Toleranz. Denn wer Muße nicht kennengelernt hat, bleibt ohne Initiative. Der Mensch, der nicht träumt, wird wahnsinnig. Eine Gesellschaft, die den Traum wegfiltert, ist anfällig dem Wahn. »Der Schlaf der Vernunft gebiert Ungeheuer«, heißt eines der eindrucksvollsten von Goyas Capriccios. Intellektueller Trägheit entspricht schnell moralische Leere. Sie ist auffüllbar – zum Beispiel mit politischem Chaos.

Lesen kann man lernen. Immer und immer wieder – ob in Leserbriefen, Fernsehdiskussionen oder Seminaren – wird die Frage vorgetragen: »Wie orientiere ich mich angesichts der Bücherflut – wie bekomme ich einen Zugang zur Literatur, wo fange ich an?«; Lehrer, Schüler (ganze Schulklassen) und Lesehungrige aus allen Bevölkerungsschichten suchen offenbar nach einer Orientierungshilfe, die systematischer erarbeitet ist als es beispielsweise der normale Rezensionsbetrieb einer Zeitung – aller Zeitungen – leisten kann. Modell-Lesebücher – von Hugo von Hofmannsthal bis zu Stephan Hermlin – sind immer wieder konzipiert worden, haben immer wieder auf konstruktive Weise versucht, die Frage zu lösen, was eigentlich die Schule an Literatur vermitteln kann. Es scheint allerdings, daß dieses ein so elegantes wie beliebiges Spiel ist, abhängig von Interessen und Bildung des jeweiligen Modellbauers. Es ließen sich mühelos Gegenkonzepte oder sehr subjektive Alternativen anbieten, wie es Hubert Fichte, Heinrich Böll und Alfred Andersch in der Reihe »Mein Lesebuch« taten. Ob Schülern und Studenten mit einem solchen Angebot geholfen ist, scheint eher fraglich.

Zuvor muß nämlich stattfinden, was man »lesen lernen« nennen könnte. Zwei Beispiele aus der Praxis: Nach einer Vorlesungsankündigung kam ein Germanistik-Student, der kurz vor dem Examen stand, und sagte, daß er außer der jüngst erschienenen Serie in der Illustrierten *stern* von Exilliteratur in seinem Leben noch nie etwas gehört habe – was eigentlich der Name Hasenclever bedeute. Die andere Erfahrung ist die intensivere, kompliziertere. In einem Seminar über deutsche Gegenwartsliteratur stellte sich heraus, daß kaum einer der rund 60 Studenten überhaupt einen der behandelten Texte wirklich gelesen hatte; wenn, dann war es allenfalls ein Komilitone, der ein Referat zu erarbeiten hatte. Keiner der anderen Studenten hatte etwa eines der Bücher gelesen, über das die Referate gingen. Fragen betrafen eher die Sekundärliteratur als die Texte selber. Die Summe lautete: »Wir wissen nicht, wie man liest.«

Hier liegt das Problem, von dem zu reden ist: lesen lernen. Es geht nicht einmal in erster Linie darum, welcher und wieviel Stoff auf der Schule vermittelt wird. Die Debatten über diese Pläne füllen inzwischen alle Feuilletonspalten und viele Bücher. Es geht vielmehr darum – und dieses Problem ist offenbar bisher weitgehend unerörtert geblieben –, daß Literatur einen Sensibilisierungsprozeß in Gang setzt. Wer sich nicht dem sinnlichen Appell eines Gedichts je ausgesetzt hat, dem werden bestimmte Erfahrungsbereiche, Erlebnismöglichkeiten seiner gesamten Umwelt verschlossen bleiben. Lesen, das heißt nicht sich bilden, sondern es heißt vor allem, seine gesamte Aufnahmeapparatur verändern. Der Weg von diesem sinnlichen Appell bis zu einer moralischen Appellierfähigkeit, einer politischen Teilhabe am gesellschaftlichen Leben, ist lang; aber er beginnt mit der ersten Lektüre von Literatur. Wem man diesen Beginn verschlüsselt oder gar versagt hat, der ist in Wahrheit nicht imstande, auch nur Zeitung zu lesen. Dies ist keineswegs eine überzogene Metapher. Ein Lehrer einer Sonderschule erzählte, daß er im Gegenwartskundeunterricht mit seinen 15- bis 17jährigen Schülern versucht, jede Woche eine Nachricht, die die Schüler aus der Tagespresse ausgewählt haben, zu diskutieren. Das Ergebnis war nicht nur, daß sämtliche Schüler lediglich Belege aus der *Bild*-Zeitung brachten, sondern vor allem, daß sie unter zu diskutierender Nachricht die üblichen *Bild*-Zeilen verstanden, wer wen erschlagen, beraubt oder geheiratet hat. Der Begriff Nachricht war total ungeläufig. Diese Schüler konnten über Nachricht nicht reflektieren, weil sie die Nachricht tatsächlich überhaupt nicht sahen. Sie hatten nie lesen gelernt.

Aber jeder Text wird auf seine Weise Zugang zu einer anderen Dimension der Welt, in die sie hineinwachsen, erschließen. Kein Text, auch keine Textanthologie, wie hervorragend zusammengestellt immer sie sein mag, wird in sich Schlüssel oder gar Modell sein können. Aber er kann wecken, was an Lust, Neugier, Abwehrreaktion, Differenzierungsvermögen im Menschen latent vorhanden ist. *Das* ist die Funktion von Literatur – nicht etwa, als Maß und Elle für etwas genommen zu werden, das es nun zu beurteilen gilt. Literatur so zu verstehen, wäre ein profundes Mißverständnis, vor dem man nicht rechtzeitig und frühzeitig genug warnen kann.

Literatur ist nicht Lebenshilfe. Daß eine bestimmte Literatur dieses Mißverständnis selber unentwegt formuliert und verfestigt, sich gleichsam selber zum bloßen Anzeiger von Klassenverhältnissen oder Produktionsmechanismen macht, verwirrt eher. In diesem Sinn darf Literatur weder begriffen noch eingesetzt werden. Sie kann gerade bei jungen Menschen nicht mehr und nicht weniger sein als ein Angebot, nämlich die eigenen Kompliziertheiten besser zu verstehen. Je deutlicher die erkannt sind, desto deutlicher sind die unserer Welt durchschaubar.

Das war der Impuls für die Feuilleton-Redaktion der ZEIT, die nach Umfrageergebnissen von allen deutschen überregionalen Zeitungen und Zeitschriften das jüngste Publikum hat, eine Initiative besonderer Art zu versuchen: eine ZEIT-Bibliothek der 100 Bücher. Diese Unternehmung verbindet das Spielerische mit dem Seriösen, leugnet weder eine unvermeidbare Willkürlichkeit noch die sehr ernste pädagogische Absicht.
Geht das überhaupt – aus dem uferlosen Ozean der Weltliteratur eine so begrenzte Auswahl zu treffen? Hieße das nicht, mit dem Sieb zu schöpfen? Welche zeitliche, welche nationale Beschränkung kann einen Sinn geben? Und welches Genre? Wie kann man aus der doch gewiß vierstelligen Zahl guter und lesenswerter Bücher einhundert auswählen, die aus der Geschichte unserer literarischen Zivilisation schwer wegzudenken sind, Wirkung hatten, Traditionen des Denkens und Sehens bildeten?
Die Zusammensetzung der Jury – Rudolf Walter Leonhardt, Hans Mayer, Rolf Michaelis, Fritz J. Raddatz, Peter Wapnewski, Dieter E. Zimmer – bietet einigermaßen Gewähr für »Spielregeln«, die den Leser mit Spaß und Gewinn teilhaben lassen – und, hoffentlich, auch mit viel Widerspruch.

- Es gibt keine zeitliche Begrenzung (die Bibel kommt vor wie Günter Grass).
- Es gibt kein verspieltes Bildungsgärtlein (Lautréamont kommt nicht vor noch Saint-John Perse).
- Es gibt keine nationalen Schranken (Andersen taucht auf und Zola).
- Es gibt von jedem Autor nur ein Buch (zwei Ausnahmen wurden bei der deutschen Literatur gemacht).
- Es gibt keine Dramen, keine Gedichte und kein »Sachbuch« – angeboten wird eine Bibliothek der erzählenden Literatur.

Das will begründet sein. Man kennt die Anekdote vom Studenten Oscar Wilde, der im griechischen Examen Matthäus vorlas, mit einem »es ist genug« unterbrochen wurde, weiterlas, wieder unterbrochen wurde und darauf sagte, »bitte unterbrechen Sie mich nicht, ich will wissen, wie es weitergeht«. Das ist der Ursprung allen Lesens: Man will wissen, wie es weitergeht. Von der ersten mündlichen Überlieferung, ob Sage, Epos oder Märchen, bis zum Kunstbau eines Marcel Proust oder

Franz Kafka – der Impuls der Neugier galt eh und je dem erzählten, dem erzählenden Wort.
Die Entscheidung, eine solche Liste auf erzählende Literatur zu beschränken, hat aber – das sei zugegeben – nicht nur »litaratur-theoretische«, sondern auch sehr praktische Gründe: Da mit dieser Bibliothek ja eben nicht eine (selbst)gefällige Vorführung von Experten-Belesenheit veranstaltet werden, sondern das Gesetz des Handhabbaren walten soll, mußte Gedicht und Drama unberücksichtigt bleiben. *Ein* Drama von Shakespeare? *Alle* Stücke von Brecht? Welches Gedicht von Celan? Stücke bedürfen der Realisierung auf der Bühne – man *kann* sie lesen, aber man *soll* sie sehen. Einzelne Gedichte – nur in seltenen Fällen gibt es Gedichtsammlungen, die der Autor selber zusammengestellt hat – bieten einen Schwierigkeitsgrad an Verschlüsselung und notwendiger Interpretation, der dem pädagogischen Ziel unseres Versuchs entgegensteht. Doch weil wir keine Gesetze errichtet, sondern Spielregeln aufgestellt haben, wurden sie auch durchbrochen (oder sehr weit gefaßt): Die »Bekenntnisse« des Augustinus sind zu finden und Heines »Wintermärchen« und Ernst Blochs »Spuren« auch; beweise einer mal, das seien nicht Werke erzählerischer Struktur . . .
Krimi wird nun nicht geboten, es sei denn, man hielte Dostojewskijs »Dämonen« für einen. Spaß gewiß; Spaß am Lesen und zum Lesen – und Spaß zum Kritisieren. Denn die Geschichte der Literatur ist eine Geschichte der Irrtümer und Ungerechtigkeiten – ob André Gide als Lektor des Verlagshauses Gallimard Proust ablehnte oder Willi Bredel als Redakteur der Exil-Zeitschrift *Das Wort* Walter Benjamin seinen Essay »Das Kunstwerk im Zeitalter der technischen Reproduzierbarkeit« zurücksandte. Auch diese Jury wird so manches »zurückgesandt« haben. Genet und keinen Ovid? Das Spiel beginnt. *Rien ne va plus.*

Das Spiel beginnt. *Rien ne va plus.* Damit endete die Vorstellung einer so ernsten wie gleichzeitig leichtsinnigen Unternehmung: Die »ZEIT-Bibliothek der 100 Bücher«. Wir hatten versucht, den Lesern die pädagogische Absicht zu verdeutlichen, durch diesen Versuch in größerem Maßstab vornehmlich junge Menschen wieder zum Lesen zu bringen, und wir

hatten auch klargemacht, daß diese Unternehmung, vor allem die Auswahl, so bestreitbar wie in der Jury selber umstritten ist.
Das Echo allerdings übertrifft alle Erwartungen. Nicht immer können wir uns mit Zustimmungen wie der eines Lesers aus Brüssel schmücken, der uns schrieb, daß er die ZEIT wegen dieser Unternehmung nach 15 Jahren Unterbrechung zum erstenmal wieder kaufte. Sehr oft wurde Kritisches vorgebracht, zahlreiche Gegenvorschläge; gelegentlich, vor allem aus germanistischen Seminaren, kamen komplette Gegenlisten; das Bildungsbürgerliche vor allem ärgerte einige jüngere Leser, die etwa Adam Scharrer oder Ludwig Renn vermißten – also genau das Element vermehren wollten, das andere Leser wiederum heftig kritisierten, nämlich daß die Jury zu viel deutsche Autoren aufgenommen habe. Ein kritisches Argument findet sich bemerkenswerterweise am häufigsten: Keine Frau in der Jury, nur eine (Renommier-?)Frau in der Autorenliste. Ein Argument, das die sympathische kritische Wachheit unserer weiblichen Leser dokumentiert – und ein Argument, das gleichzeitig mir zumindest überhaupt nicht einleuchtet: Welche Fehler immer die Herren Juroren gemacht haben mögen, den einen jedenfalls gewiß nicht: den Herrn Nadler und seine »Literatur nach Völkerstämmen« nun zu paraphrasieren und eine »Literatur nach Geschlechtern« zu entwerfen. Ausgewählt wurde nicht nach Mann oder Frau, nach rothaarig oder einäugig, sondern ausschließlich nach literarischen Kriterien; so kam auch Anna Seghers nicht »als einzige Frau« mit ins Spiel, sondern ihr Roman »Das siebte Kreuz« als ein gültiges Dokument der antifaschistischen deutschen Literatur; und so kam Virginia Woolf nicht deshalb nicht auf die Liste, weil sie beklagenswerterweise eine Frau ist, sondern weil andere uns wichtiger scheinende Bücher sie verdrängten.
Eines ist klar: Jede anders zusammengesetzte Jury hätte eine anders zusammengesetzte Liste veröffentlicht. Literatur ist nun einmal – glücklicherweise? – zu guten Teilen etwas Subjektives und kann auch durch die Addition von fünf Literaturkundigen nur behelfsmäßig zu einem objektiven Befund zusammengefaßt werden. So kann und darf unsere Unternehmung als nichts anderes denn eine Anregung, ein Anstoß verstanden werden – und so haben es interessanterweise auch

unsere ausländischen Kollegen aufgefaßt. Nicht zufällig publizierte zur selben Zeit in zwei aufeinanderfolgenden Heften die französische Wochenzeitschrift *L'Express* zwei große Artikelfolgen über die Frage »Kann man lesen lernen?«. Und die Kollegen vom italienischen *Espresso* opferten gar neun ihrer kostbaren redaktionellen Seiten, auf denen sie die Initiative der ZEIT aufgriffen, kommentierten und variierten. *Espresso* druckte die »ZEIT-Bibliothek der 100 Bücher« ab, fragte führende italienische Intellektuelle wie Alberto Moravia, Giorgio Manganelli, Alberto Arbasino und Luigi Malerba nach ihrer Meinung und stellte unserer Liste eine vom *Espresso* zusammengestellte eigene als Alternative entgegen – was wiederum die große italienische Zeitung *La Repubblica* zu seitenlangen Kommentaren über ZEIT und *Espresso* provozierte.

Zwischen »Schwachsinn«, »Hochmut« und »der besten Idee der ZEIT-Redaktion seit Jahren« dürfen wir an Urteilen darüber nun auswählen, was die Jury der »ZEIT-Bibliothek der 100 Bücher« da angerichtet hat. Dabei können wir uns keineswegs ausschließlich mit Sätzen wie dem von Reiner Kunze schmücken: »Die Idee, hundert Bücher der Weltliteratur vorzustellen, ist nur eines: in höchsten Tönen rühmenswert!« Vielmehr gibt es auch Enttäuschungen, ärgerlicherweise gerade etwa bei einem Schüler, also dem eigentlich wichtigen Adressaten unserer Arbeit: »Appetit wird einem kaum gemacht, obwohl ich ein derartiges Unterfangen wie ›100 Bücher‹ mit gewisser Hoffnung erwartete. Ich glaube kaum, daß ich eins der ›empfohlenen‹ Werke mir ›zu Gemüte führe‹, geschweige denn kaufe. Leider . . . So was scheint für Leute zu sein, die so was sowieso lesen und verstehen, nichts jedoch für literaturgeschädigte Realschüler. Trotz allem werde ich auch in den nächsten zehn Jahren ZEIT lesen müssen.«
Dagegen ist es kein Trost, daß diese Bibliothek der Weltliteratur an deutschen Universitätsseminaren diskutiert, in ausländischen Zeitungen applaudiert (und ergänzt) und von den literarischen Auguren in Tel Aviv oder Tokio hin- und hergewendet wird. Unser Ziel war ja ein ausgesprochen pädagogisches: Lust zum Lesen zu wecken, das Phantasieangebot, die Lockung ins große Abenteuer der klassischen Erzählliteratur aufs neue vorzuführen. Keine »Pflichtlektüre« oder literari-

sche Beruhigungspille sollte verordnet werden, wie eine Leserin argwöhnt: »Ich habe den Verdacht, die ›ZEIT-Bibliothek der 100 Bücher‹ ist deshalb auf derartige Resonanz gestoßen, weil so mancher Bildungsbürger in der Hoffnung, die Kurzcharakteristika sogenannter Klassiker erübrige die zeitraubende Lektüre, meint, auf bequeme Weise sein literarisches Gewissen beruhigen zu können. Mir schmeckt's zu sehr nach Pflichtpensum! Dennoch ein Tip zum Fest: Vervielfältigen, mit entsprechenden Kreuzchen versehen und als Wunschliste an Verwandte und Bekannte verteilen!«
Und niemand aus der Jury hatte unsere Vorschläge als Kanon verstanden, dem zu folgen gleichbedeutend wäre mit »was ich schwarz auf weiß besitz' . . .«; wir hatten uns vorgestellt, daß jemand gezwickt wird, aufgestachelt, vielleicht einem ganz anderen Buch (anderen Büchern?) sich auszusetzen, anderen Autoren – vielleicht dem »Tonio Kröger« statt der »Buddenbrooks«, vielleicht Arno Schmidt statt Günter Grass. Ein Leser aus Genf schrieb zum Beispiel: »Trotz der mannigfaltigen Widersprüche, deren Einwände öfters auch meine Zustimmung finden, möchte ich Sie zu Ihrer gelungenen, zeichensetzenden Leistung auf diesem wichtigen Gebiet beglückwünschen. Kein aufgeschlossener Mensch wird, wie doch so oft in der Kritik vorgebracht, diese Liste der Einhundert als absolute Auswahl betrachten. Vielmehr werde ich, der ich die Schule in einiger Zeit verlasse, Ihre Vorschlagliste dazu nutzen, sie als einen Beitrag auf dem unüberschaubaren Weg durch die Vielfalt der Literatur betrachten. Als einen Wegweiser, auf dem Pfad durch die Bücher, für einen, für den die Information und der Ansporn durch den Deutschlehrer entfällt und der ansonsten nicht mehr mit Literatur in Berührung käme. Zumal ich glaube, daß gerade die Werte der klassischen Literatur in den nächsten Jahren eine Wiederentdeckung erleben werden.«
So war's – und ist's – gemeint. Deshalb auch kann die Liste nur subjektiv – sozusagen eine fünfmal addierte Subjektivität – sein; das man über die vorgeschlagenen Bücher und Autoren streiten kann, ist ohne Frage – es gibt keine Anthologie, keine Literaturgeschichte der Welt, deren Auswahl unbestritten wäre. Die »Gegenlisten«, die uns erreichten, bildeten in der Summe gewiß eine »Bibliothek der 1000 Bücher« – von Mongo Beti bis Valle Inclán, von Willi Bredel über Sembé Ousmane

bis zu den »Räubern vom Liang Shan Moor« reichen die Vorschläge der Leser, meist mit allerlei Empörung vorgetragen, daß ausgerechnet dieser Autor ausgelassen wurde. Wie – gäbe es eine solche Liste – andere Leser wohl darauf wiederum reagierten? So subjektiv die Auswahl, so subjektiv gewiß auch die Präsentation des einzelnen Buches. Wie anders? »Zumutungen« nennt das ein erboster Eidgenosse aus Zürich: »Unter den Zumutungen, denen sich das Publikum seitens mancher Periodika ausgesetzt sieht, ist die ›ZEIT-Bibliothek der 100 Bücher‹ seit längerem eine der befremdlichsten. Als ›Orientierungshilfe‹ angekündigt, orientiert diese Reihe vor allem über den durch pädagogischen Eifer verschlimmerten Mangel an Selbstbescheidung der Initiatoren, so wenn Herr Heißenbüttel in der Besprechung von Diderots ›Jacques le Fataliste‹ verlautbart, er scheue sich nicht – potztausend, geradezu gruselig, diese Tollkühnheit –, Diderot für wichtiger als Goethe zu halten.«
Aber es gibt keine literaturkritische »Objektivität«. Obwohl man es nicht für möglich hält: auch Kritiker (selbst Professoren) sind Menschen, haben Vorurteile, Vorlieben, Schwächen für oder gegen ein Buch, einen Autor, eine Literaturart. Wovon hier in jedem Einzelfall berichtet wird, ist die eigene, höchstpersönliche Leseerfahrung, das Ergebnis, sich auf einen (früher gekannten) Text neu eingelassen zu haben; nur dann kann jemand »empfehlen«. Gefolgt werden *muß* dem ja nicht – man kann ein anderes Buch von Diderot lesen, ein Buch über ihn, ein Buch von Heißenbüttel, weil man sich über ihn ärgerte – und man kann auch, wie ein 17jähriger Schüler, eine Gegenrezension zu Rudolf Augsteins Morus-Kritik schreiben. Sich über oder mit Literatur zu ärgern – und an ihrer Präsentation –, ist ein produktiver Ärger, allemal.
Gedacht war nicht an das Zwinkern der literarischen Elite, die kopfschüttelnd Lautréamont vermißt, und nicht an eine Auslese von Prosaleckerbissen für verwöhnte Gaumen. Gedacht war übrigens auch nicht daran, »daß es sich vermutlich auch um ein beträchtliches Geschäft handelt«, wie ein Professor der Gesamthochschule Wuppertal argwöhnt; Geschäft für Verleger und Buchhändler. Allerdings: es würde uns freuen – hieße das ja, daß Bücher gekauft würden, gar nach unseren Vorschlägen. Daran ist wenig Negatives zu erkennen. Wir hatten

ja junge und ältere Leser im Auge, denen Mut zu machen war, einmal Kojak gegen Brecht einzutauschen oder die Rudi-Carrell-Schau gegen den Werther.

Gern würden sich Jury und Herausgeber mit einem Ergebnis zieren und es als vorauswissende Planung ausgeben, das aber – um bei der Wahrheit zu bleiben – keineswegs programmiert war und das der nun entstandenen Anthologie einen zusätzlichen Reiz verleiht: Was die Leser hier in Händen haben, ist eine Art Doppel-Literaturgeschichte. Die meisten Interpretationen der vorgestellten Bücher stammen ja nicht von beruflichen Rezensenten, sondern von Schriftstellern, und wer da über wen wie schreibt – das gibt auch immer Auskunft über den Schriftsteller selber. Es ist nur um weniges zu hoch formuliert, wenn man sagt, daß hier, literarisch verbrämt, Selbstporträts vorliegen; denn wenn Wallraff über Zola schreibt oder Hochhuth über »Moby Dick«, dann schreiben sie gleichzeitig über ihre eigenen literarischen Methoden. Lettaus Begegnung mit dem »Werther« oder Jürgen Beckers neue Lektüre Rilkes sind so offensichtlich auch Begegnung mit der eigenen Schriftstellerexistenz, wie in Thomas Braschs oder Kohouts Beiträgen sich ihre eigene Vita gespiegelt findet, am deutlichsten vielleicht in Rainer Werner Fassbinders großer Confessio, angeregt und ausgelöst durch die Arbeit mit und an Döblin. Dieser »Mehrwert« mag noch hinzukommen als Impuls zu dem, was eingangs lesen lernen genannt wurde. Deswegen, da Literaten gern zitieren, soll am Ende dieser kleinen Einleitung zitiert werden aus dem Aufsatz eines großen Kollegen, der »Lesen lernen« überschrieben war:
»Lesen ist kein Außersichsein, wie fremd der Stoff auch sein möge, mit dem der Lesende befaßt wird. Jeder Satz echter Literatur ruft die lange Reihe der geistigen Erbschaften auf, aus denen der Mensch gemacht ist. Es ist seine Sache, auf diesen Ruf zu antworten und sein dankbares ›Hier bin ich‹ zu flüstern. Das Wunder des richtigen Lesens beruht in der Selbstbegegnung, die man vollzieht. Mit Entzücken, aber oft auch mit Trauer gewahrt der Leser, aus welchem Stoff sein inneres Leben eigentlich besteht, wenn er nur die Kraft hat, sich zu diesen verschütteten Quellen zu bekennen. Wer also richtig lesen lernen will, muß Mut haben. Er muß sich ent-

schließen können, nichts mitzumachen und mit dem Buch allein zu bleiben. Wer die Übung des Lesens beherrschen will, darf nicht zögern, sich verdächtig zu machen. Der Entschluß zur Lektüre kommt dem Vorsatz gleich, allen Plakaten und Aufrufen den Rücken zu drehen. Überlegt euch, was ihr damit anrichtet; wenn ihr den Mut habt, für eine Weile allein auf dieser Welt zu sein und ohne die Tröstungen auszukommen, die das Gedränge dem Menschen spendet, dann lernt lesen.« Das schrieb, vor fast dreißig Jahren, Friedrich Sieburg.

Fritz J. Raddatz

Die Bibel

Warum die Bibel mit beiden Büchern unter die hundert Bücher der *ZEIT* geraten ist, nicht aber die »Ilias«: Die Juroren werden es wissen, ich weiß es nicht. Ich ahne es aber: Die Bibel in Gestalt der beiden von Tertullian so genannten »Testamente« beeinflußt unser sprachliches und damit unser gesamtes Leben weitaus durchdringender als der sagenhafte Homer.

Vernünftigerweise hätten wohl weder die beiden Bibeln noch die homerischen Epen in die Reihe gehört. Denn es gibt ja keinen einzelnen Autor, keinen einzelnen Verfasser. »Gottes Wort« sind beide Schriften, weil es überhaupt kein Wort auf dieser Erde gibt, das nicht Gottes Wort wäre.

Der Unterschied, geeignet, die Juroren der *ZEIT* zu rechtfertigen, liegt darin, daß zwischen »Ilias« und »Odyssee« eine Zeitverschiebung nachweisbar ist, bei der Bibel aber zusätzlich ein ungleich spannenderer, ein folgenreicher Gegensatz zwischen dem alten und dem neuen Testament. Das »neue«, durchweg nach dem Ereignis geschrieben, das wir mit dem Namen Jesus verbinden, wurde aus dem »alten« herausgesponnen, nur: zu einem gegenteiligen Muster. So konnten die Lehren des alten jüdischen Buches überwiegend in ihr neues christliches Gegenteil verkehrt werden. Das Buch der Bücher spaltete sich. Jude sein wurde dadurch und seither abendfüllend.

Wie das? Weil es das alte jüdische Buch nicht nur in regionaler, meist hebräischer, sondern auch in der griechischen Weltsprache gab. Die Evangelien aber, die neue Bibel samt den Paulus-Briefen, wurde griechisch abgefaßt. Den Schreibern lag die sogenannte »Septuaginta« vor, ein Übersetzungswerk, das etwa zwischen 280 und 120 vor der Zeitrechnung von angeblich siebzig Leuten in Alexandria gefertigt worden war. Den Verfassern der auf Jesus bezogenen »frohen Botschaft« kam es darauf an, die Prophezeiungen der alten Schriften auf das von ihnen neu erlebte Ereignis Jesus zurechtzuschneidern.

Ich kann hier nicht den Philologen spielen, begnüge mich daher mit einem sprechenden Beispiel: In der alten Bibel wird dem König Achas verheißen, eine junge Frau, vermutlich die Königin, werde einen Sohn gebären, und dessen Name werde sein Immanuel.

In der »Septuaginta« war aber aus der »Frau« eine »Jungfrau« geworden. Solcherart muß nun Jesus jungfräulich, ohne männlichen Samen und unter Einwirkung des Heiligen Geistes geboren werden: Eine den Griechen geläufige, den Juden absurde Vorstellung. Wie viele Menschen umgebracht worden sind wegen dieses Übersetzungsfehlers, wie viele wegen der den Juden unerträglichen Lehre von der Trinität, »daß ein Gott ist in drei Personen«, weiß niemand zu sagen, die Ziffer könnte in die Millionen gehen. »Was soll ich denn predigen«, fragte der kürzlich verfemte Pastor Schulz seine Disziplinar-Richter etwas kiebig, »war die Frau 'ne Jungfrau, oder war sie keine?« Die Antwort: »Sie sind doch Theologe, mein Herr, oder?«
Die neue Bibel will den Nachweis führen, daß die Voraussagen der alten sich in der Person und dem Schicksal des Jesus, des getöteten und auferstandenen Messias, erfüllt hatten. Die gesamten Details der Kreuzigung werden aus den alten Texten erschlossen, gewissermaßen rekonstruiert, in bestem Sinne erdichtet. Kein Jünger hat dieser Kreuzigung beigewohnt, und kein Jünger konnte schreiben, so legen die Texte es nahe.
Daß dieser angeblich von Gott auserwählte Mann Gottes Sohn gewesen war, daß er tot im Grab gelegen hatte und als einzigartiger Gottessohn von den Toten auferweckt worden war, dieser Glaube war der neuen Bibel essentiell und den alten Israeliten gar nicht vorstellbar.
Auferstanden oder nicht, darum geht es in der neuen Bibel, der die alte ohne Federlesens vorgeschuht wurde. Kein Diebstahl kommt diesem gleich. Aber die Wirkung der alten wie der neuen Bibel war nicht sozusagen »sachlicher«, sondern mindestens ebenso literarischer Natur. Der Mensch in seiner existentiellen Not und Würde, der Mensch als Geschöpf Gottes und als Instrument seines eigenen Heils, der Mensch in Verderbtheit und Untergang, ihn finden wir ergreifender in den beiden Testamenten beschrieben als in »Ilias« und »Odyssee«. Nur der gute alte Shakespeare, von dem wir ja auch nicht allzuviel wissen, ragt in die Nähe.
Erzählt wird in dem Buch der Bücher wie nirgendwo sonst. König David, der den Tod des aufrührerischen Sohnes Absalom beklagt; Jesus im Garten Gethsemane, den Vater bittend, ihm den bitteren Kelch zu ersparen; die Königinmutter Jezabel, die geschmückt am Fenster steht, um den Mörder ihres

Sohnes in die Knie zu zwingen; Jesus, seine Mutter mißachtend (»Weib, was habe ich mit Dir zu schaffen«); Jesus, auf Bitten seiner Mutter Wasser in Wein verwandelnd; Jesus, tot im Schoße der leidenden Mutter: Identifikations-Angebot noch und noch.

Unendlich die Zahl der Bilder und Geschichten. Die Parabel vom barmherzigen Samariter; die beiden armen Schächer links und rechts neben dem Kreuz; der geschundene Gottesknecht des jüngeren Jesaja; der geduldige Hiob, der in unfreiwilliger Komik die spielerischen Gemeinheiten seines Herrgotts anerkennt, weil der so große Tiere wie das Krokodil und das Nilpferd geschaffen hat. Kein Erzählwerk der Welt enthält solch eine Fülle von Motiven, Situationen, Charakteren (man denke an Davids Feldherrn Joab!) und existentiellen Entscheidungen. Gerechterweise muß gesagt werden, daß die alte Bibel nicht so viel Glanz hätte, wenn sie sich in der neuen nicht spiegeln und widerspiegeln könnte. Das menschlichste, das vielfältigste, das wichtigste, das tiefste und höchste Erzählwerk der Welt ist die alt-neue Bibel noch immer.

Aber da steht doch in der neuen Bibel der Satz: Liebet eure Feinde, tuet Gutes denen, die euch hassen! Nun, das war wohl in den Wind gehaucht. Die Welt, auch die jüdische, auch die christliche, sie ist nicht so. Was hat die aus der alten herausgesponnene neue Bibel, dieser »eigenartige Ballungspunkt menschlicher Möglichkeiten« (so der Soziologe Peter Berger), in der Menschheit bewirkt? Was in Europa, was in Lateinamerika?

Da muß nun zu guter Letzt der 44 Jahre alte Goethe zitiert werden, der sich 1794 einmal unmutig derart geäußert hat – es gibt von ihm auch sehr entgegengesetzte Bekundungen –, die Menschheit hätte eine ganz andere, bessere Gestalt gewonnen, wenn der Homer unsere Bibel geblieben und nicht der »jüdische Praß« samt allen »ägyptisch-babylonischen Grillen« über uns gekommen wäre.

Mir scheint, Homer oder die Bibel, die Unterschiede haben sich eingeebnet. Beide bestimmen unser Leben nicht. Wäre es denn so, daß Homer in Achill und Odysseus, in dem Tapfersten und in dem Klügsten, »alles vorweggenommen« hätte (Goethe zu Eckermann 1827), dann wäre die atomare Welt mit ihren Krankenhausmaschinen und Altersheimen der konsequente Fortschritt ins Noch-nie-und-nicht-mehr-Umkehrbare. Wer den Menschen angesiedelt sieht zwischen dem Affen und dem atomaren Holocaust, dem möge die Bibel ihren Trost spenden bis zum jüngsten und ältesten Tag.

Rudolf Augstein

Homer
Odyssee

Homer unter den »100 Büchern der Weltliteratur« zu finden, kann nicht verwundern: ist er doch – wenn man von einem Manne Homer überhaupt sprechen darf – der erste Dichter, ja die erste faßbare Künstlerpersönlichkeit des Abendlandes. Aber, so wird man fragen: warum die »Odyssee«? Gibt es da nicht noch die »Ilias«, das ältere, das eigentlich erste Dichtwerk unserer Kultur?

Nun, Odysseus ist zu sehr Mensch (fast möchte man sagen, des zwanzigsten Jahrhunderts: man sehe doch James Joyce!), als daß man an der Erzählung seines Schicksals vorbeigehen könnte. Und Erzählung, das heißt eben zur Zeit der Entstehung der Odyssee, im späten achten Jahrhundert vor Christi Geburt, allemal Epos, abgefaßt in gebundener Sprache, im ungemein modulationsfähigen Hexameter.

Es herrscht ein moderner Sinn in diesem Dichtwerk, das ist unverkennbar, und es werden – am konkreten Beispiel – allgemein-menschliche Probleme abgehandelt: Der Sohn, schon erwachsen, doch noch sehr jung, der handeln muß und mit dem Problem zu kämpfen hat, daß seine Mutter sich an Unmögliches klammert. Denn Telemach erkennt, daß alles schlecht laufen wird: nicht nur schwinden die Güter der Familie dahin, buchstäblich aufgefressen von der Schar der Freier, sondern auch politisch ist die Situation – der Staat ohne eigentlichen Herrscher – nicht mehr haltbar. Und der Sohn beginnt zu handeln: Ohne seine starrsinnige Mutter zu verständigen, begibt er sich auf die Suche nach Auskunft über das Schicksal des Vaters. Natürlich, eine Konzession müssen wir an die geistige Welt des Epos machen: Sein Beschluß wird bestärkt durch göttliches Wohlwollen. Die Schutzherrin seines Vaters, Athene, ist es, die auf Befehl des Göttervaters Zeus dem jungen Mann bei seinen Reisevorbereitungen (Beschaffung eines Schiffes, Ausstattung mit Mannschaft und Verpflegung) behilflich ist, ebenso wie sie ihn in seinem Widerstand gegen die schamlosen Freier stärkt.

Wir berühren damit einen der prächtigsten Züge der Dichtung: jenes Agieren mit der Absicherung der Götter im Hintergrund, jenes Agieren in einer Zwischenwelt gewissermaßen, in welcher der Mensch zwar auf sich gestellt ist, seine Handlungen zu verantworten hat, aber auf der anderen Seite auch immer die Hilfe der Götter in seine Pläne bis zu einem gewissen Grad einbeziehen kann. Wem ein Gott zur Seite steht, dem leistet er auch konsequent Hilfe, wen ein Gott haßt, den verfolgt er unbarmherzig: so Odysseus, der sich den Zorn des Poseidon zugezogen hatte, als er dessen Sohn, den Kyklopen Polyphem blendete. Poseidon rächt sich mit seinen Mitteln: Als Gott des Meeres kann er den zur See fahrenden Heimkehrer aus Troja unschwer quälen und sogar scheitern lassen. Athene hingegen liebt den Listenreichen, in dem sie etwas von ihrem eigenen Wesen wiederzufinden glaubt, und so steht sie ihm und seiner Familie nach Kräften bei. Sinnfälligen Ausdruck findet dies, wenn die Göttin und der Mensch einträchtig unter einem Ölbaum am Strand von Ithaka sitzen und gemeinsam das klügste Vorgehen des endlich Heimgekehrten beratschlagen.

Vier Frauen bestimmen das Leben des Odysseus: Seine Gattin Penelope, die sprichwörtlich treue, die zwanzig Jahre auf seine Rückkehr wartet; Kirke, die Zauberin, die ihn wie alle anderen zu »becircen« versucht, deren wilden Sinn er durch intellektuelle Überlegenheit und Charme überwindet: ohne Klagen läßt sie ihn nach einem Jahr ziehen; Kalypso, die Nymphe, die leidenschaftlich Liebende, die ihn acht Jahre auf ihrer Insel zurückhält, ihn unsterblich machen möchte, ihn letztlich aber, beeindruckt von seiner Sehnsucht nach einer alternden Sterblichen, freigibt; und schließlich Nausikaa, die den Schiffbrüchigen auf der Insel der Phaiaken aufnimmt, ein sehr junges, zurückhaltend liebendes Mädchen, deren Zuneigung zu dem um vieles älteren Mann aufrichtig und doch von allem Anfang an aussichtslos ist.

Für den Dichter erfüllt die Phaiaken-Insel noch eine weitere, eminent wichtige Funktion: Hier findet nach den mühseligen Irrfahrten *de facto* der Eintritt des Helden in die reale Welt statt, und hier, im Kreise der Königsfamilie, erzählt Odysseus von seinen unglaublichen Abenteuern: Von der Überlistung des einäugigen Polyphem, der Verwandlung seiner Freunde in Schweine durch Kirke, der Fahrt in die Unterwelt, wo er seiner verstorbenen Mutter begegnete und ihm der Seher Teiresias sein weiteres Schicksal vorhersagte, von dem Verlust der Ge-

fährten durch die Ungeheuer Skylla und Charybdis und dem Frevel seiner letzten Begleiter gegenüber Helios, der sie das Leben kostete.
Der wechselvolle, durch Vor- und Rückgriffe gekennzeichnete Charakter der ersten Hälfte der Odyssee ändert sich schlagartig mit der Ankunft des Helden in seiner Heimat. Stetig, in natürlicher zeitlicher Abfolge bewegt sich die Handlung jetzt über verschiedene Stationen auf den Höhepunkt zu: den Freiermord, die grausame Bestrafung der Frevler und die Wiedereinsetzung des Heimgekehrten in seine Rechte, zuletzt die Wiedervereinigung mit seiner Gattin, Penelope.
Was kann uns an dieser frühen Dichtung ansprechen? Da ist zunächst die großartige Erzählweise, die besonders Wichtiges durch raffiniertes Wiederholen und Resümieren hervorhebt. Da wird zugleich ursprünglich, einfach erzählt, ohne sprachliche Verstellung, ohne komplizierte Satzstruktur. Ob der Dichter an das Unwahrscheinliche, das er in seine Erzählung einbaut, glaubt? Er akzeptiert es, und er akzeptiert es unter den Gegebenheiten, mit denen er seine Dichtung gestalten kann. Ansatzweise Kritik, oder besser: Unglaube ist vorhanden, wenn wir uns vor Augen halten, daß die ganze Welt des Übernatürlichen vom Dichter zum Teil kräftig ironisiert wird; aber all dies geschieht ohne auch nur im geringsten blasphemisch zu wirken.
Vergleichbar ist die Odyssee mit kaum einem anderen Werk, obwohl die Erzählung an sich nicht originell ist: Märchen vom schiffbrüchigen Seefahrer und von der treuen Gattin gibt es in vielen Varianten, nicht nur in der Volkserzählung, sondern auch in literarischer Ausgestaltung. Nachgeahmt wurde Homer unendlich oft, als Quelle benützt, zur Vorlage genommen, umgestaltet, zitiert: erreicht hat die frische, unbelastete Dichtung nichts.
Doch lesen sollte man die »Odyssee« vor allem wegen des Lesevergnügens, das die einfache Erzählstruktur bietet, die auf ihre Art so beziehungsreich ist, wegen der auch durch eine Übersetzung nicht getrübten epischen Sprache, und wegen der staunenswerten Fähigkeit des Dichters, den Handlungsfaden trotz vieler Abweichungen, Verschlingungen und Exkurse stets erkennbar zu machen.

Herbert Bannert

Platon
Apologie

Was ist das, was um mich ist, was um mich zu sein scheint?« – In Martin Heideggers »Platons Lehre von der Wahrheit« bin ich zum erstenmal auf Platon gestoßen; als Autodidakt und, mit Ausnahme des Existentialismus, von Philosophie noch nicht berührt und ohne griechisch lesen zu können, habe ich sicher naiv reagiert. Dem Schein entfliehen; gegen die Verborgenheit, gegen das Verhüllte und Verdeckte, das Bloßgelegte und Offene. Im Risiko leben: als »Entfesselter« draußen an die Wirklichkeit herankommen, sie explorieren und aushalten. Das prekäre Abenteuer der Wahrheit! – Was aber, »wenn der solcherart aus der Höhle Herausgekommene wiederum hinabstiege . . . wenn er nun wieder mit den ständig dort Gefesselten sich abgeben müßte im Aufstellen und Behaupten von Ansichten über die Schatten, während ihm noch die Augen blöd sind . . . würde er dann dort unten nicht der Lächerlichkeit preisgegeben sein . . . werden sie denjenigen, der Hand anlegte, sie von den Fesseln zu lösen und hinaufzuführen, wenn sie seiner habhaft werden und ihn töten könnten, nicht wirklich töten?«

Vorweggenommen ist diese Tötung in der »Apologie«, die, verglichen mit dem »Höhlengleichnis«, eine einfache Botschaft bringt; ein Plädoyer für die Vernunft. Nichts von der dort anklingenden Angst vor der Verzauberung, dem Schein, dem Verhaftetsein im falschen Bewußtsein. Ich weiß, daß ich nichts weiß, argumentiert Sokrates, und weil ich dies weiß, weiß ich mehr als die anderen. Folgt man der »Apologie«, so wäre Sokrates keineswegs frei gewesen vom Kult der Persönlichkeit (was ihm ja auch vorgeworfen wurde); er hat einen für die Offiziellen ärgerlichen Machtanspruch entfaltet. Sokrates klagt darüber, daß Politiker, Dichter und Handwerker mit Eifer ein Urteil über alles und jedes sich anmessen; so äußern sich die Dichter in der Begeisterung, mit Begabung, ohne zu wissen, was sie tun, und sie reden, als Berufene, über alles, auch dort, wo ihnen die Voraussetzungen fehlen. Sokrates wirkt, wenn er so argumentiert, nicht ohne Arroganz. Er wirkt so; allerdings ist es ja nicht er selbst, der redet, sondern Platon, sein Schüler und Bewunderer, der in ihn das hineinsteckt, was

er selbst als eigene Meinung unvermittelt nicht vorbringen will. Der rhetorisch argumentierende Platon verteidigt den rhetorisch argumentierenden Sokrates. Die gewählte Verteidigungsstrategie macht ihn unangreifbar. Im rhetorisch geführten Dialog wird indes nicht bloß geredet, um zu reden; es geht um Wechselrede, um Übereinkunft, um den Austausch von Argumenten, ums gegeneinander Abwägen. Es ist ein Reden, das ohne Unterlaß redet und das die anderen nicht bloß zum Zuhören zu zwingen versucht, sondern zum Mitreden, ohne einen vorausgesetzten Wahrheitsbegriff. Gepriesen wird die Distanz, die Brechung dessen, was man tut, durch ein Nachdenken darüber, was beim Herstellen geschieht; »Wahrheit« als Abwägen, Gegeneinanderstellen, Sprechen als Prozeß des Denkens, der Annäherung an Verhülltes und Verborgenes.
Das Höhlengleichnis und die Apologie ergänzen sich.
Wird im Höhlengleichnis deutlich, daß die Wahrheitssuche das Verlassen der Denkgemächer (Höhle) notwendig macht, so macht die Apologie deutlich, daß der Vorstoß zu den »Ideen«, zur Realität, ein kommunikativer Prozeß ist. »Und wenn ich wiederum sage, daß ja eben dies das größte Gut für den Menschen ist, täglich über die Tugend sich zu unterhalten und über die anderen Gegenstände, über welche ihr mich reden und mich selbst und andere prüfen hört, ein Leben ohne Selbsterforschung aber gar nicht verdient, gelebt zu werden, das werdet ihr mir noch weniger glauben, wenn ich es sage.«
Gespräche, wo jeder den anderen ernst nimmt, weil er sich mit ihm über die Probleme und die Art des Disputs verständigen kann; herrschaftsfreier Diskurs würde man heute sagen – damals und jetzt unmöglich und damals und jetzt als Entwurf notwendig.
Im Höhlengleichnis ist die Szenerie deswegen so dramatisch, weil die Wirklichkeit zunächst immer nur als etwas Verborgenes, Mystifiziertes zugänglich erscheint, das es zu durchbrechen gilt. Marx so gut wie Freud und später die Strukturalisten folgten dieser Fährte, wobei noch nicht einmal sicher ist, ob die »Sonne«, welche die Schattenbilder als Gegenstände den Gefangenen sichtbar macht, nicht selbst wieder eine andere Realität verhüllt; das Höhlengleichnis ist jedenfalls deshalb so beunruhigend, weil es sinnlich und plausibel das Transzendierende, das Verborgene darstellt, das es zu enthüllen gilt und

weil sich leicht, hinter dem Enthüllten, die nochmals verdeckte Realität vorstellen läßt. Endlos. Die »Apologie« dagegen beruft sich auf das Miteinander-Umgehen, das vorurteilslose Reden, das Akzeptieren des anderen. Dialog, Toleranz, Einfühlung. Sokrates, in der »Apologie«, wird als vernünftig hingestellt, eigentlich schon als zu vernünftig, zu überlegen und darin Vorwand für jene Wut und jenes Ärgernis, die zu seiner Verurteilung zum Tode führten. Die Parallelen liegen nahe: Auch unsere Gesellschaft, gerade unsere, verfolgt radikal argumentierende Denker, die nicht anders können, als sich querzustellen; es verfolgt sie anders, ohne Schierlingsbecher, aber meist auch ohne den räsonierenden Aufwand, ohne das Abwägen der Argumente und das demokratische Abstimmen über Zugehörigkeit oder Ausschluß wie im Prozeß um Sokrates: es denunziert sie, zum Beispiel, als »Ratten und Schmeißfliegen«.

Nachdenklicher und trauriger als die Begeiferung stimmt allerdings, daß heute, im Unterschied zu Sokrates, die Opponierenden meist einsam Denkende sind, Isolierte; während sich bei Sokrates »Denken« und »Wahrheit« im Gespräch entfaltet haben, im Miteinander, auch im hartnäckigen und direkten Dialog mit Feind und Gegner, laufen unsere Dispute, auch dort wo sie echt und fruchtbar sind, von Schreibtisch zu Schreibtisch, oder mediengerecht deformiert. Nicht umsonst haben die Opponierenden der letzten Jahre »Kommunikation« beschworen, kommunizieren; nicht umsonst wurde das »Wie« so wichtig wie das »Warum«. Gegen die Obrigkeitsworte, die Befehlsworte, Richterworte und Wissenschaftsworte der gebrechliche und gefährdete Versuch, den anderen ernst zu nehmen, auf ihn einzugehen.

Urs Jaeggi

Vergil
Aeneis

Das Schiff zieht durch alle Zeiten und Zonen. Zeigt es sich in diesen Tagen auf unseren Bildschirmen, dann trägt es exotische Namen wie Hay Phong oder ähnlich, liegt in fernöstlichen Häfen mit Hunderten von Heimatlosen. Geht man eine Generation zurück, dann heißt es Exodus, trägt Menschen, die zwischen Holocaust und der Hoffnung auf neue Heimat hin- und herirren. Zehn Generationen zurück mag es Mayflower heißen und die Pilgerväter einem ungewissen Überleben entgegenführen.

Auch vor hundert Generationen ging die Reise aus verlorener Heimat ins Ungewisse durch unsere Welt. Troja war zerstört, die Einwohner erschlagen oder in die Sklaverei verschleppt. Wenige Gerettete zogen jahrelang durchs Mittelmeer. Es heißt, sie seien schließlich nach Italien gelangt, Vorväter einer neuen Stadt, die aus armseligen Anfängen zur Weltgeltung erwuchs: Rom.

Die Sage von den Vor-Gängen bis zur Gründung der Vor-Macht Europas ist kurz vor Christi Geburt in einer großen Erzählung gestaltet worden. Eine Erzählung, die ihren Autor zum bedeutendsten Dichter seines Volkes gemacht hat – und zum wohl einflußreichsten Poeten Europas. Man hat ihn »Vater des Abendlandes« genannt. Unsere Jahre, die eine Neugründung Europas anstreben, stehen ihm besonders nah: Publius Vergilius Maro (15. Oktober 70 bis 21. September 19 vor Christi Geburt).

Denn dieser Autor, Vergil, hat selbst eine Neugründung Roms miterlebt und mitgefördert. In seinen Tagen war die Stadt schon über sieben Jahrhunderte alt. Aber das voraufgegangene Jahrhundert, seit den Gracchen (133 vor Christi Geburt) war ein Säculum der Grausamkeit gewesen, der Kriege und Verbannungen. Der politische Gegner wurde geächtet und entrechtet, enteignet und erschlagen. Vergil selber hatte, zugunsten rückkehrender Soldaten, seinen kleinen Besitz verloren.

Den empfindlichen, scheuen Mann muß der Verlust der Heimat zutiefst getroffen haben. Doch ihm leuchtet ein guter Stern. Ein junger General nahm sich seiner an. Ein Jahrzehnt später wurde dieser General – Augustus – Alleinherrscher des

Imperiums. Er ging daran, es neu zu ordnen, in Frieden zu befestigen. Im selben Jahrzehnt, den zwanziger Jahren vor der Zeitenwende, ging Vergil daran, Roms zum Glück gewendete Gegenwart aus seiner Geschichte heraus zu erhellen. Er schrieb das Epos von den sagenhaften Anfängen der Stadt, die ihre Entstehung trojanischen Flüchtlingen, von Aeneas nach Latium geführt, verdankt.

Ein berühmt gewordenes Bild bezeichnet den Beginn dieses Weges aus der verlorenen Heimat. Man mag es in Raffaels Darstellung aus den »Stanzen« des Vatikans vor Augen haben oder in einer anderen der vielen Gestaltungen: Aeneas verläßt das brennende Troja, trägt auf den Schultern den schwachen Vater, führt an der Hand den unmündigen Sohn. Die Forderung dieses Bildes erschließt sich leicht: die Last der Vergangenheit ohne Widerstreben auf sich nehmen, der Zukunft ohne Eigennutz den Weg bereiten, im Gehorsam gegenüber den Göttern, deren Kultbilder der Vater im Arme birgt – ein Volk, dem man solche Haltung als Aufgabe vor Augen stellte, mußte einen anderen Weg nehmen als eines, dem man Nibelungentreue anempfahl.

Gewiß ist die »Aeneis« voll großer Bilder und Symbole; dennoch braucht niemand deswegen erhabene Langeweile zu befürchten. Im Gegenteil, man trifft auf dichte dramatische Erzählung: Seesturm und Unterweltfahrt, Untergang Trojas und Anfang Roms, dazwischen Irrfahrten und Liebesdrama, Jagden und Feste, athletische Spiele und blutige Kämpfe, ein unendlich langer Marsch zu einem fernen verheißenden Ziel, dessen hohe Erfüllungen im Glanz der augusteischen Gegenwart immer wieder in den urtümlichen Anfängen aufscheint, während zugleich diese Gegenwart durch die Größe des frühen Mythos Adel und Anspruch gewinnt. Ein düster gewaltiges Panorama, dessen Kraft sich kaum jemand entziehen kann.

Viele Jahrhunderte lang war Vergils Heldenlied das klassische Epos Europas schlechthin. Nicht nur die Spätantike, auch das Mittelalter, die Renaissance wie die frühe Neuzeit sahen in ihr den Inbegriff hoher Poesie. Dantes großes Jenseitsbild ist aus ihr erwachsen, führt sogar ihren Dichter als Wegweiser und Vorbild ein: »Virgilio, dolcissimo padre . . .« Schon seit Kaiser Hadrians Zeiten kannte man die *»sortes Vergilianae«:* Wie die Bibel, so wurde auch die Aeneis aufs Geratewohl aufgeschlagen, um aus der zufällig geöffneten Stelle Rat und Weisung zu finden. Die Neuzeit sieht das Werk weniger magisch, sie findet hier die Subtilität menschlicher Motivationen, die Montaigne wohl meinte, als er Vergil *»maistre du Choeur«* nannte, Meister des Herzens. Und darüber hinaus wirkt, was Schiller die »magische Gewalt, wodurch der vergilische Vers uns hinreißt« genannt und definiert hat als jene »seltene Mischung von Leichtigkeit und Kraft, Eleganz und Größe, Majestät und Anmut«. Schiller selbst hat Teile der »Aeneis« nachgedichtet, »um den römischen Dichter bei unserem unlateinischen Publikum in die rechte Achtung zu setzen«.

Ist ihm das gelungen?

Die vorab genannte vollmundige Formel vom »Vater des Abendlandes« mag man heute nicht mehr so leicht formulieren. Aber daß dieser anspruchsvolle Ausspruch ein gewichtiges Quantum Wirklichkeit, eine zentral wichtige Wirksamkeit bezeichnet, weiß jeder, der die Wege europäischen Denkens und auch Dichtens beobachtet. Die Probleme, von denen die »Aeneis« spricht, mögen allen Zeiten und Zonen zugehören. Die Antworten aber, die sie gibt, sind die Antworten unseres eigenen Kulturkreises. Wer Europäer ist, kennt die »Aeneis« und kann von ihr nicht unberührt bleiben.

Bernhard Kytzler

Tacitus
Germania

Der lateinische Text, dieses fast hauchdünne Teubner-Bändchen, umfaßt 26 Seiten; zieht man die umfangreichen Fußnoten ab, mögen 20 bis 22 Seiten übrigbleiben: 22 Seiten für diesen schmalen Klassiker, der sich für mich als überraschend aktuell erwies.

Diese knappen Studien, fast aphoristisch, erweisen sich nach 1800 Jahren nicht nur als lesbar, sondern auch als lesenswert: immerhin eine der ältesten, wenn nicht die älteste Auskunft über unsere »Vorfahren«. Waren sie's wirklich? Sind nicht viele von ihnen ab-, andere zugewandert, hat sich da nicht einiges »eingemischt« und ... natürlich ... sehr vieles verändert? Die einzigen, deren Stammesnamen noch heute erkennbar sind, sind die Chatten (Hessen) und die Sueben (Schwaben). Eines muß festgestellt werden: »häßlich« hat Tacitus diese nachmaligen Deutschen nicht gefunden; wild: ja; hatten manche rauhe Sitte, doch auch Herzlichkeit, waren gastfreundlich (wenn auch nicht immer ... was verständlich ist ... gegen römische Besatzung), und sollen »alle das gleiche Aussehen« gehabt haben. Das bezweifle ich: Derlei Täuschungen unterliegt man leicht bei fremden Völkern. »Die blauen Augen mit dem trotzigen Blick, das rötlich-blonde Haar und die hochgewachsenen Körper, die allerdings nur im Angriff besonders stark sind.« Sangesfreudig waren sie auch, aber »der Gesang ist ihnen mehr ein Gleichklang tapferer Herzen als ein Zusammenklingen von Menschenstimmen. Vor allen Dingen ist ihnen darum zu tun, rauhe Töne und ein stoßweißes Dröhnen hervorzurufen«. Das klingt nicht so ganz unvertraut, im Beben so mancher Männerbrust könnte sich da noch »echt« Germanisches erhalten haben.

Ganz anders ist es mit der »Faulheit«; da müßte mancher Entwicklungshelfer und -experte bei Tacitus Trost finden und sich mit Geduld wappnen: »Bei mühseliger Arbeit legen sie viel weniger Ausdauer an den Tag« (als im Krieg). Nun hat's ja nicht gerade 1800 Jahre gebraucht, um diese »Wilden« zu ausdauernder und regelmäßiger Arbeit zu erziehen, aber gewisse Fristen sollten doch eingeräumt und Geduld ministeriell verordnet werden, wenn wir heute andere, »entwickeln«. So

rasch sind »wir« also auch nicht ans Arbeiten gekommen, und bevor wir gar eine Weltanschauung draus machten, mögen doch tausend und einige Jahre vergangen sein.
Die Klima-Angaben bei Tacitus treffen zum Teil heute noch zu: »Für den Westen, nach Gallien hin, sind die Niederschläge charakteristisch, für den Südosten, nach Pannonien und Norikum hin, Stürme und die dadurch bedingte größere Trockenheit.« Die Wälder waren Tacitus unheimlich, die Sümpfe fand er abstoßend, die Nordsee erfüllte ihn mit Bangen, dieses »Meer, das sozusagen schon einer anderen Welt angehört«. Und natürlich: »Wer hätte sich denn entschließen sollen, unsere blühenden Provinzen in Kleinasien und gar Italien selbst zu verlassen, um nach Germanien auszuwandern? Nach jenem Teil der Erde, der so völlig bar ist aller landschaftlichen Reize, so rauh im Klima, trostlos zum Leben und trostlos zum Anschauen für jeden, dem er nicht gerade Heimat ist.«
Nun, Heimat war's eben für die Cherusker und Bructerer, Sugambrer, Tencterer, Usiper . . . und wie sie da alle geheißen haben, sie, aus denen später die »Deutschen« wurden; daß sie sich nicht widerstandslos einfach besetzen ließen, sollte die Römer, Soldaten und Beamte, nicht sonderlich überrascht haben, zumal ja – oh, Koran und Chomeini! – mit der Kultur und der Zivilisation der Eroberer auch »Verderbnis« nahte, jene »römische Verderbnis«, die auch Tacitus, den Moralisten, beunruhigte. Lob der germanischen Frauen, Lob der germanischen Ehe, der Sittenstrenge. »Denn in Germanien lacht niemand über Laster, verführen und sich verführen lassen heißt dort nicht ›dem Zeitgeist huldigen‹.« Da rollte und wogte in Rom die Porno-Welle, war Korruption gang und gäbe; mit offensichtlichem Bedauern stellt Tacitus fest: »Manche (Germanen) haben wir auch schon so weit gebracht, daß sie Geld nehmen.« Die Seherinnen Veleda und Aurinia werden respektvoll erwähnt, die Gegenstand der Verehrung waren, »ohne daß man ihnen aber etwa in niedriger Unterwürfigkeit geschmeichelt oder gar Göttinnen aus ihnen gemacht hätte«. Da sehnt sich einer nach unverfälschter vestalischer Tradition, einer, der Republikaner *und* Aristokrat war; Tacitus war aus »aller bestem Hause«, ein Cornelier.
Friedlich, Vorläufer der Kollaboration, angelockt und »angekränkelt« vom römischen Luxus, blieben sie links, trutzig

rechts des Rheins, diese »Wilden« mit eigener Religion, eigenem Kult, eigenen Sitten, mit demokratischen Ansätzen in ihrem Gemeinwesen, wie sie wahrscheinlich in der damaligen Welt kaum zu finden waren. »Die Könige haben keine unumschränkte oder willkürliche Gewalt, und auch die Heerführer leiten mehr durch ihr Beispiel als aufgrund ihrer Befehlsgewalt.« Thing, Rechtspflege, Wehrwesen, . . . da ließe sich zitieren und belegen, daß diese nachmaligen »Deutschen« ihre Ordnungen hatten, wenn auch möglicherweise noch keine rechte »Ordnungspolitik«. Widersprüchliche Wesen, besonders diese germanischen Männer, bei denen »für faul und feige gilt, wer mit seinem Schweiß erwirbt, was er durch Blut gewinnen kann«. Ein unruhiges Volk: »Sie lieben den Müßiggang und können doch die Ruhe des Friedens nicht ertragen.« Gastfreundlich, wild, rauflustig, auch geschwätzig – »dieses Volk, nicht verschlagen noch durchtrieben, gibt in ausgelassener Fröhlichkeit auch heute noch die sonst tief in der Brust gehüteten Geheimnisse preis«. Das nennt man wohl heutzutage »bierselig«.

Ein Trost für die verrufenen Rheinländer: »Selbst die Ubier, die den Vorzug genießen, eine römische Kolonie zu sein, schämen sich ihres germanischen Ursprungs nicht.« Mancher republikanisch gesonnene römische Aristokrat hätte das wohl *noch* herablassender ausgedrückt. Immerhin: Es galt – und war wohl – als Vorzug, römische Kolonie zu sein. Der wilde Zug der Cimbern und Teutonen lag schon mehr als zweihundert Jahre zurück, als Tacitus die »Germania« schrieb, der Schrecken, den sie verbreitet hatten, war unvergessen. Tacitus wußte: »Die Germanen mit ihrem Freiheitsdrang« waren gefährlicher als alle anderen Nachbarn des Römischen Reiches, über die Tacitus ziemlich verächtlich spricht, und es war ja wohl auch kein Zufall, daß die stärksten Truppenkontingente Roms am Rhein lagen. Die Bangigkeit des Tacitus und anderer hat sich als berechtigt erwiesen: von Norden her, von diesen Wilden, diesen »Sittenstrengen« ist das Römische Reich »aufgerollt« worden.

Klein dem Umfang, groß der Form nach, die »Germania«; hier war jemand am Werk, der beides mit Entschiedenheit war: Moralist und Ästhet; gestochen die Sprache, Ausdruck, Mitteilung und »Botschaft« genau in- und übereinander. Aktuell auch diese 35 Druckseiten, die man nicht ohne Anmerkungen lesen sollte, die vieles erklären, manches Detail korrigieren. Was Machtpolitik ausmacht, wird in einem einzigen Satz so ausgedrückt: »Heute lassen sie (die Marcomannen und Quaden) sich auch Könige fremden Stammes gefallen. Amt und Macht dieser Könige beruhen auf der Gunst Roms; bisweilen werden sie durch Waffen gestützt, öfter durch unser Geld, doch deshalb ist ihr Ansehen nicht geringer als bei der Waffenhilfe.«

Heinrich Böll

Longos
Daphnis und Chloë

Er ist jung, gerade fünfzehn geworden. Sie ist noch zwei Jahre jünger. Beide treffen sich bei der Arbeit. Sie sind Nachbarskinder, sie kennen sich schon. Aber der Frühling, der sie bei ihrer Tätigkeit umgibt, bringt sie einander noch näher. Sie mögen sich, ohne es recht zu wissen und zu verstehen. Es gibt eine Reihe von unvermuteten Situationen, die sie aus der Fassung bringen. Das Mädchen muß Tag und Nacht an ihn denken, seit sie ihn nackt beim Baden gesehen hat. Der Junge ist verwirrt und verlegen, seit er von ihr einen Kuß bekommen hat für seinen Sieg im Wettkampf. Da ist auch noch die zirpende Grille, die der Schlafenden zwischen die Brüste gerät und ihm die gern genutzte Gelegenheit gibt, die Gespielin von der Störerin zu befreien.

Kinderspiele, wie man sie immer und überall spielt, ohne so recht zu wissen, wie und warum. Kinderspiele, die ins schwierig schöne Leben von Mann und Frau hinein-, oft auch in die Irre führen und für die, trotz mancher Besserung in den letzten Jahren, gute Wegweiser noch immer kaum gefunden sind. Man redet zu den jungen Leuten entweder medizinisch steril oder juristisch ridikül. Die rechten Worte fehlen immer noch. *Fare l'amore, make love* – das kann man im Deutschen nicht sagen, ohne entweder ins Gezierte zu geraten oder ins Gemeine. »Liebe machen« – offenbar können wir das nicht. Ein erotisches Entwicklungsland?

Der Roman schildert die Schwierigkeiten der beiden jungen Menschen, zu sich und zum anderen zu finden. Schwierigkeiten kommen teils von außen: Die Eltern haben andere Heiratspläne; fremde Gruppen entführen gewaltsam bald das eine, bald das andere der Kinder. Doch gibt es da immer bald einen guten Ausweg und ein glückliches Wiederfinden. Was sie nicht finden können, ist der gerade Weg zueinander. Das sind die anderen, die inneren Probleme der beiden Teenager: Sie umfangen sich, küssen sich, liegen einander nackt in den Armen – aber das letzte Glück fehlt ihnen. Wer weist den Weg?

Der Leser braucht für das kleine Buch weniger Zeit als für ein Fußballspiel, keine anderthalb Stunden. Das junge Pärchen braucht anderthalb Jahre, vom Beginn des Frühjahrs bis zum nächsten Herbst, um miteinander zurechtzukommen. Aber es findet Helfer.

Ein Arbeitskollege des Jungen gibt beiden (beiden gemeinsam, versteht sich) erste Erklärungen. Er verschreckt sie nicht nach moderner Manier mit albernen Witzeleien oder Zoten. Er sagt ihnen, daß sie etwas erleben, das *»älter ist als alle Zeit«*, das mächtiger ist als die höchsten Mächte der Welt. Ihre Verwirrung beginnt sich zu klären: *»Wahrscheinlich ist das die Liebe, und wir lieben einander, ohne zu wissen, ob das die Liebe ist.«*

Wo findet sich solch vorsichtig freundlicher Ratgeber unter den erfahreneren Kollegen? Der Roman spielt auf dem Lande, die Kinder hüten Schafe und Ziegen, der behutsame Berater ist Hirte wie sie. Er trägt einen traditionellen Namen: Philetas. Ein Dichter dieses Namens hat vor 23 Jahrhunderten auf der Insel Kos gelebt; er ist der Begründer der bukolischen Dichtung Europas.

Das Detail bestätigt sich im Ablauf des ganzen Romans: Das Leben auf dem Lande, die Freuden des einfachen naturverbundenen Daseins werden gezeichnet und als Rahmen für die – natürliche – Liebesgeschichte zum Leuchten gebracht. Feindlich steht dem die Stadt entgegen, das Leben in bequem überfeinerter Unnatur, aus dem immer wieder Störungen in den ländlichen Bereich einbrechen, die mühsam abgewehrt werden müssen. Unsere »Grünen« könnten dieses kleine Buch zu ihrer Bibel machen; sie würden sich manche Argumente daraus holen können.

Nach dem rötlichen Mao-Büchlein also das grünliche Longos-Büchlein? Mao ist sieben Semester tot und umstritten. Longos ist siebzehn Saecula tot. Umstritten war er auch, vor hundert Jahren und danach. Böse Dinge konnte man ihm ankreiden: »lüsterne Frivolität«, »gänzliche Unnatur«, »widerlich lüsterne Liebesszenen, wo unter dem Gewande der Unschuld plötzlich der Bocksfuß herausfährt«. So polterten, versteht sich, die Philologen. Die Poeten sahen das anders, die Maler, die Musiker. Verliebt in die Aura des zart und zugleich realistisch erzählenden Romans, brachten sie die beiden Liebenden auf die Bühne: Händel und Gluck, Rousseau und Offenbach, Tschaikowskij und andere, Ravels Ballettmusik ist in aller Ohr. Die Künstler wußten, was die Wissenschaftler nicht wahrhaben wollten: daß hier – neben Platons »Gast-

mahl« – das poetischste Prosawerk der ganzen Antike zu Genuß und Glück einlädt. Eine frohe Botschaft des Lebens und der Liebe: das griechische Verb zu *»euangelion«* erscheint, mit Bezug auf die Heirat, gegen Ende des dritten der vier Abschnitte. »Es ist darin der helleste Tag ... und kein Spur von trüben Tagen, von Nebel, Wolken und Feuchtigkeit, sondern immer der blaueste reinste Himmel, die anmutigste Luft und ein beständig trockener Boden, so daß man sich überall nackend hinlegen möchte.« Das hat ein Dichter mit 82 Jahren über die Ausstrahlung dieser Lektüre gesagt, in Weimar, im März 1831. Wer wollte daran nicht teilhaben?
Die beiden erwachenden Kinder tragen selber auch bedeutsame Namen. Sie heißt Chloë, »die Grüne«, die Junge, Unerfahrene, er heißt Daphnis, nach einem Hirten aus mythischer Zeit. Sie stammen, wie sich zum *happy end* herausstellt, aus feinen führenden Familien der fernen Stadt, aus reichen Häusern. Aber sie wollen lieber zurück in die ländliche Umwelt, in die Einfachheit ihrer Jugendtage. Dort feiern sie Hochzeit. Auch eine Nachbarin, Lykainion, ist dabei. Sie hat ja selber mitgeholfen: Als das Paar noch immer nicht weiter wußte, hat sie den jungen Mann in ihre Liebesschule genommen (griechisch heißt das: *»erotike paidagogia«*) und ihn eingeübt. Er wollte diese *»gottgesandte Wissenschaft«* gern gleich mit Chloë teilen; als er aber erfuhr, daß sein Mädchen, die Jungfrau, Schmerzen leiden und etwas Blut vergießen müsse, wenn sie ihm das erstemal angehöre, war seine Liebe stark genug, Chloë bis zur Hochzeit zu schonen.
Ein Junge, der nicht besitzen will, sondern liebt. Eine Liebesschule besonderer, tieferer Art, die Sexualität nicht verteufelt oder vergötzt, sondern sie als natürlichen Teil des Eros darzustellen weiß und dem Eros die schönste Huldigung erweist, die man sich denken kann. Ein Buch, das sich auf dem Schulplan der dreizehnjährigen Mädchen und der fünfzehnjährigen Jungen finden sollte. Es sagt am Anfang von sich, es wolle dem, der geliebt hat, angenehme Erinnerung, dem, der die Liebe noch nicht kennt, gute Vorschule, allen Menschen ein angenehmer Besitz sein.
Ein Buch, das sein Ziel erreicht hat.

Bernhard Kytzler

Augustinus
Bekenntnisse

Neunzehnjährig verfällt Augustinus auf das Buch »eines gewissen Cicero«, »cuiusdam Ciceronis«. Er hat den Namen des berühmten Klassikers bis dahin nie gehört, oder tut, als ob er ihn nie gehört hätte. Ungefähr so soll hier versucht werden, über die »Bekenntnisse« zu berichten; als wüßte ich von der gewaltigen Gestalt des Heiligen nichts, nichts von den Einflüssen auf ihn, insoweit er sie unerwähnt läßt, nichts von den Zusammenhängen, seinen religiösen, philosophischen, politischen, literarischen Wirkungen durch anderthalb Jahrtausende, nichts von der Literatur über ihn, in welch letzterer es mir freilich leichtfällt, Unkenntnis vorzuschützen. Die vor mir liegende Ausgabe bringt auf der einen Seite den Urtext, auf der anderen die von Joseph Bernhart besorgte, voll befriedigende Übersetzung. Man liest auf deutsch, das ist bequemer, und wirft einen Blick auf das Lateinische, wenn immer man von einem Paragraphen, einem Satz, einer Formulierung besonders beeindruckt ist. »Confessiones« konnte Bernhart anders als mit »Bekenntnisse« nicht übersetzen, obgleich der deutsche Ausdruck den lateinischen nicht in seiner vollen oder vielfältigen Bedeutung wiedergibt. Confessiones sind auch fromm, was Bekenntnisse nicht sein müssen, sind auch Beichte und Gebet. Kein »Buch« im sorgfältig gegliederten Werk des Augustinus, in dem nicht anfangs dem Schöpfer aller Dinge gehuldigt, in dem er nicht immer wieder gepriesen würde, zerknirscht zugleich und hymnisch, in poetisch raffinierter Skala der Worte. Rousseau offenbart sich seinen Mitmenschen. Augustinus beichtet dem Herrn. Die Menschen – die mögen schon auch zuhören, wenn sie es denn wollen. Sie sind ja neugierig, was das Leben, zumal das heimlichste, ihrer Mitbürger betrifft. Aber ihre Lust, sich zu bessern, ist gering. Und um Besserung, Reinigung, Bekehrung geht es, um das neue Leben und wie es gewonnen wurde.

Keine Autobiographie also, für welche der Bischof ja auch zu jung gewesen wäre, bei der Niederschrift nur einige vierzig Jahre alt; viel weniger Memoiren oder Memorabilien, eine Gattung, die den Römern vertraut genug war. Nichts zum Zwecke angenehmer Unterhaltung. Keine Beschreibung der berühmten Städte, als er sie zum erstenmal sah, Karthago, Rom, Mailand; keine Landschaften. Flüchtig nur wird das große Abenteuer einer Seefahrt erwähnt. Menschen kommen vor, eine Menge von ihnen, und daß der Autor sie zeichnen kann, beweist er; beweist es aber nur dann, wenn die zu Zeichnenden für sein Leben, und das heißt immer für sein Leben auf das ihm selber noch unbekannte, rettende Ziel hin, eine behindernde, schädliche, oder eine hilfreiche Wirkung ausübten. Im letzteren Fall weiß er, zurückblickend, wer sie ihm gesandt hatte. Im ersteren? Darüber schweigt er. Es mag der sein, an dessen Macht er glaubt, wiewohl es beileibe keine ebenbürtige Gegenmacht sein darf, der inimicus, der Teufel. – Die schönsten Beschreibungen gelten der Mutter, Monika oder Monnica, und überzeugend sind sie.

Es steht ebenso mit den Erlebnissen, den Episoden und Anekdoten, an denen das Werk reich ist: Krankheits- und Todesfällen, frappierenden Verhaltungsweisen moderner Jugend um ihn herum, Träumen, wunderlichen Zufällen und wunderbaren, obgleich indirekten Botschaften. Sie gehören alle in den Hauptzusammenhang, welcher ein Zusammenhang werdenden Heiles ist. Es gibt Ausnahmen: Erzählungen nicht, sondern Betrachtungen, bohrende Analysen, von denen man zuerst nicht sieht, wie sie sich in den Hauptzusammenhang fügen.

Noch das Schwierigste macht Augustinus dem Lesenden leicht. Seine Sprache ist dem Latein Ciceros, der nahezu fünfhundert Jahre vor ihm lebte, erstaunlich nahe. Noch immer ein Schein von Goldener Latinität. Welch gelungene Formulierungen! Wo er, wieder einmal, von der schweren Denkarbeit erzählt, die ihm die Frage nach dem Ursprung des Bösen bereitet, spricht er von den »Qualen des gebärenden Herzens«, tormenta parturientis cordis mei. Wie er bei der Ergründung des eigenen Seelenlebens die wahrsten und auch einfachsten Bilder findet! »So konnte ich aus eigener Erfahrung verstehen, was ich gelesen hatte: ›Wie das Fleisch aufbegehrt wider den Geist und der Geist wider das Fleisch.‹ Mein Ich war freilich in beiden, aber Ich war mehr in dem, was ich in mir billigte, als in dem, was ich in mir mißbilligte.« Wie er mit den Worten zu spielen weiß, noch im erhabensten Augenblick! Welch süßes Gefühl sei es, befreit zu werden von der Süße alles Nichtigen,

und wer solches aus seiner Seele vertrieben habe, ER sei selber das Allersüßeste summa suavitas omni voluptate dulcior ... Wie er den Gang seiner Errettung zu beschleunigen, zu verzögern, rückläufig zu machen, wieder zu beschleunigen weiß, bis hin zur letzten erschütternden Krise und Erlösung! Ein großer Schriftsteller, auf den ersten und den letzten Blick. Das dürfte er ja nun eigentlich nicht mehr sein, was wäre Kunstschriftstellerei denn anderes als Eitelkeit. Von dem angeborenen Talent, von dem auch, was er in der Jugend erlernt hatte, kommt er nicht mehr weg, und weiß es wohl auch. Er weiß so viel über sich selber, ist mit redlichem Willen, Mut, Tiefsinn in die Tiefen der eigenen Seele vorgedrungen; weiß aber auch und immer, daß es da Schichten gibt, noch tiefere, die ihm verborgen bleiben, aber dem nicht, dem er beichtet. – Vermutlich ist er in der Augustinus-Literatur als der erste Tiefenpsychologe mehr als einmal bezeichnet worden.
So daß es doch etwas Besseres ist als willkürliche Abschweifung, wenn er im zehnten Buch, einem Epilog wie auch die noch folgenden drei, sich in eine Untersuchung der menschlichen Gedächtniskraft einläßt. Merkwürdig nur, daß er gerade hier von dem Begriff des Unterbewußtseins, den er doch schon gefunden hatte, nicht Gebrauch macht: Was man vergessen hat, meint er, das hat man für immer vergessen, es kann nicht wieder hervorgeholt werden aus der ungeheuren Halle des Gedächtnisses, aula ingens memoriae meae, denn es ist nicht mehr darin. Wir wissen es besser. Jedoch über das Unerschöpflich-Vielfältige, das im ausdehnungslosen Raume wohnt, muß er staunen, der überhaupt ein großer Stauner ist; Abbilder vergangener Wirklichkeit nach allen fünf Sinnen, Gerüche und Töne sowohl wie Farben, und Abbilder von Abbildern, Zahlen, Messungen, Gesetze so gut wie Gesichter oder Gespräche, aber ohne die Kraft, die sie besaßen, als sie im Licht der Wirklichkeit waren, so daß die Erinnerung an Frohes traurig stimmen kann, die Erinnerung an Schmerzen fröhlich. Ohne Gedächtnis keine prudentia, kein vorausdenkendes, vernünftiges Handeln, das weiß er; ohne Gedächtnis kein Glaube, das weiß er auch.
Womit verständlich wird, warum er im nachfolgenden elften Buch zu einer ihm Schwindel bereitenden Untersuchung des Begriffs von der Zeit sich verlocken ließ. Die Gelegenheit dazu

gibt ihm die Fangfrage der Sophisten, was denn wohl Gott vor Erschaffung der Welt getrieben habe; der selben Sophisten, die in Buch III ihn gefragt hatten, ob man Gott sich mit Haaren und Zähnen vorstellen müsse? (Immer die gleichen mittelmäßigen Witze. Ein Sophist des neunzehnten Jahrhunderts, Ludwig Feuerbach, fragt die Frommen spottenderweise, ob denn Gott wohl ein Mann sei, oder eine Frau, oder allenfalls ein Hermaphrodit, eines von den dreien müsse er ja sein . . .) Die Antwort des Bischofs ist, daß es vor Erschaffung der Welt die Zeit gar nicht gab, und folglich die Frage bloße Blasphemie sei, ohne auch nur den kümmerlichsten logischen Sinn. Was ihn dann nicht hindert, tiefer in das Geheimnis der Zeit einzudringen, mit Leidenschaft, beinahe trotzig. »Mir brennt der Geist danach, dies ungemein verwickelte Rätsel zu entwirren.« Freilich doch, es gibt Vergangenheit, Gegenwart, Zukunft. Gibt es sie wirklich? Zukunft ist noch nicht, Vergangenheit ist nicht mehr. Und die Gegenwart, wie lange dauert die? Ein Jahrhundert ist zu lang. Ein Jahr, ein Tag, eine Stunde sind auch zu lang. Die Sekunde, im Moment, in dem sie ist, ist schon nicht mehr – die Entdeckung des unendlich Kleinen, der Kontinuität. Was gibt es denn also? Nur Gegenwart, in drei Formen: Gegenwart der Vergangenheit, in der Erinnerung, Gegenwart der Zukunft, im Vorausdenken, Gegenwart des Augenblicks, der ständig verschwindet, indem er ankommt, und ohne den doch Vergangenheit und Zukunft nicht wären; die Zeit, aus dem Nichts der Zukunft fließend durch die Gegenwart, die zugleich ist und nicht ist, in die Vergangenheit, die ein Nichts ist. Vierzehnhundert Jahre danach hat ein späterer, ein sehr protestantischer Kirchenvater, Hegel, der seinen Augustinus kannte, aus der Verbindung von Sein und Nichtsein den Begriff des Werdens gezaubert . . .
Augustinus mußte beides erfassen wollen, Gedächtnis und Zeit. Denn seine Beichte geschieht kraft der Erinnerung und handelt vom Gleiten des Ich in der Zeit; aus dem Säugling in ein Kind, einen Schüler, einen brillanten zwar, er verschweigt es nicht, der leider nur schadenstiftendes Zeug lernen mußte – hier eine Verurteilung des »Bildungskanons« –, dann einen lasterhaften Jüngling, einen jungen Mann, der gelernt hat, zu reden und die Gesetze zu verdrehen, und der trotzdem, dank Ciceros verschollenem Dialog »Hortensius«, zur besseren Phi-

losophie geführt wird, neunzehnjährig, und zwei Jahre später sich den Manichäern anschließt, ernsthaften Leuten immerhin, wiewohl er später strengstens mit ihnen ins Gericht geht, und dann noch neun Jahre verbraucht im geistigen Treibhaus des verfallenden Imperiums, bis er endlich dort anlangt, wo Gott wollte, daß er anlangte, und ohne seine Lenkung hätte er's nie gekonnt, und mit dem freien Willen, liberum arbitrium, ist es nichts.

Warum es so lang dauerte? Offenbar war Augustinus ein Mensch von überdurchschnittlich starken Trieben; jenen, die ja auch im Durchschnitt schon stark genug sind. Den sexuellen sowieso; das kommt immer wieder vor. Er bedarf der Konkubinen bis kurz vor dem heiligen Drama am Ende, und davon Abschied zu nehmen für immer, fällt ihm sehr schwer. Uns gescheiten Leuten nichts Neues: Es sind die vom Fleische am stärksten Geplagten, die zu Asketen werden oder, wenn ihnen die Gnade nicht verliehen ist, doch, wie Schopenhauer, Askese predigen. Auch sein Geist ist weit über Durchschnitt hell, hochfliegend und hochfahrend, zu Spekulationen geneigt, nach Neuem begierig. Daß er durchschaut und immer wieder enttäuscht wird, hindert ihn nicht daran, weiteres Neues zu erhoffen; als wiche er dem aus, vergeblich aber lang, wozu ein höherer Wille ihn bestimmte. Er gerät unter die Manichäer, die auf die Frage nach Gut und Böse eine klingende Antwort wissen. Als aber aus der Ferne ein berühmter »Bischof« dieser Schule, namens Faustus, angereist kommt, ist er nichts als ein glatter Schöngeist von guten Manieren, auf alles mit einer falschen Antwort im Vorrat, nicht einmal mit den eigentlichen, den zwar gänzlich ungenügenden, aber doch handfesten Wissenschaften vertraut. Er gerät an die Astrologie und glaubt daran, bis ein philosophischer Arzt ihm zeigt, daß sie ein Aberglaube ist. Er gerät an die Schule der Neuplatoniker und lernt von ihr; Plotin, das wird deutlich, bringt ihn dem Ziele näher und auch der Ur-Plato ist seinem Gottesbild so ganz fern nicht.

Klar, daß einer wie der junge Augustinus geistig angeregten, überangeregten Freunden immer wieder begegnete, sich mit ihnen maß und verband; »Aussteigern«, wie man heute sagen würde, auch solchen, die zum Aussteigen, zum Verzicht auf die Bequemlichkeiten und Reize der Zivilisation, sich nicht entschließen konnten. Einmal ist er im Begriff, einer Kommune beizutreten. Man will, was man hat, zusammenlegen, die Wohlhabenden viel, die Armen wenig, und aller egoistischen Sorgen los und ledig sein, um sich Besserem zu widmen. Es wird nichts daraus, die Frauen, mulierculae – die wohlhabenden? – machen nicht mit. Nur ein Beispiel, unter vielen, für die niederdrückende Macht des Besitzens.

Höhepunkt und Ende des Werkes, insoweit es Erzählung ist, bringen das achte und neunte Buch: die imponierende Gestalt des Mailander Bischofs Ambrosius, einer ja nun auch dem Staat verwandten Persönlichkeit, denn das Imperium selber ist christlich, sozusagen, die Anwesenheit der Mutter, die dem Sohn nachgereist war, immer für seine Erleuchtung betend, die Lektüre der paulinischen Briefe, der Besuch des kaiserlichen Obersten Polician, der von einem nachdenklichen Erlebnis berichtet, von zweien seiner Offiziere nämlich, in Trier an der Mosel, die eines Tages beschlossen, allen Rang und Glanz aufzugeben und christliche Eremiten zu werden, ihre Bräute, drunten in Italien, billigten den Entschluß und faßten den gleichen oder ähnlichen, eine Geschichte, die endlich die Entscheidung bringt – »Hast du's gehört? Ungelehrte raffen sich auf und reißen den Himmel an sich, und wir mit unserer Schulweisheit ohne Herz, wir wälzen uns in Fleisch und Blut!« – und die allerletzte Krise, insofern es da ein Zuletzt überhaupt geben kann, die einsame Krise im Garten, die rätselhafte Singstimme eines Kindes nebenan: »Nimm und lies, nimm und lies«, worauf er zu den Briefen des Paulus eilt und irgendwo aufschlägt und findet, was er finden wollte: ». . . ziehet an den Herrn Jesus Christus und pfleget nicht des Fleisches in seinen Lüsten.« Nun der Entschluß zur Taufe und die Verabschiedung vom weltlich-stattlichen Lehramt. Er kann das in aller Diskretion machen und die verbleibenden Wochen noch Kolleg lesen, das Herbstsemester neigt ohnehin sich dem Ende zu. Dann die Taufe. Dann, in Ostia, wo sie auf eine Schiffsgelegenheit warten, der Tod der Mutter, christlich, wenn je ein Tod es war. So will auch der Sohn sein und dürfte darum nicht weinen, aber tut es doch, weil er halt ein Mensch geblieben ist.

Eben dies gibt dem Buch seine überzeugende Kraft. Die Versuchungen, die auch den Bischof nicht in Ruhe lassen, ein Kampf, der nie gewonnen werden kann oder täglich gewonnen werden muß. Die kleinen Eitelkeiten oder Selbststilisierungen, die er sich nicht verbietet. Die Einfälle, die in ihm sich drängen, wo immer er stehen bleibt und fragt. Warum sündigt man am liebsten in Gegenwart von anderen, sogenannten Freunden? Man will sich vor ihnen beweisen und spreizen; man lacht ja auch nicht allein. Warum gelten nicht immer und überall die gleichen Gesetze oder moralischen Regeln? Man muß unterscheiden. Es gibt die historischen Situationen, und die sind niemals gleich, und manches wird durch sie bestimmt. Es gibt aber auch ewige Gesetze, unabhängig von Zeit und Ort, nach denen gut gut und böse böse ist. Ein paar Beispiele dafür, und weiter im Text. Immer Spannung, innerer Dialog, immer der Autor im selbstauferlegten Kreuzverhör. Was war nicht alles in ihm, vom Platoniker bis zum Bilderstürmer, vom Mystiker bis zum Logiker, vom Don Juan bis zum Asketen, vom Psychoanalytiker bis zum Heiligen. Willensstärke oder Segen hielten die Persönlichkeit zusammen und ermöglichten die Lebensleistung, die im Ernst erst begann, nachdem er dies alles hinter sich gebracht hatte.

Golo Mann

Die Erzählungen aus den tausendundein Nächten

Die »Erzählungen aus den tausendundein Nächten« sind das schönste Geschenk des Morgenlandes an die Welt. In ihnen ist zusammengetragen, was in den Basaren und Karawansereien, an den Lagerfeuern in der Wüste und in den Palästen der Kalifen und Wesire, in den einfachen Hütten der Taglöhner und auf den Schiffen der reichen Kaufleute erzählt worden ist. Ja, man kann in diesen nie enden wollenden Erzählungen das naive Erstaunen darüber miterleben, was alles in der Sprache überliefert, ausgedacht, erfunden, vorgestellt, verlebendigt werden kann. Zusammengefaßt ist das durch die Rahmenerzählung der *Schehrezâd,* die durch ihre Erzählgabe nicht nur sich selbst vor dem sicheren Tode bewahrt, sondern auch König *Schehrijâr* von seiner grausigen Rachsucht befreit. Heute würden wir das wohl »Heilung durch Gesprächstherapie« nennen. Und verwunderlich genug ist diese Rahmenerzählung auch dadurch, daß sie der sprichwörtlichen Geringschätzung der Frauen im Morgenlande dadurch den Boden entzieht, daß es allein der Sprachfähigkeit, dem Phantasiereichtum, der Erinnerungsfähigkeit der Schehrezâd zu danken ist, wenn das Königreich der Sasaniden durch die Mordgier seines Königs nicht zugrundegeht. Blutig und grausam genug ist der Anfang, in dem davon berichtet wird, wie zwei Könige, die von ihren Frauen betrogen werden, zunächst ihren Hof verlassen, um der Welt den Rücken zu kehren, bis sie einen Dämon finden, der eine Frau in seinem Besitz hat, die dennoch es fertig bringt, auch diesen mächtigen Geist hinters Licht zu führen und mit Hunderten von Männern sich während seines Schlafs einzulassen. Heimgekehrt beschließt dann König Schehrijâr Nacht für Nacht eine Jungfrau aus seinem Lande zu sich zu nehmen und sie am folgenden Morgen töten zu lassen, um auf diese Weise ihrer Treue sicher zu sein. Die Frau als Besitz, als bloßes Objekt des Mannes und seiner Begierde wie seines Stolzes, so muß man annehmen. Und doch folgt diesem Eingang sofort die Wende. Die Tochter des Wesirs, Schehrezâd, bestürmt ihren Vater, er möge sie dem König zur Frau geben, »dann werde ich entweder am Leben bleiben, oder ich werde ein Opfer sein für die Töchter der Muslime und ein

Werkzeug zu ihrer Befreiung aus seinen Händen«. Freilich kommt hier zunächst noch einmal die anerzogene weibliche Leidens- und Opferbereitschaft zum Vorschein, aber dahinter steckt doch auch schon die Klugheit und die Sprachgewalt der Erzählerin, die auf die Faszination ihrer Redegabe vertraut.
Als die tausendunderste Nacht vergangen ist, ist der König von seiner Obsession befreit, Schehrezâd hat ihm in dieser Zeit Söhne geboren, und das Land kann endgültig aufatmen. Die »Heilung« erfolgt aber weder durch Belehrung noch durch Analyse, sondern vor allem durch die Entführung ins Reich der Phantasie, der Wunschträume, der unerschöpflichen Mannigfaltigkeit menschlicher Schicksale und Erlebnisse. Die Gebiete und Völkerschaften, aus deren Umkreis all diese Erzählungen stammen, reichen vom fernen China bis nach Nordafrika und von sagenhaften Urzeiten bis etwa ins 14. Jahrhundert. Es war der Umkreis jener orientalischen Welt, die – wenigstens sporadisch über Karawanen und Händlerkontakte – miteinander verbunden war und einander in der buntschillernden Mannigfaltigkeit und Verschiedenheit gelten ließ. Auch wenn gelegentlich von den Anhängern anderer Religionen die Rede ist, dominiert doch der Islam. Die Erzählerin selbst versäumt es nie, Allah anzurufen und läßt auch die von ihr vorgeführten Personen zu Allah beten und flehen. Am Ende einer glücklichen Lebensgeschichte aber heißt es – im Unterschied zum Märchenhaften, »und wenn sie nicht gestorben sind, so leben sie heute noch« weit realistischer: »Und lange Zeit lebten sie zusammen, sie, ihr Gemahl und die Alte, in Glück und Freude, bis Der zu ihnen kam, der die Freuden schweigen heißt und der die Freundesbande zerreißt. Preis sei Ihm, dem Lebendigen, der nimmer vergeht, und bei dem die Herrschaft auf Erden und im Himmel steht.«
Das Leben in seiner Endlichkeit wird akzeptiert und gepriesen. Das Diesseits ist bunt, schön, glücksverheißend – aber endlich. Der Tod kommt nicht als grausiges Gespenst, sondern als Freund, wenn er am Ende eines langen und glücklichen Lebens erscheint.
Was uns heute an diesen Erzählungen vor allem anspricht, ist der Ereignisreichtum, die Fülle von Handlungen, Begebenheiten, kühnen Taten und schurkischen Streichen, die Vielfalt der Charaktere und zugleich die Durchsichtigkeit der Motive. Da

gibt es keine umständlichen Reflexionen, keine Hamletnaturen, keine Zögerer und Zauderer. Wer sich betrogen fühlt, der sinnt auf Rache, wer einen Verlust erlitten hat, der sucht sich schadlos zu halten. Der Schalk bleibt ein Schalk, auch wenn er von Harun-al-Raschîd als Gefährte an dessen Hof geholt wird. Die Menschen verändern sich kaum oder nur nach Dutzenden schwerer Schicksalsschläge. In einigen Erzählungen tauchen Dämonen auf, aber zumeist ist allein der Mensch des Menschen Schicksal. Alles aber ruht in der Hand eines allmächtigen, undurchschaubaren Gottes ... Nur selten wird die Erzählung belehrend, aber auch dann erweist es sich oft – verschachtelt in der mehrfachen Rahmenerzählung –, daß es wiederum Frauen sind, aus deren Mund die gewichtigen Worte kommen.

Aber das alles, die frommen Sprüche von fünf bildschönen Jungfrauen, die geleitet von einer anscheinend frommen Pilgerin vom Hof des Königs 'Omar ibn en-Nu'mân kamen, diente nur der heimtückischen Rache jener Pilgerin, die in Wahrheit eine mächtige Zauberin war. Und so muß man sich am Ende fragen, wie ernst jene klugen und frommen Sprüche gemeint sein können, die von jenen Jungfrauen dem König vorgetragen werden.

Viele Geschichten aus »Tausend und eine Nacht« sind uns seit der Kinderzeit bekannt. Von »Sindbad dem Seefahrer und Sindbad dem Lastenträger« haben die meisten gehört und »Aladin und die Wunderlampe« hat mich seit meinem sechsten Lebensjahr fasziniert. Die meisten Erzählungen freilich sind in den für Kinder und Jugendliche »bearbeiteten« Auswahlbänden weggelassen oder um alle deutlichen erotischen Szenen gekürzt. Zarteste Liebe und roheste Vergewaltigungen, Liebe zwischen Männern und Knaben, ja der Verkehr von Frauen mit Tieren wird mit der gleichen epischen Gelassenheit berichtet. Die schönen Frauen aber gleichen einander fast wie ein Ei dem anderen: Alle haben sie Gesichter rund und weiß wie der Mond, einen schlanken und schmiegsamen Leib und dunkle, glänzende Augen. Sie werden von den in Liebe entbrannten Männern, die sie oft nur einen kurzen Augenblick gesehen haben, mit blumigen Versen besungen, und die schrecklichsten Leiden und Abenteuer werden um ihretwillen bestanden. Nichts Menschliches und nichts Unmenschliches ist diesen

Erzählungen fremd, und alles wird doch auch verwandelt, verzaubert, transfiguriert in die Welt der Sprache, der gesprochenen Aufhebung.

Auch *Geld und Reichtum* spielen eine zentrale Rolle. Unermeßlich reiche Kaufleute und Kalifen treten auf. Aber sie werden nicht gezeigt, wie sie ihren Reichtum erwerben – oder doch nur selten und in knappen Worten, soweit es sich um reisende Kaufherren handelt –, sondern wie sie ihren Reichtum verschenken. Es ist nicht der Umgang des rational kalkulierenden modernen Geschäftsmannes mit Gold und Geld, sondern die großzügige Geste des Edlen. Immer wieder hören wir von teuren Ehrengewändern, die Wesire und Sultane, Kalifen und Scheichs verschenken, und für ein einziges Gedicht bekommt wohl ein fahrender Sänger einen ganzen Sack mit Gold und Edelsteinen. So gewaltig aber auch die Unterschiede zwischen arm und reich sein mögen, alle Menschen verkehren miteinander doch von gleich zu gleich. Zwar küßt der Gast vor dem König ehrfürchtig den Boden, aber dann sprechen doch beide miteinander ganz unverkrampft wie von Bruder zu Bruder. Die Neugier auf den Mitmenschen dominiert, und jeder Mensch, so wird unterstellt, hat eine interessante Geschichte zu erzählen. Oft werden geradezu Wettbewerbe darum veranstaltet, wer das unglaublichste, phantastischste, wundersamste Schicksal vorweisen kann . . .

Die »Erzählungen aus tausend und einer Nacht« sind so bunt und vielfältig wie das Angebot in einem orientalischen Basar. Hier gibt es keinen Einheitspreis und keine Einheitsverpackung, hier kann gefeilscht und erzählt werden. Es kommt fast mehr auf das Gespräch beim Handeln als auf den Kauf an. Die Freude am Umgang mit Menschen ist wichtiger als die Erhöhung des Umsatzes und die Beschleunigung des Warenumschlags. In einer Welt von Festpreisen und Selbstbedienungsläden, von einförmig gewordenen Städten und zivil uniformierten Menschen erscheint die Welt von »Tausend und einer Nacht« exotisch, wir treten in sie ein wie in das verführerische Halbdunkel eines gedeckten Basars. Von Erzählung zu Erzählung werden wir weitergelockt, und ungeduldig überschlagen wir das 1001mal wiederholte: »Da bemerkte Schehrezâd, daß der Morgen begann, und sie hielt in der verstatteten Rede an . . .« Wie schnell vergehen die Nächte im Sog dieser schier endlosen Kette von Erzählungen, von denen viele ineinander verschachtelt und verschlungen sind, bis am Ende die Erlösung für Schehrezâd und ihren Königs-Gemahl erscheint. Hat man aber einmal das Ende erreicht, kann man getrost von neuem beginnen, denn was Stendhal sich wünschte, das geht für uns moderne Menschen mit dem kurzen Gedächtnis leicht in Erfüllung: »Man sollte dies Buch immer wieder völlig vergessen können, um es mit erneuter Lust immer wieder zu lesen.«

Iring Fetscher

Wolfram von Eschenbach
Parzival

»Verfall einer Familie«, so darf man es wohl nennen. Das Oberhaupt, ein Mann in unvergleichlich mächtiger Position, ist durch eigenes Verschulden gesundheitlich ruiniert und zur Führung der Geschäfte nicht mehr fähig. Sein Bruder hat sich von der Welt abgewandt und geht in der Einsamkeit strengen Exerzitien nach. Zwei Schwestern verstorben, die dritte widmet sich gänzlich dem Dienst im Hause. Ein Nachfolger ist nicht in Sicht, der allergrößte Hoffnungen erweckende Neffe hat bei einer Art von Aufnahmeprüfung dramatisch versagt und treibt sich auf unbekannten Wegen herum: Offenbar handelt es sich nicht um ein hanseatisches Senatorengeschlecht. Sondern um die Situation der Gralkönigsfamilie – vor dem glücklichen Ende der Erlösung aus aller Not durch Parzival.

Wer sich daran macht, Wolframs »Parzival« heute zur Lektüre vorzuschlagen, riskiert Zweifel und vielleicht Hohn. Da ist zum einen die Sprache. Mittelhochdeutsch ist schwer, es kostet einiges Studium, nicht das Opfer der scheinbaren Wortgleichungen zu werden. Da ist zum anderen die Lebenswirklichkeit einer Epoche, die von der unseren durch gewaltige Verständnisbarrieren – und mehr – getrennt ist. Mittelalter ist eine Welt, gänzlich auf Gott bezogen und darauf eingerichtet, den Menschen und all sein Tun ausschließlich nach dem Heil seiner Seele zu befragen. Das klingt fern, und doch wird, wer nachzudenken bereit ist, auf den Gedanken kommen können, daß die Probleme nach wie vor so ganz anders nicht liegen; und daß sich verliert, wer sich an dieses Leben verliert.

Da ist also Parzival, jener Neffe, der die erlösende Frage nicht stellen kann, als er vor seinem qualvoll leidenden Onkel, dem Gralkönig Amfortas, steht. Und der, obwohl prädestiniert zum Nachfolger, verstoßen wird und sich nun auf die Würde des hohen Amtes hinarbeiten muß in Treue, mitleidender Hilfe und Klärung seines Gottesverhältnisses. Ein Gottsucher, wahrlich – und damit auch ein Sucher seiner selbst, seiner Identität, wie man heute sagen würde. Ein exemplarischer Lebenslauf? Das zu behaupten, wird man zögern, wer ist schon aus königlichem Hause und kraft göttlichen Ratschlusses prädestiniert für das höchste Amt auf Erden? Wer vermag schon jeden Gegner zu besiegen und jeden Menschen zu bezaubern durch Anmut und Würde, durch Schönheit und Jugend? Und doch wieder exemplarisch. Im Sinne jenes »Faust«-Wortes, das durch seinen zitierenden Mißbrauch zwar verfälscht, nicht aber entwertet wird: daß nämlich, wer immer strebend sich bemüht, der Erlösung würdig ist. Im übrigen aber verfährt die oft geübte Praxis fahrlässig, die da den einen mit dem anderen, Parzival mit Faust, in nahe Berührung bringt. Faust bestimmt sich ja dadurch, daß er dem Mittelalter entronnen ist, eine sehr moderne Gestalt insofern, als er die Autonomie des Individuums will (und sie durch den Pakt mit dem Teufel ad absurdum führt). Dem Mittelalter jedoch ist das Schicksal des Menschen auf dieser Welt nur insoweit interessant, als es Vorspiel ist, und Anwartschaft auf das »wahre« Leben. In den Goetheschen Schlußversen läuft es denn endlich doch hinaus auf eine Art Verschmelzung der einen und der anderen Helden-Vita: »Alles Vergängliche / Ist nur ein Gleichnis . . .«

Das ist der Grund. Was aber der mittelalterliche Roman über ihm baut, ist alles andere als eine versifizierte Moralphilosophie. Seine ihn bewegenden Ideen und Vorstellungen sind von Wolfram und seinem Vorbild, dem großen französischen Erzähler Chrestien von Troyes dermaßen abenteuerlich »verrittert«, daß die Forschung sich in anderthalb Jahrhunderten des Bemühens durchaus noch nicht einig ist über wesentliche Züge des Geschehens. Wohl aber ist deutlich, wie da in rund 25 000 Versen ein phantasiemächtiger Dichter (der seinem »Selbstverständnis« nach freilich Soldat war) mittelalterliches Leben vorführt, mit vitaler Lust, in bizarren Visionen und humorigen Wendungen, sinnlich, kauzig, wortgewandt, in zärtlicher Anmut und dunklen Verwirrspielen. Ein, wie man gesagt hat, in seiner fränkisch-eigenwilligen Versponnenheit sehr deutscher Dichter.

Sein Roman, mehr noch sein Held hat die Nachwelt zur Verarbeitung gereizt in mancherlei Gestalt, von denen Wagners »Bühnenweihfestspiel« die gewaltigste (im Sinne der Wirkung) und die gewaltsamste (im Sinne der Veränderung) ist. Wer sich heute als Nicht-Germanist mit einer bloßen Nacherzählung zufrieden gibt, hat in ihr den wahren Parzival so wenig wie den wahren Hamlet oder Odysseus in Nacherzählungen ihrer Dichtung; und die Prosa-Übersetzung liefert primär die stoffliche Materie. Wer aber die Reim- und Versform bewahrt, riskiert ihre Aussage zu erledigen zufolge ihrer nach 800 Jahren andersartigen Wirkung. Seit kurzem jedoch liegt eine Übersetzung vor aus der Feder des Tübinger Professors Wolfgang Mohr, einem der gelehrtesten Kenner des Epos. Ihm ist es gelungen, vielleicht zum eigenen Erstaunen und gewiß zu dem der Fachwelt, in mittelhochdeutschen Versen neuhochdeutsch zu sprechen (oder umgekehrt) und die Substanz der alten Dichtung in unsere Zeit zu transportieren. Wolfram und sein Parzival sind auch in dieser Fassung *wildiu maere,* befremdlich-ferne Begebenheit. Aber es ist der Reiz des Befremdlichen, den Menschen daran zu erinnern, was alles an Möglichkeiten seiner selbst einst verwirklicht worden ist und – wer weiß – dereinst verwirklicht werden kann. Dergleichen zu zeigen, ist Dichtung da.

Peter Wapnewski

Gottfried von Straßburg
Tristan

»Den weichlichen und unsittlichen Gottfried kann ich kaum lesen . . .«, so der große Philologe Karl Lachmann am 11./12. Dezember 1819 an den großen Philologen Jacob Grimm – und folgerichtig hat Lachmann, dessen Editionskunst die Wissenschaft von der Mittelhochdeutschen Literatur ihre Texte verdankt, auf eine Ausgabe des »Tristan« verzichtet (worunter diese Wissenschaft heute noch leidet).

Das war die Zeit, als man den einfältigen Mut hatte, die eigenen Moralvorstellungen in ein Kunstwerk zu projizieren, und dessen Wert und Würde abhängig machte von dem Maß an Vollkommenheit, mit dem das befragte Kunstwerk solcher Erwartung gerecht wurde. Heute wissen wir, daß wir Grund haben, von der Kunst Belehrung zu erhoffen über Wesen und Wert des Menschen und von ihr zu lernen, was es auf sich hat mit dem »Sittlichen« und dem »Unsittlichen«.

Gottfried von Straßburg nun ist ein großer, wenngleich schwierig zu erfassender Lehrmeister. Seit anderthalb Jahrhunderten eifrig studiert und dringlich befragt, verweigert er doch bindende Auskunft über die Fundamentalfrage: wie er es halte mit der Religion; mit der Ordnung der jenseitigen und also auch der diesseitigen Welt. Wie er es halte mit dem geliebten Liebespaar, das sich erfüllt und definiert durch permanentes Vergehen gegen Gottes und der Menschen Gebot.

Wir wissen nicht – wie das fast gesetzmäßig zu sein scheint beim Fragen nach der Künstlerpersönlichkeit im Mittelalter – woher er kam und wohin er ging, kennen weder Lebenszeit noch Beruf und sind auf Vermutungen angewiesen: Daß Gottfried in Straßburg gewirkt, vielleicht im Dienste des dortigen Bischofs gestanden hat, und daß er ein Mann von Bildung und »bürgerlichem« Ansehen gewesen, gilt uns als sicher. Im übrigen ist er identisch mit dieser seiner einen Dichtung, dem Roman von Tristan und Isolde, der mit (etwa) dem Vers 19 500 abbricht und noch einige tausend Verse mehr hätte haben sollen, und der entstanden ist in den ersten Jahren nach 1200.

Ein Roman, den man innerhalb seiner Zeit und Welt getrost als eine Ungeheuerlichkeit wird bezeichnen können. Denn man muß bedenken, was es auf sich hat mit dem höfischen Epos, das damals im romanisch-germanischen Kulturbereich gepflegt wurde und in dessen artusseliger Ritter-Märchen-Welt sich die Adelsschicht verklärt spiegelte, die Auftraggeber und Inhalt dieser Geschichten war.

Sie folgen, so bunt gemischt ihre Abenteuer und Figuren auch sein mögen, doch allesamt einem Schema. Nach ihm erleidet der von allem Anfang an berufene Held einen tiefen Sturz, weil er seinen Platz im *Ordo* seiner Welt noch nicht errungen, den Prozeß der Ich-Findung und Selbstverwirklichung, wie wir heute sagen würden, noch nicht bewältigt hat. So muß er denn, heiße er nun Parzival oder Erec oder Iwein, den langen einsamen Weg der Bewährung gehen und sich auszeichnen durch Taten des Heldentums und der Güte, die allesamt darauf hinzielen, ihn sich selbst zuzuführen. Daß er aber endlich bei sich angekommen ist, signalisiert die Situation des Endes: Inmitten der Ritterherrlichkeit des Königs Artus findet der Held auch seine Frau wieder, zu seiner Frau zurück. Der Artus-Roman ist kein Liebesroman, aber er ist ein Eheroman, insofern als er die Unversehrtheit des sozialen Instituts Ehe als Symptom begreift für den intakten Zustand des sozial übergreifenden Komplexes der adligen Gesellschaft. Ein Traum vielleicht, aber doch ein schöner, und dieser Welt galt er für eine gewisse Zeit als Chance und Appell, als eine in Kunst legitimierte Form der Wirklichkeit.

Und nun der Tristan-Stoff. Uralte keltische Märchen von Menschen und Feen, von Liebe, Ehebruch und Verrat, auf dem Weg über romanische Vermittlung schließlich nach Deutschland gekommen. Keine Königskrone winkt dem Helden und kein Gral, und was er an *âventiuren* souverän bemeistert, gilt nicht seiner Bewährung, sondern bestätigt nur, was von allen Beginn an deutlich ist: er ist der Herrlichste, und also (also?) gehört zu ihm die herrlichste Frau, die irische Prinzessin Isolde. Als Brautwerber für seinen königlichen Onkel Marke hat er sie heimgeführt, und beider Bindung in die sozialen und moralischen Gesetze ihres Amtes und ihrer Stellung hat nicht zu hindern vermocht, daß die Elementargewalt Liebe sie packte und hinwegriß aus ihrer Welt. So sehr und so weit, daß diese beiden sich ihre eigene Welt errichten, ihr eigenes künstliches Paradies mit eigenen und nur in ihm geltenden Gesetzen – die so sind, daß sie das Recht der »wirklichen« Welt *ad absurdum* führen, lächerlich machen, erledigen. Ohne damit freilich diese Welt »der anderen« in ihrer Faktizität außer Kraft setzen zu können, die schließlich obsiegt, wie es ihrem Selbstverständnis entspricht. Obsiegt sie?

Wo der Mensch sein eigenes kleines belangloses Schicksal, wo er seine Lust und seine Leiden, seine Sehnsüchte, Hoffnungen und Schmerzen derart ernst nimmt und als derart gewichtig empfindet, daß er von ihnen aus und durch sie sein Leben zu bestehen, zu formieren – auch es zu enden – unternimmt; wo, mit anderen Worten, die Sterne des Schicksals vom großen göttlichen Himmel heruntergeholt und in die eigene Brust versenkt werden: da ist nicht mehr Mittelalter. Da ist jene Welt angebrochen, die wir als »Neuzeit« bezeichnen und die sich bestimmt durch den Autonomieanspruch des Individuums.

Der Tristan-Roman ist der Versuch des Mittelalters, die Grenzen seiner selbst zu erkunden und sich aufzuheben. Ein Versuch von atemberaubender Kühnheit: Zum ersten Male werden Menschen gezeigt, die im Glanze ihrer äußeren und inneren Schönheit aufstrahlen, heller als alle um sie, und die eben nicht gemäß diesem Auserwählungscharakter handeln, sondern ihn zu widerlegen scheinen. Denn statt jener Forderung gerecht zu werden, die man als den kategorischen Imperativ dieser Epoche bezeichnet hat, nämlich *got unde der werlde gevallen* – statt dessen vollziehen sie ihr Leben in bewußt praktiziertem, mit Eifer und List, mit Bestechung und Lüge bewerkstelligten Bruch von Gottes und der Menschen Gesetz.

Und das nicht im Sinne einer Versündigung, eines peinlichen Versagens, sondern als Lebensform, als Ich-Erfüllung. Die Elementarmacht Liebe ist ihrer Natur nach von leidenschaftlicher Ich-Süchtigkeit, mithin gesellschaftsfeindlich. Sie sprengt soziale Wohlverhaltensregeln. So müssen ihrem Begehren Fesseln angelegt werden. Sie wird also – als Ehe – institutionalisiert, wird zu einer Funktion innerhalb des größeren Gemeinwesens. Solcher Integration verweigern Tristan und Isolde sich, und folgerichtig ist ihr Ziel und Ende nicht die Isolation in dieser, sondern von dieser Welt: Liebe meint Tod, Tod meint Rettung dieser Liebe in den Raum seiner/ihrer Unendlichkeit.

Das hat Gottfried nicht mehr dargestellt, das hat erst Richard Wagner vermocht. Die Überlegung ist erlaubt, ob es eben jenes Bewußtsein vom Ende der eigenen Welt war, das Gottfried, sensibler als seine Vorgänger und ein sentimentales Finale scheuend, davon abhielt, sein Buch zu Ende zu schreiben. Er hat diesem Stoff eine Gestalt von solcher *süeze,* von solcher Durchsichtigkeit, solcher zärtlichen und schneidenden Eleganz gegeben, wie sie in dem formbewußten und formverliebten Mittelalter einzigartig sind: Artistik als höchste Erscheinungsform von Kunst. So mag denn dieses sein artistisches Gewissen angesichts dieses seines Stoffes gewußt haben, daß ein Fragment endgültig, der Torso eine Form der Vollendung sein kann.

Die Zeitgenossen schon hat Gottfrieds Kunst erschreckt, der große Wolfram von Eschenbach und er haben einander redlich verachtet. Die Verwirrung hat angehalten, der große Historiker Georg Gottfried Gervinus, Karl Lachmanns Zeit- und Zunftgenosse, gesteht in seiner Literaturgeschichte: »Soll ich zum Schlusse ein Urtheil über Gottfrieds Tristan beifügen, so weiß ich kein anderes über dieses Gedicht, als Dante über solche Gefühle: man muß verdammen, aber bewundern und bedauern.«

Heute sind Verdammung und Bedauern dahin, die Bewunderung aber ist unermeßlich gestiegen.

Peter Wapnewski

Das Nibelungenlied

Siegfried die Lichtgestalt; Hagen, finsterer Verräter; Brünhild das Kraftweib; Gunther, schwächlicher Opportunist: Heldendichtung, reduziert auf Schemen; Weltliteratur, degeneriert zu zitatfähigen Klischees. Ob Deutschlands Kaiser Wilhelm II. wußte was er tat, als er 1914 die »Nibelungentreue« beschwor? Sie ist durchaus eine Treue nicht bis an den Tod, sondern eine Treue in den Tod, des Todes.

Das »Nibelungenlied« teilt mit anderen großen Dichtungen des Mittelalters, mit den Epen um Parzival und Tristan, um Gudrun und Roland wie auch mit dem Minnesang das Schicksal, oft erhoben zu sein und viel genannt, aber wenig gelesen und kaum bekannt: zitiert bis zur Unkenntlichkeit. Man hat das »Nibelungenlied« in pathosfreudiger Zeit wohl auch »die deutsche Ilias« genannt, und solche Kennzeichnung ist so falsch nicht, solange man die fundamentalen Unterschiede im Auge behält. Das eine Epos wie das andere ist Ergebnis einer langen geschichtlichen und literarischen Tradition; ist, so archaisch es wirken mag, künstlerisch schon Spät- und Endstufe. Das eine wie das andere reflektiert eine bestimmte geschichtliche Phase und Geschichtsauffassung. Das eine wie das andere hat historische Vorgänge umgeschmolzen in mythische und sagenhafte Formationen und sie »Liedern« anvertraut, Dichtungen, die wanderten und sich fortsetzten und ergänzten und verbanden und die zu einem bestimmten Zeitpunkt dann eine endgültige Gestalt erhielten.

Man weiß nicht genau, wann und wo und durch wen.

»Uns ist in alten maeren wunders vil geseit . . .«: In diesen ersten Lang-Versen, deren je vier sich endgereimt zu einer Strophe zusammenschließen und deren mündlichen Vortrag man sich als eine Art melodischen Sprechgesangs vorzustellen hat, singt der Geist der Geschichte, die »alten maeren« sind tief verwurzelt in den das Mittelalter als Geschichtsepoche eröffnenden Auseinandersetzungen der Völkerwanderungszeit und interner Machtkämpfe im Merowingerreich. Ein Datum gibt festeren Halt: Im Jahre 437 schlug ein hunnisches Hilfsheer im Dienste Westroms die Burgunder und ihre Könige, deren mittelrheinisches Reich um Worms zur damaligen Zeit bezeugt ist.

Wie erklärt nun sinnsuchende Geschichtsdeutung, wie erklärt die Logik des Mythos sich den Untergang eines ganzen Heldenvolkes? Als rächende Strafe; als Strafe etwa für Verrat. Verrat welcher Art? Da baut sich nunmehr eine große Vorgeschichte an, ein Erster Teil, der ursprünglich gar nichts zu tun hat mit dem Zweiten, mit der *nôt:* nämlich der Sagenkreis von Liebe, Eifersucht, Macht und Mord, eben der von Siegfried und Brünhild. Wie aber erklärt sich die Logik des Mythos den Tod eines strahlenden Heldenjünglings? Durch Verrat. So wuchsen Siegfrieds Leben und Tod zusammen mit Leben und Tod der Burgunder, und den Namen Nibelungen tragen sie, nachdem sie sich durch Verrat und Mord in den Besitz jenes gigantischen Schatzes gebracht haben, der nach seinen ursprünglichen Besitzern der Nibelungen-Hort heißt und den Siegfried sich erobert hatte. Gier nach Gold, Wille zur Macht ist das älteste und eigentliche Movens der Handlung und endlichen Tötung des Helden – erst spätere Zeit hat sublimiert und hat feine Fäden psychologischer und moralischer Wirkart dem alten Gewebe eingezogen: nicht immer zu dessen Glück, nicht immer zum Nutzen von Klarheit und Logik. So oft aber auch das Gestein der Überlieferung und seine Schichten sichtbar werden, und so oft auch Verwerfungen und Überlagerungen sich störend dem Gang der Ereignisse entgegenstemmen und störrisch deren Kausalität in Frage stellen, so sind doch dem Manne, den wir den letzten und eigentlichen Dichter nennen, in Gewalt und Zartheit Partien gelungen, in Stille und Sturm Szenen geglückt (und das vor allem im zweiten Teil), die an Größe und Intensität in der Weltliteratur so leicht durch nichts übertroffen werden.

Als er aber um 1200 und wohl im Donauraum seine Arbeit tat, da tat er sie inmitten verworrener, ja katastrophaler politischer Verhältnisse. »Treuebruch liegt im Hinterhalt und nackte Gewalt beherrscht die Straße«, dichtet um die gleiche Zeit Walther von der Vogelweide: seit 1197, seit Heinrichs VI. plötzlichem Tod wird das Reich erschüttert und tödlich gefährdet durch die rivalisierenden Herrschaftsansprüche der Staufer und der Welfen und der mit ihnen verbündeten Gewalten. Machttrieb, Ehrgeiz, Verrat und Tod bestimmen das Geschehen der politischen Szene: Da lehrt das »Nibelungenlied« den, der belehrt sein will, wie in allgemeinem Chaos endet, was im

Kampf Weniger begann und sich fortsetzte im Haß des Menschen gegen den Menschen und in der Unbarmherzigkeit scheinbar gerechter Rache.
Sie sind, ungeachtet punktueller mythischer Überhöhung, durchaus menschliche Menschen: Siegfried, der sportliche Held, schön und töricht; Brünhild, stolz und verletzlich; Kriemhild, hold, ahnungslos und eigensinnig; Gunther, labiler Taktiker; Hagen, Machtpolitiker aus dem Prinzip Vasallität – sie alle wachsen in der Furchtbarkeit eines von ihnen nicht gewollten, aber doch provozierten Schicksals furchtbar über sich hinaus, und da ist keiner, der seine ursprüngliche Menschlichkeit nicht preisgibt in diesem Meer des schicksalhaft-eigenverschuldeten Untergangs.
»Wie liebe mit leide ze jungest lônen kan«: so erklingt es anfangs als eine Art von Leitmotiv. Liebe aber und Leid, sie haben in der wütenden Maßlosigkeit ihres Anspruchs ganze Völker vernichtet, es mag die Hoffnung des Dichters gewesen sein, daß mit ihnen auch untergegangen sei, was ihm als das Gesetz der Weltgeschichte erscheinen wollte: die Aufhebung des Menschen durch den Menschen in Tränen und Feuer und Blut.

Peter Wapnewski

Dante Alighieri
Die Göttliche Komödie

Die Deutschen haben ein gestörtes Verhältnis zu Dante. In Rom hatte Goethe mit einem Italiener Verdruß, der ihn überzeugen wollte, ein Ausländer solle auf das Verständnis Dantes lieber von vornherein verzichten. Darauf erklärte Goethe ärgerlich, ihm »komme die Hölle ganz abscheulich vor, das Fegefeuer zweideutig und das Paradies langweilig«, was seinem Gesprächspartner nur bestätigen konnte, wie recht er gehabt hatte. Schiller, der August Wilhelm Schlegels enthusiastischen Dante-Essay abgedruckt hatte, ohne Dante näher zu kennen, war derselben Meinung: ». . . Dantes Himmel ist . . . viel langweiliger als seine Hölle.« Als Dramatiker hatte er freilich recht: Untat, Verbrechen, kurz: das Böse war für ihn der Tragödie wesentliches Element; wo er sich aber paradiesischen Gefilden näherte (wie am Schluß der »Jungfrau«), geriet er in die fatale Nähe des Erbaulichen.

Erbauliche Stellen, mit sanften pietistischen Wallungen durchsetzt, sucht man in der »Divina Commedia«, der »Göttlichen Komödie«, vergebens. Grausame Kälte, blendendes Licht, plastische Formkraft sind ihre hervorragenden Merkmale. Sie erzählt die visionäre Jenseitswanderung des Dichters durch das »Inferno« über das Purgatorio, den Berg der Läuterung, hinauf zum »Paradiso«. Sein Führer durch die beiden ersten Reiche ist Vergil; zum Paradies geleitet ihn die »engelgleiche« Beatrice. Anders als Goethes »Faust«, den man – sehr zu Unrecht – gern mit der »Commedia« verglichen hat, ist dies ein Werk ohne Brüche. Ein einführender Gesang und dreimal dreiunddreißig Gesänge, die den drei Jenseitsreichen zugehören, ergeben die Zahl Hundert. Die Reime sind derart angeordnet, daß der zweite Vers jedes Dreizeilers, der von Dante erfundenen Terzine, die Reime für den ersten und dritten Vers der folgenden Terzine bestimmt. Diese Strophenform ermöglicht also eine durchgehende Reimverschlingung von der ersten bis zur letzten Zeile jedes Gesanges. Sie versinnbildlicht die christliche Dreieinigkeit und bereichert die Fülle der Zahlensymbolik der »Commedia«. Nur mit Hilfe von Symbolik und Allegorik läßt sich ein Zugang zu der Dichtung finden. Vielleicht hat also doch jener Mann recht, der behauptete, um die »Commedia« zu verstehen, müsse man Florentiner, Ghibelline und Katholik sein, und das alles in hoher Potenz.

Die »Commedia« enthält eine Summe antik-christlicher Denk- und Glaubensvorstellungen und mittelalterlichen theologisch-astrologisch-naturkundlichen Wissens. Doch sie erstarrt nicht in blasser Abstraktion, sondern wird durch das leidenschaftlichste Temperament des Dichters in Bewegung gesetzt. Wie man in Florenz über Dante zu Gericht gesessen, ihn verbannt, zum Scheiterhaufen verurteilt und das Urteil zweimal bestätigt hatte, so urteilt er selber in der Dichtung über Lebende und Tote. Kein anderer Dichter hat seine Aufgabe so sehr als Richteramt verstanden wie Dante. Daß er sich bei solchem Verfahren Gegner gemacht hat, ist selbstverständlich. War es also verwunderlich, wenn andere Zeiten, andere Völker ihn fünf Jahrhunderte lang kaum zur Kenntnis nahmen?

In Italien selbst überstand er sogar die Aufklärung. Ihm vor allem sowie Petrarca und Boccaccio, drei Toskanern also, war es zu danken, daß die toskanische Mundart zur Nationalsprache wurde, in der sich künftig ausdrücken mußte, wer außerhalb seiner Region verstanden werden wollte. Dieses Verdienst um die Nationalsprache vergaßen Dante auch die Gegner seiner Weltanschauung nicht.

Auf dem Weg über die Schweiz und wiederum aufgrund patriotischer Verdienste fand Dante im deutschen Sprachgebiet Eingang, wenn auch keine Heimat. Für Bodmer ist der von den politischen Machthabern Vertriebene der Repräsentant beispielhafter Bürgertugenden, während die »Commedia« unter die Gattung der »dogmatischen« Gedichte fällt: Trotz unbestrittener Größe hat sie als Ausdruck der Parteilichkeit nur beschränkten ästhetischen Wert.

Dieses Urteil hat in Deutschland ebenso Schule gemacht wie August Wilhelm Schlegels Essay über die »Commedia«, neben der alle Werke der Zeitgenossen »nicht nur in Italien, sondern in ganz Europa wie Mißgeburten und Zwerggestalten« stehen. Schlegel behandelt im wesentlichen nur das »Inferno« und bestätigt damit die traditionelle Zurückhaltung gegenüber den beiden anderen Teilen der Dichtung. Romantische Weihe empfing Dante endlich durch Friedrich Schlegel, der ihn zum »heiligen Stifter und Vater der modernen Poesie« erhebt und die »Commedia« »das einzige System der transzendentalen Poesie« nennt. Nachklänge der negativen Urteile finden sich bei Nietzsche, der weihevollen Verklärung bei George und Borchardt. Schätzungsweise fünftausend deutsche Dante-Publikationen, die philosophischen Bemühungen Schellings und Hegels, mehr als drei Dutzend Übersetzungen, eine deutsche Dante-Gesellschaft und ein »Dante-Jahrbuch« haben das Gefühl der Fremdheit nicht eindämmen können, zumal sich die deutsche Dantologie oft genug in weltanschaulichen Konventikeln, Banalitäten und Kuriositäten (Dante als »Profet nordischer Sehnsucht«) verloren hat.

Während Urteile und Vorurteile der romantischen Kritik oft auch in gelehrten Kreisen weiterleben, sucht sich der moderne Leser durch intensive Lektüre des Textes vom Zwang der Konventionen zu befreien. Drei Voraussetzungen sind dabei nahezu unentbehrlich: Kenntnis der Originalsprache, ein guter Kommentar und die Entschlossenheit, sich mit einer durchaus fremden Vorstellungswelt versuchsweise zu identifizieren. Von den Übersetzungen sind die genauesten die besten. »Genau« bedeutet hier fast immer Verzicht auf den originalen Dreireim, damit aber auch auf das klangliche, durch Reimzwang oft nur mühsam erzielte Sinnbild der Trinität. Um Kommentare sind wir weniger verlegen als selbst bei vielen deutschen Autoren: Auf den Spuren der großen italienischen Kommentatoren – der erste Dante-Erklärer war Boccaccio – bewegt sich die Erläuterung der deutschen Dante-Kenner.

Wirklich verstehen läßt sich der Dantesche Kosmos nur von dem Leser, dessen Energie die Lektüre der 33 Gesänge des »Inferno« überdauert. Die Versuchung, die »Commedia« in Episoden zu lesen (oder sie, wie George, episodenhaft zu übersetzen), ist groß; doch wer ihr erliegt, zerstört das Ganze.

Die Dichtung gewinnt ihre Kraft nicht nur aus unvergeßlichen Szenen wie dem Ehebruch Francescas von Rimini mit Paolo Malatesta, der Anthropophagen-Gier des Grafen Ugolino, der Verfluchung Pisas oder Italiens, dem Gebet des Heiligen Bernhard; sie will als Ganzes aufgenommen werden, denn als Weltgebäude ist sie gemeint: ein Bau, der seine Wurzeln in theologisch getrübten Quellen der Antike oder im frühen Mittelalter hat und dessen Anblick in uns, die wir weder Florentiner noch Ghibellinen und nicht durchweg Katholiken sind,

kaum noch menschliche Teilnahme erregt, es sei denn für den Dichter als Emigranten und sein Schicksal im Exil.
Was wir genießen können, sind ästhetische Momente: die architektonische Gesamtkonzeption, die Fähigkeit zur fest umrissenen Gestaltung einzelner Figuren und den poetischen Ornat im Vers und in der Gewalt der Sprache. Wo er des Mitleids fähig ist, ergreift auch den modernen Leser die ewige Qual der Verdammten, und er fühlt die Seligkeit der Erlösten mit.

Horst Rüdiger

Giovanni Boccaccio
Das Decamerone

Lieber Mitbruder, als Du mir den Auftrag gabst, die Manuskriptbestände der Bibliothek in der Certosa von Pavia zu ordnen und neu zu registrieren, konnten wir wohl beide nicht ahnen, welche Überraschung dieses Unternehmen bringen würde. Aber alles der Reihe nach, wie es die Arbeit des Bibliothekars verlangt. Gleich zu Beginn meines Aufenthaltes hier machten mich die Brüder auf eine alte italienische Handschrift aufmerksam, die sie in einer Schatulle gefunden hatten und die nicht in der Inventarliste aufgeführt ist. Auf einem beigefügten Zettel gleichen Alters las ich die lateinische Notiz: »Der ehrwürdige Vater Giacchimo Ciani hatte mich gebeten, das Manuskript zu vernichten. Gott wird mir hoffentlich verzeihen, daß ich es nicht getan habe.«

Ich kann nicht verhehlen, daß dieses Geständnis meine Neugier nur noch steigerte. Der Handschrift nach zu schließen, dürfte der Text um die Mitte des 14. Jahrhunderts niedergeschrieben worden sein. Über dem Proemio steht in Versalien der lapidare Hinweis: ›Es beginnt das Buch, genannt Decamerone.‹ Ehe ich jedoch etwas über den Inhalt erzähle, der mir viele heitere Stunden, aber auch mancherlei Skrupel und Anfechtungen bescherte, einiges über den Verfasser. Auf der letzten Seite des Manuskriptes, das übrigens recht zerlesen ist, findet sich in Latein folgende Eintragung von anderer Hand: »Dieses Buch übergab mir Messer Giovanni Boccaccio, der die Sünden seiner Jugend bereut. Möge das, was er fortan schreibt, zum Ruhme Gottes geschehen und den Menschen Vorbild sein.«

Durch Handschriftenvergleich fand ich heraus, daß diese Notiz nur von Giacchimo Ciani selbst stammen könne, der für den Kartäuserorden so viel Segensreiches getan hat. War er es doch, der in der zweiten Hälfte des 14. Jahrhunderts die Jugend für ein gottverbundenes Leben zu begeistern wußte und so manchem die Lust am Laster verdarb. So auch dem damals 48jährigen Boccaccio. Über ihn schreibt der sittenstrenge Girolamo Tiraboschi in seiner Geschichte der Italienischen Literatur: »Giovanni Boccaccio, 1313 zu Paris als natürlicher Sohn des Kaufmanns Boccaccio di Chellino aus Certaldo und

einer vornehmen Pariser Witwe, namens Gianna, geboren und vom Vater zum Kaufmann bestimmt, widmete sich nur sehr widerwillig diesem verhaßten Beruf, bis er endlich die väterliche Erlaubnis erhielt zu studieren. Aber auch das Studium der Rechte, zu dem ihn sein Vater zwang, behagte ihm nicht. Erst nach dem Tode des Vaters konnte er sich dem zuwenden, was ihm wirklich am Herzen lag, nämlich der Dichtkunst und dem Studium der klassischen Literatur. Leidenschaftliche Liebe zu Maria, der natürlichen Tochter König Roberts von Neapel, brachte sein dichterisches Talent zur Entfaltung. Er widmete ihr viele lyrische Gedichte und fügte in einer Reihe von Romanen und Erzählungen in Prosa und in Versen die Geschichte seines Werbens, seines Glücks und seiner Verschmähung in die Darstellung ein. Mit Petrarca verband ihn eine unzertrennliche Freundschaft, die in zahlreichen Briefen dokumentiert ist. Florenz beauftragte Boccaccio mehrmals mit Gesandtschaftsreisen und politischen Missionen, die er erfolgreich und umsichtig durchführte. Er gilt als der erste, der für eine Neubelebung der griechischen Studien sorgte, ohne selber in dieser Sprache sehr weit über die Anfangsgründe hinausgekommen zu sein. Er starb am 21. Dezember 1375 in Certaldo, wo er ein idyllisches Gütchen besaß.« So viel im Auszug Tiraboschi, der immerhin das Werk Boccaccios wegen seines eleganten Stils und seiner großen Gelehrsamkeit lobt, es aber auch wegen seines gelegentlichen Hangs zur Zote und zum Obszönen tadelt.
Ich bitte um Nachsicht, wenn ich in der Nacherzählung des Stoffes mich einer zu freien Sprache bediene, denn frei, freizügig – und frivol geht's da schon her, daß es mich um die armen Seelen bangt, die sich die Lektüre zum Vorbild nehmen könnten.
Ich will es mit Matth. 8, 31 halten, wo es heißt: »Herr, erlaube mir, unter die Säue zu fahren«, auf daß ich den Rückweg finde!
Aber zur Sache: Boccaccio berichtet in seinem Buch, das er *Decamerone* nennt, von einer Gesellschaft junger Leute, sieben Damen und drei Jünglinge aus der feinen Gesellschaft, die sich vor der 1348 in Italien grassierenden Pest in eine abgelegene Villa in der Nähe von Florenz zurückzogen und sich hier durch Erzählen von Geschichten die Zeit verkürzten. Die Pest ist jedoch mehr als nur düsterer, artistisch gewählter Hintergrund zu den heiteren zehn Geschichtenerzählern. Sie ist als äußeres

Zeichen einer großen Umwälzung zu sehen, die sich damals im sozialen und sittlichen Leben Italiens vollzog. Sie beendete das Mittelalter und leitete die Katastrophe der Neuzeit ein, eines Zeitalters, das sich, wie wir wissen, bis heute jedem Halt des Ewigen verweigert. All das, was später an Libertinage, Freizügigkeit und Sittenlosigkeit in die Literatur einging – der Index librorum prohibitorum weiß ein Klagelied davon zu singen – im *Decamerone* ist es vorgeprägt, in einer heiteren, leichtfüßigen, die Sünde verharmlosenden Sprache. Ist es denn so viel leichter, die Wechselfälle des Lasters zu schildern als die ereignislose Standhaftigkeit der Tugend?
Ich selbst habe zu meiner Betrübnis lachen müssen, als ich die Geschichten las. Um mich selbst zu prüfen, las ich manche gar mehrmals – und mußte immer wieder lachen. Nur gut, daß mich keiner der Brüder dabei beobachtete: er hätte sich meine törichte Heiterkeit kaum erklären können.
Aber ich schweife ins Moralische ab. Die sich die Zeit vertreibende Gesellschaft, die der Pest entfloh, gibt den Rahmen der Erzählungen ab. Jeder erzählt zehn Geschichten, so daß nach zehn Tagen insgesamt hundert Geschichten vorliegen. Die Zahl Zehn ist nicht ohne Bedacht gewählt, hielt man doch damals zehn für das Symbol des Vollkommenen. Wenigstens in diesen Dingen griff Boccaccio auf die Theologie zurück, wenn er auch die Theologen selbst nur in ihrer Unvollkommenheit vorführt. Man findet übrigens diese Form der Rahmenerzählung in der italienischen Novellistik öfters, wie ich einer neueren Literaturgeschichte entnehmen konnte. Selbst die dreiste Margarete von Navarra bediente sich ihrer, als würde die geschilderte Zuhörerschaft den Genuß an der Sünde nur noch steigern. So ist es heute noch. Die Sünde sucht die Öffentlichkeit – und die Tugend die Verborgenheit. Sie findet noch nicht einmal mehr einen Verleger.
Freilich muß ich bekennen, daß die Eleganz Boccaccios, seine unbekümmerte Volkstümlichkeit sowie die Leichtigkeit seiner Sprache, die das Anstößige nur eben andeutet, weit über dem steht, was später geschrieben wurde – und was heute geschrieben wird. Wie häßlich klingt doch das heutige Wort ›bumsen‹ als Bezeichnung für die Liebesvereinigung, wenn man die Wendung Boccaccios dagegenhält, der von dem Spiel des Tiers mit den beiden Rücken spricht – und wieviel treffender ist seine

Bezeichnung Teufel für das männliche Glied als die heutigen groben Eindeutigkeiten! Das mußte ich konstatieren, weil ich glaube, daß der Sprachgebrauch stets auch einen moralischen Aspekt hat!
Boccaccios Geschichten sind von der mannigfachsten Art, und nicht wenige kannte ich schon, wenn auch in plumperer Form, aus lateinischen Autoren und alten Schwankbüchern, mit denen die Mönche sich früher (und heute!) von der frömmelnden Langeweile zu befreien suchten. Sie behandeln tragische und komische, wunderbare und rührende, witzige und schlüpfrige Stoffe, letztere vor allem zu Lasten der Mönche und Priester, denen Boccaccio offenbar die Keuschheit nicht so recht abzunehmen vermochte. Ich will den Mantel des Schweigens darüber ausbreiten. Du weißt, wie gefährlich dieses Thema ist. Die Witzbolde der Jahrhunderte haben es bis zum Überdruß ausgebeutet, als gäbe es über andere Dinge nichts zu lachen.
Natürlich wußte Boccaccio ganz genau, wie stark seine Geschichten gepfeffert waren, sagt er nicht selbst in seinem Nachwort: »Wer die Geschichten lesen will, soll die lassen, die ihm zuwider sind, und die lesen, die ihn freuen.« Wie aber, muß ich fragen, erfährt man denn, was einem zuwider ist? Doch nur, indem man die Geschichte liest. Dann ist es aber schon zu spät, und man sitzt in der süßen Falle frivoler Neugier. Du siehst, daß ich bei allen Skrupeln die Tatsache nicht unterdrücken kann, daß ich herzlich gelacht habe oder um ehrlicher zu sein: schadenfroh. Ist das eine Sünde?
Gerade diese meine unfreiwillige Heiterkeit, die mir seltsamerweise wie eine Reinigung vorkam, drängt mich, eine Publikation dieser Handschrift zu befürworten und die Aufforderung des ehrwürdigen Vaters Giacchimo Ciani in allen Ehren zu ignorieren. Das *Decamerone* gehört jetzt der Wissenschaft! Wenn ich mir vorstelle, wieviel heiterer die Weltliteratur geworden wäre, wenn sie dieses Werk gekannt hätte.
Ich schicke Dir eine Kopie des Manuskripts zu. Überzeuge Dich selbst. Ich würde jedoch empfehlen, das Buch in einem weltlichen Verlag veröffentlichen zu lassen, sonst heißt es noch, wir würden aus der Unmoral Profit ziehen.

Dein Mitbruder Hilario

(Aus dem Italienischen von Herbert Heckmann)

Thomas Morus
Utopia

»Wer kein Morus-Spezialist ist«, schreibt Peter Berglar in seiner soeben erschienenen Morus-Biographie, »weiß von ihm nur zwei Dinge: Er schrieb ein Buch mit dem Titel ›Utopia‹ und er wurde geköpft.«

Aber Thomas More, der Humanist Thomas Morus, war eine der lautersten und interessantesten Gestalten zwischen Mittelalter und Neuzeit, Jurist und Mitschöpfer der englischen Schriftsprache, Freund des Erasmus wie des Ehescheidungsspezialisten Heinrich VIII., Vorbereiter der Reformation, unwissentlich, dann Verteidiger des alten Glaubens, willentlich: Lordkanzler von England, erster Laie in diesem höchsten Staatsamt, und von König Heinrich zum Tode auf dem Schafott begnadigt (1535), Höfling und Heiliger (1935 auch offiziell von Roms Gnaden), zugespitzt: kein Mensch in seinem Widerspruch, sondern, mit kleinen Fehlern, ein gelungenes Exemplar Mensch. Als der Kronanwalt dem Häftling, zum Zeichen des beschlossenen Todes, Bücher, Manuskripte, Papier und Tinte wegnahm, verdunkelte More am hellichten Tag sein Zimmer im Tower mit den Worten: »Wenn Ladentisch und Handwerkszeug fortgeholt werden, ist es Zeit, das Geschäft zuzumachen.«

Sein Buch »Utopia« schrieb er 1515 auf 16, 37 Jahre alt, kurz vor Luthers Wittenberger Donnerschlag, kurz vor Eintritt in des Königs Dienst, kurz nach dem »Principe« des Machiavell. Das Datum ist wichtig. Denn, hätte Morus den fürchterlichen Luther (und damit die Wirkungen des eigenen Humanismus) schon gekannt, es gäbe wohl schwerlich die Insel »Utopia«, wo religiöse Toleranz herrscht und alle Utopier einen unnennbaren Gott unter dem Sammelnamen »Mythras« verehren. Einer ganzen Schrifttumsgattung fehlte dann das Kennzeichen. Der Titel »Utopia« ist aus dem Griechischen und heißt etwa »Nirgendsland«, in einem Brief an Erasmus von Morus in lateinisch »Nusquama« übersetzt. Aber wie würde das in der Überschrift klingen, Nusquama, wie würde das klingen, ein »Nusquamie«? Zu allem Überfluß erfand Morus für sein wohlklingendes Utopia einen Uralt-Gründer namens Utopus. Wie kam Thomas More, dieser heiter in sich gekehrte Asket, dazu, von

Karl Kautsky mit dem Titel »Vater des utopistischen Sozialismus« beehrt zu werden?
Weil er, konsequenter als Plato, seinem Staatsentwurf die Abschaffung des Privateigentums wie auch des Geldverkehrs zugrunde legte. Diesem Vorhaben steht die »superbia« entgegen, der Hochmut und die Hoffart, das Mehr-sein-Wollen als andere, das Status-Denken, der Konsum-Terror. Wer nach Kambodscha blickt, kann sogar in diesem Schreckensbild eines sozialistischen Landes noch Züge der Rigorosität und Einförmigkeit der Morus'schen Utopie ausmachen. »Wenn ihr wollt, ist es kein Märchen«, schrieb Theodor Herzl über *seine* Utopie vom Judenstaat.
Die »Utopia«, ein etwas hingehuschtes, in sich widersprüchliches Geniewerk, wird von vielen gelehrten Leuten zu gründlich examiniert. Sie ist ein höchst ernsthaftes Gedankenspiel. Der Autor hält die Verwirklichung für unmöglich, aber die Ideen selbst für denkmöglich.
Er war ein gewissenhafter Beamter, ein Günstling des mit einem großen Magen begabten Regierungschef Kardinal Wolsey, er wurde mit Ehren und Pfründen, mit Geld und Gut reichlich ausgestattet. Außer in seiner »Utopia« ist er ein Anhänger des Privateigentums, etwa mit dem gängigen, darum allein ja noch nicht unrichtigen Argument: Wie sollte der Schneider sein Auskommen finden, ohne den reichen Mann, der einen Anzug bei ihm bestellt?
Ein Gedankenspiel, aber doch nicht ohne Verbindlichkeit. Morus, der Epikureer, trug heimlich ein härenes Hemd auf bloßer Haut, er trieb die Frömmigkeit bis zur blutigen Selbstgeißelung (mit so einem Menschen konnte König Heinrich nur durch Vermittlung des Scharfrichters reden).
In der »Utopia« nun wieder machen die Bewohner Utopiens sich über unnütze Selbstquälerei und über den frommen Eifer ihrer Mönchsorden lustig: nichts zeigt uns deutlicher das Charaktervoll-Spielerische der Morus'schen Utopie. Andererseits: Jeder Utopier bittet darum, lieber den schwersten Tod zu erleiden, um nur eher zu Gott zu kommen, als durch das glücklichste Leben von ihm ferngehalten zu werden (noch einmal, eine harte Nuß für König Heinrich).
Ernst und Schelmerei, Originalität und Oberflächlichkeit halten sich in der »Utopia« fast die Waage. Es gibt eine Art

Ehepflicht. Für die auf Lebenszeit zu Verheiratenden – Ehescheidung à la König Heinrich nicht erlaubt – hält Morus eine Erleichterung parat: Braut und Bräutigam dürfen einander von einer Respektperson vor der Ehe nackt gezeigt werden, kein schreckliches Erwachen mehr in der Brautnacht.

Morus scheint seine Gedanken mit Erasmus in Brügge durchgesprochen, er scheint von den Erfahrungen des Amerigo Vespucci in der »Neuen Welt«, vielleicht von den Erzählungen über die dortige Inka-Kultur und auch vom mönchischen Leben, etwa auf dem Berge Athos, profitiert zu haben; wichtig ist das nicht. Man kann ihm Ungereimtheiten noch und noch nachweisen. Utopias Außenpolitik, beispielsweise, liest sich stellenweise wie eine Gebrauchsanweisung, wie ein Dekor für insulare Kolonialpolitik, wie eine Rechtfertigung der Monroe-Doktrin. Des Morus' Insel kennt im Inneren zwar keinen Geldverkehr, ist aber eine potente Handelsmacht. Sklaven gibt es die Menge, aber keine erbliche Sklaverei.

Was den »Principe« des Machiavell stellenweise so abstoßend macht, kommt der »Utopia« des Morus zugute: der Charakter hinter dem Geschriebenen. Machiavell verfaßte sein Werk nach einem abrupten Ende seiner staatsmännischen Laufbahn, Morus zum Auftakt. Machiavell hätte Seele, Weib und Kind verkauft, um der Macht willen, Morus hielt sich an seine Prinzipien und seinen Glauben. Die Ketzer sollen bei Morus brennen, in das Fegefeuer ist er geradezu verliebt, und ein Kind, das in des Morus' Haus ketzerische Reden von sich gab, hat er laut eigener Rechtfertigung durchprügeln lassen.

Sich den Lordkanzler vorzustellen, wie er als Philosoph dem wulstigen König sozialistische Ratschläge gibt, das überfordert unsere Phantasie. Beide zusammen ergaben noch keinen Philosophenkönig. Aber wir dürfen uns sehr wohl einen Staatsmann vorstellen, der kurz vor dem Sturz seines Gönners Wolsey im Diogenes Laertius die Stelle nachliest, wo die Thebaner und Arkadier den Philosophen Plato bitten, ihnen einen großen Stadtstaat einzurichten. Als Plato hörte, der neue Staat lehne die Gütergemeinschaft ab, ging er nicht hin.

»Oder meinst du nicht«, läßt Morus in der »Utopia« seinen Widerpart Raphael sagen, »ich würde auf der Stelle fortgejagt oder verspottet werden, wenn ich am Hofe irgend eines Königs gesunde Maßnahmen vorschlüge und verderbliche Saaten

schlechter Ratgeber auszureißen versuchte?«
Plato, der Dionys dem Älteren, Tyrannen von Syrakus, hatte Rat spenden wollen, wurde von diesem in Ägina als Sklave verkauft, vierzig Jahre alt. Aber er konnte es nicht lassen. Noch als alter Mann diente er dem zweiten Dionys zweimal, beide Male vergeblich.
Politik, wie Wolsey, hat Morus als Lordkanzler nicht gemacht. Er sollte dem König als Alibi für dessen Heirats- und Kirchenpläne dienen, und vielleicht hätte er das erkennen können. Wie gut, daß nicht die »gesunden Maßnahmen« des Thomas Morus, sondern die ungesunden seines Königs und des Staatssekretärs Thomas Cromwell die englische Politik bestimmten. Beide haben England protestantisch gemacht. Dafür starb Thomas Cromwell, nach einem von ihm selbst geschneiderten Gesetz, auf dem Schafott. Wie gut weiter, daß sein Namensvetter Oliver Cromwell auch einmal einen gesalbten König ohne Recht und Gesetz enthaupten ließ.
Wer die Welt nicht mehr ändern will – denn sie will ja nicht – wird die »Utopia« mit Vergnügen lesen.

Rudolf Augstein

François Rabelais
Gargantua und Pantagruel

Du fragst mich, warum ich gerade den Gargantua und Pantagruel des François Rabelais als meine liebste Lektüre genannt habe. Auf dem Buch läge doch schon so viel Staub, und um es zu verstehen, müßte man viel zu viele philologische Leitern anlegen. Was den Staub anbelangt, so liegt er nur dort, wo wir nicht fegen. Wir haben es uns angewöhnt, beim Lesen den Verstand nicht besonders stark zu engagieren. Wir haben an die Stelle der Nachdenklichkeit den Konsum gesetzt. Auf diese Weise wirst Du mit Rabelais recht wenig anfangen können. Bei ihm muß man schon ein wenig aufpassen, wenn man nicht in dem fallenreichen Labyrinth seiner Prosa scheitern will. Zudem mißt sich Rabelais' satirischer Witz an Ereignissen und Dingen seiner Zeit, die uns heute nicht mehr geläufig sind und die nur durch ein Heer von Fußnoten entschlüsselt und erklärt werden können. Rabelais war belesen wie kaum ein anderer seiner humanistischen Zeitgenossen, und er spielte souverän und in heiterer Unbefangenheit mit seinem Wissen. Eine gewaltige Bibliothek scholastischer, medizinischer, philologischer, poetischer, philosophischer und juristischer Bücher haben seine Kommentatoren durchackern müssen, um ihm auf die Schliche zu kommen. Ohne ihre Hilfe, angefangen mit Jacques le Duchat, der die erste kommentierte Ausgabe 1711 herausbrachte, bis hin zu Abel Lefranc, der die grundlegende Ausgabe, Paris 1912-1931, besorgte, bleibt die Lektüre Rabelais voller Tücken und Sackgassen.

Wir Deutsche haben das Glück, daß Rabelais' »Gargantua und Pantagruel« zwei überragende Übersetzer fand: nämlich Johann Fischart (seine Übersetzung erschien unter dem Titel »Affentheurliche und Ungeheuerliche Geschichtsschrift vom Leben, rhaten und Thaten der for langen weilen Vollenwolbeschraiten Helden und Herrn Grandgusier, Gargantoa, und Pantagruel . . .« zuerst 1575) und Johann Gottlob Regis (»Meister Franz Rabelais' ›Gargantua und Pantagruel‹«, 1832-1839 mit ausführlichstem Kommentar, der heute noch wertvolle Dienste leistet). Beide haben freilich ihr Übersetzeramt derart ernst genommen, daß ein heutiger Leser auch schon für sie einen dickleibigen Kommentar benötigt, um sie richtig

würdigen zu können.
Ich will Dich nicht entmutigen, Du sollst nur wissen, woran Du bist. Rabelais ist keine Angelegenheit für unvorbereitete Leser, die lediglich die Zeit totschlagen wollen, noch weniger jedoch etwas für enge Geister, die die Kunst des Lachens nicht von Grund auf beherrschen. Er verstand es, mit den erhabensten und den niedrigsten Angelegenheiten unseres Lebens seine Scherze zu treiben. Seine Heiterkeit kannte keine Grenzen, was ihm nicht wenige verübelt haben. So stellt Karl Hillebrand in seinem Porträt Rabelais' naserümpfend fest: »Er (Rabelais) ist ›Volk‹ und fühlt sich ›Volk‹; wir aber, die Gebildeten des neunzehnten Jahrhunderts – es wäre Affectation, es zu leugnen – sind nicht mehr ›Volk‹. Wir fühlen uns keineswegs wohl im Kuhstall oder in der dumpfigen Schnapskneipe; wir leben in einer gereinigten – wenn auch künstlich gereinigten – Atmosphäre. Vom Volk hat nur das Menschliche, das wir mit ihm gemein haben, ein Interesse für uns, in so fern es unmittelbarer und frischer bei ihm als bei uns, den Gebildeten, immer ein wenig Verbildeten, zu Tage tritt, wir uns selber darin unverdorbener wiedererkennen.« Wie welt- und lebensfremd das Bildungsbürgertum war, haben wir am eigenen Leibe erfahren. Es mußte einem Rabelais einfach fassungslos gegenüberstehen, dem nichts Menschliches fremd war, der sich mit einem Lachen von allen Zwängen – metaphysischen und physischen – befreien konnte. Rabelais selbst hat seine Philosophie ›Pantagruelismus‹ genannt, »eine spezifische Eigenschaft und individualisches Wesen, kraft dessen sie (die Anhänger) nimmermehr krumm nehmen werden, was aus einem guten, freyen und wohlgesinnten Herzen kommt«.
Johann Georg Hamann, der die Sinnlichkeit nicht als einen Widerpart der Wissenschaft empfand, zog die ›crème philosophale‹ Rabelais' den dünnblütigen Anstrengungen seiner Zeitgenossen vor. Was Adelbert von Chamisso einmal an Fouqué schrieb »Der Schalk Rabelais lächelt immer auf meinem Tische«, hätte so mancher deutsche Dichter beherzigen sollen, der vor lauter Höhenflug die Tücken der Wirklichkeit verkannte. Einen wirklichen Bruder im Geiste hat der Franzose in Deutschland nie gefunden; am ehesten noch könnte man das von Jean Paul behaupten, der sich die humorische Paraphrase Rabelais aneignete. Was die Heiterkeit betrifft, so haben wir

Deutsche diese schönste aller Lektionen versäumt. Schon allein deswegen möchte ich Dir, der Du dazu neigst, die Weltgeschichte in tiefernste Theorien aufzulösen, Rabelais besonders ans Herz legen. Sein »Gargantua und Pantagruel« ist ein einmaliges Erziehungsbuch, jedoch nicht eines, dessen Weisheit man auf pädagogische Flaschen ziehen könnte. »Vivez joyeux!«: Lebt lustiglich, ermahnte Rabelais seine Leser. Für ihn gibt der Schalk noch den besten Erziehungsmeister ab. Ihm kommt es auf »eine besondere Fröhlichkeit des Geistes« an, »die in Geringschätzung zufälliger Dinge besteht«. Er will, daß wir die Natur begreifen, die alles ist und alles in ihrem Schoß hegt. »Sie ist«, wie es Wilhelm Wiegand in seinem schönen Rabelaisessay formuliert, »die Güte selbst; sie schenkt ihren Kindern die Lust, damit dies Leben, mit seinen Wonnen und seinem Schmerz, den jeder als Lachender überwinden mag, Ewigkeit habe.« Das Leben ist des Lebens Ziel, resümiert Rabelais.

Über den Inhalt des Werkes will ich Dir nicht viel erzählen, weil ich Deine Neigung kenne, mit ein paar aufgefangenen Allgemeinheiten so zu tun, als habest Du ein Buch von der ersten bis zur letzten Seite durchgestanden. Für Rabelais mußt Du Dir Zeit nehmen: er ist nichts für moderne Diagonalleser, die über die Geschwindigkeit des Begreifens das Begreifen selbst vergessen. Rabelais selbst hat sein ganzes Leben an dem Werk gearbeitet. Zuerst erschien Buch II Pantagruel zu Lyon 1532, Buch I Gargantua kam 1535 heraus, das dritte Buch folgte 1546 und das vierte 1548. Über die Echtheit des 5. Buches streiten sich die Gelehrten. Es lag 1564 vor und basiert zweifellos auf Entwürfen Rabelais', der 1553 starb. Fremde Hände haben sie vervollständigt und redigiert, ohne jedoch den Stil und den Geist der anderen Bücher zu treffen.

Auf das Leben und die Gestalt Rabelais' kann ich Dich nur neugierig machen. Der 1494 in der Touraine Geborene war Mönch, Arzt, humanistischer Gelehrter und heiterer Lebenskünstler. Es war ein langer Weg, bis die Forschung hinter den zahlreichen Legenden und lustigen Anekdoten den historischen Rabelais zu fassen bekam. Viele hielten ihn ganz einfach für eine leibhafte Fortsetzung seines Werkes, das so etwas wie eine heitere Enzyklopädie seiner Zeit darstellt. Mit dem einschüchternden Begriff Enzyklopädie möchte ich nichts anderes sagen, als daß Rabelais die Kenntnisse seiner Zeit gleichsam in der Hosentasche hatte, und dementsprechend ging er auch mit diesen um. Er war ein eingeschworener Feind trockenen Schulwissens und machte sich über dessen aufgeblasenen Vertreter lustig. Wissen verkrustete bei ihm nicht zu leblosen Dogmen. Er machte keinen Unterschied zwischen Wissensdurst und dem Durst nach einem Schluck guten Weins. Wie sich Nietzsche die Fröhliche Wissenschaft vorstellte, das war für ihn eine ausgemachte Sache.

»Die Wahrheit zwar zu sagen, musterhaft
Ist wenig drinn, wenn wir nicht Lachen meinen.«

Lachen als Weisheit. Ein Unding für uns, die wir mit dem Ernst nachgerade einen Teufelsbund geschlossen haben. Rabelais nahm nichts ernst, selbst die heiligsten Dinge nicht. Er sah den Ernst als den Widersacher des Genusses an. Kann einer, der Wein mit einer Leichenbittermiene trinkt, überhaupt genießen? Kann man überhaupt lieben, wenn man den Liebesakt für einen gesellschaftlichen oder biologischen Zwangsvollzug hält? Wir haben ganz einfach Angst, die Dinge auf die leichte Schulter zu nehmen, wo sie sich am besten tragen lassen.

Du wirst mir vorwerfen, daß meine Begeisterung für den heitersten aller Franzosen eine antiquarische Marotte ist, eine Flucht ins Vergangene. Was heißt hier Flucht? Ich finde, daß die Welt nichts an Lächerlichkeit eingebüßt hat. Im Gegenteil. Wir bringen nur nicht den Mut auf, darüber zu lachen.

Tu Dir also den Gefallen und nimm einmal den Rabelais vor. Du wirst, wenn Du geduldig herangehst, wahre Wunder erleben. Nach den Erfahrungen, die ich mit dem unerschöpflich heiteren Werk gemacht habe, glaube ich Dir dies versprechen zu können.

Herbert Heckmann

Michel de Montaigne
Essais

Ein Buch, in dem mit gleichem Ernst – und gleicher Nonchalance – nachgedacht wird über stoische Philosophie wie über deutsche Trinksitten, über die Haartracht venezianischer Kurtisanen wie über die Berechtigung zum Selbstmord, über Kindererziehung wie über schriftstellerischen Stil, kann schwerlich von einem Deutschen geschrieben sein.
Der gaskognische Gutsherr und Edelmann, der vor vierhundert Jahren im runden Bibliothekszimmer seines Schloßturms im Périgord auf und ab ging, in Büchern blätterte, Anmerkungen an den Rand kritzelte und seine Kreuz-und-Quer-Gedanken am Schreibpult notierte, machte sich selber über das allmählich entstehende Bündel von Meditationen, Beobachtungen, Glossen lustig.
Michel Eyquem, Seigneur de Montaigne (1533-1592), in der Zettelwirtschaft von Notizen und Exzerpten und Traktaten auf dem Schreibtisch wühlend, spottete über das »schlechte Ragout«, das da entstehe, sprach von seinem »Frikassee« und meinte, mit einem Blick von den Zitaten-Stößen auf dem Tisch in den Küchengarten unterm Fenster: »Wieviel verschiedene Kräuter es auch geben mag, alle lassen sich unter der Bezeichnung ›Salat‹ zusammenfassen.«
Salat schreibt der angehende Schriftsteller, der bekannte, daß er so »heißhungrig« esse, daß er sich »oft in die Zunge oder die Finger beiße«, aber »kein besonderes Gelüste nach Salat oder Obst« habe – Salat schreibt Montaigne 1580 dann doch nicht über die erste Sammlung seiner Aufzeichnungen, sondern »Essais«. Der ehemalige Parlamentsrat am Gerichtshof zu Périgueux, der spätere Bürgermeister von Bordeaux kann nicht ahnen, daß er mit den beiden Silben des Wortes »Essai« nicht nur einen Titel für sein Buch, sondern auch eine Gattungsbezeichnung gefunden hat für eines der schönsten und fruchtbarsten Genres der Literatur.
»Essai«, das heißt für diesen Renaissance-Menschen, der mit schöner Unbekümmertheit sich selber, seine körperlichen Eigenheiten und seelischen Stimmungen studiert, noch nicht: kürzere wissenschaftliche oder literarische Abhandlung in lockerer künstlerischer Gestalt und bewußter Subjektivität,

sondern – im Wortsinn – Versuch, Probe, Prüfung, Ansammlung von Erfahrungen, um einen Gegenstand besser erkennen zu können. »Essai«, das ist für Montaigne ebenso der kritische Blick in den Spiegel (»Mein Wuchs ist stark und gedrungen, das Gesicht nicht feist, aber füllig. Ich habe einen starken Bart von kastanienbrauner Farbe. Beine und Brust sind bei mir stark behaart«) wie auf Leben und Tod: »Das Ende unserer Laufbahn ist der Tod. Er steht uns vor Augen, wir mögen wollen oder nicht. Das gemeine Volk hilft sich damit, daß es nicht an ihn denkt. Das heißt so dumm sein wie das Vieh ... Wir müssen dem Tod sein unheimliches Aussehen nehmen, müssen mit ihm Umgang halten, uns an ihn gewöhnen ... An den Tod vorausdenken, heißt an die Befreiung vorausdenken. Wer zu sterben gelernt hat, hat verlernt, ein Sklave zu sein. Es gibt nichts Schmerzliches im Leben für den, der recht verstanden hat, daß der Verlust des Lebens kein Übel ist ... Immer muß man gestiefelt und gespornt für den Abschied sein; und so bereit, daß man es dann nur noch mit sich selbst zu tun hat ... Zu guter Letzt ist meine Meinung, daß die fürchterlichen Zeremonien, mit denen wir den Tod umgeben, uns noch mehr ängstigen als er selbst.«
Da spricht ein Schüler der stoischen Philosophie, die den kalt ruhigen Blick auf Leid und Tod lehrt und die Seele durch nichts erschüttert sehen möchte. Montaigne, und das macht die Lektüre nach vierhundert Jahren noch so aufregend, als ob ein Zeitgenosse zu uns spräche, Montaigne ist zuerst und zuletzt Realist, und als solcher: Skeptiker. So wundert es nicht, gleich in einer der nächsten Aufzeichnungen zu lesen, daß Montaigne der lebensfroheren Philosophie Epikurs anhängt, etwa wenn der von Nierenkoliken schwer geplagte Freund stark gesalzener Fleischgerichte sich Gedanken macht über die »leere Förmlichkeit« der »Vorschrift, den Schmerzen eine würdevolle Verachtung entgegenzusetzen«: »Was tut's, wenn wir die Glieder krümmen, wenn nur nicht unser Denken sich krümmt! Schafft es dem Körper Erleichterung, wenn er ächzt, so ächze er! Ist ihm besser, wenn er seine Lage ändert, so winde und wälze er sich, wie er will ... Wir haben mit dem Leiden genug zu schaffen, wir brauchen uns nicht auch noch mit überflüssigen Vorschriften zu plagen.«
Ein Verächter aller bloß formalen Regeln und ungeprüft über-

nommener Urteile, ein Verfechter des *»bon sens«,* der guten praktischen Vernunft, müßte ein vorbildlicher Vater gewesen sein. Von den fünf Töchtern kam nur eine, Leonore, lebend über das Säuglingsalter hinaus. Montaigne, der selber eine glückliche Kindheit hatte und voll Anhänglichkeit von seinem Vater erzählt, macht sich seine eigenen Gedanken über Kindererziehung. So revolutionär seine Ansichten für die damalige Zeit waren, so dankbar erinnert sich die moderne Pädagogik an solche Grundsätze: »Ich verwerfe allen Zwang bei der Erziehung einer zarten Seele. Was man nicht durch Vernunft, Klugheit und Feinheit erreicht, erreicht man noch viel weniger mit Gewalt . . . Die Kinder haben die Jugend und die Kraft auf ihrer Seite und folglich die Gunst und Gewogenheit der Welt. So spotten sie der stolzen, despotischen Mienen eines Mannes, der kein Blut mehr in Herz und Adern hat. Diese Vogelscheuchen!«

So viel Freigeisterei in einem dem Mittelalter noch so nahen Jahrhundert der Glaubenskriege macht ihn verdächtig. Auf seiner Reise durch Deutschland und Italien 1580 durchstöbern die Zöllner in Rom das Gepäck des Mannes besonders gründlich, der in seinen eben erschienenen »Essais« die Ansicht vertritt: »Die Menschen bedienen sich der Religion nur, um zu tun, was sie wollen.« Das »Reisetagebuch«, das er abends einem der Begleiter diktiert, verzeichnet nicht nur – wie in jeder Stadt –, ob und wieviele schöne Frauen »Herr von Montaigne« erblickt hat, sondern auch die Praktiken vatikanischer Zensur: »An Frauenschönheit bemerkte er nichts Besonderes, was den hohen Ruf der Stadt in dieser Hinsicht rechtfertigen könnte. Besondere Schönheit befand sich hier wie in Paris eben bei denen, die daraus ein Gewerbe machen . . . Die gewöhnliche Beschäftigung der Römer ist, in den Straßen spazieren zu gehen, bloß eben um herumzuschlendern . . . Man hat weiter nichts davon, als die Damen an den Fenstern zu sehen, besonders die Kurtisanen, die sich an ihren Jalousien zeigen . . . Leute von Rang kommen in Equipagen gefahren. Die Lebemänner, die den Blick nach oben mehr frei haben wollen, haben sich im Kutschendach Aussichtslücken anbringen lassen . . . Neu erschien Herrn de Montaigne, daß bei den Messen der Papst, die Kardinäle und die anderen Prälaten bedeckten Hauptes dasitzen und miteinander während des ganzen Gottesdienstes plaudern ... Der Maestro des sacro Palazzo und sein Assistent beruhigten mich über die Zensur meines Buches ... Sie überließen es ganz mir, bei einem Wiederabdruck das, was ich als unkorrekt empfände, abzuändern, unter anderem die Worte vom ›Schicksal‹ ... Zur Entschuldigung dafür, daß sie mein Buch so genau durchgesehen und an einigen Stellen verdammt hätten, wiesen sie auf mehrere Bücher von Kardinälen ... hin, bei denen auch einige Unvollkommenheiten zensiert worden seien, ohne daß das dem Ruf des Verfassers oder seines Buches im ganzen geschadet habe.«

Mit den »Essais« beginnt die moderne, realistische, nicht mehr am Jenseits, sondern an der Welt der Menschen und am Individuum orientierte Literatur. Pascal, der doch viel von Montaigne gelernt hat, empfand das – für einen überzeugten Christen – Skandalöse dieses Buches, als er das »törichte Vorhaben, sich selber zu malen«, verdammte. Ein Jahrhundert später kleidet Voltaire sein Lob der »Essais« in die Form eines Echos, wenn er vom »bezaubernden Vorhaben, sich selber zu malen«, spricht.

Ein bezauberndes Buch sind die »Essais« dieses Republikaners mit monarchistischen Neigungen, dieses Christen mit heidnischer Gesinnung, dieses Renaissance-Menschen und Humanisten mit dem mittelalterlichen Gottvertrauen, der schon die Aufklärung ankündigt. Ein großes Lese- und Lehrbuch vom richtigen Leben, das man nicht auf einmal und nie zu Ende lesen kann, sondern so aufnehmen muß, wie es geschrieben wurde, schweifend, abbrechend und wieder neu anfangend. Montaigne bekennt: »Die Überschriften über meinen Kapiteln decken nicht immer ihren Inhalt.« Es gilt aber auch das andere Wort: »Ich rede mit dem Papier wie mit dem nächsten besten, den ich am Rockknopf fasse – Wenn's nur wahr ist, darauf kommt's an ... Ich heute und Ich morgen – das ist sehr zweierlei; wann besser, wer will's sagen? ... Mich will ich malen ... So bin ich denn selbst der Stoff meines Buches.«

Schönstes Zeugnis für Montaignes skeptische Wahrheit und Wahrnehmungslust ist der Wahlspruch, den er auf eine Medaille drucken ließ. Die Behauptung, welche die Agnostiker dem Dialektiker Sokrates nachsprechen: *scio nescire,* ich weiß, daß ich nichts weiß, ist dem undogmatischen Montaigne viel zu apodiktisch. Der wahre Skeptiker kleidet noch seine Lebensmaxime in die Form einer Frage: Was weiß ich? *Que sçay-je?*

Rolf Michaelis

Hans Jakob Christoph von Grimmelshausen
Der Abenteuerliche Simplicissimus

Als lateinisches Zitat steht in diesem sechsteiligen Buch: Erkenne dich selbst. Und wer, wie ich beispielsweise, umfassender traumatischer Erfahrungen ganzer Völker ziemlich gewiß ist, hält auch Selbsterkenntnis für nicht beschränkbar aufs Individuelle, scheinbar Ungeschichtliche. Eigenarten und Verhaltensprägungen, mit denen wir uns geschlagen wissen, ließen sich leichter tragen (und möglicherweise abbauen), entdeckten wir darin den historischen Ursprung. Wenn Literatur überhaupt einen Nutzen stiftet, dann vielleicht den solcher Einsicht.

Liest man den »Abenteuerlichen Simplicissimus« unter diesem Aspekt, wird man erschrecken. Was unter der Kategorie »Schelmenroman« dahinging und durch diesen Begriff (auch durch den Stil des Werkes natürlich) zugleich Neutralisierung erfuhr, ist eine Geschichte unmenschlicher Exzesse in der Form des Slapsticks, des schwarzen Humors, der blutigen Satire. Übersetzt man sich das ausschweifende, altertümliche Deutsch des 17. Jahrhunderts sowie die dezente und formelhafte Benennung der extremen Geschehnisse in seine eigene unmittelbare oder auch nur mittelbare Teilhabe an den Weltläuften, so erlebt man mit, was »Teutschland« psychologisch nie *bewältigen* konnte und darum leichte Wiederkehr hatte. Aus dieser Sicht erscheint das Dritte Reich, der zweite Weltkrieg mit allen Begleiterscheinungen und noch die Spaltung nebst konträren militärpolitischen Allianzen, vom Gegensatz der Glaubensspaltung ganz zu schweigen, wie eine Fortsetzung des dreißigjährigen Krieges mit anderen Mitteln.

Grimmelshausen, Autor dieses pseudobiographischen Berichtes, wußte, wovon er schrieb, da er als halbes Kind bereits in die Truppe geraten war. Wie von Selbstverständlichkeiten spricht er von Folter und Notzucht, Brandstiftung, Mord und Totschlag und wohl in keinem andern Stück Weltliteratur wird soviel von Geld geredet wie in diesem: Es hat nahezu mythische Bedeutung, denn es verbürgt einerseits Rettung und Überleben, andererseits Tortur und Tod. Jene Meinung, erst in unserer »Moderne« könne man alles kaufen, basiert auf Unkenntnis: Grimmelshausen widerlegt sie sofort.

Wie aus sonst keiner Geschichtsschreibung geht hier eindeutig hervor, warum dieser Krieg kein Ende nehmen wollte. Die überwältigende Vorherrschaft eines vergangenen militärischen Denkens schuf die Permanenz einer tödlichen Existenzweise: Beide Seiten suchten nicht nur, ihre jeweiligen Kriegsgefangenen für sich in Dienst zu nehmen, was oft ohne Schwierigkeiten gelang, da es mit der Glaubenstreue, ob Kaiserliche, ob Schwedische, kaum weit her war, sondern man verkaufte die Gefangenen auch ungesäumt wieder an den »Feind«, der gleichermaßen verfuhr. Offensichtlich wurden Gefangene häufig nur wegen des Lösegeldes gemacht; in den höheren Rängen kaschierte sich der Seitenwechsel als Überzeugungstat. Tatsächliches Opfer war die Zivilbevölkerung, die den Rohstoff für die Kriegsmaschinerie lieferte, und erst als dieses Reservoir total erschöpft war, hörte der Krieg auf. Dieser »Holocaust« – ich scheue mich in diesem Falle des Wortes nicht – hat sich wahrscheinlich tief ins Unterbewußtsein der Deutschen gesenkt, und ihre Jahrhunderte währende Fixation an alles Militärische, so etwas wie ein »militantes Selbstbewußtsein« resultiert aus dieser Zeit des Völkermordes, ja, des ethnischen Selbstmordversuches der Deutschen, den sie, stärker dezimiert als heute die Kambodschaner, zwar überlebten, doch ohne sich je wieder in das inzwischen fortgeschrittene Europa recht einordnen zu können. Wie groß die Kluft selbst damals schon war, erlebt sogar unser Simplicius bei einem Aufenthalt im kriegsfernen, friedlichen Paris, dem darum auch eine besondere Idylle, ein erotisches Verweilen in einem Hörselberg bei einer verdreifachten Venus zugeordnet ist. Nur Rußland, an seiner »Ostfront« mit den Tataren beschäftigt, bildet da eine Ausnahme, und wies dem Besucher Züge, die eigentümlich bekannt vorkommen. Im 21. Capitel des 5. Buches (»Wie es Simplicio weiters in der Moskau erging«) liest man über den Aufenthalt unseres Helden unter anderem:

»Damals ging ein Mandat aus, daß man gleichwie unter den Einheimischen also auch unter den Fremden keine Müßiggänger bei hoher unausbleiblicher Strafe mehr leiden sollte, als die den Arbeitenden nur das Brot vor dem Maul wegfräßen, und was von Fremden nicht arbeiten wollte, das sollte das ganze Land in einem Monat, die Stadt aber in vierundzwanzig Stunden raumen. Also schlugen sich unsrer bei funfzig zusammen, der Meinung,

unsern Weg in Gottes Namen durch Podoliam nacher Teutschland miteinander zu nehmen; wir wurden aber nicht gar zwo Stunden weit von der Stadt von etlichen reußischen Reutern wieder eingeholt, mit dem Vorwand, daß wir uns frevelhafterweise unterstanden, in so starker Anzahl sich zusammenzurotten und ohn Paß unsers Gefallens dero Landen durchziehen, mit fernem Anhang, daß ihre Majestät nicht unbefugt wären, uns unsers groben Beginnens halber nach Sibirien zu schicken.«
Außer in seinem geschichtlichen Gehalt, den konkreten Fakten und Personen, ist Grimmelshausens Buch noch auf eine ganz andere, archetypische Art »deutsch«: in seinem Bildungsanspruch. Gewiß entsprechen Anspielungen auf die Bibel und die griechisch-römische Mythologie der Epoche, dem Barock, zusätzlich aber streut der Autor in jedem Kapitel in Überfülle seine lexikalischen Kenntnisse aus, so daß die Menge der Analogien, Vergleiche, Symbole, Hinweise die Erzählung überwuchern: Als spränge just hier die Quelle, aus der Schriftsteller von Jean Paul bis Arno Schmidt das Ihre schöpften. Trotzdem hat dieses »Bildungsgut« eine zweckvolle Funktion: es bettet die unglaublichen Ereignisse, den realen Schrecken wie die phantastischen Einfälle, in eine gleichmäßige, beruhigende und beruhigte Erzählsprache, um damit die Distanz zu erzeugen, die das Mitgeteilte erträglich und akzeptabel macht. Zugleich verbindet sich dieser komplizierten, nämlich retardierenden, sich selbst reflektierenden Darstellungsweise ein naives Staunen vor dieser Welt, das, indem es sich in Handlungen der Hauptperson umsetzt, dieser ihren Namen gibt: Simplicius, der Einfältige. Aus diesen Elementen, verbunden mit aggressiver Zeit- und Gesellschaftskritik, erwächst dem Leser ein Vergnügen, das im Stoff selber keine Heimat hat. Denn es ist die Geschichte einer deutschen Misere, immerzu über das lachend, was eigentlich zum Weinen Veranlassung bietet: So kann nur ein Betroffener erzählen, der, um überhaupt seine Erfahrung artikulieren zu können, sich selbst maskieren und seinen Gegenstand verfremden muß. Und was im 2. Capitel des 4. Buches Monsieur Canard beiläufig dem Simpel unterstellt, gilt möglicherweise für den Autor selbst, ja, vielleicht für alle Schriftsteller seines Schlages:
»Ihr redet von der Sache wie ein Teutscher; wann ihr aber einer anderen Nation wäret, so wollte ich sagen, ihr hättet davon geredet wie ein Narr!« *Günter Kunert*

Blaise Pascal
Pensées

Blaise Pascal gehört zu den faszinierendsten Gestalten der Philosophiegeschichte. Ein religiöser Denker, der nicht nur kein Theologe ist, sondern sogar gerade durch seine beißende Kritik an den zeitgenössischen jesuitischen Moraltheologen bekannt wird, ein Mathematiker und Physiker von hohem Rang, ein Anwalt der Vernunft, der zugleich die Grenzen der menschlichen Vernunft, die »Erbärmlichkeit des Menschen« erfahren hat und daraus seine Angewiesenheit auf göttliche Gnade ableitet. Der Sechzehnjährige schon macht erste Entdeckungen auf dem Gebiet der Geometrie (Kegelschnitte). Frühbegabt und intensiv arbeitend wendet er sich auf Rat der Ärzte später dem mondänen Leben zu und studiert – gestützt auf Michel de Montaignes ›Essais‹ und seine Erfahrungen im Umgang mit dem Chevalier de Méré, dem Ideal des *honnête homme,* – »den Menschen«. Aber so wenig wie die Geometrie und die Physik, die ihm bedeutende Erkenntnisfortschritte verdanken, vermag ihn die Philosophie der Zeitgenossen zu befriedigen. Die Lehren Descartes' hält er für oberflächlich und die stoische Moral Montaignes verkenne die Natur des Menschen, sei kalt und elitär. 1654 hat Pascal ein mystisches Erlebnis, das zum Ausgangspunkt für seine Hinwendung zur Religion und zum Jansenismus wird. Er vermag seine Errettung aus Lebensgefahr offenbar nur als göttlichen Eingriff zu deuten und widmet sich in den folgenden Jahren ausschließlich der »Apologie der christlichen Religion«, die er infolge seines frühen Todes (er stirbt 1662, weniger als 40 Jahre alt) nicht vollenden kann. Fragmente dieses Buches sind es vor allem, die, unter dem Titel »Pensées« nach seinem Tode ediert, bis heute die Erinnerung an den religiösen Denker Pascal lebendig erhalten haben.

Man muß nicht gläubiger Christ sein, um Pascals Gedanken anregend und aufregend zu finden. Kein Autor des siebzehnten Jahrhunderts ist »moderner«, nüchterner und zugleich als Mensch uns näher als Pascal. Er stellt keine dogmatischen Behauptungen auf. Pascal weiß, daß seine Zeitgenossen sich nicht mehr einfach Autoritäten beugen. Sie wollen begreifen, was man sie lehrt, allein die Vernunft hat bei ihnen Kredit.

Pascal selber bleibt ein aufgeklärter naturwissenschaftlicher Denker. Über die Erde und die Sterne können nur rationale Erkenntnis und Beobachtung uns aufklären. Aber intensivere Reflexion führt uns alsbald auch auf unsere Grenzen. Dem Staunen über die Größe des denkenden Menschen steht das Erschrecken über seine Erbärmlichkeit gegenüber. Um das Christentum gegen Skeptiker zu verteidigen, die nichts von den Wahrheitsbeweisen der Theologen halten und um seine Nützlichkeit gegen die Stoiker zu begründen, die glauben, ohne Religion auskommen zu können, reflektiert Pascal über »den Menschen«.
»Nur ein Schilfrohr, das zerbrechlichste in der Welt, ist der Mensch, aber ein Schilfrohr, das denkt. Nicht ist es nötig, daß sich das All wappne, um ihn zu vernichten: ein Windhauch, ein Wassertropfen reichen hin, um ihn zu töten.«
»Unsere ganze Würde besteht also im Denken, an ihm müssen wir uns aufrichten und nicht am Raum und an der Zeit, die wir doch nie ausschöpfen werden. Bemühen wir uns also, richtig zu denken, das ist die Grundlage der Sittlichkeit.«
Während der *esprit de géometrie* ausreicht, um das Paradox der Größe und der winzigen Kleinheit des Menschen zu erkennen, erfaßt allein der *esprit de finesse* das Paradox seiner Niedrigkeit und seiner Erhabenheit. Auch als moralische Existenz ist der Mensch ein lebendiger Widerspruch. Die Selbstsucht des menschlichen Herzens ist groß; diese Sucht nach Ruhm und Anerkennung entspringt einer tiefen Unsicherheit. In unserem Inneren wissen wir wohl, daß wir kein Recht haben, uns zum Mittelpunkt aller menschlichen Beziehungen zu machen, wir ahnen unser Elend, können aber den Gedanken an es nicht aushalten. Pascal geht aber weiter und meint, daß die Menschen letztlich deshalb unglücklich seien, weil es ihnen nicht gelingt, »Tod, Elend, Unwissenheit zu überwinden«. Sie seien daher »übereingekommen, nicht daran zu denken«.
Damit beschreibt er ziemlich genau die Haltung des *honnête homme,* der von unangenehmen Dingen nicht spricht und durch ein gefälliges Lächeln seinen eigenen Schmerz im Interesse der Geselligkeit verbirgt. Zugleich akzeptiert er aber auch die Resignation des Angehörigen der höheren Stände gegenüber »Elend und Unwissenheit«. Denn auch wenn der Tod

unbesiegbar ist, gilt das gleiche doch nicht für die beiden anderen Übel, die Pascal mit ihm verbindet.
So bedrückend erscheint Pascal aber unser je eigenes Elend, daß »uns nichts zu trösten vermag, sobald wir nur genauer darüber nachdenken«. Aus diesem Grunde fliehen die Menschen vor der Einsamkeit, die sie mit ihnen selbst konfrontiert. Selbst Könige wären tief unglücklich, wenn man nicht ständig für ihre Zerstreuung sorgte.
Pascal kritisiert aber auch jene, die den Menschen ihre Zerstreuungssucht zum Vorwurf machen. Ihnen fehlt es an Einsicht in die elende Lage des Menschen. Nur das ständige, unruhige Streben läßt den Menschen ihr Leben erträglich erscheinen. Freilich erlangen sie auf diese Weise nie wirkliches Glück, aber sie vergessen wenigstens für einige Zeit ihr Elend.
»So verrinnt das ganze Leben: man sucht die Ruhe, indem man einige Schwierigkeiten, die uns hindern, überwinden will; und hat man sie überwunden, dann wird die Ruhe unerträglich . . .« Was Pascal hier beschreibt, scheint noch immer für die meisten Zeitgenossen gültig zu sein. Freilich kann man sich fragen, ob es »für den Menschen schlechthin« gilt, ob denn keine kulturelle und soziale Ordnung denkbar ist, in der die Menschen allgemein anerkannt, glücklich und zufrieden wären? Für Pascal gibt es eine Ruhe der Herzen allein in Gott.
Pascal macht nicht den Versuch, Gott rational zu beweisen. Er schlägt vielmehr auf höchst nüchterne, beinahe möchte man sagen »rechenhafte« Weise vor, die Hypothese, Gott sei in Christus Mensch geworden, als wahr anzunehmen, da man bei einer solchen »Wette« fast nichts verlieren und unendlich gewinnen könne.
Gott vermögen wir nicht zu erkennen, weil wir schon die unendliche Zahl nicht erkennen können, sie ist nämlich weder eine gerade noch eine ungerade Zahl, eine solche Zahl aber kennen (und erkennen) wir nicht. Sofern wir also nicht glauben, können wir nur eine Art Berechnung darüber anstellen, ob es für uns vorteilhafter und sinnvoller ist, einen Gott (und den christlichen) anzunehmen oder nicht. Unser Einsatz besteht dabei im Risiko des Irrtums (den wir womöglich mit der Annahme der Existenz Gottes begehen), unser möglicher Gewinn aber ist »unendlich«, nämlich das »ewige Leben«, das die

christliche Religion dem Gläubigen verheißt. Eine solche »Wette« ist vernünftig, sogar weit vernünftiger als der Einsatz im Roulette, wo man »sicher das Endliche einsetzt, um unsicher Endliches zu gewinnen«. Diese berühmte Pascalsche Wette scheint mir ein wenig banal. Sie führt den Glauben ähnlich wie viel später der amerikanische Pragmatismus auf den Nutzen fürs individuelle Glück zurück. Darin zeigt sich ein eminent bürgerliches Bewußtsein. Dasselbe Bewußtsein, das Pascal im übrigen so scharf analysiert und kritisiert hat. Was uns aber unvermindert bei Pascal anspricht, ist seine Erkenntnis, daß unter den bestehenden Verhältnissen (die er allerdings für unveränderbar zu halten schien) »Glück«, das nicht auf dem Unglück anderer beruht, nur im religiösen Glauben gefunden werden kann; mit anderen Worten: Wer rechtschaffen ist, hat keine Chance, auch glücklich zu werden. In der Welt sind Lug und Betrug, Ellbogenstärke und Gewalt als Mittel zum Erfolg unentbehrlich. »Le moi est haissable«, »das Ich ist hassenswert«, das kann doch nur für jenes egoistische Ich gelten, das Pascal allein im Auge hatte. Aber auch wer das hassenswerte, egoistische Ich in Richtung auf ein solidarisches »Wir« (das alle Elenden und Beleidigten der Erde umfassen und auch die übrige Kreatur einbeziehen müßte) transzendieren will, wird immer wieder durch die subtilen Beobachtungen Pascals betroffen sein. Seine »Pensées« werden daher eine Anregung zu kritischer und selbstkritischer Reflexion bleiben, zumindest solange die Menschen so zusammenleben, wie sie es heute (noch?) überall tun. Das Staunen freilich über das »denkende Schilfrohr«, das das All umfaßt, auch wenn es von »einem Windhauch« oder »einem Wassertropfen« getötet werden kann, wird bleiben, solange es überhaupt Menschen gibt.

Iring Fetscher

Daniel Defoe
Robinson Crusoe

Der Robinson unserer Träume ist ein anderer als der des Daniel Defoe. Sein Held lernt auf der Insel das Korbflechten und die Bibellektüre, Gottesfurcht also und die Mühsal der Arbeit. Und doch ist Defoes Roman zum Sinnbild des Eskapismus geworden. Er gab unserem nie versiegenden Bedürfnis, abzuhauen aus dem Hier und Jetzt, einen Namen.

Wenn Literatur eine Form von Flucht ist, eine bewältigte vielleicht, dann ist »Robinson Crusoe« der Roman schlechthin. In der Tat ist seit Defoe die Robinsonade zum Gattungsbegriff geworden. Schon im Jahr seines Erscheinens, 1719, erreichte das Buch mehrere Auflagen, es riß die Leser in Massen hin, und in seinem Sog, der bis auf den Kontinent übergriff, entstanden sogleich Dutzende von Umarbeitungen, Nachahmungen und Weiterdichtungen. Raubdrucker, gegen die Defoe erbittert kämpfte, bemächtigten sich des Romans und kürzten ihn um die belehrenden und erbaulichen Passagen.

Es gehört zu den nicht wenigen Widersprüchen des »Robinson« und seiner Wirkungsgeschichte, daß er genaugenommen keine Robinsonade ist, zumindest in großen Teilen nicht. Defoe hält nichts von einer romantischen Verklärung weltflüchtigen Inseldaseins. Sein Robinson ist der Bürger als Selfmademan, der unter schwierigsten Bedingungen ordentlich hauszuhalten weiß und zu dessen Hauptsorge es gehört, einen Kalender zu führen, damit er den Sonntag nicht vergißt.

An keiner Stelle duldet Defoe Zweifel darüber, weshalb er diese Geschichte erzählt: um zu demonstrieren, »daß der Mittelstand das rechte Maß an wahrhafter Glückseligkeit vorstelle«, wie der Vater seinem abenteuerlustigen Sohn predigt. Daß es dem Menschen Unglück bringt, wenn er sich nicht bescheidet mit dem Platz, der ihm von Gott und der gesellschaftlichen Ordnung zugewiesen wurde – diese puritanische Überzeugung ist Defoes Erzählmotiv.

Die Lehre, die er seinen Lesern mitgibt, hat Defoe am eigenen Leib erfahren. Und dennoch offenbar nie befolgt. Obwohl Presbyterianer, Angehöriger jener Religionsgemeinschaft also, die von allen Ämtern und von den Universitäten ausgeschlossen blieb, durch den »Act of Uniformity« von 1662 etwa, blieb er keineswegs selbstgenügsam. Er wurde Kaufmann, spekulierte in großem Stil, bis ihn ein Konkurs dazu zwang, buchstäblich das Weite zu suchen. Nach seiner Rückkehr arbeitete er sich zum geachteten Journalisten empor, machte den Leitartikel zur publizistischen Waffe, wurde Berater des Königs, stürzte mit dessen Tod, kam ins Gefängnis, fing von vorn an, war Fuchs und Hase zugleich. Kein Leben in Bescheidenheit also, sondern eines voll glänzender Aufstiege und jäher Untergänge. Norbert Miller hat es in seiner Einleitung zur Hanser-Ausgabe trefflich beschrieben.

Mit dem Schiffbruch also war Defoe Zeit seines Lebens vertraut. Den »Robinson« schrieb er im Alter von fast sechzig Jahren, und es ist gut möglich, daß er mit einiger Bitternis auf seine mißratene Karriere zurückblickte und sich einen Helden schuf, mit dem er auf einer fernen Insel von neuem beginnen konnte, unter freieren Bedingungen. Das war ja sein Weg: immer wieder, allen Schicksalsschlägen zum Trotz, Risiken einzugehen, das zugeteilte Maß zu sprengen. Er verhielt sich der puritanischen Ideologie zuwider, die er zugleich verteidigte.

Diese Ambivalenz durchzieht den Roman ganz und gar. Denn Robinson, der Gott dafür dankt, daß er ihn gelehrt hat, »in der Einsamkeit glücklicher zu sein als umgeben von Menschen und mitten in den Freuden der Welt«, nutzt die erste Gelegenheit, um das insulare Paradies zu verlassen, und er wartet nicht einmal auf die Rückkehr der zu den Wilden aufgebrochenen Expedition, unter der sich immerhin Freitags Vater befindet, so eilig hat er es.

Weise wird Robinson ebensowenig, wie es sein Erfinder je wurde. Im zweiten Teil des Romans, den Defoe binnen fünf Monaten dem erfolgreichen ersten hinterherschickte, geht Robinson von neuem auf Reisen, erlebt wiederum Erfolge und Mißerfolge, ganz so, als ob Buße und Einkehr vergebens gewesen wären. Er treibt Handel, wird als vermeintlicher Seeräuber verfolgt, zieht mit einer Karawane durch China und Rußland und kehrt am Ende als ein reicher Mann in seine Heimat zurück. Es ist derselbe Robinson, der, als er auf dem Wrack Gold entdeckt, ausruft: »Du Gift!« – und es dann doch einsteckt. Für alle Fälle.

Defoe war kein Philosoph, Widerspruchsfreiheit nicht sein Ziel. So verkörpert der »Robinson« einerseits die Utopie absoluten Neubeginns, andererseits jedoch ist Defoe pragmatisch genug, seinen Helden mit einer handlichen Notausrüstung zu versehen. Auf dem Wrack findet er fast alles, was er benötigt: Werkzeug, Kleider und die Bibel. Der Roman verkündet die Botschaft, daß jeder alles aus sich machen kann, wenn er sich bemüht – und wenn man ihn nur machen läßt. Er kann zum Schreiner und Töpfer werden, mit Hilfe seines Kopfes und mit der Kraft seiner Hände, und ebenso vermag er auch die Schrift zu lesen, ohne den Beistand der »Pfaffen«, wie Defoe sie nennt. Und von selber wird er darauf kommen, daß ein Gott die Ordnung der Dinge geschaffen hat. Robinson führt dem Leser einen natürlichen Gottesbeweis vor – und nimmt so Stellung gegen die Glaubenskriege seiner Zeit. Es ist ein Plädoyer für Toleranz.
Es sind die allmählich entstehenden bürgerlichen Tugenden, denen Defoe hier unbewußt zum Ausdruck verhilft. England war, nach siegreichen Kriegen gegen Spanien und die Niederlande, zur ersten Seemacht erstarkt. Das Zeitalter des Handelskapitalismus erforderte genau das, was Defoe *expressis verbis* verurteilte: den abenteuerlichen Wagemut, das unternehmerische Risiko. Dieses fand in der Seefahrt sein extremes Betätigungsfeld. Gewinn und Ruin lagen hier so eng beisammen, daß die herrschende Religion sich mühen mußte, in alldem einen Gott wirken zu sehen. Robinson akzeptiert diese Perspektive, aber er ist auch jederzeit bereit, sein Schicksal selber in die Hand zu nehmen. Er hilft sich selbst, und so hilft ihm Gott. Deshalb liebten ihn alle, die seine Geschichte seither lasen.
Defoe war sich solcher Widersprüche nicht bewußt. Es waren die seines eigenen Lebens, und er gab ihnen wahrhaft naiv Gestalt. Dazu gehört, daß er die Ich-Erzählung, die der »Robinson« ist, als die einer authentischen Figur ausgibt. Tatsächlich hatte es einen schottischen Matrosen namens Alexander Selkirk gegeben, der 1704 auf einer Insel ausgesetzt wurde und mehr als vier Jahre dort verbrachte. Die zeitgenössischen Berichte darüber dienten dem Journalisten Defoe als Vorlage, die er jedoch so umarbeitete und ausschmückte, daß von Authentizität im engeren Sinn keine Rede sein konnte. Von Selkirk

wird erzählt, daß er nach seiner relativ kurz währenden Einsamkeit kaum noch sprechen konnte, während Robinson selbst nach 28 Jahren noch fließend zu räsonieren versteht.
Nein, ein »getreuer Bericht wirklicher Begebenheiten«, wie der »Herausgeber« Defoe in seiner Einleitung ankündigt, ist das Buch nicht, und es wurde auch so nicht verstanden. Hartnäckig jedoch hielt der Autor an der Fiktion der Nichtfiktion fest, und wütend setzte er sich gegen Verdächtigungen zur Wehr, er habe alles erfunden. Hatte er gar nicht begriffen, daß er einen Roman (seinen ersten) geschrieben hatte? Vielleicht auch bediente sich der Kaufmann Defoe einer Kaufmannslist: die mißliebige Ware, nämlich die Lust am Abenteuer und am freisinnigen Reden über Gott und die Welt, neutral zu verpacken.
Die Wirkung dieser Fiktion jedenfalls ist beträchtlich. Der scheinbar authentische Text schielt nicht nach den Weihen der Literatur. Defoe erzählt gradlinig und robust, unbekümmert um Feinheiten. Widersprüche in der Erzählhaltung stören ihn nicht. Er zielt nicht auf jene ausgefeilte Literarizität, die etwa eine Generation später Fielding und Sterne auszeichnet. Aus seinem Roman spricht ein dokumentarischer, ganz unpsychologischer Realismus, geschrieben von einem, der kein Literat war. Defoe liebt zum Beispiel Tabellen, in denen er etwa die Anzahl der Waffen und Mannschaften angesichts eines bevorstehenden Kampfes auflistet – oder auch die Vor- und Nachteile der Situation Robinsons. Er tut dies getreu der Devise, daß es immer etwas gibt, »was wir bei der Aufzählung von Gut und Böse auf die Habenseite setzen dürfen«, ein Gedanke, der bis in die Wortwahl den Kaufmann verrät.
Diese ungebrochene, quasi unliterarische, ganz wirklichkeitsgesättigte Erzählweise ist sicher einer der Gründe dafür, daß dem »Robinson« des Daniel Defoe etwas gelungen ist, was nur wenigen Romanen der Weltliteratur gelang: Eingang zu finden in die Volkskultur, ins kollektive Bewußtsein. Die Geschichte kennt jeder, ihren Autor kennen nur wenige.

Ulrich Greiner

Jonathan Swift
Gullivers Reisen

Hundert Pfeile werden nach Kommando auf ihn abgeschossen und treffen seine linke Hand wie Nadelstiche. Staatskarossen hebt er durch die Luft, und Turniere läßt er fechten auf seinem ausgespannten Taschentuch. Eine ganze Feindesflotte rafft er in ein großes Netz und schleppt sie in den Hafen seines Kaisers. Einen Schloßbrand löscht er auf die natürlichste Weise, wird verurteilt zum Verlust des Augenlichts und begnadigt und flieht in einem angetriebenen Boot, ein Dutzend Rinder und Schafe in der Tasche.

Das ist Gulliver, Wundarzt und Kapitän mehrerer Schiffe, den es zwischen seinen Reisen nur so lang zu Hause hält wie nötig, um mit dem Ertrag aus seiner raren Beute Weib und Kind haushälterisch zu versorgen.

Wir treffen ihn auf der Flucht vor sieben Riesensicheln, bald selber in ein Taschentuch geknüpft und auf einen Eßtisch freigesetzt, als Schnuller von einem Säugling mißbraucht und als Sieger in ungleichem Kampf mit mannsgroßen Ratten und faustgroßen Fliegen. Am Hof in einem Puppenhaus gehalten, erfährt er, ins zwölffache gesteigert, die Auswirkungen von Gunst und Neid, lernt die Abgründe eines Sahnetiegels und eines Maulwurfloches, die Ammenzärtlichkeit eines Affen und die rauhe Wirklichkeit eines bergenden Busens kennen. Für die Huldbezeugungen des friedfertigen Königs revanchiert er sich schließlich mit einem Bericht von der Erfindung des Pulvers, dessen menschenzerreißende und häuserzertrümmernde Gewalt seinem Heimatlande eine so erfolgreiche Veredelung der Kriegskunst beschert habe. Ein Adler trägt ihn diesmal mitsamt seinem Reisekäfig hinaus auf die hohe See, und wieder stellt sich in höchster Seenot ein Schiff ein und birgt ihn unter seinesgleichen.

So blättern sich die Abenteuer des seefahrenden Gulliver in einer Legion von Kinderbüchern auf, und seit Grandville sie unvergeßlich bebilderte, existieren Lilliput und das Riesenland Brobdingnag, und womöglich auch die fliegende Insel Laputa und das Land der klugen Pferde noch auf dem satellitenvermessenen Erdball unverwüstlich weiter im Märchen-Hausschatz vieler Völker.

Ein glücklicher Autor, sollte man denken, dessen erfundene Geschichte so in den Gemeinbesitz vieler Generationen eingehen konnte, daß sie die Wahrheit eines Märchens gewann. Gulliver wurde ein anderer Robinson, und die Lilliputaner haben ihren Namen von Jonathan Swift.
Umso mehr setzt in Erstaunen, daß Swift im Jahre 1726 alles unternahm, um nicht als der Verfasser dieses Buches zu gelten. Ein Bote hinterlegte das Manuskript im nächtlichen London vor der Haustür des Verlegers. Ein vorgeschobener Mittelsmann handelte die Drucklegung aus. Wie weit der Text gekürzt oder bearbeitet erschien, bleibt nach dem fiktiven Herausgeberbrief schwer auszumachen. Artistische Finesse oder Schutzbedürfnis? Gerade die Ununterscheidbarkeit macht den Reiz aus.
Tatsächlich hatte Swift sich bereits mit seinem anonym verbreiteten »Tuchhändlerbriefen« unter den Iren einen Namen gemacht. Es war ihm gelungen, eine Finanzmanipulation abzuwehren, die Irland in noch engere Abhängigkeit von der englischen Krone gebracht hätte. Der Drucker war verhaftet, und zur Ermittlung des Verfassers waren 300 Pfund ausgesetzt worden, obwohl jedermann die Feder zu kennen glaubte. Und tatsächlich ist ein Abschnitt von der Strafbeschattung der fliegenden Insel Laputa über der Stadt Lindalino (ein Vexiername für Dublin), der die Abwehr dieser Unterdrückungsmaßnahme auf drastische Weise sinnfällig macht, lange Zeit handschriftliches Manuskript geblieben und erst 1896 (!) gedruckt worden.
Dies ist aber nur eine der zahllosen satirischen Anspielungen, mit denen Swift die wundersamen Reiseberichte des Lemuel Gulliver befrachtet hat. Denn das Buch, aus dem die Nachwelt sich Märchen machte, war den zeitgenössischen Lesern als schonungslose politische und literarische Satire zugedacht.
Nicht ein Geschichtenerzähler hatte sich hier ans Werk gemacht. Ein Mann, dessen ätzende Feder schon das Königshaus und dann die Tories und dann die Whigs zu spüren bekommen hatten, ging nun auf sie alle zugleich und dazu noch auf die Verfasser von peniblen Navigationsberichten und auf den erfolgreichen Robinson-Autor Defoe los und lieh sich dazu die erzählerische Wucherlaune Rabelais', um unübertrefflich zu werden.

Kein sonniges Gemüt. Nein, einer der früh elternlos gelassen, Rückhalt kaum fand, wo er ihn suchte; um Anerkennung bei Politikern mehr warb als sie ihn brauchten; zwischen Frauen lange und nicht entschieden wählte und schließlich erst als der Dekan von St. Patrick für eine Weile einen Sitz im Leben fand.

Wie liest sich so der Bericht von Lilliput und Brobdingnag? Am Hof von Lilliput werden Ämter so verteilt: Den Kandidaten wird ein Seil gespannt, und wer auf ihm am höchsten springt, erhält das Amt. Man kann dabei zu Tode stürzen. Finanzminister Flimnap springt höher und öfter und hätte einmal unfehlbar sich das Genick gebrochen, hätte ein Kissen des Kaisers ihn nicht aufgefangen: das ist Walpoles Sturz von 1717, und das Kissen ist eine der königlichen Mätressen, die ihm den Sturz erträglich machte. Zwei Parteien streiten bei Hofe um die Vorherrschaft. Der Unterschied zwischen den Whigs und den Tories bemißt sich an der Höhe ihrer Absätze. Der Prinz von Wales, Thronerbe vor 1727, laviert und hat davon einen hinkenden Gang. Der Krieg, um dessentwillen Gulliver die gegnerische Flotte einsackt, geht ums Eierköpfen. Ein Kaiser verlor dabei das Leben und ein anderer die Krone. Elftausend starben lieber als sich damit abzufinden, die Eier am spitzen Ende aufzuschlagen. Stumpfender sind die Katholiken, und krasser kann ein aufgeklärter Anglikaner den casus belli zwischen ihnen und den Protestanten nicht lächerlich machen als mit dem Satz: »Alle wahren Gläubiger schlagen die Eier am passenden Ende auf.«

Lange Beschreibungen handeln von der Gerichtsbarkeit, und der Sittenstrenge und von der sorgfältigen, allerdings auch ständisch sorgfältig gesonderten Kindererziehung. Hier wendet der Erzähler, vom fernen Lande aus, die Satire um zu ihrem Gegenbild, der Utopie. In Brobdingnag wird deutlicher, unter welchen Halsabschneidern, Schächern und Halunken Gulliver in seiner Heimat zu leben hat und daß bloß seine treuherzige Wahrheitsliebe ihn davor rettet, selbst als ein scheußliches kleines Ungeziefer zu erscheinen. Im Riesenlande lebt man einfach, die Sitten und die Wissenschaften dienen ohne Umschweif nützlichen Lebensverrichtungen. Die Gesetze sind kurz, und einen Kommentar zu irgendeinem Gesetz zu schreiben ist ein Kapitalverbrechen.

Auf der fliegenden Insel Laputa trifft Gulliver die entfesselten mathematischen Wissenschaften an. Das Brot ist zu Kegeln und Zylindern geschnitten, das Fleisch in Kurven und Figuren nach Musikinstrumenten. Die Laputier leben geistesabwesend in ihren Denkoperationen (die Männer, versteht sich) und brauchen Aufwecker, um sich an ihre Lebensbedürfnisse oder an Gesprächspartner zu erinnern. Der Kaiser der Insel aber nutzt ihr technisches Genie, um mit seinem fliegenden Lande anderen Erdbewohnern die Sonne zu entziehen. Zwischenhinein wieder Skandalgeschichten bei Hofe, die sich vielseitig ableiten lassen.

Das Kernstück der Projektemacher in dieser Weltgegend aber ist die Große Akademie von Lagado. Sie ist ein Zerrbild der Londoner Royal Society, und ihre Professoren beschäftigen sich mit noch haarsträubenderen Erfindungen als Swift sie Newton zuschrieb.

Schon die nächste Etappe der Reise führt zu Magiern, die Menschen aus vergangenen Jahrhunderten zu erwecken vermögen, und Gulliver muß melancholisch erkennen, wie sehr zu allen Zeiten »eine Hure die Hintertreppe, die Hintertreppe einen Staatsrat, der Staatsrat einen Senat beherrscht«, und Kronen niemals ehrlichen Verdienst belohnen; wie aber gegen das eigene Jahrhundert hin die Syphilis noch obendrein die Menschheit unansehnlich macht.

Von dort aus wird die Besichtigung der unsterblichen Struldbrugs im Lande Luggnagg zum krassen Alptraum, denn die Unsterblichkeit verewigt nur widerwärtige Altersgebrechen und wird darum von allen verachtet.

Die letzte Reise lehrt Gulliver, sich seiner selbst zu schämen. Seine meuternde Mannschaft setzt ihn aus auf ein Land, in dem die Menschen eine Tierart sind und die Vernunft nur bei den Pferden zu Hause ist, den sprechenden Houyhnhnms. Die nackten, schmutzstarrenden Menschenungeheuer, die Yahoos, halten sie sich als Haustiere, und den Ankömmling betrachten sie mit milder Verachtung, nachdem sie eine Ebenbildlichkeit mit den Yahoos an dem Schlafenden entdeckten. Auch ihnen berichtet Gulliver über die Verhältnisse in England, und hier ist diesmal ein ironisch lobender Passus über die Regierung der Königin Anna aus der zweiten Ausgabe des Buches wieder entfernt worden.

Gulliver lernt bei den Pferden, die ohne Fähigkeit zur Lüge sind und an Gesundheit wie an Poesie alle Sterblichen übertreffen, die vollkommene seelische Ruhe kennen, und er vermacht ihnen zum Dank dafür die Kenntnis von der Kunst, Hengste zu kastrieren, um sie auf die jüngeren Yahoos anzuwenden und so die ganze Gattung mählich und schonend aus der Welt zu schaffen. Zur Abreise sanft gedrängt, bespannt er ein Kanu mit Menschenhäuten, setzt sich Segel aus demselben Stoff und findet wiederum ein Schiff und einen Kapitän, der ihn – in sich gekehrt und für das Leben unter Menschen kaum noch tauglich – von Lissabon nach Hause schickt. Dort empfangen ihn Frau und Kinder, er schreckt zurück vor ihrer Berührung und kauft vom ersten Geld zwei junge Hengste, die nun, nebst einem Stallknecht, sein liebster Umgang werden.
Gullivers letzter guter Rat an seine zeitgenössischen Leser ist, von der Kolonisierung ferner Länder abzulassen, und sein letzter Wunsch für sich selbst, den Anblick eines menschlichen Wesens wieder ertragen zu können.
Aus der Hof- und Staatssatire ist eine Satire auf die Menschheit geworden, die umfassendste, die ein Autor seines Jahrhunderts ersonnen hat. Unterhaltsam sind die Zwischenspiele, wenn der bürgerliche Märchenheld in Not gerät und glücklich errettet wird. Blitzend und irisierend wird der nüchterne Beschreibungsstil, wenn der Berichterstatter in die Sprache seiner Gegner schlüpft. Schneidend und todtraurig wird der Autor, wenn er abrückt von den Menschen seiner Zeit und von seinem Gulliver.
Möglicherweise ist der Name Gulliver abzuleiten von »gullible«: leicht hinters Licht zu führen. Was für ein fragwürdiger Beobachter ist das, den Swift allein auf sich gestellt die Mikro- und die Makrowelt, die intellektuellen und die vegetativen Grenzen der Menschheit erkunden läßt? Ein *mittlerer Held* in jeder Hinsicht. Ein Held aus unserer Mitte?
Als Thomas Morus zwei Jahrhunderte zuvor sein Büchlein »Utopia« verfaßte, da traf er scharf die Unvollkommenheit seiner Zeit. Aber er wußte ihr ein Inselland entgegenzuhalten, in dem dieselbe Menschheit in einem ideal verfaßten Gemeinwesen zu leben vermochte. George Orwell schrieb gut zwei Jahrhunderte nach Swift seine Anti-Utopie »1984«. Er entwarf nicht anderswo, sondern in die Zukunft voraus für alle Erdbe-

wohner das Schreckensbild einer totalen Unterwerfung des Denkens und Handelns unter die perfekte technische Apparatur einer Befehlszentrale, die der »Große Bruder« genannt wird. Individuelles Bewußtsein, wo es in Restformen lebt, wird zur Selbstabtötung gezwungen.

Auf welchem Wege ist Swifts Gulliver in der Mitte der Epoche? Er betritt die Szene als gewissenhafter, belesener und unternehmungsfroher Bürger seines Landes. Er bietet Majestäten bereitwillig seine Dienste an, aber als der Kaiser von Lilliput seine Hilfe zur völligen Unterjochung eines anderen Volkes fordert, erwacht sein Bürgerstolz, und er verweigert solche Dienste. In der Hand der Riesen erfährt er schmerzlich und lächerlich genug die Grenzen seiner Selbstbestimmung, und damit verblaßt gleichzeitig auch sein moralisches Urteilsvermögen. Die Selbstbefreiung zu Vernunft und technischer Intelligenz, die das Jahrhundert der Aufklärung beherrscht, erweist sich auf der dritten Reise als wahnwitzige Verstiegenheit, die aber nur desto mehr genutzt werden kann, um andere Menschen sicherer zu unterdrücken. Mehr und mehr erweisen sich rationale Konstruktionen, nicht unähnlich dem Leviathan Staat, den Hobbes als Vernunftregelung an die Stelle einer von Gott abgeleiteten Regierungsmacht gesetzt hatte, als Instrumente neuer Inhumanität und machen den Menschen selbst inhuman – bis er sich herabentwickelt hat zu den Yahoos, die das Denken und die Regierung den großen Pferden überlassen müssen. In freiwilliger Hinwendung zu ihnen entgleitet dem Gulliver seine wohlproportionierte Menschennatur.

Jonathan Swift hat seinen Gulliver keine Insel der Glückseligen mehr finden lassen. Nach allen Seiten hat er die Unsicherheiten des modernen Einzelgängers, das Spiel seiner Kräfte und deren Grenzen und schließlich den Schwund seiner Maßstäbe ausgeleuchtet. Seine Geschichte löst den Entwurf zusammenhängender Utopien schon auf in eine Zeitgeschichte des Verfalls, an dessen Ende der mutige Einzelreisende zum Outsider, wenn nicht zum barbarischen Herdenwesen wird. Swift hat jedoch die Kraft des Perspektivenwechsels besessen und Hoffnungen zugelassen – Orwell war übrigens der erste, der ihm das hoch angerechnet hat.

Er selbst kehrte nach der Veröffentlichung des »Gulliver« nach Irland zurück, schrieb noch einen Essay zu Gays »Bettleroper« und ein Vermächtnis »Zur Schaffung eines Hospitals für Unheilbare« und schließlich, im selbst erklärten Exil, die »Verse auf den Tod von Dr. Swift«. Er starb, tief verwundet von seiner Zeit und vom eigenen Leben, aber nicht als Misanthrop, wie oft die Rede geht.

Seinen Gulliver können wir nach unserem Gefallen lesen als Märchen, als Zeitsatire oder auch als einen verzweifelten hellsichtigen Roman aus der Mitte unserer Epoche: den Roman von der Zuversicht und den Täuschungen einer freigesetzten Menschenvernunft zwischen den Bindungen der Heilsgewißheit und der Bedrohung durch selbstgeschaffene Zwänge. Er schrieb dies alles »nicht für eine Stadt, eine Provinz, ein Königreich, nicht einmal nur für ein Zeitalter«, aber blieb nicht allgemein. Der gallige Dekan von St. Patrick hat mit den Launen seiner Vorstellungskraft dafür gesorgt, daß an seinem Zeitgericht noch fernere Zeiten ihr Vergnügen haben.

Eberhard Lämmert

Henry Fielding
Tom Jones

Nach einer Lesung aus meinem Rousseau-Roman bei der Genfer Gesellschaft für Deutsche Kunst und Literatur zu Anfang des Jahres hieß es in einer Genfer Zeitung: »Certains passages n'étaient pas sans rappeler les délectables causeries dont Fielding a le secret.« (Gewisse Passagen erinnerten durchaus an die köstlichen Plaudereien, deren Geheimnis Fielding kennt.)

Was das für köstliche Plaudereien sein sollten, Fieldings Geheimnis, das wollte ich auch wissen, und ich las »Tom Jones«, dieses »komische Epos in Prosa«, ein Buch wie ein Bissen vom reichgedeckten Tisch, den der Autor als Gastwirt beschickt, mit Steigerungen der Küche bis zur »wahren Quintessenz von Brühen und Würzen«. Mit dieser köstlichen Plauderei über die Zubereitung der Literatur als Festmahl beginnt das Werk, und achtzehnmal, zu Anfang jedes Buches, weiht der Dichter seinen Leser in die poetologischen Geheimnisse seines Schreibens ein: daß es des Schriftstellers Amt sei, Tatsachen zu berichten, und nicht, deren Ursachen zu ergründen, was »Männern von viel höherer Geisteskraft« anstünde, daß es aber die höchste Kunst aller Poesie sei, die Wahrheit mit der Dichtung zu vermischen, um das Glaubwürdige mit dem Überraschenden zu verbinden, daß überhaupt das Wesen der Dichtung darin bestehe, über gewöhnliche Gegenstände sehr ungewöhnliche Bemerkungen zu machen. So kehrt Fielding das Unmögliche, das wahrscheinlich, und das Wahrscheinliche, das unmöglich ist, um und führt die Welt als ein inszeniertes komisches Paradoxon vor.

Ich las und erlebte ein Welttheater, ich erfuhr den verwirrenden Zusammenprall von Figuren, ich geriet nicht in eine psychologisch gestützte Charaktergeschichte, sondern in den Mechanismus eines Marionettenspiels, in dem immer zwei Protagonisten miteinander in Beziehung treten: Es waltet eine automatische Dialektik von Wechsel- und Doppelbezügen und ein zärtlicher Hohn darauf.

Ich las und wurde hineingezogen in diesen dramaturgisch ausgeklügelten Widerstreit zwischen Autor und Leser, zwischen Haudegen und Duckmäuser, dem illegitimen, aber kühnen und gutherzigen Bankert Tom Jones und dem legitimen, aber feigen und bösartigen Master Blifil, zwischen dem feinsinnigen Squire Allworthy und dem groben Landjunker Western, zwischen der schönen, jungfräulichen Sophia und der hübschen, durchtriebenen Molly, zwischen dem kalvinistischen Fanatiker Thwackum, der zum »Recht« antreibt, und dem rationalistischen Stoiker Square, der vom »Unrecht« abhält, zwischen der Gerte und der Elektrizität und dem epileptischen Tod, »Zwischen Bett und Galgen«, wie der törichte Titel der Verfilmung heißt, und eigentlich zwischen all diesen wiederum untereinander wechselnden und tauschenden Helden und Unholden.

Sie heißen Western und Waters, Allworthy und Supple, und so sind sie auch, allwürdig und geschmeidig, und jeder spielt seine ihm zugedachte Rolle unbeirrt und bis zum guten oder bösen Ende. Tom Jones ist der robuste, unbekümmerte Durchschnittsengländer, der tugendsame, lasterhafte Mensch schlechthin. Sein jugendlicher Übermut, seine strotzende Sinnlichkeit verführen ihn zu Handlungen, deretwegen er aus der Gesellschaft, in der er lebt, verstoßen wird; aber die gleichen Eigenschaften machen ihn den Menschen angenehm und versöhnen ihn mit Vorurteil und Einverständnis. Wie Puppen aus der Puppe treten die Geschichten und Episoden auseinander hervor und sind allesamt beispielhafte Erläuterungen einer aufgeklärten Weltidee.

Diese Idee hätte Nietzsche eine »regulative Fiktion« genannt: Gegen das Auftauchen gefährlicher Frömmigkeiten, menschenverachtender Überzeugungen, wissenschaftlicher Gläubigkeiten ist das Hinabsteigen zur Hypothese, zum Experiment, eben zur »regulativen Fiktion« gesetzt. Es ist die Idee vom räsonierenden Eingreifen, vom ironischen Brechen, vom humorvollen Betrachten der Zusammenhänge; es zeigt sich, daß die vorgegebene Wirklichkeit des Romans ein Spiel ist, das der Autor aufführt; indem er so tut, als ob er ein Ereignis objektiv berichte, gibt er zu erkennen, daß er das Sein als spielerischen Schein vorführt: »Es ist nicht genug, daß unsere Absichten, ja unsere Handlungen innerlich gut sind; wir müssen darauf bedacht sein, daß sie auch so scheinen.« Fielding geht so weit, zu behaupten, nicht nur Tom Jones, die Romanfigur, und er selbst als Autor hätten sich in Sophia Western verliebt, o nein, da handele es sich um ein Mädchen, *»in das sich auch wahrscheinlich mancher von unsern Lesern verlieben wird, ehe wir uns trennen«*.

Fielding nimmt das Leben als eine Komödie, er macht lachen, wo andere zu Tränen rühren. Aber wir wissen seit den Griechen, schon Heraklit weinte, so oft er auf die Straße trat, aber Demokrit lachte, des einen Jammertal war des anderen Lustspielbühne, davon erzählt Seneca, der die Menschen lehren wollte, zu sich selbst zu kommen. Über den gleichen Vorfall schreibt der eine ein bissiges Epigramm, der andere ein sanftes Gedicht in freien Versen.

Fielding zieht ein Massentheater auf, mit Liebe und Haß, mit Hunger und Krankheit, mit Folter und Tod, und er plaudert darüber, als sei das alles ein inszeniertes Possenstück: Das Leben ist ein Spiel, und das Spiel ist ein Leben, noch wo der Dorfpöbel, und das geschieht nach dem Kirchgang, die schwangere Molly lyncht, stellt Fielding die Situation als eine komische dar. Der Axthieb schneidet mitten durch die paradoxe Welt, nicht Hunger, Krankheit und Tod sind komisch als solche, aber unsere Aktionen entpuppen sich als komische Inszenierungen: internationale Hilfsorganisationen treten in konkurrierenden Wettstreit und laufen sich, uniformiert, gegenseitig den Rang ab; ein Kranker nimmt seine Rolle an und stirbt einen würdigen Tod; Generalstäbler probieren im Sandkasten die taktischen Maßnahmen einer verlustreichen Schlacht aus. Auf solche grotesken Spiele läßt die Lektüre Fieldings kommen; ich las und spürte den Axthieb genau zwischen meinem Groß- und Kleinhirn, dort wo ein geringfügiger Druck genügt, daß man sein Gleichgewicht verliert.

Henry Fielding, von adliger Herkunft, Student in Eton und Leyden, Theaterautor, Journalist und Friedensrichter, Opfer des Zensurgesetzes von 1737, veröffentlichte »Tom Jones« im Jahre 1749, fünf Jahre vor seinem Tod. Er stand im 42. Lebensjahr, hatte genug von John Locke gelernt, um zu resignieren, nun, in seinem Roman »Tom Jones« läßt er jede illusionistische Fiktion zusammenbrechen, tritt in eigener Person auf, greift allwissend in die Geschichte ein, mischt sich zwischen Kunstfigur und Leser und gibt jede sentimentale Regung der Lächerlichkeit preis. Er wendet sich mit Sarkasmus gegen die höheren Stände, auch gegen die gelehrten und geistlichen, und doch, dort, wo er ein Lächeln beschreibt, sind alle literarisch übermittelten Lächeln in diesem von ihm beschriebenen enthalten; er protzt mit Bildung und verspottet dieses Protzen, so schlimm es auch sei, das Leben sei eben nur für den denkenden Menschen eine Komödie.

Doch während Fielding in seiner letzten poetologischen Abschweifung hoch und heilig versichert, alles Scherzen und Hänseln sei nun zu Ende, und so wie die Passagiere seiner Reisegesellschaft »in öffentlicher Überlandkutsche« allesamt ihren nur zum Spaß angenommenen Charakter abstreiften, sei auch er entschlossen, Kostüm und Maske auszuziehen und in schmuckloser Ernsthaftigkeit die Fäden zu entwirren, da wirft er erneut sein Netz aus Witz und Ironie über die handelnden und die lesenden Personen. Dann erst ruft er endlich zur letzten fröhlichen Zusammenkunft, zerreißt in allwissender Pose das Netz der Intrigen, bereinigt die Kabalen, ordnet die Verhältnisse und bringt seine Figuren, nachdem er sie so schroff gegeneinandergesetzt und so bunt durcheinandergewirbelt hat, alle wieder an den Platz zurück, an dem sie zu Anfang der Geschichte gestanden haben. Jeder kriegt den, den er verdient hat: Die Ordnung ist wiederhergestellt.

Aber was ist das für eine Ordnung, und auf welche Weise ist sie zustande gekommen? Toms Herkunft ist legal, wenn auch nicht so ganz ast- und stammrein; seine Blutschande war ein Mißverständnis, wenn auch haarscharf an der Grenze der Täuschung; seine Liebe zu Sophia war am Ende mit dem Glück der Vereinigung gekrönt, wenn auch mit den kuriosesten Seitensprüngen erkauft: Fielding hat, indem er den geliebten Taugenichts hat siegen lassen, sowohl den herrschenden, heuchlerischen Moralkodex verspottet als auch den diese Moral feiernden Dichter Richardson lächerlich gemacht. Und doch hat der Leser am Ende am meisten abgekriegt.

Es gibt das *Happy-End,* das versöhnliche Blumenbukett, das einigende Hochzeitsmahl. Aber für den Leser ist der Bissen zum Brocken geworden, zum Kotzbrocken, denn an der literarischen Speisetafel sitzt Heliogabalus, der seine Gäste mit Veilchen ersticken ließ, was Fielding gewitzterweise verschweigt. Soviel *Happy-End* stopft dem Leser den Mund, soviel Glückseligkeit führt ihm am Ende vor, daß alles in der Welt ganz anders und umgekehrt sein muß, als er hier in der

Inszenierung des Dichters erscheint; aber das war Fieldings Absicht, und er war auch von der Wirkung seiner Methode überzeugt: »Wie kurz auch das Leben meiner eigenen Werke sein mag«, sagt er selbst, »sie werden doch höchstwahrscheinlich ihren kränklichen Verfasser und die armseligen Machwerke seiner schmähsüchtigen Zeitgenossen überdauern«, es zu kommentierten mehrbändigen und zu handlichen Dünndruckausgaben bringen und schließlich zu einem der »100 Bücher der ZEIT« werden.

Ja, 230 Jahre nach seinem literarischen Vorfahr wird ein ganz anderer, ein leibhaftiger Tom Jones als Plattenstar auftreten und wie dieser im dramaturgischen Dreischritt zuerst das Landleben besingen, dann seinen Trotz bestärken und schließlich die Heimkehr feiern. Der nachgeborene Tom Jones singt: »Green, Green Grass Of Home«, er singt: »Help Yourself«, und er singt »I'm Coming Home!« Ich sitze da, lese und höre zu: Festschmaus und Tafelmusik an Heliogabalus' Tisch, das kann wahrhaftig nicht gut ausgehen, das kann nicht enden, wie es den Anschein hat: »Ich wollte, Polyphem hätte sich auf seine Milchdiät beschränkt und sein Auge behalten.«

Ludwig Harig

Laurence Sterne
Tristram Shandy

Der englische Landpfarrer in Yorkshire hatte zwanzig Jahre lang wohl Predigten und Briefe geschrieben: Aber erst als er 45 Jahre alt war und seine Frau nicht mehr lieben konnte, wurde er 1758 Schriftsteller. Er fing an, den Roman »The Life and Opinions of Tristram Shandy, Gentleman« zu schreiben. Er schrieb daran bis kurz vor seinem Tod.

Den Tod ständig vor Augen, schrieb der seit seiner Studentenzeit offensichtlich Lungenkranke, zehn Jahre lang, was die Feder hergab: darunter vor allem noch seine »Sentimentale Reise durch Frankreich und Italien«, die Italien nie erreichte und den Kult des »Sentimentalen« wo nicht geradezu erfand, so doch weltberühmt machte. Aber das Buch seines Lebens war »Tristram Shandy«.

Auch Tristram Shandy kommt nie nach Italien, will sagen: vom Leben der Titelfigur erfährt man wenig und von seinen Meinungen noch weniger – allenfalls so etwas: »What a jovial and merry world would this be, may it please your worships, but for that inextricable labyrinth of debts, cares, woes, want, grief, discontent, melancholy, large jointures, impositions, and lies!« Im übrigen geht es um: das Aufziehen von Uhren, Spermatozoen, Horaz, Hebammen, Steckenpferde, Namen, Ballistik und Festungsbau, Predigten, das Gewissen, Leib und Seele, Zangengeburt, Witz und Urteilskraft, quietschende Türangeln, Nasen und Brüste, Schwangerschaft, Schlaf, Kastanien, Hausmädchen, Knopflöcher, Beschneidung, die Belagerung von Namur, Ärzte, Gesundheit, die Goten, Hosen, Pfeifen, den gerechten Krieg, die Liebe, Witwen, die Straßen nach Paris, Postkutschen, die Maultiere der Äbtissin, Jungfräulichkeit, Avignon und das Languedoc, Wassertrinker, den König von Böhmen, die Hilfe von Massagen bei Verwundungen, Schlüssellöcher, Ehemänner – kurz: eine Cock-and-Bull-Story.

Wenn das Buch überhaupt einen Helden hat, dann ist es des Vaters Bruder, Onkel Toby, dessen ganzes Denken, dessen Liebeswerben sogar, von Bildern des Krieges, in dem er peinlich verwundet wurde, nicht loskommt und der dennoch in die Weltliteratur eingegangen ist als die eindrucksvollste Überwindung der von Balzac beklagten Schwierigkeit des Roman-

ciers, einen guten Menschen darzustellen: »le difficile problème littéraire qui consiste à rendre interéssant un personnage vertueux«.
Der Landpfarrer aus Yorkshire stellte alles, was bis dahin mühsam als »Roman« sich etabliert hatte – bei Fielding, Smollet, Richardson – auf den Kopf. Die Geschichte fängt an mit der liebevoll und langwierig geschilderten Zeugung Tristrams und endet, eine chronologische Ordnung immer verschmähend, vier Jahre vor dessen Geburt – der Rest sind Abschweifungen. Im eigentlichen Sinne »spannend« ist das wahrhaftig nicht. An Laurence Sterne scheiden sich die Leser. Erst wer über Seite 100 hinaus ist, kann hoffen, und sei es aus schierer Hartnäckigkeit, bis zum Ende vorzudringen. Am Ende bereut er es wohl nicht. Männern sagt Tristram offenbar mehr als Frauen, Älteren mehr als Jüngeren, Belesenen mehr als Anfängern im Lesen.
Die Kritiker und Kollegen seiner Zeit lehnten ihn ab: was er schreibe, sei unmoralisch und total verworren. Heine sah das anders, richtiger: »Der Verfasser des ›Tristram Shandy‹ zeigt uns die verborgensten Tiefen der Seele; er öffnet eine Luke der Seele, erlaubt uns einen Blick in ihre Abgründe, Paradiese und Schmutzwinkel und läßt gleich die Gardine davor wieder fallen« (»Die romantische Schule«).
Seine ersten großen Verehrer fand Sterne in Frankreich (Diderot) und Deutschland. Goethe in den »Maximen«: »Yorick-Sterne war der schönste Geist, der je gewirkt hat; wer ihn liest, fühlt sich sogleich frei und schön, sein Humor ist unnachahmlich, und nicht jeder Humor befreit die Seele.« Jean Paul verstand diesen Humor, richtig, als Harmonisierung des ewigen Kontrapunktes: Die Seele sucht Gott, das Fleisch will Lust.
Die gleiche Kontrapunktik gibt es in seinem eigenen Werk. Jean Paul ein deutscher Sterne? Da sei Heine davor: »Lorenz Sterne zeigt sich dem Publikum ganz entkleidet, er ist ganz nackt; Jean Paul hingegen hat nur Löcher in der Hose.«
Nichts gibt es bei Sterne, was es nicht in dieser oder jener Form auch vorher schon gegeben hätte. Einen »englischen Rabelais« nannte ihn Voltaire und meinte vor allem, neben dem Humor, Sternes kunstvoll jede Kunst des »Plots« vermeidende, scheinbar chaotische Form des Erzählens.

Nicht Handlungsstränge bestimmen den Ablauf des Geschehens, sondern jeder Einfall zeugt drei neue, die einander verketten zu Gedankenassoziationen – später, bei Joyce und Proust, wird man von »Bewußtseinsfluß« sprechen. Eine theoretische Rechtfertigung dieses Verfahrens fand Sterne beim größten und jedenfalls ihm liebsten aller englischen Philosophen, bei John Locke (»An Essay on Human Understanding«).

Sehr viel verdankt Sterne gewiß auch seinem irischen Bruder im geistlichen Amt, Jonathan Swift. Die Komik der Gelehrsamkeit und die Lust zum Abschweifen brauchte er in dessen Erzählung »A Tale of the Tub« nur abzuschreiben (und das ist ihm vorgeworfen worden).

Am schwersten nachweisbar und gleichzeitig am intensivsten spürbar ist der Einfluß Shakespeares. Wie da Schmerzen zu Scherzen sublimiert werden – das gefiel Heine, der ja dazu auch einige Erfahrungen beibringen konnte. Für Sterne verdichtete sich das alles in der Figur des Yorick, der bei Shakespeare nur als Totenschädel auftritt, aber der Hamlet zum großartigsten seiner Monologe inspiriert: »Armer Yorick!« Als (mit viel Autobiographischem ausgestattete) Figur im »Tristram Shandy« taucht Yorick auf, und als Autor der »Sentimentalen Reise« nennt Sterne selber sich Yorick.

In England haben erst die Ästheten der Bloomsbury Gruppe, das ist also noch keine siebzig Jahre her, den Landpfarrer aus Yorkshire so verstanden, wie Franzosen und Deutsche ihn schon lange verehrten. Virginia Woolf, deren eigene Erzähltechnik gewiß nicht unbeeinflußt ist vom »Tristram Shandy«, schrieb ein Vorwort zu einer Sterne-Ausgabe. Wieviel Joyce und Proust dem Laurence Sterne zu verdanken sich bewußt waren – das zu erforschen ist noch einige Doktorarbeiten wert.

Alles, was die Erzähler des 20. Jahrhunderts als Ausbrechen aus »dem Zwang einer kontinuierlich sich entwickelnden Geschichte« deklarieren, kann sich auf Sterne berufen.

Wer es irgend sich zutraut, mit Hilfe von Lexikon und Geduld, sollte den »Tristram Shandy« auf englisch zu lesen versuchen, ein Kapitel am Tag. Die englischen Zitate, für das Verständnis unserer Mini-Analyse nicht unentbehrlich, sollen dazu anregen. Die meisten Kapitel sind sehr kurz, manche bestehen aus einer Zeile, eins existiert gar nicht (es sei, sagt der Autor, so gut gewesen, daß daneben alle anderen abgefallen wären). Tristram Shandy ist so unübersetzbar wie Lyrik.

»Time wastes too fast: every letter I trace tells me with what rapidity life follows my pen; the days and hours of it, more precious, my dear Jenny! than the rubies about the neck, are flying over our heads like light clouds of a windy day, never to return more – every thing presses on – whilst thou art twisting that lock, – see! it grows grey; and every time I kiss thy hand to bid adieu, and every absence which follows it, are preludes to that eternal separation which we are shortly to make.« Ein halbes Jahr, nachdem er diese Sätze im »Tristram Shandy«, VIII. Kapitel des Neunten Buches, geschrieben hatte, starb Laurence Sterne am 18. März 1768 in der Old Bond Street, London. Nur wenig Freunde haben seinen Sarg begleitet. Makabre Pointe: Auch Sternes Schädel hätte ein monologisierender Hamlet in der Hand halten können; seine Leiche wurde nämlich aus dem Grabe gestohlen und an die Universität Cambridge verkauft zum Sezieren.

Rudolf Walter Leonhardt

Voltaire
Candide

Wenn ich wieder einmal, wie es im Zeitalter der globalen Aufrüstungen und Versklavungen ja geschehen muß, an der Welt verzweifle, genügen ein paar Seiten aus Voltaires zaubermärchenhaften und doch so prall anschaulichen Erzählung »Candide«, um neue Spannkraft zu provozieren – der Funke seines Lebensfeuers springt auf den Leser über wie je. Dabei ist Candide, die Hauptgestalt des Werkchens, in eine Prestissimo-Abfolge schlimmster Erlebnisse gestellt, die immer wieder die Grundlehre seines Magisters Pangloss widerlegt, ohne den derb erdenfreudigen Schulfuchs je zu erschüttern: daß nämlich Gott die beste der Welten erschaffen habe und mithin alles, was geschehe, ipso facto gut sei – ein Seitenhieb auf die verballhornte Philosophie des Universalgenies Leibniz.
Candide, als unehelicher Neffe im Schloß eines westfälischen Barons erzogen, das als schönstes im ganzen Land gilt, »weil es ein Portal, Fenster, eine Meute Hunde und einen Hofkaplan alias Dorfpfarrer besaß« – ist arglos-gutmütig, aber keineswegs ein tumber Tor. Er besitzt hellen Verstand und weiß sich auch in heikelsten Lagen prompt zurechtzufinden. Sein Weg reißt ihn von der unerlaubten Liebe zur üppig koketten Halbcousine Kunigunde hinaus in die weite Welt – zunächst als unfreiwillig angeworbenen und gestriezten Soldaten im Bulgarenheer. Während eines Schlachtgewimmels kann er nach Holland fliehen, wird von einem Hugenotten barsch abgewiesen, weil er im Papst nicht den Antichristen zu sehen vermag. Von einem toleranten Kaufmann und Wiedertäufer aufgenommen, findet er seinen Pangloss wieder, den die Syphilis entstellt und halbblind gemacht hat. Der gute Wiedertäufer ertrinkt während der Überfahrt nach Portugal, ein brutaler Matrose wird an seiner Stelle gerettet, was aber Pangloss den Glauben an die »beste aller Welten« nicht rauben kann. »Sie verneinen also die Erbsünde«, flüstert ihm mit ausgesuchter Höflichkeit ein Teilnehmer am Dankesfestbankett nach dem fürchterlichen Erdbeben von Lissabon (1750) zu – und schon ergreift und hängt den Unglücklichen die Inquisition.
Candide seinerseits findet die totgeglaubte, aber von einem bulgarischen Hauptmann nur geschändete und an einen por-

tugiesischen Juden verkaufte Kunigunde wieder, die ihre Gunst nun in genau abgemachter Zeiteinteilung dem jüdischen Bankier und dem Erzbischof der Stadt höchst sparsam und nie völlig gewährt: »Einmal geschändet macht gewitzter.« Ähnlich denkt ihre alte Gesellschafterin, die Tochter einer Prinzessin und des Papstes Urban, die in die Hände arabischer Seeräuber gefallen war und dabei nur einen Teil der linken Hinterbacke behalten hatte: Man spürt die Empörung hinter dem Spott. Alle Details stimmen und belegen die kulturhistorische Genauigkeit des ganzen Werkes. Die Alte hat den halbtoten Candide entdeckt und ihn Kunigunde zugeführt. Die Geliebten werden vom Erzbischof und vom Juden bei ihrer fälligen Ablösung entdeckt, und der gute Candide muß wohl oder übel beide töten. Zusammen mit der Alten entflieht das Paar nach Lissabon und erreicht unter Seestürmen Buenos Aires, wo der Gouverneur Kunigunde, nicht ohne deren Wohlgefallen, ins eigene Bett steckt. Candide seinerseits trifft unerwartet in Paraguay den Bruder der Geliebten als Jesuitenpater wieder, wird von ihm wohlwollend, ja stürmisch empfangen, dann aber tollwütig bedroht, weil er, der Nicht-Adlige, die höchstwohlgeborene Kunigunde zur Frau wünscht. Wieder entgeht der Arglose nur durch Töten dem eigenen Tod und entflieht im Priestergewand mit seinem listig treuen Diener Cacambo, einem Spanier.

Beide entdecken das völlig in sich abgeschlossene Land Eldorado, wo eine tolerante Regierung und Religion und mithin freundliche Sitten herrschen – ein frappanter Gegensatz zur völlig versklavten holländischen Kolonie Surinam. Reich beschenkt und gleich bestohlen gelangen die beiden über Paris, seine Spielsalons, frivolen Abbés und Kokotten, über England, wo gerade der besiegte Admiral Byng öffentlich unter Beifall des Publikums hingerichtet wird, und über das korrupte Venedig nach Konstantinopel mit seinen grausamen politischen Intrigen. Ruhe findet Candide erst hinten in der Türkei auf einem abgelegenen Gutshöfchen, wo sich die ganze Gesellschaft wunderbar zusammengefunden hat – von Kunigunde, Pangloss, der Alten, dem Diener Cacambo bis zum armen, pessimistischen Gelehrten Martin.

»Man muß seinen Garten bestellen«, lautet das berühmte, oft mißverstandene Schlußwort von Candidus. Es fordert nicht

Resignation, sondern Arbeit im zugewiesenen Gebiet, ohne dabei andere belästigen, anpredigen, unterjochen zu wollen.
Die im Eiltempo vorgetragene Häufung aller möglichen Schandtaten scheint unglaubhaft und doch rafft sie genial mit funkelndem Witz und melancholischer Einsicht die Zustände in der ganzen Welt zusammen. Der ungeheuer belesene Kulturphilosoph und Dichter Voltaire war durch die Großen ganz Europas aus erster Hand informiert. Mal sperrten sie ihn ein, mal feierten sie ihn. Er war ein echtes Großstadtkind mit loser Zunge und dem vollen Bewußtsein der Rechte eines Bürgers. Als Sohn eines Pariser Notars mit allen Winkelzügen der Juristik vertraut, besaß Voltaire dazu einen angeborenen Geschäftssinn und kaufte zuletzt – steinreich im Alter – das Schweizer Schloß Ferney, das, an den Grenzen von drei Ländern gelegen, ihm jeweils die Flucht in das eine oder andere ermöglichen konnte. Bei aller diplomatischen Gewandtheit besaß der kleine, dürre, unglaublich zähe Mann eine Leidenschaft zum Mut, der ihn dauernd wirklichen Gefahren aussetzte. Ihm verdankt Europa die schwer erkämpfte Rehabilitierung eines ungerecht erhängten Hugenotten und anderer Verfolgter. Leuchtende Siege des wahren Wortes über die falschen Mächte.
Das Beispiel wirkte doppelt ansteckend durch den Glanz der Formulierung und die Schärfe der Beweisführung: Das gilt für jeden Satz aus »Candide«. Daß der »Spottvogel« Voltaire klassische Tragödien flöten konnte, sei am Rande vermerkt. Ihre Zeit ist abgelaufen. Es bleiben seine kulturgeschichtlichen und staatstheoretischen Schriften, seine ungeheure Korrespondenz, die Erzählungen im Stil des »Candide«, der übrigens nur anonym erscheinen konnte und sofort auf dem Scheiterhaufen verbrannt wurde, wie ein Phönix aber gleich wieder erstand.
Als Feind einer korrupten Kirche und eines verfaulten Staatswesens ist Voltaire verteufelt worden. Er war aber kein Atheist, sondern ein Deist, glaubte an ein göttliches Wesen, über das er freilich nicht mehr sagen konnte als: »Wir grüßen uns, aber reden nicht miteinander.« »Lest ›Candide‹«, rief Döblin den Deutschen nach 1945 zu: im Rebellen hatte er den Mitkämpfer für eine bessere Gesellschaft erkannt.

Robert Minder

Johann Wolfgang Goethe
Die Leiden des jungen Werther

Um zu verstehen, wie zivilisiert es hier früher noch zuging, und wie herrlich weit wir es seither gebracht haben, stelle man sich einmal vor, es würde heute der Oberkommandierende eines Invasionsheeres – etwa der amerikanische General Westmoreland oder dessen chinesischer Nachfolger – die wichtigsten Schriftsteller des von seinen Truppen überrannten Landes zu sich bitten, um mit ihnen stundenlang ästhetische und poetologische Fragen zu diskutieren. Als Napoleon im Jahre 1808 nach Erfurt kam, unterhielt er sich mit Goethe über »Die Leiden des jungen Werther« – jenen wohl ersten europäischen »Bestseller« der deutschen Literatur, dessen Held 34 Jahre vorher, bei Erscheinen des Buches im Jahre 1774, über Nacht zur Kultfigur mehrerer Generationen wurde. Noch im Jahre 1825 war es in Leipzig gesetzlich verboten, in Werther-Kleidung (blauem Frack mit Messingknöpfen, gelber Weste, braunen Stulpenstiefeln) herumzulaufen. Den Gesprächsaufzeichnungen des Kanzlers von Müller zufolge machte der Kaiser »eine tief eindringende Analyse dieses Romans, wobei er jedoch an gewissen Stellen eine Vermischung der Motive des gekränkten Ehrgeizes mit denen der leidenschaftlichen Liebe finden wollte«. Napoleon zu Goethe: »Das ist nicht naturgemäß und schwächt bei dem Leser die Vorstellung von dem mächtigen Einfluß, den die Liebe auf Werther gehabt. Warum haben Sie das getan?«

In der nicht endenden, reichen Wirkungsgeschichte dieses Romans ist die Kritik Napoleons besonders faszinierend. Was alle Welt (bis zu Camus hin) an diesem Buch am meisten aufregte und was sie am meisten erörterte, nämlich die von weitem schon sichtbare Frage des Selbstmords, der hier sozusagen zum Naturrecht erklärt wird, scheint für Napoleon ganz plausibel und unproblematisch gewesen zu sein. Seine Kritik ist nicht moralisch, sondern psychologisch und zugleich handwerklich. Denn fast genau in der Mitte des in zwei Teile gegliederten Buches entschließt sich der tödlich verliebte Werther zur plötzlichen Abreise. Nachdem es mit seiner Kunst (Malerei) und mit der Liebe nicht geklappt hat, versucht er es mit der Gesellschaft. Wie der mit Goethe befreundete braunschweigische Legationssekretär Carl Wilhelm Jerusalem, dessen Wetzlarer Selbstmord die Abfassung des Buches auslöste, so scheitert auch Werther, indem er in adliger Gesellschaft als Bürger gedemütigt wird.

Abgesehen davon, daß der Emporkömmling Napoleon hiervon nichts wissen wollte, und abgesehen davon, daß der durch Napoleons Aufmerksamkeit wohl doch geschmeichelte Goethe ihm hierin offenbar folgte: Napoleon hat die zentrale gesellschaftliche und zugleich künstlerische Frage an das Buch gestellt. Jedoch selbst wenn man ihm darin recht gibt, daß die gesellschaftliche Verletzbarkeit des Helden von dessen privater Verletzbarkeit zu trennen sei (ich fürchte, diese Liebe wäre in jeder denkbaren gesellschaftlichen Situation gescheitert), so bliebe doch das Karrierezwischenspiel, das den Helden nach »Wahlheim« (!) und zu Lotte zurückführt, nicht nur psychologisch glaubwürdig, sondern sogar universell gültig: Erst die Praxis der fluchtartigen Entfernung von Lotte kann die Unvermeidbarkeit dieser Liebe erweisen, durch die nun mögliche, traurige Rückkehr. Denn die Einsichten des Zwischenspiels waren im ersten Teil des Buches in zahlreichen Briefen (zum Beispiel dem vom 21. Juni 1771) schon begrifflich vorweggenommen; sogar schon in Briefen, die er vor seiner Bekanntschaft mit Lotte an seinen Freund Wilhelm schreibt.

So erscheint schon in der Gefängnismetapher des Briefes vom 22. Mai 1771 als Funktion von Kunst: die täuschende Ornamentierung von Wänden, »zwischen denen man gefangen sitzt«, die Entfernung des Leidens von seinen erkennbaren Gründen, und »Freiheit« erscheint als Freiheit zum Tode. Und in dem ungeheuer wichtigen Brief vom 26. Mai 1771 werden beide, Kunst und Liebe, als Tätigkeiten erkannt, in denen gut zu sein nicht nur nicht gut genug, sondern entsetzlich ist – sie dulden keinen Kompromiß: gefährliche Einsichten, die Werther »vergißt«. Es ist ein Wissen, das immer wieder physisch verifiziert werden muß, der Körper glaubt es nicht. Der Körper glaubt nie etwas, er akzeptiert nur Tatsachen.

Die Welt wird hier nicht so erlebt, daß man sich in ihr »entwickeln« könnte. »Entwicklung« erscheint hier als ein schreckliches Torkeln zwischen begrifflichen Einsichten, deren Vergessen und neuer, desillusionierender sinnlicher Erfahrung –

und schon hierin ist der Roman wahrer und radikaler als fast alles, was seither geschrieben wurde.
Denn der Nichtentwicklung des Helden entspricht nun auch die gewählte künstlerische Form des Briefromans. Die monologische Sprache der Briefe – manchmal (24. Dezember 1772) schon ihr Datum – beglaubigt die Einsamkeit des Schreibenden. Ferner hat im Moment des Schreibens der Briefschreiber nicht die Kenntnis der Zukunft der Handlung, so daß jede erzählte Gegenwart für sich bleibt, ungewiß, offen, von Nichtfortsetzung bedroht. Die Gegenwart des Schreibens (16. Juni 1771!) kann mitgeschrieben werden, sogar das Nicht-Schreiben, der Ausdruck von Ausdruckslosigkeit (10. Mai 1771). Dies alles sind nun wirklich »avantgardistische« oder realistische Methoden, die die Welt wahrer, oder in der Sprache der Zeit: »natürlicher« darzustellen erlauben. In Vorwegnahme von Büchners »Lenz«, zu dem dieses unvergleichliche Buch direkt hinzuführen scheint (30. November 1772: Blumenpflücken im Winter, die Feindschaft von Glück und Bewußtsein), ist es nun möglich, als »schön« zu entdecken: das »nötigste«, »harmloseste« (12. Mai 1771). Dieses wird, wiederum in Vorwegnahme von Büchners Medusa-Metapher, von Werther gemalt, »ohne das mindeste von dem Meinen hinzuzutun« (26. Mai 1771).
Für solche Passagen opfert man dann gern den schon damals allwissend und schwatzhaft sich selber feiernden, sogenannten »ironischen« Erzähler, der uns mit seinen entsetzlich langen Romanen, in denen er auf Zehenspitzen hin- und herhuschend alles hübsch und artig dekoriert, bis zum heutigen Tage zu Tode langweilt. Mit dem »Werther«, den er natürlich nicht liest, ist ihm längst das Todesurteil gesprochen. Aber wer liest schon »Werther«?

Reinhard Lettau

Gotthold Ephraim Lessing
Anti-Goeze

So teuer hat kaum ein deutscher Autor für ein Buch bezahlen müssen wie Lessing für seine Streitschriften gegen den Hamburger Hauptpastor Johann Melchior Goeze. Die Überlebensgröße dieses Werkes, der einzig fortwirkenden Polemik der deutschen Literatur, mag heute triumphal erscheinen; damals bekam der Angreifer die Wucht seiner Attacke auf die theologischen Vormünder zuerst und am schwersten zu spüren: Er büßte die Zensurfreiheit ein, wurde mit »schwerer Ungnade« seines Herzogs bedroht, verlor die Sympathie vieler Bewunderer; und das Theaterpublikum zwischen Hamburg und Wien, dem Lessing schon beinah als ein Klassiker galt, fand sich in seiner Verehrung düpiert. Diese Arbeit eines halben Jahres hat Lessing zwar nicht das Leben gekostet, aber vergällt, es hat den fast Fünfzigjährigen in seinen letzten drei Jahren um Ruhm und Ruhe gebracht. Die tapfere und intelligente Solidarität der Freunde in Braunschweig und in Hamburg kann nicht darüber hinwegtäuschen: Hier war einer, binnen weniger Monate des Jahres 1778, vom freien zum vogelfreien Schriftsteller geworden: Störenfried, Staatsfeind, Antichrist. In Wolfenbüttel kursierte der Schimpfvers:

»Der Teufel kam einmal auf Erden
Und wollte gern ein Blankschmied werden.
Doch hat er weder Zinn noch Messing,
Drum nahm er den Professor Lessing.«

Kurz vor seinem Tod, in einem Brief an Moses Mendelssohn, hat Lessing das Klima des Hasses und der Verleumdung, in dem er seit dem »Anti-Goeze« leben mußte, lakonisch beklagt: ». . . die Kälte, mit der die Welt gewissen Leuten zu bezeugen pflegt, daß sie ihr auch gar nichts recht machen, ist, wenn nicht tötend, so doch erstarrend.«

Dabei hatte er immer gern gestritten, Polemik war für ihn ein Lebenselixier. »Ein kritischer Schriftsteller«, sagte er einmal, »suche sich nur erst jemanden, mit dem er streiten kann, so kömmt er nach und nach in die Materie; und das übrige findet sich.« Und es war Lessings Überzeugung, »daß die Menschen noch über nichts in der Welt einig sein würden, wenn sie noch über nichts in der Welt gezankt hätten.« Aber die Auseinandersetzung mit Goeze, die als ein kritischer Dialog über die Begründung und Wirkung der christlichen Religion zu beginnen scheint, gerät vom Streit rasch zur Schlacht, von der Schlacht zum Krieg, und der geht nicht ohne Verwüstung ab. Gezankt, natürlich, wird auch. Goeze gegen Lessing: »Wahrlich, Herr Lessing muß wissen, daß sein Vorrat an Stinktöpfen unerschöpflich sei ...« Lessing gegen Goeze: »Es ist erlaubt, den Eimer faulenden Wassers, in welchem Sie mich ersäufen wollen, tropfenweise auf den entblößten Schädel fallen zu lassen.«

Der Anti-Goeze (mitsamt den Gegenschriften des Pastors) zeigt den Konflikt des Aufklärers mit dem um seine Lämmer besorgten Seelenhirten; den der Vernunft mit dem Glauben; den des Zweifels mit dem Gebet. Es geht um Fragen der Offenbarung, um die Stichhaltigkeit biblischer Vorgänge, um Religionspunkte. Und dennoch kann man sich dem Anti-Goeze zunächst als einem politischen Buch nähern, als einer Schutzschrift für den mündigen Bürger, als einen Aufruf zum Gebrauch der kritischen Vernunft auch in Staatsdingen.

Denn der Pastor Goeze spricht nicht nur als Theologe; er spricht sehr eifrig auch als Diener von Ordnung und Staat. Er hütet die christliche Religion schon deshalb so peinlich, weil »die ganze Glückseligkeit der bürgerlichen Verfassung auf derselben beruhe«, und er fragt besorgt: »Wird nicht mit der Ehrerbietung gegen die heilige Schrift und Religion auch zugleich die Bereitwilligkeit, ihren Oberherren des schuldigen Gehorsam zu leisten ... in ihren Herzen ausgelöscht werden?« Und wenn schon über die Religion gestritten werde, dann, bitte, auf Lateinisch. Lessing höhnt, mit republikanischem Furor, zurück: »Oder meinen Sie auch, Herr Pastor, daß es gleich viel ist, was die Verständigen im Verborgenen glauben, wenn nur der Pöbel, der liebe Pöbel, fein in dem Gleise bleibt, in welchem allein ihn die Geistlichen zu leiten verstehen; Meinen Sie?« Und noch einmal in schärferem Ton: »O glückliche Zeiten, da die Geistlichkeit noch alles in allem war – für uns dachte und für uns aß? Wie gern brächte euch der Herr Hauptpastor im Triumphe wieder zurück! Wie gern möchte er, daß sich Deutschlands Regenten zu dieser heilsamen Absicht mit ihm vereinigten! ... Nun, wenn sie nicht hören wollen, so mögen sie fühlen. Witz und Landessprache sind die Mistbeete,

in welchen der Same der Rebellion so gern und geschwinde reifet. Heute ein Dichter: morgen ein Königsmörder.«
Ein Leichtes nun für einen frommen Mann, den Verfasser solcher Sätze anzuschwärzen, Lessings Dienstherren, den Braunschweiger Herzog, zu dem aufzufordern, was man heute »Einschreiten« nennen würde: »Ich habe die Hoffnung zu Gotte, ... daß große Herren, um ihrer eigenen Sicherheit willen, oder wenigstens zu verhüten, daß sie als Gottes Statthalter ... nicht nötig haben werden, Schwerd und Rad zur Rache über die Übeltäter gebrauchen zu dürfen, solchen Toren und den verwegenen Ausbrüchen ihres Unsinns, Grenzen setzen werden.«
Der demokratische Elan, das politische Plädoyer Lessings in den Schriften gegen Goeze sind aber nur Teil, fast nur eine Randerscheinung ihrer Aktualität. Denn deren Kern ist nach wie vor die Frage nach Gott und der Welt, nach dem Verhältnis von Vernunft und Glauben, von Geschichte und Offenbarung, von Wunder und Wirklichkeit. Das, was zwischen Lessing und Goeze wirklich zur Debatte stand, wird in der Theologie immer noch diskutiert; ein so prominenter Kirchenmann wie Hans Thielicke hat jüngst die Positionen auszugleichen versucht; und in dem Konflikt Hans Küngs mit der katholischen Orthodoxie kehren viele Momente des zweihundert Jahre alten Disputs wieder. Die theologische Grundfrage des Anti-Goeze ist aber nicht für Fachleute allein interessant: Sie betrifft, wie ein aktuelles Taschenbuch, unsere Zeit, die voll ist von Glaubensbedürftigkeit und Mythensehnsucht, von Gottesverlangen und Transzendenztaumel; die von sich selbst das Gefühl hat, sie sei nicht recht bei Troste; die aber auch weiß, daß sie nicht einfach aus ihrer Geschichte heraustreten kann, aus der alltäglichen Geistesgegenwart, aus der Hygiene des Denkens und aus der Lust an der Kritik. Kierkegaard, zum Bewunderer Lessings geworden, hat die Frage des Anti-Goeze auf den einleuchtenden Satz reduziert: »Wie kann ich meine Seligkeit auf ein historisches Wissen gründen?« – Wie finde ich zu einem Glauben (»welcher höher ist als alle menschliche Vernunft« – so noch heute in der protestantischen Liturgie), wenn dieser Glaube selbst auf seine Geschichtlichkeit, seine Authentizität, also doch auf Vernunft pocht? Die Wunder von damals – für Lessing sind sie Berichte von Wundern geworden,

ohne die Kraft der Offenbarung. »Das«, schreibt er, noch vor dem ersten Anti-Goeze, »das ist der garstige breite Graben, über den ich nicht kommen kann, so oft und ernstlich ich auch den Sprung versucht habe. Kann mir jemand hinüber helfen, der tu es; ich bitte ihn, ich beschwöre ihn. Er verdient ein Gotteslohn an mir.«
So wenig Lessing den Streit mit Goeze gesucht hatte, den er aus seiner Hamburger Zeit kannte und sogar schätzte, so gewiß hatte er selbst das Forum für eine große, zeitbewegende Auseinandersetzung mit den Theologen seiner Zeit freigemacht: Zuerst im Jahr 1774, dann wieder 77 und 78 hatte er Fragmente eines »Ungenannten« veröffentlicht, Texte, die mit der Bibel kritisch, ironisch, analytisch umgingen und mit provokanten Überschriften (»Von Verschreiung der Vernunft auf den Kanzeln«) nicht geizten. Lessing *wollte* die Provokation, die er mit der Veröffentlichung beging, und er führte die Leser vorsichtshalber auf eine falsche Spur: Er habe das Manuskript in der Wolfenbütteler Bibliothek (deren Leiter er seit 1770 war) gefunden und wisse selbst nicht, wer der Verfasser sei. In Wahrheit hatte er das Manuskript aus Hamburg mitgebracht und hatte den, inzwischen verstorbenen, Autor zu seinen Freunden gezählt: Hermann Samuel Reimarus, ein angesehener Schulmann, hatte seine Zweifel an der Bibel in jahrelanger Arbeit und insgeheim zu Papier gebracht. (Das vollständige Werk – fast zweitausend Seiten Manuskript – ist erst vor zehn Jahren, im Insel Verlag, erschienen). – Lessing verteidigt seine Fragmenten-Publikation mit Sätzen, die manchem heutigen Bibliotheksleiter Ehre machen würden: »Wenn ich nun unter den mir anvertrauten Schätzen etwas finde, von dem ich glaube, daß es nicht bekannt ist: so zeige ich es an . . . und bin ganz gleichgültig dabei, . . . ob es dem einen frommt oder dem andern schadet. Nützlich und verderblich, sind ebenso relative Begriffe als groß und klein.«
Diese Sätze weisen hin auf ein drittes Element des Anti-Goeze, vielleicht sogar auf das zentrale Ereignis: Diese Streitschrift handelt auch und vor allem von Lessing; sie ist ein hinreißendes Kapitel Selbstbehauptung, ein Stück vehementer Autobiographie, das dramatische Porträt eines kämpferischen, nein, eines kämpfenden Schriftstellers. Unsere Philologie wird ja nicht müde zu behaupten, Lessing habe leider nie Auskunft

über sich selbst gegeben. Aber alle seine Polemiken sind auch Ich-Darstellungen, und der Anti-Goeze ist nicht zuletzt ein stolzer Pro-Lessing: »Wie lächerlich, die Tiefe einer Wunde nicht dem scharfen, sondern dem blanken Schwerte zuschreiben! Wie lächerlich also auch, die Überlegenheit, welche die Wahrheit einem Gegner über uns gibt, einem blendenden Stile desselben zuschreiben: Ich kenne keinen blendenden Stil, der seinen Glanz nicht von der Wahrheit mehr oder weniger entlehnet. Wahrheit allein gibt echten Glanz ... Also von *der*, von der Wahrheit lassen Sie uns sprechen, und nicht vom Stil ... Was hindert mich, in die Welt zu schreiben, daß alle die heterodoxen Dinge, die Sie itzt an mir verdammen, ich ehedem aus Ihrem eignen Munde gehört und gelernt habe? Was hindert mich? Ein Unwahrheit wäre der andern wert. Daß ich Ihre Stirn nicht habe: das allein hindert mich.«
Denn ein Beitrag zum politischen Anstand dieser Gegenwart ist Lessings Anti-Goeze auch.

Dieter Hildebrandt

Jean-Jacques Rousseau
Die Bekenntnisse

So kühn hat nie wieder ein Schriftsteller ein Buch eröffnet wie der im englischen Exil lebende, zweiundfünfzigjährige Uhrmachersohn aus Genf Jean-Jacques Rousseau 1764 seine Lebensbeichte: »Ich beginne ein Unternehmen, das ohne Beispiel ist und das niemand nachahmen wird. Ich will meinesgleichen einen Menschen in der ganzen Naturwahrheit zeigen, und dieser Mensch werde ich sein. Ich allein.«
Größenwahn? Trost eines unter Verfolgungswahn leidenden Heimatlosen? Selbststilisierung eines schriftstellernden Philosophen und Komponisten, Pädagogen und Botanikers, Psychologen und Gesellschaftskritikers, der eine europäische Berühmtheit war und sich doch bis zu seinem Tod am 2. Juli 1778 als »Notenkopist« mit dem Abschreiben von Partituren sein Brot verdienen mußte? Als er im Winter 1770/71 vor geladenen Gästen im Salon der Gräfin D'Egmont zum erstenmal aus dem Manuskript dieser schonungslosen Selbstenthüllung vorliest, verbergen die Damen das Gesicht hinter dem Fächer, laufen die Köpfe der Herren unter den Puderperücken rot an, erscheint die Polizei und verbietet die Vorlesung.
Und so bis heute: Selbst in Frankreich gibt es erst seit kurzem die vollständige, nichts unterschlagende Ausgabe einer Lebensgeschichte, die sich der Autor als »ein in seiner beispiellosen Aufrichtigkeit einzigartiges Werk« wünscht: »Damit man wenigstens einmal einen Menschen so sehen könne, wie er wirklich in seinem Innern ist. Ich fühlte, daß es kein menschliches Inneres gibt, das – so rein es auch sein möge – nicht irgendein widerwärtiges Laster birgt.« Noch Rousseaus jüngstem deutschen Biographen, Seeberger, sträuben sich bei der Lektüre des Originals im Gedenkjahr die Haare; zwar kann er die wahrheitsliebende Selbsterforschung dieses Mannes mit Bekennermut nicht mehr abwürgen, aber doch rügen – etwa die von Jean-Jacques freimütig zugegebene Praxis der Selbst befriedigung als »sehr üble sexuelle Gewohnheit«.
Gehört solch ein Werk, dessen Wert für die Seelenforschung unbestritten ist, in die ZEIT-Bibliothek der 100 Bücher der Weltliteratur? Rousseau hat mit den beiden Teilen seiner Autobiographie, von der Geburt am 28. Juni 1712 bis zum Jahr

1765, eines der großen Lese- und Lehrbücher der europäischen Literatur geschrieben. Als das von dem hypochondrischen Einzelgänger geplante »nützliche und einzigartige Werk«, als »Maß und Muster für die vergleichende Erforschung der Menschen« haben sich »Die Bekenntnisse« längst bewährt, gerade weil Psychologie und Psychoanalyse diesem Text immer neue Erkenntnisse ablesen. Als wunderlich wildes Erzählbuch wird die von Einfall zu Erinnerung hüpfende, sich in Abschweifungen verirrende, in Landschaftsbildern und Naturbeschreibungen beruhigende Geschichte eines Lebens erst geschätzt, seitdem moderne Prosa ähnlich frei von Assoziationen zu Traumbildern schweifen gelernt hat. Dieser lebenslang Unglückliche mit dem lebenslang bewahrten Traum vom Glück, der unter beidem leidet, unter seinem »feurigen Temperament« und unter seinen »nur langsam entstehenden unklaren Gedanken«, und der von sich sagt, »mein Herz und mein Verstand gehörten nicht zu ein und demselben Menschen«, schafft sich in den zwölf Büchern seiner Autobiographie den literarischen Ausdruck, der solcher Zerrissenheit und einem Lebenslauf als (nicht nur seelischer) Berg- und Tal-Bahn entspricht. Die früher getadelte Uneinheitlichkeit macht den Reiz dieser Lebenserzählung aus. »Unregelmäßig und natürlich, mal lebhaft und mal umständlich, mal gelassen und mal verrückt« – wie er lebt, so schreibt er.

Der erste Teil ist ein Abenteuerbuch: Jean-Jacques Rousseaus Lehr- und Wanderjahre bis zur Ankunft 1741 in Paris. Danach beruhigt sich die »Handlung« in den Berichten vom freundschaftlichen Disput mit den Enzyklopädisten, vom gesellschaftlichen Leben im Paris vor der Revolution. In beiden Teilen aber für die damalige Zeit unerwartete psychologische Einsichten, ob Rousseau von den Lustgefühlen schreibt, die das Kind bei Züchtigungen empfand, von der nie vergessenen Verwundung durch die erste ungerechte Strafe oder von den zwischen Anbetung und Flucht ständig schwankenden Liebesbeziehungen. In den Widersprüchen seines Lebens, zu denen er sich bekennt, ist dieser »Zerrissene« aus der Epoche des Rokoko unser Zeitgenosse. Seine »Bekenntnisse« lesend, kann man lernen: den geduldigen Blick in Welt und Ich, der die komplexe Wirklichkeit wahrnimmt, nach Rousseaus Wort: »Ich bin ein Prinz, aber auch ein Schuft.« *Rolf Michaelis*

Karl Philipp Moritz
Anton Reiser

Ein komplexes, gefährliches Buch, weil es einen hineinzieht in seine bodenlose Trauer, gegen die man sich wehren will und sich doch nicht wehren kann. Ein Buch, das Angst macht vor den eigenen Verletzungen, die man hineinphantasiert ... Seit zwei Jahren lebe, arbeite, kämpfe ich mit diesem Buch, mit dieser Figur (vielleicht entsteht ein Film dabei); am Anfang dachte ich nur: wie könnte man Anton Reiser retten am Ende dieser Geschichte, die eben gar kein Ende hat, sondern einfach abrupt abbricht. Die hochfliegenden Pläne haben sich in Nichts aufgelöst, die Träume sind zerronnen, ein furchtbares Gefühl der Ohnmacht ergreift den Zwanzigjährigen: Anton Reiser, der so unglaubliche Anstrengungen machte, freizukommen, sich zu entwickeln, die innere und äußere Last abzuschütteln, erkennt plötzlich, daß er immer wieder nur im Kreis gegangen ist, daß sich nichts ändert.
Die Geschichte Anton Reisers ist die Geschichte seines Autors Karl Philipp Moritz, und der hat sich schließlich doch noch am eigenen Schopf aus dem Sumpf gezogen: Der begabte, aber rechtlose, nur von Almosen und der Gnade anderer lebende Stipendiat (»Freitischgänger«), der sich für keinen Beruf richtig entscheiden konnte und Lehrer, Prediger, Schauspieler, Wanderer, Dichter, Psychologe, vor allem aber Hungerleider wurde ... er brachte es nach zahlreichen Krisen und Umwegen am Ende zu bürgerlichem Ansehen als wohlbestallter Professor der Ästhetik in Berlin. Von seinem sozialen Aufstieg hat er freilich nicht mehr viel gehabt; es war ein kurzes Leben (1756-1793), die Peinigungen seiner »Anton Reiser«-Kindheit hat er nie ganz überwunden; Ehrgeiz, der rastlose Zwang zur Produktivität trieben ihn um und verzehrten ihn.
Seine Zeitgenossen achteten ihn wegen seiner Begabung, aber vieles, was er schrieb, was er dachte, mußte ihnen fremdartig erscheinen: sein Denken, wenn es einmal die Bildungslast seiner Zeit abgestreift hatte, ging ins Ungesicherte, Voraussetzungslose – wie nahe er darin oft der Wahrheit gekommen ist, können wir heute erst, staunend und betroffen, zur Kenntnis nehmen. Goethe liebte und fürchtete ihn, denn Moritz bekannte sich offen zur Gefahr des Scheiterns und rührte damit

an Goethes geheimste Ängste, die er sich freilich nicht zugestand. Zwar nannte ihn Goethe einen jüngeren Bruder, »von derselben Art, nur da vom Schicksal verwahrlost und beschädigt, wo ich begünstigt und vorgezogen bin«, aber war er imstande, diesen jüngeren Bruder zu verstehen, die Art der Erkenntnis, die dieser aus seiner »Verwahrlosung« und »Beschädigung« gezogen hat? »Zweifellos ist es das allerfürchterlichste und schrecklichste, ohne Hülfe, ohne Rettung in sich selbst, als einem sich verzehrenden, mit tausend Gefahren und dem Untergang drohenden Ungeheuer überlassen zu sein . . .« Einer, der diesen Satz hätte verstehen können, der sich auch für jenes Magazin der »Erfahrungsseelenkunde«, das Moritz herausgab, hätte interessieren müssen, weil darin viele seiner eigenen Entdeckungen (zum Beispiel die Traumdeutung) vorweggenommen sind, erwähnt diesen Autor kein einziges Mal: Sigmund Freud. Im 19. Jahrhundert kommt der »Anton Reiser« so gut wie nicht vor, und es dauert fast bis in die Mitte unseres Jahrhunderts, bis man ihn überhaupt erst wieder wahrnimmt. Gab und gibt es die unbewußte Abwehr (soll man sie »gesund« nennen?) gegenüber einem Buch, das nicht nur selbst radikale Seelenarbeit leistet, sondern sie auch von seinen Lesern fordert?
Robert Minder war einer der Wiederentdecker, besser sollte man sagen: Entdecker dieses Buchs. Die spürbare Liebe zu seinem Gegenstand, Einfühlung und Sensibilität machen diese ungewöhnliche Doktorarbeit (unter dem Titel »Glaube, Skepsis und Rationalismus« als suhrkamp taschenbuch wieder erschienen) noch heute lesbar. Durch Zufall war Minder auf dieses Buch gestoßen, das ihn dann nicht mehr losließ: »Im Sommer 1930 hatte ich auf einem Bücherkarren bei der Staatsbibliothek in Berlin den »Anton Reiser« aufgestöbert, zwei Mark dafür hingelegt und damit ein Buch in der Tasche, das scharfbelichtete Bilder aus dem Winkeldasein von Schustern, Gerbern, Hutmachern, Essigbrauern um 1750/80 hinstellt, ebenso unerbittlich aber die Sonde an sich selber legt und die fiktiven Kompensationen eines geknechteten Ichs durchleuchtet, das immer wieder aus hereinbrechendem Dunkel ins Helle strebt, zurücksinkt, sich aufs neue erhebt . . .«
In der Tat bekommt man hier einen gleichsam dokumentarischen Einblick in die Realität des ausgehenden 18. Jahrhun-

derts, das wir fälschlicherweise so schnell mit dem Begriff »Aufklärung« gleichsetzen. Liest man den »Anton Reiser«, dann werden plötzlich die Widersprüche, die Klassengegensätze, das ganze Ausmaß der Verelendung und Verrohung im Leben der Schwachen und Wehrlosen, der Kinder, auf verletzende Weise sichtbar. Angesichts der Zustände in einem preußischen Waisenhaus, die Moritz erlebt hat, wo die Zöglinge wie Tiere behandelt werden, kann Aufklärung damals – konkret jedenfalls – nicht mehr bedeutet haben als ein feinsinniges, intellektuell-fortschrittliches Geplauder in den bürgerlichen Salons. Hinzu kommt die Religion als gegenaufklärerische Kraft: Der lebensfeindliche, selbstquälerische Pietismus und Quietismus, der noch in den alltäglichsten Handlungen gegenwärtig ist, so daß man, wie es der Aufklärer Nicolai grimmig formuliert, »auch noch im Namen Jesu auf den Abtritt gehen muß«. Es ist freilich eine zwiespältige Sache mit dieser Religiosität: auf ungesunde Weise schneidet sie alle aktiven, vitalen Regungen, alle Lust ab, andererseits schafft sie durch ihren radikalen Rückzug von der Realität das reiche Innenleben: Empfindungsfähigkeit, Phantasie, Träume – oder auch Illusionen.

»Anton Reiser«, das beschreibt die Entwicklung (ich hätte beinahe gesagt: die Karriere) eines Außenseiters: Die Armut isoliert ihn von Anfang an, aber auch seine Intelligenz, seine Phantasie, die Innerlichkeit und Introversion (die nur nach außen hin grau erscheint, in Wirklichkeit aber bunt und fullig ist). Wie kann, wie soll sich so jemand seiner Umwelt vermitteln, sich darstellen, sich begreiflich machen? Eigentlich wartet Anton Reiser (vergeblich) darauf, daß ihn jemand entdeckt.

Die soziale Anklage (Kinderarbeit, nicht vorhandene oder inhumane Pädagogik), mit der Absicht, die geschilderten Zustände zu verändern, ist der historische Aspekt dieses Buches. Spannend und modern hingegen ist die Methode, mit der Moritz vorgeht. Hartnäckig ist er den Zusammenhängen auf der Spur; im »Anton Reiser« und in seiner »Erfahrungsseelenkunde« (wo er verschiedene Lebensschicksale, Fallgeschichten gesammelt hat) tastet er sich, manchmal unbeholfen noch, an die Wahrheit heran, daß es nämlich über den Einzelfall hinaus etwas Gemeinsames, Symptomatisches, Typisches geben muß, eben eine Seelenkrankheit. Zur Heilung dieser Seelenkrankheit gehört für Moritz die Diagnose der Ursachen. Anton Reisers »innern und äußeren Zustand in allen Verhältnissen« stellt er vor, damit »dasjenige gewiß werden soll, was bei vielen Menschen ihr ganzes Leben hindurch, ihnen selbst unbewußt, und im Dunkeln verborgen bleibt, weil sie Scheu tragen bis auf den Grund und die Quelle ihrer unangenehmen Empfindungen zurückzugehen«.

Individuelle Geschichte und psychoanalytisches Modell: man könnte den »Anton Reiser« auch als klassische Fallbeschreibung einer narzißtischen Neurose lesen. Wie sie entsteht, weil kein geeignetes Identifikationsobjekt vorhanden ist (die Eltern »schenken« den Halbwüchsigen weg), und weil alle späteren Identifikationsobjekte idealisiert werden, welche Krisen sich daraus für die Biographie dieses Jugendlichen ergeben. Dadurch, daß Anton Reiser zu keiner richtigen, das heißt realen Selbsteinschätzung findet, sondern ein »grandioses«, illusionäres Bild von sich selbst zu leben versucht (als Dichter, als Schauspieler), kommen die jähen Abstürze, die Depressionen zustande, die ein bißchen zu vordergründig immer als zeitbedingte Melancholie gedeutet werden.

Der Vorzug des Buches ist, daß es solche Erkenntnisse vermittelt, ohne zu abstrahieren, zu theoretisieren. Man kann den »Anton Reiser« völlig voraussetzungslos lesen und doch alles verstehen; das gelingt, weil hier nahtlos und unmerklich und auf vollkommene Weise Außen- und Innenbeschreibung einer Figur ineinander übergehen. Die äußeren Ursachen und die Wirkungen auf die Person sind sinnlich nachvollziehbar; Gefühlserfahrungen haben hier nichts Beliebiges, Unscharfes, sie erscheinen noch in ihren seltsamsten Verwicklungen logisch, das heißt, es gibt jederzeit wahrnehmbare kausale Abläufe.

Ein Buch über das Jungsein: sich mühselig, mit vielen Rückschlägen, unter Schmerzen seinen Platz in der Welt suchen, wehrlos, unschuldig, gläubig der fremden, unbekannten, übermächtigen Welt der Erwachsenen ausgeliefert sein; stumm mit einer Sehnsucht leben, die stark ist, aber doch nicht erfüllt wird. Mit intensiven, utopischen, zart-verletzlichen Sehnsuchtsbildern träumt sich Anton Reiser über seinen Zustand der Ohnmacht, der Enge hinaus: irgendwo weit draußen in der Natur, hinterm Horizont, unter freiem Himmel gibt es für ihn dieses Ganz-bei-sich-Sein, die Erlösung, die Liebe (wenn Jean

Paul einmal von der »Abwesenheit des Himmels« im »Anton Reiser« spricht, so meinte er dies: die Abwesenheit von Erlösung und Liebe).

Wie wir uns Anton Reiser vorstellen können: hautlos, ungeschützt; ein bißchen zu schnell gewachsen, mager, mit hängenden Schultern, wirren Haaren, unruhigen, dunklen Augen ... linkisch, scheu ... dabei immer wie auf dem Sprung, süchtig, lauernd auf Anerkennung, Bestätigung, auf jemanden, der ihn wahrnimmt ... vielleicht der Typus des *puer aeternus*, der, weil er zu früh erwachsen sein mußte, nie ganz erwachsen wird, sondern, wie Gombrowicz sagt, immer »unternäht bleibt mit Kind«.

Nein, wir brauchen uns keine Sorgen um Anton Reiser zu machen. Es rettet ihn, was Karl Philipp Moritz gerettet hat, was uns retten wird (wenn wir uns nicht davor drücken): *die Erkenntnis des Schmerzes.*

Peter Laemmle

Immanuel Kant
Zum ewigen Frieden

Der Titel dieser kleinen Schrift, in der sich Kant populär gibt, soweit ihm das gegeben ist, wird oft in bezeichnender Weise falsch als »Vom ewigen Frieden« zitiert. Davon jedoch ist gerade nicht die Rede. Auch ist »Zum ewigen Frieden« nicht etwa mißzuverstehen als »(Gedanken) zum ewigen Frieden« (jemand, der wie Kant mühelos lateinisch schrieb, verwechselt nicht *ad pacem* mit *de pace*), sondern es bedeutet, den Titel einmal zu einer kleinen Inhaltsangabe erweiternd: »(Gedanken über einen möglichen Weg) zum ewigen Frieden.«
Die Erklärung verliert nichts von ihrer Gültigkeit dadurch, daß Kant, in einem Anflug von bei ihm wahrhaftig seltenem zynischen Witz, auf das Schild eines Gasthofs »Zum ewigen Frieden« hinweist, das mit Gräbern illustriert gewesen sei. Denn von dieser Art ewigen Friedens ist in der danach folgenden Abhandlung nicht die Rede. Freilich mag es wohl so verstanden werden: Liebe Leser, glaubt nur ja nicht, hier schriebe ein weltfremder Philosoph, der spinnt, der nicht wüßte, daß ewiger Friede uns am verläßlichsten erst nach dem Tode erwartet. Dennoch ist der Essay den Zeitgenossen als weltfremd erschienen. Und als so richtig politisch aktuell können wir ihn auch heute kaum verstehen.
Kant gibt ihm die Form eines der damals üblichen Friedensverträge mit (sechs) »Präliminarartikeln«, (drei) »Definitivartikeln«, (zwei) Zusatzartikeln und dazu einem, in Friedensverträgen weniger üblichen, philosophischen Anhang.
Wir dienen dem Leser wohl am besten, wenn wir die Artikel, einen nach dem anderen, nennen und kurz kommentieren. Dabei bestimmen die Präliminarartikel, was alles nicht mehr sein soll, damit Friede sein kann, während die Definitivartikel festhalten, was sein muß, um den Frieden zu sichern.
Präliminarartikel 1: »Es soll kein Friedensschluß für einen solchen gelten, der mit dem geheimen Vorbehalt des Stoffs zu einem künftigen Kriege gemacht worden.«
Kant hätte den Vertrag von Versailles mit seinen Gebietsabtretungen und Tributforderungen als einen faulen Frieden erkannt und vermutlich auch im Vertrag von Potsdam den Keim des Kalten Krieges aufgespürt.

Präliminarartikel 2: »Es soll kein für sich bestehender Staat (klein oder groß, das gilt hier gleichviel) von einem anderen Staat durch Erbung, Tausch, Kauf oder Schenkung erworben werden können.«
Kants Hauptsorge, »daß sich nämlich auch Staaten einander heiraten können«, ist inzwischen gegenstandslos geworden. Wenn er dann freilich schreibt, »auch die Verdingung der Truppen eines Staates an einen anderen, gegen einen nicht gemeinschaftlichen Feind, ist dahin zu zählen«, dann denkt man wohl doch an die Amerikaner in Vietnam und die Kubaner in Angola.
Präliminarartikel 3: »Stehende Heere sollen mit der Zeit ganz aufhören.«
Kant begründet: »denn sie bedrohen andere Staaten unaufhörlich mit Krieg, durch die Bereitschaft, immer dazu gerüstet zu erscheinen«. Solche Gedanken mögen der Bundeswehr-Führung als genauso zersetzend erscheinen, wie sie dem König von Preußen als zersetzend erschienen sind. Denn es kann bekanntlich der Frömmste nicht in Frieden leben, wenn es dem bösen Nachbarn nicht gefällt. Wobei freilich die Frage, ob wir nun die Frömmsten sind oder die bösen Nachbarn, eine von Kant vernachlässigte Frage der Perspektive ist.
Präliminarartikel 4: »Es sollen keine Staatsschulden in Beziehung auf äußere Staatshändel gemacht werden.«
Kant erliegt hier der zu seiner Zeit vielleicht noch nicht ganz so naiven Vorstellung, es ließe sich Kreditaufnahme für friedliche innere Zwecke trennen von solcher für kriegerische äußere. Alle Gegenbeweise lassen sich zusammenfassen in einem repräsentativen Symbol: Hitlers Autobahnen.
Präliminarartikel 5: »Kein Staat soll sich in die Verfassung und Regierung eines anderen Staates gewalttätig einmischen.«
Die Geschichte Vietnams und Afghanistans zeigt, daß Großmächte diesem moralischen Imperativ zu gehorchen offenbar nicht bereit sind, obwohl sie besser daran täten, wie vielleicht auch die Kreml-Führer begreifen werden, wenn sie den Jahrestag ihrer Invasion feiern müssen.
Präliminarartikel 6: »Es soll sich kein Staat im Kriege mit einem anderen solche Feindseligkeiten erlauben, welche das wechselseitige Zutrauen im künftigen Frieden unmöglich machen müssen: als da sind, Anstellung der Meuchelmörder,

Giftmischer, Brechung der Kapitulation, Anstiftung des Verrats in dem bekriegten Staat usw.«

»Irgendein Vertrauen auf die Denkungsart des Feindes«, erläutert Kant weiter, »muß mitten im Kriege noch übrigbleiben, weil sonst auch kein Friede abgeschlossen werden könnte.« In Zeiten der totalen Indoktrination durch audiovisuelle Medien mag man sich zurücksehnen nach Zeiten, da »Meuchelmörder« und »Giftmischer« gefürchtet wurden als Schürer des Hasses zwischen den Völkern. Aber im Prinzip sah Kant das sehr richtig, nahm in seiner Schlußfolgerung auch schon das Atom-Zeitalter voraus. Gerade hier greift er zurück auf das am Anfang satirisch gebrauchte Bild und stellt kategorisch fest, »daß ein Ausrottungskrieg, wo die Vertilgung beide Teile zugleich, und mit diesen auch alles Recht treffen kann, den ewigen Frieden nur auf dem großen Kirchhofe der Menschengattung stattfinden lassen würde.«

Definitivartikel 1: »Die bürgerliche Verfassung in jedem Staat soll republikanisch sein.«

Gelehrte Interpreten weisen darauf hin, daß hier nach neuerem Begriffsverständnis statt »republikanisch« »demokratisch« stehen sollte. Kant selber hatte versucht, die Begriffe auseinanderzudividieren. Ich halte das nicht für wichtig. Was er meint, ist klar genug: Damit im Verhältnis der Staaten zueinander die gleichen Gesetze gelten können wie für die einzelnen Menschen innerhalb eines Staates, und darauf will Kant ja hinaus, darf nicht das unkontrollierte Verhalten einiger weniger Herrscher den Ausschlag geben, sondern Staaten müssen sich verhalten, wie die Summe ihrer Bürger sich zu verhalten für geboten hält, was nur dann möglich ist, wenn die Stimme des Bürgers für das Verhalten des Staates Gewicht hat.

Definitivartikel 2: »Das Völkerrecht soll auf einen Föderalismus freier Staaten gegründet sein.«

»Völkerbund« und UNO, Kant hat sie fordernd vorweggenommen. Trotz der Widerwärtigkeit der Menschennatur, so argumentiert Kant, müßte es doch den Staaten gelingen, sich aus wohlverstandenem Eigeninteresse freiwillig der übergeordneten Instanz des »Rechts« unterzuordnen in einem den Krieg abwehrenden »Bund«.

Definitivartikel 3: »Das Weltbürgerrecht soll auf Bedingungen der allgemeinen Hospitalität eingeschränkt sein.«

Bescheidener in seinen Zielsetzungen als etwa EG und britisches Commonwealth, hält Kant die totale Freizügigkeit für eine schließlich doch unerfüllbare Forderung. Nicht auf Gastrecht hat der Fremde Anspruch; aber auf Besuchsrecht. So geschrieben in Königsberg. Gerade dort könnte es heute mit Gewinn gelesen werden.
Der »erste Zusatzartikel« handelt »von der Garantie des ewigen Friedens«.
Hier fällt es uns Heutigen schwer, Kant noch zu folgen. Als Garant des Friedens erscheint auf einmal *»die Vorsehung«*, die es gefügt habe, daß Menschen leben wollen, und die es so eingerichtet habe, daß sie überall leben können. Manche seiner Nachweise für die Zweckmäßigkeit der Natur erinnern an Buffon, der ja einmal erklärt hat, die Flöhe seien höchst zweckmäßigerweise schwarz, damit wir sie auf weißen Bettlaken besser ausmachen können. Und als ob ihm selber die »Vorsehung« als Garant des Friedens nicht ganz ausreichte, stellt ihr Kant am Ende noch einen mächtigen Bundesgenossen zur Seite: den Handelsgeist des Menschen, der sich ja nun in der Tat straubt gegen Embargo, Boykott und Krieg.
Der »zweite Zusatz« endlich ist überschrieben »Geheimer Artikel zum ewigen Frieden«. Und dieser geheime Artikel heißt: »Die Maximen der Philosophen über die Bedingungen der Möglichkeit des öffentlichen Friedens sollen von den zum Kriege gerüsteten Staaten zu Rate gezogen werden.«
Wieder scheinbar bescheiden in seinen Forderungen, bescheidener jedenfalls als vor ihm Plato, der den Philosophen die Herrschaft im Staat übertragen wollte, kann Kant dennoch den Eindruck nicht vermeiden, daß nur eine sehr kurze Strecke Weges zum ewigen Frieden zurückgelegt wäre, wenn Carter, Breschnjew und Chomeini sich entschlössen, Kant zu lesen. (Wenn ein Philosoph von den »Maximen der Philosophen« spricht, meint er vorzüglich seine eigenen.)
Diese Schrift des Einundsiebzigjährigen ruht fest auf der Weisheit der großen Kritiken (reine Vernunft, praktische Vernunft, Urteilskraft), die allenthalben durchscheint. Eine Art kategorischen Imperativs wird noch einmal bemüht, dieses Sollen wollen, was wir wollen sollen. Aber so sehr der Imperativ als theoretische ethische Forderung überzeugen mag, als praktische Maßgabe eignet er sich so wenig, wie Kants präziser

Kanzleistil sich als unterhaltsame Lektüre eignet. Das äußerst lesenswerte Buch ist schwerer zu lesen als Kants bestes, die fünf Jahre vorher geschriebene »Kritik der Urteilskraft«.

Rudolf Walter Leonhardt

Ulrich Bräker
Der arme Mann im Tockenburg

Im Frühjahr und Sommer des Jahres 1788 erschienen im »Schweizerschen Museum«, einer Zeitschrift des verdienten Verlegers Johann Heinrich Füßli zu Zürich, einige Kapitel einer merkwürdigen Lebensgeschichte, – und sie erregten Aufsehen: Man »mochte die [. . .] einander ziemlich schnell gefolgten Fortsetzungen kaum erwarten; niemals wurde auch die gespannteste Neugierde getäuscht, und jedesmal nach dem Verfolge lüsterner gemacht«. So Füßli in der Vorrede zu dem Ganzen, das dann als Buch den bescheiden-gravitätischen Titel trug: »Lebensgeschichte und natürliche Ebentheuer des Armen Mannes im Tockenburg« (1789).
Der einfältige Lebensbericht eines ungebildeten Mannes von plebejischer Herkunft. Was macht ihn zu einem Klassiker der Weltliteratur?
Ulrich Bräker, *der Näbis Ueli,* ist geboren am 22. Dezember 1735 im Weiler Näbis im Toggenburgischen. Als armer, ja ärmster Leute Kind und eines von elf Geschwistern. Um es – und besser – mit seinen eigenen Worten zu sagen, wie er sie aufschrieb für den verehrten und bewunderten Johann Caspar Lavater, den Pfarrer und Physiognomiker: »Ich bin der älteste Sohn eines blutarmen Vaters von elf Kindern, der in einem wilden Schneeberg unsres Lands erzogen ward und bis in sein sechszehntes Jahr fast ohne allen Unterricht blieb, da ich zum Hl. Nachtmahl unterwiesen wurde, auch von selbst ein wenig schreiben lernte, weil ich große Lust dazu hatte. Mein sel. Vater mußte unter seiner Schuldenlast erliegen, Haus und Heimat verlassen und mit seiner zahlreichen Familie unterzukommen suchen, wo er konnte und mochte und Arbeit und ein kümmerliches Brot für uns zu finden war. Die Hälfte von uns war damals noch unerzogen. Bis in mein neunzehntes Jahr blieb mir die Welt ganz unbekannt, als ein schlauer Betrüger mich auf Schaffhausen führte, um, wie er sagte, mir einen Herrendienst zu verschaffen. Mein Vater war's zufrieden – und ich wurde ohne mein Wissen an einen preußischen Werber verkauft, der mich freilich so lange als seinen Bedienten hielt, bis ich nach Berlin kam, wo man mich unter die Soldaten steckte – und noch itzt nicht begreifen wollte, wie man mich so

habe betriegen können. Es ging eben ins Feld. O wie mußt' ich da meine vorigen in Leichtsinn vollbrachten guten Tage so teuer büßen! Doch ich flehte zu Gott, und er half mir ins Vaterland. In der ersten Schlacht bei Lobositz nämlich kam ich wieder auf freien Fuß und kehrte sofort nach Hause. In dem Städtgen Rheineck küßt' ich zum erstenmal wieder die Schweizererde und schätzte mich für den glücklichsten Mann . . .«

Er hatte wenig Grund, sich weiterhin glücklich zu schätzen, er war es nicht, weder im Beruf noch im privaten Leben. Das Mädchen, das er liebte, heiratete er nicht; die Frau, die er heiratete, liebte er nicht, und Salome Bräker geb. Ambühl hat ihn Zeit seines Lebens traktiert mit Scheltwort und Strenge: »An Allerseelentag [1761] wurden wir kopuliert. Herr Pfarrer Seelmatter hielt uns eine schöne Sermon und knüpfte uns zusammen. So nahm meine Freiheit ein Ende und das Zanken gleich den ersten Tag seinen Anfang – und währt noch bis auf den heutigen.«

Er schlug sich durch – aber was heißt das? Tat es nicht schlecht und recht, sondern erbärmlich, versuchte es als Taglöhner, Kleinbauer, Salpetersieder und Garnhausierer, und kaum hat er es erlebt, daß Sorge, Not und Entbehrung ihn über längeren Zeitraum mieden, und immer wieder schlug unverschuldetes Unglück auf ihn ein, immer wieder jagten ihn Schulden und Gläubiger, ließen ihn Schuldner im Stich. Als er starb im Jahre 1798, da war es auch der Druck ökonomischer Not, was diesem Leben schon in seinem dreiundsechzigsten Jahre ein Ende machte.

Ein Leben, das freilich in seinen letzten zwei Jahrzehnten sich auf wunderliche Weise verändert, erweitert und überhöht hatte: durch den Einbruch des literarischen Momentes in seine bäuerlich-archaisch-primitiven Formationen.

Ulrich Bräker hatte früh schon das Bedürfnis verspürt, sich schriftlich auszudrücken, hatte Tagebücher geführt (die ältesten erhaltenen stammen aus dem Jahre 1768/69), hatte dann 1780 in Shakespeare das Leseerlebnis, das literarische Erlebnis seines Lebens schlechthin, – und ging dann, bewegt und bewogen auch von seinem Shakespeare, in den Jahren 1781 bis 1785 daran, die eigene Lebensgeschichte aufzuschreiben. Die Blätter fielen in die Hand des Ortsgeistlichen Martin Imhof, Pfarrherrn zu Wattweil im Tockenburg, der vertraute sie dem Verleger Füßli an: Da wurde der geringe Mann dann um seines Schreibens willen geachtet, wurde Mitglied einer literarischen Gesellschaft und hatte Bürgersleute zu Freunden und Förderern, – was freilich seine soziale Lage nur unwesentlich und vorübergehend besserte. Er blieb der arme Mann, – einer der indes wohl, hätte er so reden mögen und können, Goethes Tasso zugestimmt hätte bei dessen Rühmung von Ausdrucksnot und Ausdrucksglück: es gab ihm ein Gott zu sagen, was – und wie – er litt.

Was macht das Faszinierende dieses Buches? Um es paradox zu sagen: sein großer Reiz besteht in seiner Unzulänglichkeit, oder doch Unvollkommenheit. In der Diskrepanz nämlich von schilderndem Gemüt und geschilderter Materie. Um es konkreter zu sagen:

Der hier schreibt, ist zwar durch beharrliches ja gefräßiges nächtliches Lesen zu einem literarisch ›gebildeten‹ Menschen geworden, – und ist doch naiv, ist einfältig geblieben. Er schildert die wirtschaftlichen, politischen, militärischen, gesellschaftlichen Vorgänge und Zustände seiner Zeit auf zupackende, frische und erfrischende Art und Weise, tut es nicht ohne praktische Vernunft und volkstümliche Weisheit, – und tut es ganz und gar ohne ein rationales Bewußtsein von sich selbst und seiner Lage, tut es, ohne den Zusammenhang der Kräfte und Mächte zu verstehen, die ihn und sein Zeitalter bewegen, ja erschüttern. Der Weltgeist, wie Ulrich Bräker ihn erlebt und wie Ulrich Bräker von ihm gelebt wird, gibt sich in jenen Jahren die Erscheinungsform des Pietismus, der Friederizianischen Kriege, der Empfindsamkeit, der Aufklärung, des Rokoko, des Rousseauismus, der Französischen Revolution, des Übergangs von der handwerklichen zur industriellen Produktion. Von all diesem ist auch Ulrich Bräkers Leben spürbar bestimmt, einmal stärker einmal schwächer, aber er registriert nur die Reflexe, tut es ohne Ansatz zu kritischer Durchsicht. Seine innige Frömmigkeit, die gelegentlich die Zone religiöser Hysterie gestreift hat; seine Überzeugung vom Segen der Askese, des Darbens und der Enthaltsamkeit, sie haben ihn zu einem Meister in der Kunst demütigen Ertragens, ja fatalistischen Hinnehmens gemacht. Was immer die Menschen Übles tun, es steht ja doch alles in Gottes Hand. Der Ueli ist ein

Mann ohne Arg, und so hat er zwar Arges von der Welt zu gewärtigen, kann ihr aber Arg nicht unterstellen. Selbst jenen Mann, der wahrlich als ein Hundsfott an ihm gehandelt und ihm das große Unglück schlechthin seines Lebens zugefügt hat: selbst den preußischen Werbeleutnant kann er nicht hassen, ja er verehrt ihn, seine Schlechtigkeit durchschauend, treulich auch weiterhin. Und daß er kriegsrechtlich ein Deserteur war, als er sich in der Schlacht bei Lobositz (1. Oktober 1756) in die Büsche schlug und überlief zu den Kaiserlichen, will er später nicht wahrhaben: wo es doch nicht nur ein Akt der Vernunft sondern der wiederherstellenden Gerechtigkeit, also der Moral war, daß er seinen ihn vergewaltigenden Peinigern entlief. (Peter Hacks hat 1956 aus dem Vorfall eine satirische Komödie gemacht, eben »Die Schlacht bei Lobositz».)
So ist denn des armen Mannes vom Tockenburg Lebensgeschichte ein Dokument des Widerspruchs: von Einzelnem und Zeitalter; von Naivität und Rationalität; von Glaubenstrost und einer allen Trost verweigernden Weltbühne. Wahrlich ein Lied vom braven Mann, – dessen Bravheit nicht zuletzt darin besteht, daß er sich ihrer nicht bewußt, daß er nur sich selbst gegenüber von ironisch-kritischer Distanz ist. Einer, der die Tasso-Haltung auf seine Weise umformulierte: »Die Welt ist mir zu eng. Da schaff' ich mir denn eine neue in meinem Kopf!« (Tagebucheintragung vom 20. Januar 1791).
Weil aber er so verfuhr, war er keiner von denen, die aus dem Leiden am Bestehenden das Bestehende zu ändern sich anmaßten. War er, der Geißbub und Bauer, kein Verklärer grüner Unschuld gegen städtisch-industrielle Schuldschwaden; war er, der Gepreßte und Ausgebeutete, kein sentimentaler oder militanter Sozialrevolutionär. Er hat die enge Welt sich weit gemacht dadurch, daß er letternsüchtig sie ausschrieb: widerspruchsvoll, bunt und doch grau, und wirr wie sie ist für alle, die ihren Plan nicht kennen. So aber endet, was er da aufgeschrieben hat (beileibe nicht für die Nachwelt oder gar Ewigkeit, sondern für seine Familie): »Seht, meine Lieben! Das ist meine Geschichte bis auf den heutigen Tag. Könftig, so der Herr will und ich lebe, ein mehrers. Es ist ein Wirrwarr – aber eben meine Geschichte«.

Peter Wapnewski

Friedrich Schiller
Ästhetische Schriften

Gewiß, man muß den Moraltrompeter von Säckingen vergessen; man muß sich die Knattermimen und die gewerblichen Präraffaeliten aus dem Kopf schlagen, die seine Stücke ramponieren. Auch hat er, sofern man sich an Schadows Zeichnung »nach dem Leben« hält, nicht im entferntesten wie Horst Caspar ausgesehen. Diese, heute auf Steinsockeln in Groß- und Mittelstädtchen stehende Bronzefigur schrieb aber zu Lebzeiten ein paar Prosatexte, von denen man sagen kann, daß sie, mit bald riskanten, bald antizipatorischen Formeln, die isolierten Kategorien der Ästhetik mit Gebrauchsanweisungen versehen, mehr noch: die Ästhetik in ein Wechselspiel von Verstand und Empfindung überführt haben. Dabei steht Schiller durchaus nicht mustergültig da: vielmehr verwickelt er sich in Widersprüche und Fehlschlüsse, die er allerdings mit dem ihm eigenen Pathos und, vor allem, mit der ihm eigenen Neurasthenie kenntlich macht. Hier ergreift Schiller, der Citoyen, das Wort, dort Schiller, der Bourgeois.
Darauf hat schon Georg Lukács hingewiesen. Schiller, so heißt es, sei nicht derart denkkräftig gewesen wie Hegel und auch nicht so instinktsicher wie Goethe: Die idealistische Schranke oder die idealistische Verknöcherung standen ihm im Weg. Sein an Kant geschulter, subjektiver Idealismus behielt stets einen kleinbürgerlichen Anstrich bei, jenen, so kann man hinzufügen, der ihm Ekelverse wie »Und drinnen waltet die züchtige Hausfrau« diktiert hat. Aber umgekehrt macht Lukács geltend, daß es sich hier um ein rebellisches Kleinbürgertum handelt, das dem sich abzeichnenden Kapitalismus ebenso kritisch gegenüberstand wie der deutschen Fürstengewalt. Schiller hat sich, nervös und im Handwerk der literarischen Überrumpelung nicht unerfahren, in Zweifelsfällen an einen zwiespältigen, dabei sich selbst überschreitenden Kunstbegriff gehalten.
Für ihn nämlich muß Kunst sich auch als Moral legitimieren, und das mit einer Streitbarkeit, die Gorkis Satz, die Ästhetik sei die Ethik von morgen, vorwegnimmt. Die Bühne beispielsweise setzt Wirkungen frei; ihre Ethik jedoch, ihren Sinn also als moralische Anstalt, bezieht sie aus dem, was Schiller ihre

»Gerichtsbarkeit« nennt. Sie fängt an, »wo das Gebiet der weltlichen Gesetze endigt. Wenn die Gerechtigkeit für Gold verblindet und im Solde der Laster schweigt, wenn die Frevel der Mächtigen ihrer Ohnmacht spotten und Menschenfurcht den Arm der Obrigkeit bindet, übernimmt die Schaubühne Schwert und Waage und reißt die Laster vor einen schrecklichen Richterstuhl.« Streckenweise trägt Schiller seinen Text über die Schaubühne mit einer Servilität vor, von der man nicht weiß, ob sie gespielt oder das kleinere Übel ist; zwischendurch aber richtet er sich, nunmehr ein Citoyen, wenn nicht gar ein Jakobiner, auf, um der Obrigkeit zu sagen, nur hier, auf der Bühne, »hören die Großen der Welt, was sie nie oder selten hören – die Wahrheit«.

Die Frage, die sich damit stellt, muß natürlich lauten, was eine diesem Kunstbegriff entstammende Wahrheit bewirken kann. Lehrt sie das Volk Vernunft, zu der sie gleichzeitig die Großen bringt oder vollzieht sie sich lediglich als Kunstbegriff? Der Schiller dieser Schriften äußerte sich in einer Weise, die Wunschbild und Abbild, Botschaft und Rhetorik wechselseitig in Rechnung zieht. So behandelt der Aufsatz »Über Anmut und Würde« das Gegensatzpaar Vernunft und Sinnlichkeit, die »Freiheit der willkürlichen Bewegungen« und die »Beherrschungen der unwillkürlichen«. Wenn sich Schiller aber auf die Seite der Anmut stellt, so darf man das nicht mit platter Lebenshilfe verwechseln: es geht, genaugenommen, um das, was Baudelaire später die Eurhytmie von Charakter und Fähigkeiten nannte. In den »Ästhetischen Schriften« kommt ein »Formtrieb« zur Sprache, der, antagonistisch, einem »Stofftrieb« gegenübersteht. Die starre Gegensätzlichkeit jedoch soll vom »Spieltrieb« überholt werden, der Freiheit bedeutet und Freisetzungen, darauf gerichtet, »die Zeit in der Zeit aufzuheben« und »Veränderung mit Identität zu vereinbaren«.

Der berühmte Aufsatz über naive und sentimentalische Dichtung fängt ebenfalls, wie es der Titel zeigt, mit einem Kontrastpaar an, mit einem beweglichen allerdings. Der Text ist nicht zuletzt ein Verständigungspapier in Hinblick auf Schillers Verhältnis zu Goethe, der als der naive, das heißt: der unmittelbare Dichter schlechthin dastehen soll. Prototypischer noch treten die Griechen auf, die, wie später von Marx, Kindernaturen geheißen werden. Aber so wie Marx fragt, wo Jupiter

angesichts des Blitzableiters bliebe, trifft Schiller die Unterscheidung, daß die Griechen natürlich empfunden haben, wir aber, vermittelter, das Natürliche empfinden.
Der vermeintlich naive Goethe steht also weniger naiv da, und somit kommt auch dem sentimentalischen Dichter eine eigene Rolle zu. Ist er nicht, mit seinen Widersprüchen und Extremen, das »geschicktere Subjekt«? Es stimmt schon, Schiller benutzt oft Begriffe ohne Trennschärfe, gleichsam als Metaphern, von denen viele heutzutage abgegriffen wirken. Liest man aber die Absicht aus der Bildersprache heraus, so kommt man darauf, daß sich Schiller der eigenen Gerichtsbarkeit stellt. Gegen Ende tritt, wie in einem Drama, der Realist auf, hier als einer zu verstehen, der sich ans So-Sein hält, und mit ihm sein Kontrahent, der Idealist. Während nun der Realist das Gemeine, ja das Niedrige im Denken und Handeln verzeiht und nur das Willkürliche und Exzentrische nicht, ist der Idealist ein geschworener Feind des Platten: mit dem Extravaganten und Ungeheuren wird er sich versöhnen. Das ist modern bis ins Zeitgenössische hinein. Die Spannung im Text rührt daher, daß eigentlich zwei Idealisten zur Debatte stehen, der Schwärmer und der Utopist, dem es an Realismus nicht zu fehlen braucht, sowie zwei Realisten, der auf der tätigen Seite und die Krämerseele. Ihr sagt Schiller: »Wenn der Realist in seinen politischen Tendenzen den *Wohlstand* bezweckt, gesetzt, daß es auch von der moralischen Selbständigkeit des Volks etwas kosten sollte, so wird der Idealist, selbst auf die Gefahr des Wohlstands, die *Freiheit* zu seinem Augenmerk machen.« Es ist dies nicht der einzige Satz, der den Citoyen Schiller mitsamt seinem Kunstbegriff in die Gegenwart hebt.

Hans Platschek

Denis Diderot
Jacques der Fatalist und sein Herr

In deutscher Sprache über Denis Diderot schreiben, heißt, die Geschichte eines Versäumnisses erzählen, und diese Geschichte könnte unter der Hand eine Form annehmen, die der des Werks gliche, von dem ich hier berichten will: »Jacques le Fataliste et son Maître« oder, deutsch, aber es gibt weder eine anerkannte Übersetzung noch einen anerkannten deutschen Titel, »Jacob und sein Herr«. »Jacques der Fatalist und sein Herr«, so die einzig greifbare Übersetzung von Ernst Sonder bei Reclam. Es gab allerdings eine andere, vorzügliche Übersetzung, versteckt in dem 1958 bei Winkler erschienenen Band »Meistererzählungen des französischen Rokoko«, sie stammt von Walter Widmer und ist völlig vergessen. Widmer übersetzt den Titel »Jacob und sein Herr«, weil er wohl wußte, daß dem französischen »fataliste« kein deutsches »Fatalist« entspricht. Jacob ist nicht nur im landläufigen Sinne Fatalist, indem er als gegeben hinnimmt, was immer ihm und seinem Herrn zustößt. Aber er tut das nicht, weil dies seine Natur ist, sondern er tut es, weil er eine philosophische Position einnimmt, über die der Autor sich und seine Leser unterhält, die er mit Glossen, Anmerkungen und Beispielerzählungen versieht. Dieses Buch ist überhaupt nur geschrieben worden, um die philosophische Position, für die Jacob steht, abzuhandeln.

Das Versäumnis, von dem ich sprach, läßt sich in diesem Zusammenhang nur andeuten. Obwohl Diderot, seit Lessing und Lichtenberg, immer wieder Anhänger und Bewunderer im deutschen Sprachbereich gefunden hat, ist es nie zu einer wirklichen Kenntnis oder gar Aufnahme seines Werks bei uns gekommen. Die Übersetzungsgeschichte besteht aus Bruchstücken. Als erster versuchte sich Goethe an »Rameaus Neffen«, der neben »Jacob und sein Herr« bekanntesten Dialogerzählung, die wiederum im französischen Originaltext bis ins 20. Jahrhundert verschollen blieb. Schiller übersetzte die Erzählung von »Madame de la Pommeray« aus »Jacob und sein Herr«. Diderot war mit D'Alembert der Organisator und Autor der großen französischen »Enzyklopädie«. Das ist wiederum so bekannt, daß niemand sich mehr die Mühe macht zu fragen, was das bedeutet hat. Hier gibt es Ansätze zu einer neuen Teil-Rezeption. Die vier Bände des erzählerischen Werks, die der Propyläenverlag in den sechziger Jahren herausgebracht hat, sind bereits wieder in der Versenkung verschwunden. Die vier Bände der »Ästhetischen Schriften« und der »Philosophischen Schriften« des Ostberliner Aufbau-Verlags, die vollständigste deutsche Auswahl aus dem Gesamtwerk, waren eine Weile in Lizenz auch in der Bundesrepublik zu kaufen und wurden dann verramscht. Und so weiter – bin ich geneigt zu sagen. Daß hier »Jacob und sein Herr« als Exempel gewählt wurde, gehört auch in diese Rezeptionsgeschichte. Dies ist eben der bekannteste unter den neun Dialogen Diderots und zudem derjenige, der am meisten der Erzählprosa zuneigt, freilich so, daß er sie thematisch zersetzt. Zweifellos aber haben die »Gespräche mit D'Alembert«, vor allem »D'Alemberts Traum« weit mehr philosophisches und literarisches Gewicht als »Jacob und sein Herr«. Aber wer kennt sie?

Wenn ich jetzt aber nicht wirklich zu meinem Gegenstand komme, wird es mir gehen wie Jakob mit seiner immer wieder unterbrochenen Liebesgeschichte, die er seinem Herrn erzählen will, mit der er aber erst nach gut dreihundert Seiten, gezählt nach der Widmerschen Übersetzung, zu Rande kommt.

Kommt er zu Rande? Ist nicht der Abschluß, den Diderot sich einfallen läßt und zu dem er überdies noch mehrere Ansätze liefert, fast wie in »experimenteller Prosa« des 20. Jahrhunderts, einfach nur so hingeschrieben, um fertig zu werden?

Die Frage ist eindeutig weder zu bejahen noch zu verneinen. Erzählung und philosophischer Dialog sind so ineinander verhakt, erklären so sehr auch eines das andere, daß man nicht ja oder nein, sondern nur sowohl als auch antworten kann. Der Herr, der niemals näher gekennzeichnet wird, reitet mit seinem Diener Jacob über Land, auf ein Ziel zu, das vage im Halbdämmer bleibt. Parallelen lassen sich hier wie an anderen Punkten erkennen zu Laurence Sternes »Sentimentaler Reise«, ein Kapitel aus Sternes »Tristram Shandy« gab die Anregung. Diderot und Sterne sind gleichsam Brüder im Geiste, aber ihre Verfahrensweisen streben in verschiedene Richtungen. Goethe hat sie beide gleichermaßen geschätzt. Wenn in »Wilhelm Meisters Wanderjahren« vom Dichter schlechthin die Rede ist, ist Sterne gemeint, die Diderot-Übersetzung Goethes, »Rameaus Neffe«, ist wie ein eigenes Werk; sie hat, bis das Original wiederentdeckt wurde, also das ganze 19. Jahrhundert hindurch, als Basis für die französische Version gedient. Aber Diderot war im Prinzip Philosoph, Sterne, auf höchster Ebene, Literat.

Das führt zu der Feststellung zurück, die beiden Hauptpersonen seien nicht als Figuren zu verstehen, sondern als Träger von philosophischen Positionen. Jacob und sein Herr führen ein Dauergespräch, während sie reiten, rasten, in Wirtshäusern einkehren, mit anderen reden, Wein trinken, ja noch in der Nacht, vor und nach dem Schlaf und in Schlafpausen. Als ferne Folie tauchen gelegentlich Don Quichote und Sancho Pansa auf. Aber Jacob und sein Herr sind gebildete Franzosen des 18. Jahrhunderts. Überdies scheint das Verhältnis von Herr und Diener, wie Cervantes es schildert, umgedreht: Jacob ist der philosophischere Kopf, er setzt immer wieder die Argumentation des Herrn matt. Wobei Jacobs Philosopheme, die stets in den Satz münden, es stehe alles in den Sternen geschrieben, eine Debatte weiterführen, die sich vom 17. ins 18. Jahrhundert fortgepflanzt hatte und, von Diderot in ihre Konsequenz vorgetrieben, am Ende nicht im Fatalismus endet, sondern im Materialismus, dem Materialismus, den Diderot philosophisch begründete.

Man muß, um das zu erkennen, über den Verlauf des Dialogs hinaus auf die handgreiflicheren Auseinandersetzungen zwischen Jacob und seinem Herrn achten, vor allem auf die im zweiten Teil, die dann durch die redselige Wirtin beigelegt wird. Diese Wirtin stiftet nämlich so etwas wie einen neuen Gesellschaftsvertrag zwischen Jacob und seinem Herrn, indem sie die gewohnheitsmäßig eingelaufene Gleichheit in eine vertragliche, konstruktive verwandelt. Der Herr bleibt Herr, aber er kann Jacob nicht länger Befehle geben, deren Ausführung Jacob nicht billigt. Das Privileg wird aufgehoben, aber die Klassenunterschiede bleiben bestehen. In einer Form, die durch Komik und Ironie das philosophische Argument in der Schwebe hält, hat Diderot vorweggenommen, was sich erst im 19. Jahrhundert entfalten sollte. Hegels Herr-Knecht-Problematik scheint auf. Hegel erscheint dabei als der Abschließende, der nur im Abschluß vorwärts wirkt. Diderot, der

unendlich Neugierige und zugleich zutiefst Skeptische, darin Lichtenberg am verwandtesten, hält die Perspektive in die Zukunft auf eine Weise offen, die ohnegleichen ist.
Lichtenberg, um dieses Stichwort aufzugreifen, hatte sich sein Leben lang um eine Erzählform bemüht, die zugleich Philosophie sein konnte und hat dabei, gleichsam hinter dem eigenen Rücken, »nur« die Sudelbücher zustande gebracht. Diderot war darin glücklicher und bedeutender. »Jacob und sein Herr« ist nicht nur ein philosophischer Dialog mit eingestreuten Beispielen, er ist zugleich auch ein Roman, und zwar ein ganz und gar moderner Roman. Zwischen Dialog und Erzählungen schieben sich an strategisch wichtigen Stellen die Anreden des Verfassers an den Leser, schiebt sich der Dialog Leser–Autor. Dieser Autor versichert immer wieder, er könne nun natürlich wie andere Romanautoren auch, einfach etwas erfinden, aber gerade das wolle er nicht, denn tatsächlich und in Wahrheit sei mit Jacob und seinem Herrn einfach nur das geschehen, was in Wirklichkeit geschehen sei. Diderot zerlöchert seinen Roman um einer höheren Wahrheit willen. Er entwirft einen, wie man in der zweiten Hälfte des 20. Jahrhunderts sagen würde, »Antiroman«.
Ich weiß nicht, ob ich in den Stichworten, die ich geliefert habe, überhaupt einen Begriff habe geben können von dem, was diese Erzählung, »Jacob und sein Herr« in Wahrheit ist. Vielleicht ist jedoch deutlich geworden, daß dies auf so knappem Raum gar nicht möglich ist. Wichtiger ist mir auch, und ich glaube damit die Absicht dieser Vorstellungsreihe von Büchern der Weltliteratur, auf meine Weise, richtig interpretiert zu haben, durch eine Offenheit, ja Bruchstückhaftigkeit der Interpretation eine Leseneugier zu wecken, die es nun einfach wissen will. Tatsächlich ist Diderot einer der bedeutendsten Autoren der Literatur der Neuzeit, und seit langem habe ich mich nicht gescheut, zu erklären, daß ich ihn für wichtiger halte als Goethe, wie ich ja auch Heine für wichtiger halte als Goethe.

Helmut Heißenbüttel

Jean Paul
Siebenkäs

Um 1840 habe es in Paris, so steht's im Kapitel über den Flaneur von Walter Benjamins Baudelaire-Studien, »vorübergehend« zum guten Ton gehört, Schildkröten in den Passagen spazieren zu führen. »Der Flaneur ließ sich gern sein Tempo von ihnen vorschreiben.« Zum Bild unserer Straßen und Städte gehört die Schildkröte weiß Gott nicht mehr. Aber deren Schritt und Tempo hat sich aufbewahrt in der Bewegung des Lesens, im – gefährdeten – »guten Ton«, alte große und das heißt in aller Regel auch dicke, mit Wahrnehmungen reich ausgestattete Romane zu durchstreifen. Wenn Benjamin meinte, das Warenhaus im 19. Jahrhundert, als Verfallsform der Passage, sei der »letzte Strich« des Flaneurs gewesen, so ist vielleicht sein allerletzter das Lesen solcher Romane. Aber während sich in ihm noch einmal das selten werdende Wissen realisiert, daß man nicht langsam genug lesen könne, haben Kurse Zulauf, in denen auf Höchstgeschwindigkeiten auch beim Lesen trainiert wird, selbst das Lese-Tempo möchte man sich nicht mehr von der Schildkröte vorschreiben lassen. Das wird dann natürlich zu einer Frage der Willfährigkeit der Texte und räumt, wie die alten Städte, auch die alten Bücher gründlich beiseite. Mit Sicherheit auch die »Blumen-, Frucht- und Dornenstücke oder Ehestand, Tod und Hochzeit des Armenadvokaten F. St. Siebenkäs«, überhaupt diese ganze mit genauen Wahrnehmungen und vertrackten Bildern so überaus reich ausgestattete Prosa Jean Pauls.

Sie noch lesen zu können, wird in der Tat immer mehr zu einer Frage des Tempos. Dasjenige, was wir aus der Zwangsanstalt unseres täglichen Treibens mitbringen, ist denkbar ungeeignet, uns durch diese Prosa zu bewegen. Was nämlich uns das Tempo vorschreibt, ist sehr weit weg von deren Bewegungsgesetz, einem Gesetz, das sich vielleicht wirklich nur noch in gewissen Tieren zur Geltung bringt. Von ihnen müßten wir uns mithin lesend an die Leine nehmen lassen.

Was nun Jean Paul, was seinen »Siebenkäs« betrifft, so ist die Schildkröte es freilich nicht. Seine Prosa kommt nicht aus dem Paris des Second Empire, nicht aus den großen Städten des 19. Jahrhunderts, sie kommt aus der zutiefst provinziellen

deutschen Kleinstadt, in der auch zu seiner Zeit der Flaneur nichts verloren und nichts zu suchen hatte. Schauplatz des Romans ist Kuhschnappel, ein »Reichsmarktflecken« in Schwaben, und was, vor allem *wie* von ihm erzählt wird, das widersetzt sich zwar auch vehement aller bürgerlichen Nur-Tüchtigkeit, allem zielstrebigen Fortkommen, das rückt zwar auch langsam voran, scheint sogar oft selbstverloren auf der Stelle zu treten, aber eigentlich nur im Resultat, nur vom Geländegewinn her. Von einem Lesen als einem äußerst verlangsamten Schlendern kann dabei nämlich nicht die Rede sein. Diese Prosa zerrt ihren Leser vielmehr hin und her, sie vollführt, auf der Stelle, tolle Sprünge, sie verlangt von ihm Beweglichkeit und Geduld zugleich. Geduld, was seine Fixierung auf den Fortgang der Geschichte, Beweglichkeit, was seine Bereitschaft betrifft, unermüdlich dies und jenes und auch noch das beobachtend und bedenkend mitzunehmen.
Also ich habe mich beim Lesen des Romans von einem Hund an die Leine nehmen lassen. Diesen Tip möchte ich hiermit weitergeben, weil ich meine, daß mit seiner Hilfe dem »Siebenkäs« allenfalls aus dem an diesem Ort aufgeschütteten Massengrab allererster literarischer Klasse herauszuhelfen wäre. Wenn auch wohl nur vorübergehend, denn wir haben uns ja, was die Beschleunigung des Tempos in der Zwangsanstalt angeht, noch auf einiges gefaßt zu machen. Und ob uns dann noch ein Hund wird helfen können?
Natürlich tut es auch jetzt schon nicht jeder, also auf keinen Fall so ein andauernd seine feine Herkunft hervorkehrender Rassehund. Eine, wie man so sagt, Promenadenmischung vielmehr, durchtrieben von mindestens sieben Stammbäumen, gebeutelt von allen vier Temperamenten, zwischen tausend Neugierden aufgerieben. Haben müßte er auch etwas vom weißen Spitz Ponto, den Jean Paul in seinen letzten Lebensjahren durch die Gassen von Bayreuth begleitete; und vom Saufinder, dem Begleiter von Siebenkäs' unstetem Freund Leibgeber, vor welchem keine Philisterwade in Kuhschnappel und anderswo sicher ist. Auch sollte er ein bißchen in Shakespeares Ardennerwald volontiert haben, sich aber vor allem genau erinnern, wie er einstmals von Dürer auf dem bewußten Kupferstich frierend und halbverhungert der geflügelten Melancholia zu Füßen gelegt wurde. In meiner Lektüre war er jeden-

falls durch nichts davon abzubringen, in dieser Gestalt und Haltung das Erste Blumenstück vom »Siebenkäs« entgegenzunehmen, die »Rede des toten Christus vom Weltgebäude herab, daß kein Gott sei«. An ein Vorankommen in der Geschichte vom Firmian Stanislaus Siebenkäs war unterdessen nicht zu denken. Ich möchte dieses Buch, besonders dieses, nicht für einen Romanführer referieren müssen.

Der »Siebenkäs« ist eine Vorschule der Ästhetik des Widerstands in der Ehe. Der Herr Armenadvokat und Lenette, die Frau Armenadvokatin, können bei allem guten Willen nicht viel miteinander anfangen. Er kann und mag nicht so leben wie sie, so genügsam in den täglichen Verrichtungen aufgehend, sie kann und mag seinen Gedanken und Empfindungen nicht folgen, die nur zu oft ohne Maß und Ordnung sind. Das führt, vom Frühstück bis zum Einschlafen, zu andauernden Reibereien, und diese geraten immer wieder zu regelrechten Kampf-Choreographien, welche, zumeist aus geringfügigem Anlaß entstehend, alsbald einen zwanghaften Verlauf nehmen. Daß man sich überdies immer häufiger auch darum zu streiten hat, was als nächstes Stück des ohnehin nicht üppig ausgestatteten Haushalts ins Pfandhaus wandern soll, macht die Sache nicht besser.

Die Sympathien des Erzählers sind eindeutig beim Manne, der zudem mit seinem Freund und Doppelgänger Leibgeber eine womöglich noch buntere Figur ins Romangeschehen bringt, während Lenette nur bei einem pedantischen Schulrat namens Stiefel Halt und Stütze findet. Gleichwohl widerfährt ihr in dem Buch mehr Gerechtigkeit als der Frau in so manchen zeitgenössischen Männerphantasien.

Die Geschichte einer scheiternden Ehe also, gegen die schließlich Wahlverwandtschaften sich durchsetzen: Lenette tut sich mit dem Stiefel zusammen, Siebenkäs findet eine Nathalie, die er verdient. Bleiben die Kuhschnappler. Von ihnen heißt es im zehnten Kapitel, ihnen sei »keine Wunde von Belang zu machen«. Dies, die Unfähigkeit zu leiden, zu trauern, charakterisiert sie. Und weist auf die geheime Achse des Romans hin, auf die Französische Revolution. Jean Paul schrieb den Roman, der zuerst 1796/97 erschien, Mitte der 90er Jahre, seine Handlung aber verlegte er in die 80er Jahre. Dazwischen die Revolutionsjahre im Nachbarland, Ausdruck eben einer Fähigkeit zu leiden und sich zu wehren. Jean Paul gehörte zu den Leuten, die Goethe, mit dem Titel eines seiner Dramen zur Französischen Revolution, als »Aufgeregte« abgetan hat; obwohl doch auch er, mit dem »Werther«, dem »Tasso« und manch anderer Arbeit, dem Leiden an der Unfähigkeit zu leiden seine Reverenz erwiesen hat.

Kuhschnappler, dies kann man auch im »Siebenkäs« nachlesen, sehen nie einen Grund zur Aufregung. Das kann einen schon verrückt machen.

Leo Kreutzer

Hölderlin
Hyperion

Seltsame Lust, durch die nie zu erwandernden Labyrinthe der Bibliothek der Weltliteratur zu streunen, um ein literarisches Lebens-Paket zu schnüren der zwölf wichtigsten oder fünfzig unvergänglichen oder – wie hier – der »Hundert Bücher der *ZEIT*«. Während ich mich auf den Text über Hölderlins »Hyperion« vorbereite, stoße ich auf eine Umfrage der »Österreichischen Gesellschaft für Literatur« von vor zwanzig Jahren. Die Wiener fragten 1962 eine »Reihe berühmter Schriftsteller« nach einer »Liste von Werken, die ihrer Meinung nach unbedingt von der jungen Generation gelesen werden müßten«. Carl Zuckmayer erinnerte sich damals an eine ähnliche Liste, die er, wieder zwanzig Jahre früher schon, aufgestellt hatte, um in der Emigration die literarische Bildung der Tochter Winnetou zu garantieren.

Im November 1941 schrieb Zuckmayer dem Schuldirektor einen Brief, der zum ersten Mal veröffentlicht ist in Heft 4/1979 der österreichischen Zeitschrift »Literatur und Kritik« und in dem es heißt: »Ich glaube nämlich, daß man Literatur, Schrifttum, Dichtung, deutsche besonders, viel leichter über Lyrik und Drama erschließt, – weil das einerseits die gemüthaften und erlebnismäßigen Niederschläge von Menschen und Zeiten – andererseits eben das Wesen der ›gebundenen Form‹ viel unmittelbarer nah bringt als Prosa und epische Literatur, – die objektiveres und sachlicheres Studium verlangt . . . Was nun die Klassik anlangt – wenig Goethe, mein' ich – weil der, falls überhaupt was geweckt wird, sowieso später kommt . . . Von Schiller nur ein halbes Dutzend Gedichte und ja nicht ›Die Glocke‹, ein paar von Hölderlin, sehr ausgesucht, zum Beispiel ruhig und grade aus den späten, hold irre klingenden, und nicht so sehr die antikisch gehobenen. Ich weiß es aus Erfahrung: ›Mit gelben Blumen hänget‹ (Zuckmayer erinnert sich falsch, er schreibt ›Blumen‹ statt ›Birnen‹, R. M.) saugt sich ein wie eine betörende Musik – und später, nach zwanzig, möcht man auch plötzlich wissen, was der Hyperion dem Bellarmin zu sagen hatte; das darf man halt nicht verfrüht versuchen. Jetzt aber, dran, dran!«

Ja, was hatte der Hyperion dem Bellarmin zu sagen? Läßt sich

das in nacherzählenden Worten überhaupt sagen? Geht es nicht jedem Leser so, wie Hölderlin es seinen Hyperion von der Lektüre Homers bekennen läßt: »Ich schlug sein göttlich Gedicht mir auf und es war, als hätt' ich es nie gekannt, so ganz anders wurd' es jezt lebendig in mir.«
Erstaunlich und immer aufs neue faszinierend bei einem Buch, das auch als philosophischer Traktat, als die – in einer (Wunsch-)Biographie anschaulich gemachte – Programmschrift des Deutschen Idealismus gelesen werden kann –: wie dieser Text, vor allem inhaltlichen Verstehen, durch seine Sprachmelodie, durch die frische Kraft seiner Bilder auf den Leser wirkt, der rasch zum Hörer wird, weil diese jubelnden oder klagenden Sätze stets an ein Du gerichtet sind, den Ton entzückten oder verzweifelten Sprechens an ein Gegenüber nie verleugnen, also laut gesprochen werden wollen: »Wie ein heulender Nordwind, fährt die Gegenwart über die Blüthen unsers Geistes und versengt sie im Entstehen ... Ach! und die Seele kann immer so voll Sehnens seyn, bei dem, dass sie so muthlos ist! ... Ich baue meinem Herzen ein Grab, damit es ruhen möge; ich spinne mich ein, weil überall es Winter ist ... Ja! eine Sonne ist der Mensch, allsehend, allverklärend, wenn er liebt, und liebt er nicht, so ist er eine dunkle Wohnung, wo ein rauchend Lämpchen brennt ... Tröste mich nicht, denn hier ist nichts zu trösten. Ich bin einsam, einsam, und mein Leben geht, wie eine Sanduhr, aus ... Aber deine Worte sind, wie Schneefloken, unnüz, und machen die Luft nur trüber ... Ach, wo ich stand, von deinen Augen umlauscht ...«
Bedenklich, was wir da tun: einzelne Sätze wie Perlen aus dem erzählenden Zusammenhang lösen. Denn was Hölderlin schreibt, ist wirklich ein Roman, ein klar gebautes episches Kunstwerk, nicht die Blütenlese poetischer Epigramme eines Lyrikers. Die große Wirkung des kleinen Romans rührt allerdings auch von dem Mißverständnis her, in diesem über Gedanke und Tat, Kunst und Leben, Freiheit und Tyrannei, Revolution und Reaktion nachdenkenden Text ließe sich für jede Ansicht oder Stimmung eine beweiskräftige Belegstelle finden.
Wer einen Roman-Text nur mit der verzerrenden Optik des (Gewaltschutz-)Paragraphen 88a wahrnehmen kann, müßte an den Staatsanwalt denken, wenn er liest: »O nehmt doch

eure Söhne aus der Wiege, und werft sie in den Strom, um wenigstens von eurer Schande sie zu retten! . . . Weg mit ihnen! Er darf nicht stehen, wo er steht, der dürre faule Baum, er stiehlt ja Licht und Luft dem jungen Leben, das für eine neue Welt heranreift . . . Es werde von Grund aus anders!«
Die Gegenpartei derer, die es »immer schon gewußt« haben, könnte den Finger auf solche Geständnisse legen: »Es ist besser, sagt' ich mir, zur Biene zu werden und sein Haus zu bauen in Unschuld, als zu herrschen mit den Herren der Welt, und wie mit Wölfen, zu heulen mit ihnen, als Völker zu meistern, und an dem unreinen Stoffe sich die Hände zu befleken . . . Ich war bekehrt, ich wollte niemand mehr bekehren . . .«
Im Tübinger Stift beginnt 1792 der zweiundzwanzigjährige Theologie-Student Johann Christian Friedrich Hölderlin, den die Freunde »Holz« nennen, seinen Brief-Roman. Als Hofmeister auf dem Gut der Charlotte von Kalb im thüringischen Waltershausen versucht er den Stoff in eine metrische Fassung zu bringen. Unter dem Eindruck der Vorlesungen des Philosophen Fichte schreibt der Gasthörer in Jena sein Buch um, das er, inzwischen Hauslehrer bei der Familie des Bankiers Gontard in Frankfurt, in die endgültige Fassung bringt, die 1797 und 1799 in zwei Bänden erscheint.
Anders als Goethe in seinem Brief-Roman »Werther« schreibt Hyperion nicht aus der Unmittelbarkeit des Erlebens, sondern – wie es der Untertitel »Der Eremit in Griechenland« andeutet – aus der Erinnerung. Hyperion blickt in den Briefen, die er an den Freund Bellarmin schreibt, auf sein Leben zurück. Im ersten Teil beklagt er die Unmöglichkeit, den Traum seines Daseins zu verwirklichen, »Eines zu seyn mit Allem«. Die – göttliche – Geborgenheit im Leben und im All, die Hyperion nur in ekstatischen Augenblicken der Versenkung in die Natur erreicht, schenkt ihm im zweiten Teil die Begegnung mit Diotima, in der ihm die Schönheit als »das Eine in sich selber unterschiedene« begegnet. Er sieht diese Macht von Schönheit, Liebe, Glück im alten Griechenland wirken – und will es für das Hellas seiner Zeit herbeizwingen. Deshalb nimmt er mit dem Freund Alabanda, einem politischen Revolutionär, am Befreiungskampf der Griechen gegen die Türken teil. Aber der Versuch scheitert: Alabanda geht in den Tod, Diotima stirbt verlassen, Hyperion überlebt die Verwundung in der

Schlacht und findet langsam aus seiner Niedergeschlagenheit, als es ihm gelingt, die widerstrebenden Kräfte seines Wesens in Einklang miteinander zu bringen: die »exzentrische«, die Alabanda verkörperte, die »zurechtweisende«, die in der Naturfrömmigkeit Diotimas wirksam war.
Und so endet Hyperion, nach der großen Schelte der »barbarischen Deutschen«, ihrer »gottverlassnen Unnatur« und »todten Ordnung« seinen letzten Brief mit einem Bild von Frieden und Harmonie: »Wie der Zwist der Liebenden, sind die Dissonanzen der Welt. Versöhnung ist mitten im Streit und alles Getrennte findet sich wieder. Es scheiden und kehren im Herzen die Adern und einiges, ewiges, glühendes Leben ist Alles.«
Was Hegel, Hölderlins Studienfreund aus Tübingen, um dieselbe Zeit als »dialektische Methode« entwickelte, die Selbstbewegung der Begriffe in ihrer Entzweiung in Gegensätze (These, Antithese) und der folgenden Versöhnung in einer höheren Einheit (Synthese), ist in den berühmten, viel zitierten, zu Tod interpretierten Schluß-Sätzen des Romans im dichterischen Bild beschworen.
Für das hoffnungsfrohe Ende sind die beiden allerletzten, je drei Silben kurzen, dem Brief-Charakter des Romans entsprechenden, »nüchternen« Sätze ebenso wichtig: »So dacht' ich. Nächstens mehr.« Auch sie erlauben die Deutung des Romans als »erste umfassende Begründung des Hauptthemas von Hölderlins Werk: die Berufung zum prophetischen Dichtertum« (Lawrence Ryan in »Kindlers Literatur Lexikon«).
Wie ein Teil des Werkes aus Briefen liest sich die handschriftliche Widmung, die schönste in der Geschichte deutscher Literatur, die Hölderlin auf das Vorsatzblatt des zweiten Bandes schreibt, den er der »Diotima« genannten, geliebten Susette Gontard 1799 heimlich überreicht: »Wem sonst als Dir.« Ein Brief aus denselben November-Tagen des Jahres 1799 beginnt mit den Worten: »Hier unsern Hyperion, Liebe!« Die autobiographischen Züge sind nicht zu übersehen. Wie sein Hyperion auf die Befreiung der Griechen von der türkischen Fremdherrschaft, so hofft der als Hauslehrer auf Adelsgütern, in Kaufmanns-Palästen gedemütigte Hölderlin in den neunziger Jahren auf ein Übergreifen der Französischen Revolution in die enge Welt deutscher Kleinstaaterei. Wie ein Echo auf Hype-

rions Klage: »Aber was half mir das? Es wollte ja mich niemand«, klingen die Worte des vergebens auf Briefe von Schiller und Goethe wartenden Hölderlin in einem Brief vom September 1799 an Diotima: »Schämen sich denn die Menschen meiner so ganz?« oder aus einem Briefentwurf vom selben Sommer: »Und leise ruf ich mir das Schreckenswort zu: lebendig Toter!«

Wie das Werk eines lebendig Toten nahmen Hölderlins Zeitgenossen das Werk auf – so die Befürchtung im ersten Satz seiner Vorrede wahrmachend: »Ich verspräche gerne diesem Buche die Liebe der Deutschen.« Nur wenige erkannten den eigenen, den neuen Ton in diesem Brief-Roman, etwa der Historiker und Publizist Joseph Görres, der 1804 schrieb: »Auch ein Werk, das die Zeit über ihren Bagatellen undankbar zu vergessen scheint . . . Viel verhaltene Bitterkeit grollt durch das ganze Gedicht«, oder Clemens Brentano, der Rahel Varnhagen 1814 den »Hyperion« mit den Worten empfiehlt: »eines der trefflichsten Bücher der Nation, ja der Welt«.

Rolf Michaelis

Georg Christoph Lichtenberg
Sudelbücher

Ist dies aus Robert Musils Roman über den pubertierenden Zögling Törless: »Damals fing etwas von der Leidenschaft an, sich in ihm zu regen, die wir gewöhnlich nicht lange bevor wir uns zum ersten Male rasieren lassen schon verspürt haben.«? Der nüchternen Sprache und dem Vergleich aus Psychologie und Physiologie nach wäre es möglich. Wird diese Reflexion von einem Patienten in Thomas Manns »Zauberberg«-Sanatorium angestellt: »Je mannigfaltiger die Begebenheiten sind, die sich ereignen, desto geschwinder verstreichen einem zwar die Tage, allein desto länger dünkt einen die vergangene Zeit, die Summe dieser Tage.«? Auch die umgekehrte Überlegung wird angestellt, um gegen das objektive Zeitmaß das subjektive Zeiterlebnis zu setzen – beides Spekulationen, die erst durch die Lebensphilosophie der letzten Jahrhundertwende sanktioniert wurden. Ist schließlich hier Nietzsche aus seinen »unzeitgemäßen« geschichtsfeindlichen Betrachtungen zitiert: »Wir vergrößern wie alle Wissenschaft so auch die Historie zu sehr«?

Nein. Die Zitate entstammen nicht der Moderne. Sie wurden im 18. Jahrhundert von einem Anhänger derjenigen Denkrichtung notiert, die alsbald vom »Sturm und Drang«, hernach von der deutschen Romantik und seither lächerlich gemacht wurde – besonders auch Nietzsche, Thomas Mann und Musil haben sich gegen sie ausgesprochen – und die sich im Bewußtsein des deutschen Lesepublikums bis heute von diesem Makel der Lächerlichkeit nicht hat freisetzen können: der Aufklärung. Dieser Mann stand seinen Deutschen sehr kritisch gegenüber. Er liebte England; ein »Land« – wie er von dort aus schrieb – »dessen König nicht mehr Trommeln machen läßt, als er just braucht, dessen Wild keine Bauern frißt, und der mehr Leute bisher glücklich gemacht hat als der Landgraf von Darmstadt seit einem Jahr unglücklich«.

Es ist Georg Christoph Lichtenberg (1742-1799), ein verwachsener kleiner Göttinger Hofrat und Professor der Physik und Astronomie, der hier zur Sprache gekommen ist. Er war als Gelehrter mit besonderem Wissen und Forschen auf dem neueren Fachgebiet der Elektrizität, aber auch allgemein als »witziger Kopf« (Goethe) seinen Zeitgenossen bekannt. Ja, er gehörte zu denen, die in der Generation vor Gauss und den Göttinger Sieben den Ruf der jungen Göttinger Universität als höchst fortschrittlicher Bildungsstätte so sehr angehoben hatten, daß der alte konservative Kaspar Goethe seinen Sohn Wolfgang dort um keinen Preis studieren lassen wollte. Dabei hatte Lichtenberg nur wenig veröffentlicht. In den Naturwissenschaften gab er mehr Werke anderer heraus, als daß er Eigenes hervorbrachte. Seine Beiträge zur Literatur und den schönen Künsten füllen im ganzen nur einen handlichen Band. Aber diese Beiträge hatten jeweils zu ihrer Zeit heiße Eisen aufgegriffen und sie mit satirischer Schärfe und unmittelbarem kritischem Blick auf Gesellschaftszustände, und das heißt in beziehungsreichem Zusammenhang behandelt. So hatte er Lavaters spekulative Physiognomik nicht nur in ihrem Unsinn analysiert, sondern dieser Lehre von der Ablesbarkeit des Charakters aus den Gesichtszügen und Schädelformen sein »Fragment von Schwänzen« öffentlich entgegengehalten, in dem er aus anzüglichen Skizzen von Schweineschwänzen und Haarbeuteln an den Frisuren junger Männer den Charakter ihrer Träger abzulesen vorgab. Oder er richtete – wie sonst Potentaten untereinander – als Erde ein Sendschreiben an den Mond, und zwar nicht in der Muttersprache der Erde, Hebräisch, sondern auf deutsch, weil in dieser Sprache die mondsüchtige Dichtungsart damals überhand nahm. Seine letzte Satire enthält die Erfindung von der Geburt und dem Heranwachsen des idealen Kronprinzen und Regenten. Es ist ein siamesischer Doppelprinz. »Der eine zeigt viel Hang zur Spekulation und einem sitzenden Leben, der andere zum aktiven.« Jonathan Swift war Lichtenbergs Muster für die Satire. Von den Deutschen schätzte er Wieland, Lessing, Mendelssohn, Rabener und – nach dem Genuß von etwas Wein – auch den »Herrn Gleim«. Goethes »Werther« mißverstand er wie andere Aufklärer. Eines unterschied ihn in jedem Fall von seinen schreibenden Zeitgenossen: das kärgliche Maß seiner Veröffentlichungen. Er hielt sich absichtlich im Zaum aus Mißtrauen gegen oberflächlichen Witz, gegen die Leichtigkeit, mit der in jedem Zeitalter in »einer gewissen Modeschreibart« produziert werden kann. Ja, er deutet an, daß im Nichtschreiben ebensoviel Vernunft liegen möge, als im Gutschreiben.

Das Erstaunliche ist, daß Lichtenbergs Name in der deutschen Literatur zu den großen, bedeutenden gehört. Sein Nachruhm ruht auf den Kladden, die er seit seinem 23. Jahr geführt hat. Er hat in sie Beobachtungen, Überlegungen und Maximen zu allen möglichen Gegenständen eingetragen. Eine bald nach seinem Tod veröffentlichte Auswahl hat auf Goethes »Maximen und Reflexionen« Einfluß gehabt. Das Interesse an diesen Aufzeichnungen hat seitdem fortgedauert. Das mag am Reiz des Fragmentarischen liegen, den die Romantik für eine ungeduldige moderne Leserschaft entdeckt hat. Es mag durch die Spontaneität erklärt sein, die solchen Kurznotaten eignet. Die verbindliche Klarheit der Lichtenbergschen Sprache zieht außerdem an, wie auch die Vielfalt der behandelten Gedanken aus den Geistes-, Natur- und Gesellschaftswissenschaften. Aber weder alle diese Punkte noch eine Kombination aus einigen von ihnen erklären die faszinierende Wirkung von Lichtenbergs »Schmierbüchern«, »Sudelbüchern« und »waste-books«. Endlich tut es auch das Element des Persönlichen nicht, das sich in jeder dieser höchsteigenen »Pfennigswahrheiten« ausspricht – und von dem her neuere Interpreten Lichtenbergs Vorliebe für »untergründige Geheimnisse« oder gar sein Penchant zur »Existenzerhellung« begründen zu können meinten. Die eigentliche Begründung von Lichtenbergs Wirkung – zu Lebzeiten und posthum – liegt im festen und weiten Zusammenhang seines Denkens und seiner Vorstellungen, die kein aufgegriffenes Detail partikularisieren, sondern ihm seinen Platz in diesem Zusammenhang zuweisen.
Es ist ein Ordnungsdenken und intellektuelles Planspiel, wie es Cervantes', Shakespeares, in Deutschland Lohensteins und Leibniz' Denken zugrunde liegt. Noch Lessings Frage im »Nathan« nach dem Platz des Menschen in der Kette des Seins, nämlich über den Tieren, aber doch unterhalb der Engel, geht aus diesem Ordnungsdenken hervor. Es ruht auf alten platonisch-neoplatonischen Traditionen. Sie werden in Deutschland durch den »Sturm und Drang« endgültiger zerstört als sonst in den westlichen Ländern. Lichtenbergs Denken wird ganz von ihnen geleitet – bis zur Anwendung im Skurrilen: »Wenn eine Erbse in die Mittelländische See geschossen wird, so könnte ein schärferes Auge als das unserige, aber noch unendlich stumpfer als das Auge dessen, der alles

sieht, die Wirkung davon an der chinesischen Küste verspüren.«
In Lichtenbergs Notaten weist jeder Gedanke über sich hinaus auf das zusammenhaltende System gemäß der allgemeinen Reflexion, die er darüber anstellt, »daß in einer Welt, in welcher sich alles durch Ursache und Wirkung verwandt ist und wo nichts durch Wunderwerke geschieht, jeder Teil ein Spiegel des Ganzen ist«. Sein ursächliches Denken läßt Lichtenberg so modern, so wissenschaftlich zeitgemäß erscheinen.

Klaus Schröter

Johann Wolfgang Goethe
Die Wahlverwandtschaften

Brecht, der von Klassikern viel, aber wenig von denen aus Weimar und Jena hielt, hatte »Die Wahlverwandtschaften« immerhin gelesen. Im dänischen Exil, im Sommer 1938, gesteht er Freund Benjamin, was er darin vor allem bewundert habe: die Eleganz des jungen Autors. Des jungen? – Benjamin (der seine ebenso schöne wie unergründliche Untersuchung dieses Romans längst geschrieben hatte) muß da in frommer Gelehrtenseele erschrocken sein: Goethe habe das Buch doch mit fast sechzig Jahren geschrieben! Nun war Brecht, berichtet Benjamin, erst recht verblüfft: »Das Werk habe überhaupt nichts Spießbürgerliches. Das sei eine ungeheure Leistung. Er könne ein Lied davon singen, da doch das deutsche Drama bis in die bedeutendsten Werke hinein die Spuren des Spießbürgertums trage.« Dementsprechend, sagt Benjamin, sind »Die Wahlverwandtschaften« auch vom deutschen Publikum aufgenommen worden, nämlich miserabel. Darauf Brecht: »Das freut mich. Die Deutschen sind ein Scheißvolk.«

Sehr viel günstiger dürfte auch der alte Goethe kaum über seine lesenden Landsleute gedacht haben. Nur drückte er das so drastisch nicht aus. Als ihm auf einer Gesellschaft eine Dame beteuert (zum wievielten Male mag er das hören?), wie unmoralisch sie diesen Roman finde, schweigt er lange (verletzt? mürrisch?), um dann nur schlicht zu sagen: »Das tut mir leid, es ist doch mein bestes Buch.« Und doch hat er selbst in seinen knappen Kommentaren zum Werk das Seinige getan, um dessen Sinn und Zweck moralisch zu verschönen, ja ins Spießbürgerliche zu verdrehen: als hätte er tatsächlich einen Roman gegen den Ehebruch, eine Illustration des sechsten und zehnten Gebots schreiben wollen. In aller Demut und Arroganz hatte er das lesende Fußvolk seiner Zeit so sehr aufgegeben, daß er ihm auch nach dem Munde reden konnte.

Ein Liebesroman? Dazu fehlt ihm die Wucht der Thesen, auch die Leidenschaft im Vortrag. Ein Eheroman? Noch weniger, denn diese Institution Ehe bewegt zwar, vor allem als Last und Hindernis, ständig die Gedanken der Handelnden, doch als Wert und Norm kaum die des Autors (auch wenn er den Ehebruch nur in den Köpfen der Figuren und nicht in physischer Realität sich vollziehen läßt, aber das gehört eben zu der von Brecht bewunderten Eleganz).

Von Männer- und Frauenrollen, so könnte man heute sagen, handelt dieser Roman, von Männerphantasien, Frauenphantasien und ihrer mörderischen Unvereinbarkeit. Ein Chaos an Wunschproduktionen wird da inszeniert, doch so überlegen, so wunderbar ordentlich, daß es als Chaos kaum zu erkennen ist. Immerhin: Am Ende blickt der Leser auf vier Leichen zurück, staunend, so leise, so ohne Shakespearsches Gebrüll sind alle gestorben. Und die beiden Hauptfiguren, die ihre Leidensgenossen überlebt haben, sind auch kaum mehr als lebendige Tote. In tödlicher Stille endet, was in freundlicher begann.

Denn windstill, wie in einem Gewächshaus, beginnt die Erzählung, und erst allmählich wird klar, daß dieses Gewächshaus dem Autor als riesige Retorte dient. Goethe, der damals seine wissenschaftlichen Schriften gern für wichtiger hielt als seine poetischen, erzählt eine Versuchsanordnung, führt zwei mal zwei Personen zusammen, um an ihnen das gesetzmäßige Wuchern der Wahlverwandtschaftsgefühle zu beobachten, ruhig, experimentell, daher die idyllische Ausgangslage.

Diese Eduard und Charlotte, Landedelleute in den besten Jahren, beide zum zweitenmal verheiratet, haben sich wie Frührentner aus Welt und Gesellschaft eigentlich schon zurückgezogen. Verwaltung ihres landwirtschaftlichen Vermögens, Verwaltung der Natur in Parkanlagen, Verwaltung ihrer Erinnerungen in Tagebüchern und Dokumenten, das sollen die einzigen Beschäftigungen eines früh geplanten Lebensabends sein. »Eigentlich« sollte und könnte diesen beiden nichts mehr passieren.

Doch auf die traurige Blamage aller Lebensplanwirtschaft läuft in diesem Roman alles hinaus. Dauernd dringt schön und ordentlich Verdrängtes auf die Oberfläche. Sobald die Störung wahrgenommen, neu eingefriedet und befriedet ist, reißt an anderer Stelle schon wieder der Boden unter diesen Lebensgärtnern. Mit erbarmungsloser, täuschend milde vorgetragener Ironie erzählt Goethe den Wettlauf zwischen einem Hasen und einem Igel, die ein Jahrhundert später die Psychoanalyse das Ich und das Es nennen wird. Der Leser wird zum Schiedsrichter. Schadenfroh und mitleidig darf er zusehen, wie die eifrige und eilige Vernunft der vier Wahlverwandten, Eduards und Charlottes, Ottilies und des Hauptmanns, immer zu spät kommt, immer geschlagen wird, immer neue Anläufe nimmt. Die Illusion gegen die Wirklichkeit, Ordnungsbedürfnis gegen Triebdynamik, das Gewissen gegen die Wünsche: lauter aussichtslose Rennen.

Ein Planspiel voller Lust- und Erkenntnisschrecken läuft ab, das Goethe (zum letztenmal) mit einem Personal besetzt, das ihn seit dem »Werther« immer wieder beschäftigt, beunruhigt hat, und an dem wir heute die damals jäh einsetzende, bis heute andauernde Auflösung der alten, starren Männer- und Frauenrollen erkennen. Da ist Eduard, ein Mann, den aktueller Jargon einen »Softie« nennen könnte, launisch, spontan, offen und kindlich, immer gefühlsbestimmt, also im traditionellen Sinne eher »weiblich«, angewiesen auf den Halt an seiner ungleich rationaleren Frau Charlotte, die nicht nur die Emotionen, sondern sogar die gemeinsame Kasse kontrolliert, also »männliche« Funktionen ausübt.

Und diesen beiden sind als Gegenpaar zwei extreme Inkarnationen weiblicher und männlicher Identität zugeordnet: der Hauptmann, trocken und zuverlässig, auch in Katastrophen, ein Pragmatiker, ein Macher, und schließlich Ottilie, »das himmlische Kind«, die herrlichste und schrecklichste aller vorstellbaren Geliebten, nämlich die ewig unerreichbare. Daß sie in einem Weihnachtsspiel tatsächlich die Jungfrau Maria darstellt, aber später als einzige einen Ausweg in vernünftige Praxis sucht, »Sozialarbeiterin« werden will, um am Ende doch als eine wunderwirkende Heilige zu sterben, dieses Spiel der Widersprüche gehört zu den traurigsten Ironien des Romans. Einen Augenblick lang sieht es also aus, als wollte Goethe mit dieser Figur in eine unsichtbare, utopische Zukunft jenseits aller individualistischen Gefühlsverwirrungen vorausweisen. Dann rettet er sich und Ottilie wieder in alte, in mittelalterlich-christliche Bilder von überirdischer Heilsbringerei.

Nein, es löst sich nichts auf in diesem Roman. Jedes Zweckdenken, jede Vorstellung von Literatur als Lebenshilfe, ob politisch, moralisch oder ästhetisch gemeint, wird an dieser Lektüre verzweifeln. Jede Interpretation auf dies oder das bündige Resultat könnte nur mit Fanatismus oder Fahrlässigkeit bewerkstelligt werden. Der Nutzen dieses Buchs wird also, je nach Leser, entweder null sein oder unendlich. Ich jedenfalls halte diese »Wahlverwandtschaften« für vorerst unerschöpflich. Vorerst, das heißt: solange sich die beiden Geschlechter so fremd und süchtig begegnen, wie in diesem Musterfall beschrieben, und solange unser Bewußtsein nur als eine Eisbergspitze die Wasseroberfläche überragt.

Reinhard Baumgart

Heinrich von Kleist
Erzählungen

»Kleist bläst in mich wie in eine alte Schweinsblase«, notiert Franz Kafka 1911 auf eine Postkarte an Max Brod und überläßt es dem Adressaten, auszugrübeln, ob er sich wunderbar belebt oder zum Bersten bedrängt fühlt von der Prosa des preußischen Lieutenant a. D., der sich ein Jahrhundert zuvor mit 34 Jahren »die unerhörte Lust gewährt« hatte, sich und eine todkranke Freundin mit Pistolenschüssen aus der Welt zu befördern, in der ihm »nicht zu helfen war«. Bestimmter klärt der 80jährige Thomas Mann die anglo-amerikanischen Leser von Kleists »stories« darüber auf, daß sie beides von den im Wortsinn ›unerhörten Neuigkeiten‹ Kleists zu erwarten hätten: »Er weiß auf die Folter zu spannen – und es fertigzubringen, daß wir's ihm danken.«

Dennoch hat Thomas Mann recht, den ersten Verleger von Kleists Erzählungen, Georg Reimer in Berlin, einen mutigen Mann zu nennen. Außer dem »Michael Kohlhaas« nämlich, den nicht erst Kafka mit »Gottesfurcht«, sondern schon die Zeitgenossen mit einer Mischung aus Bewunderung und Beklommenheit lasen, fanden Kleists penibel vorgetragenen Rapporte von der ungeheuerlichen Verwirrung menschlicher Lebensläufe aus nicht berechenbarem Zufall und nicht verrückbarem Eigensinn noch im guten Falle mehr Mitgefühl als Verständnis. Selbst unter den Berliner Freunden des eben Verstorbenen kreist der schmale zweite Band der Erzählungen als ein »Zankapfel«, und in Wien bekräftigt er für Grillparzer nachträglich den Eindruck von der »Selbstzerstörung des Verfassers«.

Kleists Prosa hat nicht ihresgleichen. Und Kleist ist nicht der Mann, seine Leser mählich auf sich einzustimmen. Mit derselben Bestimmtheit, mit der er als junger Mensch die Feder führt, um für einen Freund einen »Aufsatz, den sichern Weg des Glücks zu finden« und für seine Braut einen Lebensplan zu verfassen, eröffnet er kaum zehn Jahre später seinen Lesern gleich in den ersten Sätzen den Vorfall, der das Leben seiner Helden aus seiner sicheren Bahn stößt. Eine Marquise von vortrefflichem Ruf bietet durch Zeitungen ihre Hand aus für den Mann, von dem sie unwissentlich schwanger wurde. Es

braucht nur wenige Absätze, um von dem Brand einer Zitadelle, von der Erschießung einer Rotte von Soldaten, die sie mit Vergewaltigung bedrohten, und vom augenscheinlichen Tode des Offiziers zu erfahren, der sie mit seinem Degen rettete. Ein Erdstoß zertrümmert eine Stadt, schwemmt einen Fluß durch die Straßen und häuft Erschlagene, während er einen zum Tode Verurteilten an seinem Selbstmord hindert. Ein fürchterlicher alter Neger organisiert im aufständigen St. Domingo nach der Ermordung seines Lebensretters die Liquidierung der Weißen. Die Pest führt einem wohlhabenden römischen Kaufmann einen Findling zu, der ihn alsbald um seinen eigenen Sohn bringt. Der Herzog Wilhelm von Breysach hat mit dem Kaiser seine Erbfolge günstig geregelt und liegt am Ende des ersten Absatzes tot, von einem Pfeil meuchlings getroffen. Tot ist am Ende des ersten Absatzes auch das Bettelweib, das ein Marchese in einem Schloß bei Locarno vom Krankenlager hoch und hinter den Ofen treibt.
Dies sind wohlgemerkt erst die Anfänge, bei denen es noch vergleichsweise übersichtlich und geordnet zugeht. Doch es sind keineswegs Anfänge von der Art, die Erzähler und Drehbuchautoren lieben, um nach einer Fangszene gemächlich den Vorspann der Geschichte abzuwickeln. Kleist drängt, in unermüdlicher Einvernahme der Begleitumstände, die Geschicke seiner Personen vorwärts in den entstandenen Wirrwarr hinein. Er erlaubt weder ihnen noch dem Leser abschweifende Nebenhandlungen. Vielmehr übersteigt ein nächstes Ereignis alsbald das eben durchstandene und zerstört die Erwartung, die unverhofft Betroffenen oder auch ihre Peiniger möchten sich in der neuen Lage zurechtfinden. Diese letztere Wohltat widerfährt allein den vier zerstörungslustigen Studenten, die, im Kloster der Heiligen Cäcilie von der Gewalt des Meßgesangs gebannt, ihr Dasein fortan als Irre fristen und nur einmal täglich ein Mark und Mauern erschütterndes gloria in excelsis absingen. Denen, die den Verstand nicht verlieren, steht Ungewöhnlicheres bevor. Sie erfahren Täuschungen und Zerreißproben ihrer Zuversicht in einem Grade, wie man sie jedem Mitmenschen, und selbst einem moralisch Verirrten, erspart sehen möchte. Satz für Satz treibt Kleist den *Fall* der aus ihrer Bahn geworfenen Menschen voran, sammelt in Nebensätzen unentwegt Belege für die Unabweislichkeit ihres exzentrischen

Verlaufs und versäumt nie, eine Kette von Instanzen bis zur höchsten: den Kaiser, den Papst und die Öffentlichkeit, zumeist in Gestalt einer »unermeßlichen Menschenmenge«, zum Richtspruch über Gerechte und Ungerechte aufzubieten.
Soweit sind Kleists Erzählungen Kriminalgeschichten, und keine – keine! – spart mit Leichen auf dem Wege zur Gerechtigkeit. Wenn aber das Vergnügen, das wir an tragischen Gegenständen zu gewinnen vermögen, an der letztlichen, poetischen Gerechtigkeit hängt, mit der, in Abwägung von Tugend und Schuld, am Ende alle bedacht und noch die sterbenden Helden verklärt werden, dann ist von der Folter, die Kleist seinen Personen und seinen Lesern bereitet, noch gar nicht die Rede gewesen. Denn nicht nur seine Helden, auch die Instanzen, die sie richten: Eltern, Fürsten, selbst Liebende und erst recht die »unermeßlichen Menschenmengen« können irren und in Verblendung verharren bis zum mörderischen Exzeß. Mit einbezogen in die Selbsttäuschung, die jeden einzelnen bedroht, ist der Gesamtbestand der menschlichen Institutionen. Dies mit allen Registern eines »überreizten Entsetzens« aufzudecken, treibt Kleist immer neue Zwischenfälle und Irrtümer in seine Geschichten hinein, als schichte er sie eigens zu der Beweisführung auf, daß niemandem, und schließlich dem ganzen Weltgefüge nicht zu trauen sei.
Woher aber, bei diesem Talent zur schlimmstmöglichen Verunsicherung, gewinnen die Geschichten Kleists ihre strenge Fügung und seine Prosa ihren sonderbar gefaßten Ton?
»Der Boden wankte unter seinen Füßen, alle Wände des Gefängnisses rissen, der ganze Bau neigte sich, nach der Straße zu einzustürzen, und nur der, seinem langsamen Fall begegnende, Fall des gegenüberstehenden Gebäudes verhinderte, durch eine zufällige Wölbung, die gänzliche Zubodenstreckung desselben.« Es ist der *allseitige* Zusammensturz der Mauern, der von einem Erdstoß zum andern ein Gewölbe der Sicherheit schafft. Nach diesem Modell ist die ganze Erzählung »Das Erdbeben von Chili« gebaut. Die Wucht der Naturkatastrophe setzt die Liebenden und mit ihnen alle Überlebenden zu einem Leben frei, das Rousseau nicht glücklicher für die erste Menschenfamilie hätte ersinnen können. Diesselbe Natur, die alle ihre Elemente zur Zerstörung aufbot, birgt nun für eine Weile sicher dieses Menschenglück. Erst der zweiten Zerstö-

rung, diesmal durch den Richtspruch der Kirche und die Henkerdienste einer »unermeßlichen Menschenmenge«, fällt diese größere Menschenfamilie noch gründlicher zum Opfer. Doch unter dem Gewölbe blutiger Mordkeulen und Degen bleibt wieder *ein* Leben bewahrt: das Kind, das die Liebenden wider geistliches und weltliches Recht gezeugt hatten.

Nicht in der Einsinnigkeit, sondern eben im Widerspruch einander begegnender Naturkräfte und Menschengesetze liegt die Chance des Überlebens für den, der ihnen preisgegeben ist. So entbindet gerade der Wetteifer der Schrecken eine ungeahnte Zartheit der Gefühle, und ein Übermaß an Bosheit gibt der Unschuld Raum. Doch wird diese Erfahrung nur dem zuteil, der aus allen seinen Sicherheiten tritt und dafür seiner selbst sicher wird. Geht es am Ende doch geordneter zu bei Kleist, als sein vielzitierter Satz von der »Gebrechlichkeit der Welt« den davon Halbgeblendeten zu sehen erlaubt?

Immer leiden und sterben auch Unschuldige. Aber wer sich gegen Recht verging, den trifft in jedem Fall Tod oder schwere Buße: den Neger Hoango und den Ritter Rotbart, dessen Leiche für den Brudermord noch zusätzlich auf den Scheiterhaufen kommt; auch Liebende, wenn sie früher frevelten oder die Schuld des Mißtrauens auf sich luden; und Rächer um der bloßen Gerechtigkeit willen, seien sie so großmütig wie Kohlhaas oder der römische Kaufmann Piachi, enden in jedem Fall auf dem Schafott oder am Galgen.

wer aber – die Frage ist unverhofft und lohnt sich – hat das Glück, daß seine exzentrische Geschichte einen guten Ausgang nimmt? Zwei Erzählungen beantworten diese Frage: Derjenige kommt zu seinem Glück, der, wie die Marquise von O . . ., den Mut findet, um ihrer Kinder willen den Bruch mit ihrer vorgegebenen Lebensbahn zu wagen. »Durch diese schöne Anstrengung mit sich selbst bekanntgemacht, hob sie sich plötzlich, wie an ihrer eigenen Hand, aus der ganzen Tiefe, in welche das Schicksal sie herabgestürzt hatte, empor.« Daraufhin nimmt sie es mit der ganzen Öffentlichkeit auf, wie der Graf von Trota über alle Rechtsgründe und Beweise hinweg den Zweikampf auf sich nimmt, um Littegarde anstelle ihrer ungerechten Familie ein »Freund und Bruder« zu sein.

Die »Gebrechlichkeit der Welt« drückt sich darin aus, daß auch diese ihrer selbst so sicheren Naturen, erschüttert durch die

Prozesse, die die Welt mit ihnen veranstaltet, in anderen Menschen nur Engel oder Teufel zu sehen vermögen oder von ihnen dafür gehalten werden. Aber ihre besondere Unschuld liegt in der *Uneigennützigkeit* ihres Handelns. Das hebt sie auch und sogar deutlich von denen ab, die Großes – in eigener Sache – unternehmen. Im »Erdbeben in Chili« ist es am Ende Don Fernando, der vor aller Welt Josephen den Arm bietet und der darum mit dem Kind der Liebenden anstelle seines eigenen so beschenkt wird, daß »es ihm fast war, als müßt er sich freuen«.
Die bodenlose Unsicherheit, die Kleist seinen Figuren bereitet, schreibt den unerhörten Begebenheiten aus dem 14., 16. und 18. Jahrhundert seine eigene Lebenserfahrung ein. Aber er, den es in keinem Beruf und in keiner Existenzform hielt, den nicht Familie und nicht die Braut zu binden vermochten, weil er rastlos den Ruhm des Dichters suchte; der Aischylos und Shakespeare überbieten und Goethe »auf den Knien seines Herzens« Achtung abtrotzen wollte, der mit seiner »Germania«-Ode zur Franzosenjagd aufrief und seine »Herrmannsschlacht« den Deutschen schenkte, damit sie ihn nur hörten, der eine Zeitung täglich selber schrieb und zuletzt von Schulden umgetrieben wurde: dieses verwegene Schreibgenie ist in seinen Erzählungen zugleich sein schärfster Analytiker und – Richter.
Sein Glück konnte er in seinem bohrenden Eigensinn nicht machen. Aber er konnte am Anfang seines Jahrhunderts Erfahrungen niederschreiben, die unser Jahrhundert erst einholte: Er konnte erzählen, daß der Verlust von Lebenssicherheit nicht schon Unterwerfung unter unberechenbare Gewalten bedeutet. Daß vielmehr gerade ihre Widersprüchlichkeit das Gewölbe bilden kann, unter dem Lebensenergie sich erhalten und erneuern läßt. Er konnte noch mehr – er konnte spannend dichten von dem, was ihm selber zu einem glücklichen Leben fehlte: die Fähigkeit oder die Gelegenheit zu einer »schönen Anstrengung«, sich selbst für andere preiszugeben. Er hat diese Erfahrung an sich selbst womöglich erst auf dem Weg in den gemeinsamen Tod mit Madame Vogel gemacht. Ein bedeutender Schriftsteller aber war er nicht zuletzt darum, weil er auch von dem schreiben konnte, was ihm im Leben fehlte.

Eberhard Lämmert

Johann Peter Hebel
Das Schatzkästlein des Rheinischen Hausfreundes

Auf die gelegentlich gestellte Frage, in welcher Zeit ich lieber lebte als in der meinen, fällt mir unfehlbar das ausgehende 18. Jahrhundert, der Anfang des 19. Jahrhunderts ein. Die Welt war damals sicher nicht heil, aber ihr Unheil hatte menschliche Dimensionen; sie war nicht so lieblich-pausbäckig wie auf Ludwig Richters Bildern, aber für Dich und mich klar begrenzt, mit unserer Wahrnehmung zu fassen, in die Natur eingebunden: sie mußte nicht in allem verantwortet werden; sie war nicht frei und schon gar nicht gerecht, und nicht nur als Taglöhner wäre ich damals oft der blanken Not ausgesetzt, auch als Mitglied eines städtischen Kleinadels hätte ich meinen Buckel unter manch entbehrungsreichen Dienst, unter manch harten königlichen Befehl beugen müssen; man war in vieler Hinsicht noch unaufgeklärt, aber man wollte Klarheit und versuchte sein Leben in gemeinsamer bürgerlicher Vernunft einzurichten; die Menschen konnten mit der Welt fertigwerden – sie hatten sich ja nicht vorgenommen, den Turm zu Babel neu zu bauen, wie immer der heißt: Manhattan oder Skylab, Kernkraft oder IBM, Weltbank oder UNO, NY-Times oder IG-Farben. – Wir können nicht dorthin zurück, aber wem das bewußt ist, dem schadet ein wenig Sehnsucht danach nicht: Es ist die bessere der mir vorstellbaren Utopien.

Woher ich das wieder weiß? – Nun, zum Beispiel von Johann Peter Hebel, aus seinem Schatzkästlein, einer von ihm selbst im Jahre 1811 getroffenen Auswahl von 100 kleinen Lesestücken aus dem von ihm herausgegebenen Badischen Landkalender, für den er zwischen 1804 und 1819 rund 300 geschrieben hat – Erzählungen, Rätsel, Rechenexempel, kurze Reden und Lebensläufe, Berichte über Kuriosa: warme Winter, Seewunder, Kometen, Traumbilder . . .

Wir Älteren sind mit, nein an den Geschichten des Schatzkästleins aufgewachsen. Wie Grimms Märchen die Gefühle angeleitet, uns Bilder vor die Kinderseele gemalt haben, an denen wir das Gruseln und das Geborgensein, das Hoffen und das

Treubleiben, die Wandlung und die Befreiung gelernt haben, so haben uns Hebels Geschichten die Lust des Verstehens, die Kurzweil und Intelligenz der Moral, das Handwerk der Menschlichkeit nahegebracht. Nun sind sie wie alle Kindheitserinnerung – wie früher Duft von Seidelbast, wie der Geschmack von Buchweizengrütze, wie die Tröstung der ersten Lieder, wie das Abenteuer des Lesen- und Schreibenlernens: man kann's nur dem schildern, der es auch kennt, und dem muß man es nicht schildern. Alle anderen müssen selber nachholen – etwa hieran:

In der Türkei, wo es bisweilen etwas ungerade hergehen soll, trieb ein reicher und vornehmer Mann einen Armen, der ihn um eine Wohltat anflehte, mit Scheltworten und Schlägen von sich ab, und als er ihn nicht mehr erreichen konnte, warf er ihn noch mit einem Stein. Die es sahen, verdroß es, aber niemand konnte erraten, warum der arme Mann den Stein aufhob, und ohne ein Wort zu sagen in die Tasche steckte, und niemand dachte daran, daß er ihn von nun an so bei sich tragen würde. Aber das tat er.

Nach Jahr und Tag hatte der reiche Mann ein Unglück, nämlich er verübte einen Spitzbubenstreich, und wurde deswegen nicht nur seines Vermögens verlustig, sondern er mußte auch nach dortiger Sitte zur Schau und Schande, rückwärts, auf einen Esel gesetzt, durch die Stadt reiten. An Spott und Schimpf fehlte es nicht, und der Mann mit dem rätselhaften Stein in der Tasche stand unter den Zuschauern eben auch da, und erkannte seinen Beleidiger. Jetzt fuhr er schnell mit der Hand in die Tasche; jetzt griff er nach dem Stein; jetzt hob er ihn schon in die Höhe, um ihn wieder nach seinem Beleidiger zu werfen, und wie von einem guten Geist gewarnt, ließ er ihn wieder fallen und ging mit bewegtem Gesicht davon.

Daraus kann man lernen: Erstens, man soll im Glück nicht übermütig, nicht unfreundlich und beleidigend gegen geringe und arme Menschen sein. Denn es kann vor Nacht leicht anders werden, als es am frühen Morgen war, und »wer dir als Freund nichts nutzen kann, der kann vielleicht als Feind dir schaden«. Zweitens, man soll seinem Feind keinen Stein in der Tasche, und keine Rache im Herzen nachtragen. Denn als der arme Mann den seinen auf die Erde fallen ließ und davonging, sprach er zu sich selber so: »Rache an dem Feind auszuüben, solange er reich und glücklich war, das war töricht und gefährlich; jetzt wo er unglücklich ist, wäre es unmenschlich und schändlich.«

Ich will nicht versuchen, diese Geschichte zu loben und auszulegen. Ich will nur sagen, was sie mit mir tut: Sie verlockt mich mit dem Satz »wo es bisweilen etwas ungerade hergehen soll«; sie macht gespannt, weil auch ich erraten will und nicht erraten kann, wozu der Arme den Stein einsteckt; sie befriedigt, weil der moralischen Empörung genügegetan wird: »Und der Mann . . . stand . . . eben auch da und erkannte seinen Beleidiger«; sie beschämt mich und belehrt mich dadurch: ». . . jetzt Rache üben, wo er unglücklich ist, wäre unmenschlich und schädlich.«

Dies ist nicht Hebels kunstfertigste Geschichte; es ist eine der frühesten und die erste in der Sammlung – aber sie ist typisch: für Hebels nicht moralisierende, seine gar nicht spröde, seine federnde Moral. »Der Husar von Neiße« hat in Frankreich geplündert und schlimmer noch: die von den Kindern erflehte Barmherzigkeit nicht geübt. 1806, fast zwei Jahrzehnte später, ziehen die Franzosen in Neiße ein, und auf ebenso einfache wie wunderliche Weise gerät der Sohn des Opfers an den Husaren. Der geneigte Leser denkt vielleicht auch: Jetzt wird der Franzose den Husaren zusammenhauen, und freut sich schon darauf. Allein das könnte mit der Wahrheit nicht bestehen. Denn wenn das Herz bewegt ist, und vor Schmerz fast brechen will, mag der Mensch keine Rache nehmen. Da ist ihm die Rache zu klein und verächtlich . . .

Als ich diese Geschichte zum ersten Mal als Zwölfjähriger las, hat sie heftig an mir gerüttelt; sie stellte mich auf eine unbekannte Probe; ich war mir mit Bangen bewußt, daß ich der Gerechtigkeit soviel Freiheit nicht lassen wollte! Erst jetzt als Erwachsener habe ich auch Hebels Schluß gelesen:

Merke: Man muß in der Fremde nichts tun, worüber man sich daheim nicht darf finden lassen.

Merke: Es gibt Untaten, über welche kein Gras wächst.

Da hatte Hebel meine damalige Schwierigkeit in zwei Sätzen eingefangen: den einen können wir tun, den anderen müssen wir aushalten. Dialektik der Aufklärung, einmal anders! Beides ist zugleich wahr; wer nur sagt, was man tun oder meiden soll, und nicht, was ist, wenn man's versäumt hat, betrügt die

Menschen; die Wahrheit ist *nicht* einfach und Hebels Geschichten schon gar nicht!

Das ist merkwürdig, daß an einem schlechten Menschen der Name eines ehrlichen Mannes gar nicht haftet, und daß er durch solchen nur ärger geschimpft ist. Zwei Männer saßen . . .

Dem, der die »Merkwürdige Abbitte« gelesen hat, die so anfängt, ist die Welt um eben diese eine Geschichte verständlicher, aber – um den Unterschied geht es – nicht einfacher geworden.

Einer von Hebels Schelmen, der Zundelheiner, hört wie einer sich brüstet: er wolle den berüchtigten Dieb sehen und ihm doch entkommen. Heiner legt einen Hinterhalt und den »reichen, schönen, witzigen« Müller gründlich rein, entwendet dessen Pferd – aber nur, um es vor dessen Haustüre eine Viertelstunde nach Betzeit wieder anzubinden und seinen Weg zu Fuß fortzusetzen. Die Moral des Rheinischen Hausfreundes ist großmütig; sie ist pfiffig; sie kommt mit der Welt hin.

Zwei Pariser Wasserträger (ach, was lernt man aus ihrem Anlaß alles über die Wasserversorgung einer Großstadt!) gewinnen in der Lotterie. Der eine legt seinen Gewinn gut an, rechnet sich aus, was er verzehren darf und wird steinreich; der andere bringt sein Geld vergnügt durch – nicht ohne sich seine Kundschaft durch einen Adjunkt zu sichern.

Als er schon auf den Boden der Kiste griff, sagte er: »Gottlob, ich werde geschwinder fertig, als ich gemeint habe«. Also bereitete er sich und seinen Freunden noch einen lustigen Tag, wischte alsdann den Rest seines Reichtums in der Kiste zusammen, schenkte es dem Adjunkt und gab ihm den Abschied. Denn am anderen Tag ging er selber wieder an sein altes Geschäft . . . Ja er bringt das Wasser selbst seinem alten Kameraden, nimmt ihm aus alter Freundschaft nichts dafür ab und lacht ihn aus.

Die Geschichte endet mit dem Satz: »Der Hausfreund denkt etwas dabei, aber er sagt nichts.« Das ist nicht »Toleranz«, eine schöne, aber schwierige Tugend, das ist ein mühelos geöffneter Geist! »Wer sagt denn, daß unsere Spinnen giftig seien? Noch kein Mensch ist in unseren Gegenden von einer Spinne vergiftet worden. Gibt es doch hie und da Leute, die sie aufs Brot streichen und verschlucken? Wohl bekomm's, wenn es schmeckt!« Hebel ist gegen die Besserwisser, seine Geschichten geben ihnen Bescheid!

Wer sich sehr schlau dünkt und dies an anderen auslassen will, findet bald einen, der ihm über ist. Und das heißt: Schläue hat eine gute Chance – aber der Dünkel nicht. Ein Schelm, der eine gute Lage rücksichtslos ausnutzt, verspielt sein Glück. Das Glück der Schelme ist das Glück derer, die es brauchen. Und die es brauchen, sind nicht so sehr arme als freie Leute, unbürgerliche Existenzen, Vagabunden, deren Natur nicht zuzumuten ist, daß sie fleißig, stetig, seßhaft sind.

Für die anderen hat Hebel eine Philosophie des »Multiplizierens«:

Da kann einer einen Tag in den anderen zwei Stunden unnütz und im Müßiggang zubringen, und meint jedesmal, für heute lasse es sich verantworten. Das multipliziert sich in einem Jahr zu 730 Stunden und in dreißig Jahren zu 21 900 Stunden. Facit 912 verlorene Tage des kurzen Lebens.

Solch nützlichen Exempeln folgen alsbald praktische Rechenaufgaben – ein Stück Lebensübung. Das Glück *dieser* Leute läßt sich erwerben – durch Geduld und Maßhalten. Wohl dem, der's lernt!

Wie lernt man? Bei Hebel (wenn man nicht schon gescheit ist) the hard way, wie die Engländer sagen: an der Erfahrung. Die ist oft genug teuer, aber nur dann *zu* teuer, wenn man sie nicht annimmt. Ein Gassenjunge lehrt einen vornehm gekleideten Mann, wie man zu Zorn, Schimpf und Händeln kommt, und verlangt dafür zwei Kreuzer; der gibt sie ihm, und der Bursche verlangt zwei weitere – und so fort, bis der Herr in Zorn gerät, und da hat er seine Händel »und glaubte, die gute Lehre sei wohl ihre sechs Kreuzer wert gewesen«. – Wir Leser können nicht so sicher sein, daß die Lehre sitzt; sie hat uns ja nichts gekostet. Die Geschichte von Kannitverstan, die berühmteste und vollkommenste in der Sammlung, macht mich zweifeln, ob es hier für den Leser überhaupt etwas zu »lernen« gibt: Da kommt ein deutscher Handwerksbursche in Amsterdam »durch den Irrtum zur Wahrheit«. Wäre dies nicht älter, wäre es nicht schon bei den alten Griechen so, man könnte sagen: der Hebel hat's vom Hegel – nämlich, wie die Vernunft sich durch List verwirklicht.

Wenn uns die Belehrung dennoch direkt erreicht, dann durch

des Hausfreundes Sprache. Auch sie versuche ich nicht zu beschreiben. Die beredtesten Kritiker verfallen in die geläufigsten Klischees: Wärme und Witz, Einfachheit und Einprägsamkeit.

»Denn wenn eine Frau nichts zu Rat hält, und der Mann nichts erwirbt, in einer solchen Tasche darf schon ein Loch sein, es fällt nichts heraus« – so hat man gleich ein Bild von der Sache. »In einem gewissen Dorfe geht ein üblicher Fußweg über den Kirchhof und von da an durch den Acker eines Mannes, der an der Kirche wohnt, und das ist ein Recht. Wenn nun die Ackerwege bei nasser Witterung schlüpfrig und ungangbar sind, ging man immer tiefer in den Acker hinein und zertrat dem Eigentümer die Saat, so daß ... der Weg immer breiter und der Acker immer schmäler wurde, und das war kein Recht« – so weiß man gleich, was gegen was steht. »Denn als der Jüngling den anderen Morgen in seiner schwarzen Werkmannskleidung an ihrem Haus vorbeiging, der Bergmann hat sein Totenkleid immer an, da klopft er zwar noch einmal an ihr Fenster und sagt ihr Guten Morgen, aber keinen Guten Abend mehr« – so ist das Schlimme gesagt und im nächsten Satz auch schon vorbei: »... als er nimmer kam, legte sie das Halstuch (das sie für ihn saumte) weg, weinte um ihn und vergaß ihn nie« – und so verlieren wir uns nicht an unser Gefühl, denn die große Erschütterung sollen wir für etwas anderes aufbewahren: für den Augenblick, als man nach fünfzig Jahren die in Vitriol vollkommen erhaltene Leiche aus dem Bergwerk von Fallun birgt und die altgewordene Braut über dem wiedererkannten Toten niedersinkt.

Da wurden die Gemüter aller Umstehenden von Wehmut und Tränen ergriffen, als sie sahen die ehemalige Braut jetzt in der Gestalt des hingewelkten kraftlosen Alters und den Bräutigam noch in seiner jugendlichen Schöne, und wie in ihrer Brust nach fünfzig Jahren die Flamme der jugendlichen Liebe noch einmal erwachte; aber er öffnete den Mund nimmer zum Lächeln oder die Augen zum Wiedererkennen ...

Die Verlagerung der Emotion in die Zuschauer – das hätte Euripides nicht kunstvoller anrichten können! Dazwischen hat Hebel die Zeit erzählt: »Unterdessen wurde die Stadt Lissabon in Portugal durch ein Erdbeben zerstört, und der Siebenjährige Krieg ging vorüber und ... und ...« – fünfund-

zwanzig Zeilen lang! »Der Müller mahlte, und die Schmiede hämmerten, und die Bergleute gruben nach den Metalladern . . .« Hebel hat den Geschichten nicht nur »ein lustiges Röcklein umgehängt«, wie er in seiner Vorrede sagt, er hat sie in Kunstwerke, nein in ein Kunstwerk verwandelt.
Ein Kunstwerk ist ein Kunstwerk durch seine Wirkungen. Man könnte meinen, mit seinem »Stoff« habe es Hebel da schwer gehabt. Mitteilungen über deutsche Spinnen und englische Kriegsschiffe, über General Suwarovs Morgenbad und des Kadetten Napoleon Vorliebe für Obst, über gediegene Spitzbuben und gedungene Gespenster, über mutige Barbierlehrlinge und achtjährige Kinderarbeiter in einer Aachener Nadelfabrik (samt Angaben über deren Profit) und dies alles durcheinander, in kleinen Stücken, selten länger als zwei Druckseiten – das wird so leicht nicht in Leder gebunden, das findet nur selten seinen Weg in die Literaturgeschichte, das kommt nicht ins Lesebuch für Gymnasien. Kleists Berliner Abendblätter »zur Unterhaltung aller Stände des Volkes«, Claudius' »Wandsbecker Bothe«, zu dessen Erbauung, Brechts »Kalendergeschichten« und »Hauspostille«, zu dessen listiger Belehrung waren immer und vor allem Literatur, Werke ihrer Autoren für ausgewählte und wählerische Leser. Hebels Schatzkästlein dagegen hat nur einen literarischen Namen, ist eigentlich ein Kasten mit allerlei Kram und Hausrat, ein »geschriebenes Bilderbuch« für's Volk, das lieber ansieht und zuhört und seine Mühe mit dem Lesen hat; nur wenn die Geschichte kurz und kurios ist, hat sie eine Chance; einen Autor muß sie nicht haben. Man erzählt Hebels Geschichten, und weiß nicht, von wem sie sind; oder man sucht eine Geschichte und denkt, die muß wohl im »Hebel« stehen.
Weil das so ist, kommt mir der Verdacht, daß die Lust an seinen Geschichten gerade auch eine Lust an seinem Stoff ist: sein Stoff ist die Welt selbst, als sie noch erzählbar war.
Unsere Welt ist anders. Sie verlangt Analyse, selbst unsere Erlebnisse stammen aus der Theorie, wir ersetzen das Bild durch Dauerkommunikation. Und aus Reader's Digest (auch aus dessen Hebel-artigen Geschichten »Life in these United States«) wird kein Kalender, kein begleitendes Abbild unseres Lebens.
Für alle, die Kinder in die Welt einführen und die Erwachse-

nen an der gemeinsamen Ordnung dieser Welt beteiligen wollen, ist es wichtig, daß die Welt erzählbar ist – in vielen einzelnen Geschichten, die zusammen ein erkennbares Muster geben, jede das gemeinte Ganze in sich schließend. Daß Hebels Welt so war, ist nicht sein Verdienst. Aber wenn ich seine Geschichten lese, denke ich, es hängt wohl auch von uns ab, ob die unsere es wieder wird: wenn wir einander den Alltag wieder erzählen und dabei entdecken, daß wir nicht nur Steuerzahler und Wähler, Verkehrsteilnehmer und Rollenträger sind, sondern recht »wunderliche Geschöpfe« mit allerhand klugem Gefühl und törichter Meinung und viel erfahrener Weisheit von der Hebelschen Art »So kann's kommen, wenn man . . .«! Dann könnte sich ein Meister einfinden, der unsere Geschichten sammelt und aufschreibt. Bis dahin bleibt Johann Peter Hebels Schatzkästlein das einzige Buch seiner Art. Es war nicht nur weise, es war unvermeidlich, daß man es unter die 100 ZEIT-Bücher aufgenommen hat.

Hartmut von Hentig

Die Brüder Grimm
Kinder- und Hausmärchen

Märchen gehören in die Kinderstube, nicht neben Pascals Pensées, Morus' Utopia, Freuds Unbehagen in der Kultur, Johnsons Jahrestage, Genets Querelle. Märchen, das ist wie das Kasperletheater, wie Lebkuchen, Trachtenkleid und Laterna Magica: archaisch, diesseits von Vernunft und Kunst, zerfallende Erinnerung, die an nichts mehr erinnert. Das sagen die einen.

Märchen sind es, was sie im Grunde alle zu schreiben versuchen – nur größer und über ihre Welt und für ihre Gegenwart: Moby Dick und Das Schloß, Der Steppenwolf und Die Blechtrommel, Odysseus und Ulysses. Es ist die Urform aller Kunst – zeitlos, eine quinta essentia, eine strenge Einheit von Bedeutung, Sein und Wirkung. Das sagen die anderen.

ZEIT-Leser – wie ich sie mir vorstelle – haben jetzt sicher schon ihre Positionen bezogen. Sind zwei beisammen, können sie sich hierüber trefflich streiten. Ich will und werde sie dabei nicht stören. Was ich über Märchen sagen kann, erfüllt hier keinen Zweck – in diesem »literarischen Spiel mit pädagogischer Absicht«. Denn wer dies liest, ist ja schon Leser – Leser von Streit-Sachen und ZEIT-Sachen. Man könnte ihn durch einen ZEIT-Aufsatz allenfalls verführen, etwas anderes zu lesen, indem man ein ZEIT-Problem daraus macht: er solle sich einmal Hašeks Geschichte vom Braven Soldaten Schwejk oder Hölderlins Hyperion ansehen – zwei höchst aufschlußreiche Märchen. Auch Andersens Kleine Meerjungfer oder Schehrezades Erzählung aus der Zweihunderteinundsiebzigsten Nacht, die natürlich keine Märchen seien! Aber ihm sagen, jener Streit interessiere nicht, weil er falsch sei, so oder so sei es eine Lust, Märchen zu lesen, und dabei genau das meinen, woran er denkt – Rumpelstilzchen und Rotkäppchen und Frau Holle – das wird ihn zu gar nichts verführen.

Man könnte natürlich dazusagen: daß sich hier mancherlei finden lasse – unverstellte Zeugnisse von Ausbeutung und Aberglauben, von Volksverdummung und Völkerhaß, von Kindsmißhandlung und sadistischer Grausamkeit aus feudaler voraufklärerischer Zeit. Der dazu angeregte Leser würde sich also den »Juden im Dorn« vornehmen und sehr zufrieden sein über das entlarvende böse Ende. »Hänsel und Gretel« ist dann ein Paradigma der Selbstentfremdung – die Eltern, an den Verhältnissen hart geworden, opfern ihre eigenen Kinder. »Das eigensinnige Kind« wäre der Brüder Grimm Sonderbeitrag zu Katherina Rutschkys Schwarzer Pädagogik. Ja, und der Übermut der Könige, die alles haben und zu nichts taugen, die Fülle der Aschenputtels, die die Welt verkennt, der Bärenhäuter, die sich tarnen müssen! Da ist ein großes revolutionäres Potential – aber von der Hexe Gewohnheit versteinert, bewußtlos geworden, geschichtslos, schicksalhaft. Man könnte auch die Prinzen nennen, die gekommen sind, dieses Dornröschen wachzuküssen, dieses Schneewittchen aus seinem gläsernen Sarg zu befreien:

Da gibt es Bruno Bettelheim, der die Märchen als Spiegelungen des Unbewußten deutet, als Piktogramm unserer Grundbefindlichkeit und ihrer Störungen – lauter kleine Ödipus-Mythen für lauter kleine Sigmund Freuds. Nun erfährt man, was dunkle Wolfsmägen und eingeheizte Backöfen bedeuten, in die kleine Mädchen und alte Hexen verschlungen werden, was es mit Spindeln und Spiegeln, Lebkuchenhäusern und Brunnen auf sich hat, und wundert sich am Ende nicht, daß Hänsels Knöchel eigentlich einen Penis vortäuschen soll. An Bettelheims Deutung wird zugleich die Urfunktion des Märchens und seine Bedeutung für Kinder klar: Unheimliches, Bedrohliches, Verwirrendes wird in Bildern gebannt. Wer im Märchen mit Allerleirauh dem inzestuösen Begehren des Vaters entronnen ist, kann es vielleicht auch in der Wirklichkeit.

Eine andere Entschlüsselung führt in die Politik. Rumpelstilzchen als das perfekte Gleichnis des Kapitalismus zu durchschauen, das Männlein, das aus Stroh Gold macht (es mit Hilfe von Lohnarbeit, der entmenschlichten Bereitschaft des Opfers verwandelt), als das »Wesen der kapitalistischen Warenproduktion«, als Symbol des »sich selbst vermehrenden Werts« – das lernt man beispielsweise bei Iring Fetscher, dessen ironische Absicht gelegentlich durch das Staunen über seine eigene Entdeckung überwältigt wird: Vielleicht ist es tatsächlich so?!

Ganz ohne Humor, auch ohne unfreiwilligen, sind die pädagogischen Entlarvungen. Kindertümelnde Dunkelmänner hintertreiben da mit Hilfe des Märchens die Aufklärung – lenken von der harten gesellschaftlichen Wahrheit ab. Mit Hilfe der übrigens von den Brüdern Grimm »kastrierten« alten Märchen (Melchior Schedler) hält die bourgeoise Pädagogik die Urängste, die Urausflüchte und damit die Herrschaftsverhältnisse aufrecht. Die Kinder sollen sich an Wunderbares, Nicht-Erklärbares gewöhnen, an Idylle, Grausamkeit und Gnadenerweis. Und damit das bei den argwöhnisch gewordenen Erziehern und Eltern auch klappt, behauptet die bürgerliche Wissenschaft, es gebe ein psychogenetisch bedingtes Märchenalter, in dem sei das Wundersame das schlechthin kindgemäße. – Habe man den geschichtlich überholten gesellschaftlichen Zweck des Märchens verstanden, könne man sich von dem trennen, was es verderbe, von dem »Bösen«, das aus Kinderbüchern komme (Otto Gmelin), von falscher Ergebenheit und gefährlichem Humbug. Die Mutter gibt fortan Rotkäppchen ein Feldmesser mit, so daß es sich ohne den die Obrigkeit repräsentierenden Jäger selbst befreien kann.

Die Zeitschrift ELTERN doziert: Angesichts der Forderung nach Gleichberechtigung sei das Bild der Frau, das das Märchen zeichne, anstößig und lächerlich: brave Hausmutter oder überflüssig gewordene Alte, also Hexe, und über das Schicksal eines Mädchens entscheide fast ausschließlich ihr Aussehen! »Diese Moral ist angesichts der gesellschaftlichen Bedingungen früherer Jahrhunderte verständlich: heiraten durfte nur, wer materielle Sicherheit nachweisen konnte. Also blieben die meisten Armen unverheiratet, und nur die Schönen fanden einen Mann. Wer seine Kinder nicht ernähren konnte, mußte sie aussetzen.« »Die Kinder früherer Zeiten sollten durch Märchen wie ›Hänsel und Gretel‹ auf diese Möglichkeit vorbereitet werden.« Die meisten Märchenerzähler haben ein »gestörtes Verhältnis zum Geld . . . Anstatt die Armen den Gebrauch von Geld zu lehren wird ihnen – à la Hans im Glück – der fröhliche Verzicht empfohlen.« Man muß es eben geschichtlich sehen: Der König ist ein Clansgewaltiger; die Gefahren, Abenteuer, Heldentaten sind nichts als die Abbildung einer vergangenen Welt mit ihren Erprobungsriten; Hexen, Teufel, Räuber, Feen – das sind die unaufgeklärten Vorstellungen von unaufgeklärten Verhältnissen.

Ja, so kann es einen mit den Märchen gehen, wenn man sie sich auslegen läßt: aus pfundigen Geschichten wird ideologisches Blech.

Märchen sind *kidstuff,* schädlicher obendrein, und wir kennen sie alle schon. In diese Bastion kann man allenfalls mit Hilfe von Tomi Ungerer eindringen, der »Rotkäppchen – überdacht und wiedergekäut« hat und pop-nostalgisch illustriert.

Am liebsten riete ich: hingehen, wenn irgendwo Vilma Mönckeberg auftritt und Märchen erzählt – trocken, hintersinnig, gespannt, wortgetreu wie die Viehmännin, von denen die Brüder Grimm sich den Großteil der ihren haben erzählen lassen, ohne Tantenton und kunstgewerbliches Geraune. Aber da das nicht jedermann kann, empfehle ich ein vierteiliges Experiment: (a) Man nehme die vollständige Ausgabe von Grimms Märchen und lese im Kreise von erwachsenen Freunden eines der Märchen vor, das man »gut kennt«; (b) danach lese man in der gleichen Weise eines, das man gar nicht kennt (und man wird entdecken, wieviele das sind!); (c) man lese schließlich ein Kunstmärchen von Andersen oder Hauff oder Wilde; (d) man erlebe mit Staunen, worüber man sich danach unterhält!

Ich empfehle dies gegen die kluge Theorie von Frau Mönckeberg: daß die Mar eine kurze, *erzählte,* nicht aufgeschriebene und abzulesende Geschichte sei. Diese Theorie überzeugt, weil sie erklärt, warum es weder Hintergrund noch Vordergrund gibt, keine Beschreibung des Ortes, keine »Exposition«, keine Charakterisierung der Personen – dies alles geht in der Geschichte auf. Sie erklärt auch die Wiederholungen, die, wie die Formelverse bei Homer, das Gedächtnis entlasten. Aber mehr noch als Frau Mönckebergs Theorie überzeugt mich die Sprache der Märchen selbst. Sie ist von musterhafter Ökonomie:

> Der Vater sagte: »Ja, wenn ich es kriege, sollst du es haben«, küßte alle drei und zog fort. Als nun die Zeit kam . . .

In Kriegsgefangenschaft vor fast 30 Jahren erzählten wir uns gegenseitig Geschichten – von den großen Schelmen dieser Welt: Odysseus und Hadji Baba, Eulenspiegel und Münchhausen, Zundelfrieder und Bruder Lustig. Es ging reihum, und jeder gab sich Mühe, so unterhaltsam zu sein wie möglich. Dabei fielen wir ganz von allein in die Erzählweise des Märchens: Da kam er an ein prächtiges Schloß . . . Sie hatten eine

Tochter, die hatte nie ... Sie hatten einen Sohn, der hatte immer schon ... Es war im fernen Sibirien ... Sie wußten sich nicht anders zu helfen ... Der Tisch stand voller köstlicher Speisen ... Als einer einmal anfing zu beschreiben, wie alles aussah und roch und schmeckte, wußten wir, daß er nicht mehr die Geschichte erzählte, sondern sich selbst. Wir wurden ungeduldig.
Aber wer möchte nicht lauschen, wo es so zugeht:

> »Was ich dir sagen wollte, Mäuschen, ich bin von meiner Base zu Gevatter gebeten: sie hat ein Söhnchen zur Welt gebracht, weiß mit braunen Flecken, das soll ich über die Taufe halten. Laß mich heute ausgehen und besorge du das Haus allein.« – »Ja, ja«, antwortete die Maus, »geh in Gottes Namen; wenn du was Gutes issest, so denk an mich; von dem süßen, roten Kindbettwein tränk' ich auch gern ein Tröpfchen.« Es war aber alles nicht wahr, die Katze hatte keine Base und war nicht zu Gevatter gebeten. Sie ging geradeswegs nach der Kirche, schlich zu dem Fettöpfchen, fing an zu lecken und leckte die fette Haut ab. Dann machte sie einen Spaziergang auf den Dächern der Stadt, besah sich die Gelegenheit, streckte sich hernach in der Sonne aus und wischte sich den Bart, so oft sie an das Fettöpfchen dachte ... Erst, als es Abend war, kam sie wieder nach Haus. »Nun, da bist du ja wieder«, sagte die Maus, »du hast gewiß einen lustigen Tag gehabt.« – »Es ging wohl an«, antwortete die Katze. – »Was hat denn das Kind für einen Namen bekommen?« fragte die Maus. – »Hautab«, sagte die Katze ganz trocken ...
> Nicht lange danach überkam die Katze wieder ein Gelüst ... Die gute Maus willigte ein, die Katze aber schlich hinter der Stadtmauer zu der Kirche und fraß den Fettopf halb aus. »Es schmeckt nichts besser«, sagte sie, »als was man selber ißt«, und war mit ihrem Tagwerk ganz zufrieden. Als sie heimkam, fragte die Maus: »Wie ist denn dieses Kind getauft worden?« – »Halbaus«, antwortete die Katze ... »Hautab, Halbaus ... es sind so kuriose Namen, die machen mich so nachdenksam.« – »Da sitzest du daheim in deinem dunkelgrauen Flausrock und deinem langen Haarzopf«, sprach die Katze, »und fängst Grillen: das kommt

davon, wenn man bei Tag nicht ausgeht.« Die Maus räumte während der Abwesenheit der Katze auf und brachte das Haus in Ordnung, die naschhafte Katze aber fraß den Topf diesmal rein aus. »Wenn erst alles aufgezehrt ist, so hat man Ruhe«, sagte sie zu sich selber und kam satt und dick erst in der Nacht nach Haus.

Die Geschichte von »Katz und Maus in Gesellschaft« endet mit: »Siehst du, so geht's in der Welt.« Genau 200 Märchen haben die Brüder Grimm zu Anfang des vorigen Jahrhunderts gesammelt und veröffentlicht. Sie alle könnten so enden, denn sie alle erklären mir, was ist. Sie machen ein einfaches Grundgesetz sichtbar – sie heben dazu die Geläufigkeit des Komplizierten auf. Sie verbünden sich mit der Erfahrung, daß es soviel Neues unter der Sonne nicht gibt, und das macht sie nachsichtig, tröstlich, komisch, weise. Natürlich: nichts Menschliches ist zeitlos, und ihre Geschichtlichkeit können auch die Märchen nicht abstreifen, aber in der Geschichte interessiert sie nicht. Märchen wirken eher in der Weise von Träumen. Sie geben der verdrängten Erkenntnis, der unterdrückten Angst, dem unerfüllten Wunsch Sprache. Entlasten, bewältigen, verwandeln – das sind Verben, die mir hierzu einfallen. Im Märchen hat der Schwache seine Chance, geschieht am Ende Gerechtigkeit, wird der Verwunschene erlöst. Und sofern solche Wahrnehmung stärkt und ermutigt, dient das Märchen nicht der Ausflucht, sondern dem Standhalten.
Sein Mittel ist dabei gar nicht, wie man immer meint, das Wunder, ein Eingriff, den man nicht erklären kann, ein Ereignis, über das man nicht verfügt. Im Gegenteil, es vermenschlicht die unerklärlichen Mächte und gibt uns die Möglichkeit zu entscheiden:

Es hatte ein armer Mann zwölf Kinder und mußte Tag und Nacht arbeiten, damit er ihnen nur Brot geben konnte. Als nun das dreizehnte zur Welt kam, wußte er sich in seiner Not nicht zu helfen, lief hinaus auf die große Landstraße und wollte den ersten, der ihm begegnete, zu Gevatter bitten. Der erste, der ihm begegnete, das war der liebe Gott, der wußte schon, was er auf dem Herzen hatte, und sprach zu ihm: »Armer Mann, du dauerst mich, ich will dein Kind aus der Taufe heben, will für es sorgen und es glücklich machen auf Erden.« Der Mann sprach: »Wer bist du?« – »Ich bin der liebe Gott.« – »So begehr ich dich nicht zu Gevatter«, sagte der Mann, »du gibst dem Reichen und lässest den Armen hungern.« Das sprach der Mann, weil er nicht wußte, wie weislich Gott Reichtum und Armut verteilt. Also wendete er sich von dem Herrn und ging weiter. Da trat der Teufel zu ihm und sprach: »Was suchst du? Willst du mich zum Paten deines Kindes nehmen, so will ich ihm Gold die Hülle und Fülle und alle Lust der Welt dazu geben.« Der Mann fragte: »Wer bist du?« – »Ich bin der Teufel.« – »So begehr ich dich nicht zum Gevatter«, sprach der Mann, »du betrügst und verführst die Menschen.« Er ging weiter, da kam der dürrbeinige Tod auf ihn zugeschritten und sprach: »Nimm mich zu Gevatter.« Der Mann fragte: »Wer bist du?« – »Ich bin der Tod, der alle gleich macht.« Da sprach der Mann: »Du bist der Rechte, du holst den Reichen wie den Armen ohne Unterschied, du sollst mein Gevattersmann sein.«

Das Märchen gliedert, gibt schwierigen Erfahrungen eine klare Gestalt: Hexe – das ist Verwandlung zum Schlimmen; Fee – das ist Verwandlung zum Guten; Riesen – was stark ist, kann roh und dumm sein, dann muß man es überlisten, oder gutmütig, dann kann man sich mit ihm befreunden; Zwerge – was klein ist, ist oft boshaft, ist überall und nirgend, nicht kräftig, aber mächtig; Könige – vor Macht und Reichtum ändert sich vieles in dieser Welt; ein Prinz – das heißt Hoffnung auf Erlösung; eine Prinzessin – das heißt, nicht sein wie ich, von Not geplagt, häßlich, verachtet. Und dies alles immer so, daß eins das andere definiert wie die Elemente der euklidischen Geometrie.

Darum sollte man nie nur ein Märchen lesen, darum ist die Fülle der Geschichten wichtig. Ja, die Ungleichheit und Vielfalt macht am Ende doch ein Ganzes aus, wie die Summe verschiedener Tage eine Jahreszeit, ein Klima. Da ist der schiere Schabernack *(Hans heiratet:* »Bist du auf der Hochzeit gewesen?« – »Jawohl, ich bin darauf gewesen, und in vollem Staat. Mein Kopfputz war von Schnee, da kam die Sonne, und er ist mir abgeschmolzen; mein Kleid war von Spinnweb, da kam ich durch Dornen, die rissen mir es ab; meine Pantoffel war von Glas, da stieß ich an einen Stein, da sagten sie klink! und sprangen entzwei.«) neben der moralischen Belehrung *(Der alte Großvater und der Enkel)*, der perfekte Nonsens *(Häsichenbraut)*, neben der Fallanalyse *(Marienkind:* Da schwieg es still, aber die Begierde in seinem Herzen schwieg nicht still, sondern nagte und pickte ordentlich daran und ließ ihm keine Ruh.), die traurige Romanze (*Die Gänsemagd:* »O Fallada, da du hangest«/»O du Jungfer, Königin, da du gangest, / Wenn das deine Mutter wüßte, / Ihr Herz tät ihr zerspringen«) neben der Schauergeschichte (*Von dem Machandelboom:* »Mein Mutter, der mich schlacht, / Mein Vater, der mich aß, / Mein Schwester, der Marlenechen, / Sucht alle meine Beenechen . . .«), die bare Ironie (*Die kluge Else:* »Nun«, sprach Hans, »mehr Verstand ist für meinen Haushalt nicht nötig . . .«) neben einem Urmythos (*Von dem Fischer un syner Fru)*, die Denkaufgabe *(Rätselmärchen)* neben dem Scherz-Reim-Dialog *(Die schöne Katrinelje und Pif Paf Poltrie)*.

Daß die Märchen nicht für Kinder erdacht und »geschrieben« worden sind, das haben schon die Brüder Grimm gewußt und gesagt. Daß sie darum nur für Erwachsene seien, ist sicher ebenso falsch. Immerhin, die Chance, daß Erwachsene heute Freude an Märchen gewinnen, hat sich durch den Abstand zu ihnen verdoppelt: zu dem Staunen über all das, was man dort Lustiges und Tiefsinniges erfahren kann, kommt die Lust am Wiedererkennen, die Lust am Vergleich zwischen dem Erinnerten und dem, was da tatsächlich steht:

Wird da nicht die Pädagogik ironisiert? – ». . . und lauf nicht vom Weg ab, sonst fällst du und zerbrichst das Glas, und die Großmutter hat nichts. Und wenn du in die Stube kommst, so vergiß nicht, guten Morgen zu sagen, und guck nicht erst in alle Ecken herum«, sagt die Mutter zu Rotkäppchen, und der Wolf sagt zu ihr: »Du gehst hier für dich hin, als ob du zur Schule gingst.«

Hat man als Kind die Lebensklugheit mitgehört? – »Der Müller dachte: der Wolf will einen betrügen und weigerte sich (ihm Mehl zu geben), aber der Wolf sprach: ›Wenn du es nicht tust, fresse ich dich.‹ Da fürchtete sich der Müller und machte ihm die Pfote weiß. Ja, das sind die Menschen.«

Hat man Spaß am Sprachwitz haben können? – »Kaum aber

saßen sie im Baum, so kamen die Kerle daher, die forttragen, was nicht mitgehen will, und die Dinge finden, ehe sie verloren sind . . .«

Und die moralische Radikalität? – »Die Königstochter fing an zu weinen und fürchtete sich vor dem kalten Frosch, den sie nicht anzurühren getraute, und der nun in ihrem schönen reinen Bettlein schlafen sollte. Der König aber ward zornig und sprach: ›Wer dir geholfen hat, als du in Not warst, den sollst du hernach nicht verachten.‹« Und »›Was du versprochen hast, das mußt du auch halten . . .‹«.

Und wie stehen wir jetzt zu unserer Befriedigung von einst? – »›Welches Urteils ist diese würdig?‹ Da sprach die falsche Braut: ›Die ist nichts Besseres wert, als daß sie splitternackt ausgezogen und in ein Faß gesteckt wird, das inwendig mit spitzen Nägeln beschlagen ist: und zwei weiße Pferde müssen vorgespannt werden, die sie die Gasse auf und ab zu Tode schleifen.‹ – ›Das bist du‹, sprach der alte König, ›und hast dein eigen Urteil gefunden, und danach soll dir widerfahren.‹«

Nein, harmlos sind Grimms Märchen nicht, keine Betthupferl, no kidstuff! Ob kühn oder kauzig oder kraftvoll – sie sind die einzigen Geschichten, die noch immer alle deutschen Menschen gemeinsam haben: kleine und große, arme und reiche, vergangene und heutige. – Aber ich darf nicht weiter loben. Das könnte die Pädagogen anlocken, und dann wär's um die Lust und die Neugier und die Unbefangenheit alsbald wieder geschehen.

Hartmut von Hentig

E. T. A. Hoffmann
Kater Murr und Kreisler

Goethe hat den Kammergerichtsrat als Trivialautor verachtet. Beethoven schrieb an den Musiker und Musikkritiker Hoffmann in Ehrfurcht und Bewunderung. Die deutschen Romantiker, vielleicht mit Ausnahme des Barons Fouqué, der Hoffmann ein Libretto lieferte für die Oper »Undine«, empfanden den seltsamen und einigermaßen unheimlichen Alleskönner, der Jurist war und Maler, komponierender und reproduzierender Musiker, Erzähler und Kritiker, als etwas peinlichen Weggefährten. Jean Paul lieferte zwar ein unverbindliches Vorwort zu Hoffmanns ersten Erzählungen, wollte aber mit dem Verfasser solcher »Fantasiestücke in Callot's Manier« durchaus nichts zu tun haben.

Das Publikum verschlang die Erzählungen des »Gespenster-Hoffmann«, wie man ihn lange Zeit zu betiteln pflegte, nicht bloß in Deutschland. Die »feine« deutsche Literatur des 19. Jahrhunderts blieb in der Wirkung großenteils beschränkt auf den Bereich der deutschen Sprache. Nach Goethe aber und Schiller hat in diesem ganzen Jahrhundert, bis hinüber zur Neuromantik, neben Heinrich Heine nur Hoffmann wahrhaft hineingewirkt in die Welt und Weltliteratur: von Gogol bis zu E. A. Poe, von den französischen Romantikern bis Baudelaire.

Nicht zu reden von den Musikern. Da gibt es die »Kreisleriana« von Robert Schumann; da spukt Hoffmann, der in Leipzig befreundet war mit Vater und Onkel Richard Wagners, im Sängerkrieg auf der Wartburg ebenso wie in den »Meistersingern von Nürnberg«. Zum Schluß gar wurde der unheimliche Artist und Jurist zur berühmten Opernfigur, die Tenor sang und die Hoffmann-Erzählung »Klein Zaches genannt Zinnober« als Bänkelsang vortrug. »Hoffmanns Erzählungen« von Jacques Offenbach meinen »unseren« Hoffmann: den Erfinder des Kapellmeisters Kreisler und des Kater Murr. Die »Lebensansichten des Katers Murr« sind Hoffmanns größtes Werk. Abermals ein verwilderter Roman: im Sinne der englischen Tradition seit Laurence Sterne, wie seit Jean Paul und Clemens Brentano; fragmentarisch natürlich, also nicht formal abgeschlossen, wie es damals der Brauch war. Der

Schluß des zweiten Teils berichtet vom Tode des weisen Katers Murr, stellt aber weitere Fragmente aus der Lebensgeschichte des Kapellmeisters Kreisler und auch einige nachgelassene Schriften des verewigten Katers in Aussicht. Dazu ist es nicht mehr gekommen. Vermutlich braucht man es nicht zu bedauern, denn der »Kater Murr« ist als Komposition völlig abgeschlossen. Die kunstvolle »Verwilderung« der beiden Romanteile war nicht mehr zu überbieten.
Der Roman ist strukturiert als scheinbar sinnloses Nebeneinander von zwei grundverschiedenen Autobiographien. Da sind die hinterlassenen Aufzeichnungen des enthusiastischen und romantischen Kapellmeisters Kreisler, die von Hoffmann so genannten »Kreisleriana«, die der literarisch ambitionierte Kater Murr bei seinem Herrchen findet, bei Meister Abraham, und als Löschpapier einlegt in seine eigenen Gedanken und Erinnerungen: in die eigentlichen »Lebensansichten des Katers Murr«. Murr schreibt kalligraphisch und in schön konventioneller Erzählmanier, wobei es der boshafte Kammergerichtsrat Hoffmann darauf anlegt, den Spießer Murr, der unablässig abschreibt und plagiiert, als Epigonen von Goethe und Schiller und des »Wilhelm Meister« zu denunzieren. Murr erlebt ebenso seine »Lehrmonate« wie Wilhelm Meister seine Lehrjahre. Er paraphrasiert mit dem Ausruf »Auch ich war in Arkadien« die italienische Reise des Geheimrats zu Weimar. Wenn der Kater eine Seite zierlich vollgekritzelt hat, reißt er unbedenklich eine Seite aus dem Manuskript des Kapellmeisters Kreisler. Dadurch wird der konventionelle und klassizistische Kater immer wieder konfrontiert mit den romantischen Ergüssen des Musikers Kreisler, den die deutsche Kleinbürgerlichkeit zu Grunde richtet und an den Rand des Wahnsinns treibt.
Der Mann und Künstler Kreisler wird in der deutschen Misere vernichtet; der belletristische Kater jedoch mit seiner geliebten Miesmies und dem konkurrierenden Kater Muzius, mit befreundeten und befeindeten Hunden, einem Katerduell und einem Trauersermon auf den verewigten Muzius, ist grausam und aktuell gebliebene Darstellung der deutschen Spießerei.
Die Zweiteilung des Romans entspricht einer großen Konzeption. Sie konfrontiert den in Deutschland heimatlosen Künstler mit dem erfolgreichen und gesellschaftlich affirmativen

Kater. Für Künstler ist kein Platz in Deutschland. Das hatte Hoffmann schon in seiner frühen Erzählung vom »Goldenen Topf« demonstriert, die den Untertitel trug »Ein Märchen aus der neuen Zeit«. Man kann nicht gleichzeitig in Dresden leben oder anderswo in deutscher Misere, und in Atlantis als dem Reich der Poesie. Die »Lebensansichten des Katers Murr« von Hoffmann haben kein anderes Thema als eben dies: die schroffe Antinomie von Kunst und Gesellschaft in Deutschland.

Die Lehre hat nachgewirkt bei Lesern und Künstlern bis in die Gegenwart. Die Tiere bei Franz Kafka sind gut bekannt mit Hoffmanns Tieren, dem Hunde Berganza und dem Kater Murr. Bei einer Gedenkfeier zum 150. Todestag E. T. A. Hoffmanns in der Westberliner Akademie der Künste, am 22. Juni 1972, las Günter Eich aus den »Lebensansichten des Katers Murr«. Alles hätte dafür gesprochen, daß sich Eich seine Passagen aus den stark bewegten, die Absurditäten eines Künstlers reflektierenden Aufzeichnungen des Kapellmeisters Kreisler nahm. Er las indessen ausschließlich Bekenntnisse des Katers. Zuerst dessen zwei Vorreden: die geziert konventionelle und kunstvoll demütige, gleich danach die nicht für den Druck bestimmte hochmütige Vorrede eines zornigen jungen Vierbeiners. Günter Eich las das mit wahrhaftem Gusto. Beim Lesen der literarischen Ergüsse eines feinsinnigen Katers fühlte er sich offensichtlich angeregt: als ein Maulwurf, der »Maulwürfe produziert«.

Die »Lebensansichten des Katers Murr« sind ein großes Buch, und Hoffmann ist einer der wichtigsten deutschen Schriftsteller. Man sollte ihn lesen und wieder lesen.

Hans Mayer

Giacomo Casanova
Geschichte meines Lebens

»Wenn die Liebe im Spiel ist, sind gewöhnlich beide Teile die Betrogenen«, erklärt dieser berühmte Liebhaber kaltblütig, denn damit spricht er das aufschlußreichste Ergebnis aller Erfahrungen aus, die er mit den in seiner Autobiographie erwähnten Frauen gemacht hat. Hundertsechzehn von ihnen bezeichnet er mit Namen – Hermann Kesten hat sie sorgfältig gezählt.

Betrüger, die düpiert werden, weil und während sie düpieren, somit Helden einer Posse, die seit Menschengedenken selbst die griesgrämigsten Zuschauer zum Lachen bringen – das wären also die Liebenden. Der mißmutige Memorialist Casanova, ein betagter Mann, findet dieses Lachen wieder, wenn er über die Farcen, kunstvoll ausgesponnene Intrigen, trefflich gelungene Betrügereien und einträgliche Irreführungen berichtet. Von seinen Liebesaffären aber spricht er mit einer durch die Erinnerung wieder belebten, dank ihr ein letztesmal ausgekosteten Sinneslust, jedoch zugleich mit einem tiefen Ernst.

Casanovas Heimatstadt, Canalettos und Guardis Venedig, war theatralisch – die Schaubühne befand sich überall. Domino und Maske täuschten oft ein Geheimnis vor, das keines war, und verhüllte Gesichter, die unverhüllt keinerlei Aufmerksamkeit erregt hätten. Doch nicht nur in Venedig war der mit Listen und Kniffen erzeugte Schein für manche Gesellschaftsschichten beinahe wichtiger geworden als das Sein. Die Zeit der Zersetzung, die spätestens um die Mitte des Jahrhunderts begonnen hatte, ging mit einer Revolution schwanger. In Paris und in London, so gut wie in Venedig und in Rom und in den zahllosen Residenzstädten größerer und kleinerer Fürsten, errangen Hochstapler, die sich selbst geadelt hatten, die erstaunlichsten Erfolge. Ein »Jacob Neuhaus« – und das war dieser Giacomo Casanova, Sohn wandernder Schauspieler – schlug sich selbst bedenkenlos zum »Ritter de Seingalt«. Dies störte um so weniger, als er überall den Höchstpreis für das Billett zum Eintritt in die große Welt bezahlte und für das Privileg, so aufzutreten, als ob er zu ihr gehörte.

In dem halben Jahrhundert, das der Französischen Revolution

voranging und sie aufs deutlichste ankündigte, entstand in Europa ein neuer Typ des Abenteurers – der vollendete Anti-Typ des Don Quixote. Er zog nicht aus, das Gruseln zu lernen oder zu lehren, ihn lockten die Gefahren nicht, der blutige Kampf war nicht nach seinem Geschmack. Denn er wollte nicht siegen, sondern verführen und – in jedem Sinn und ohne Maß – profitieren. Er drang in Salons und Boudoirs vor, besonders in jene von nicht ganz jungen Damen, die neben dem Reichtum auch die förderlichen Beziehungen des zur rechten Zeit verblichenen Gatten bewahrt hatten. Er verschaffte sich Eingang in die Kabinette von Kardinälen, die geheime und deshalb leicht desavouierbare Zwischenträger brauchten; er machte sich Liebkind bei zweitgeborenen Prinzen und unentbehrlich bei Politikern, die Geschäftemacher waren.

Wie der etwa fünfzehn Jahre ältere Graf von Saint-Germain oder der achtzehn Jahre jüngere Cagliostro, war auch der Chevalier de Seingalt ein rastloser Wanderer, von einer unheilbaren *psychopathia vagans* ohne Unterlaß umhergetrieben. Er besuchte alle berühmten Zeitgenossen und wurde selbst durch den mündlich verbreiteten Bericht über seinen Ausbruch aus den Bleikammern des Dogenpalasts berühmt; er kannte viele Duodezfürsten, er wurde von der Zarin Katharina und von Friedrich dem Großen empfangen, er war überdies mit der ganzen Halbwelt bestens vertraut und der Polizei fast aller europäischer Hauptstädte unrühmlich bekannt.

Dieser venezianische Glücksritter, der ebenso gut wie zum Beispiel Gil Blas nur eine ersonnene Romanfigur hätte sein können, war der späte Nachfahre jenes satanischen Don Juan, den Molière sechzig Jahre vor Casanovas Geburt auf die Bühne gestellt hatte. Jedoch durchaus verschieden von jenem Tausendsassa, der die Frauen mit Liebe infiziert wie mit einer unheilbaren, vernichtenden Krankheit, selbst aber immun, weil liebesunfähig bleibt, war Casanova ein von sich selbst verführter Verführer. Auf der Höhe seines Lebens, im Vollbesitz seiner gewiß nicht gewöhnlichen Liebespotenz, seines immer wieder aufs neue erworbenen Reichtums, seines außerordentlichen Gedächtnisses und seiner zwar lückenhaften, doch wirklich erstaunlich weitläufigen Kenntnisse war Casanova nicht nur eine repräsentative Figur seiner Zeit, sondern ein Vorläufer der romantischen Liebhaber.

Die Autobiographie Casanovas berichtet auch über die Abenteuer der ersten neunundvierzig Jahre seines Lebens. Seit 1774, nach einigen mißglückten Liebesaffären, glaubte er nicht mehr an die Unwiderstehlichkeit seiner Verführungskunst. Und was wäre ein Wind, der zu blasen aufgehört hat, was ein Verführer, der niemanden verführt?
Wie alle Glücksritter endete Casanova in Armut; sein Licht hatte wie ein Stern geleuchtet, es erlosch wie eine Ölfunzel, die niemand beachtet, weil der Tag längst angebrochen ist. Er verlebte die letzten achtzehn Jahre in Dux als Schloßbibliothekar des Grafen Waldstein. Von steter Langeweile gequält, überwarf er sich mit den anderen Angestellten dieses Nachkommen Wallensteins, wurde schließlich ihr unversöhnlicher Feind und rächte sich an ihnen in Pasquillen, die er gegen den Koch, gegen die Wäscherin, gegen alle schrieb. Er verfaßte auch, nach so vielen anderen Schriften und Übersetzungen, das »Selbstgespräch eines Denkers«, darin er gegen die Abenteurer, besonders gegen Cagliostro, wetterte.
Er schrieb viele Briefe, von denen nicht wenige ohne Antwort blieben. So im Jahre 1793 an Robespierre und 1797, ein Jahr vor seinem Tode, an einen sächsischen Minister, dem er nahelegte, versuchsweise den ersten Band seiner »Geschichte meines Lebens« zu veröffentlichen. Dieser erschien erst fünfundzwanzig Jahre später bei Brockhaus unter dem Titel »Aus den Memoiren des Venetianers Jacob Casanova de Seingalt, oder Sein Leben, wie er es zu Dux in Böhmen niederschrieb«. 1828 erschien das zwölfbändige Werk dann bei demselben Verleger, der damals auch die französische »Originalfassung« veröffentlichte. (Aber mehr als anderthalb Jahrhunderte mußten vergehen, bis all diese bearbeiteten und aus Prüderie gekürzten »Originalfassungen« durch den wirklich originalen Text des Venezianers ersetzt wurden.)
Obschon er ohne Unterbrechung von sich selber und seinen Aventüren spricht und – fast ausnahmslos interessante – Szenen schildert, in deren Mittelpunkt er selber steht, so ist es dennoch wahr, daß Casanova in diesen zwölf Bänden eine längst vergangene Gegenwart so lebendig wiedererstehen läßt, daß wir sie in unseren eigenen Zeitraum einbeziehen könnten. Das empfindet der heutige Leser sehr deutlich: das egoistische Spiel amüsiert ihn, regt ihn aber kaum noch auf. Im Getümmel

der Komplizen und Komparsen aber entdeckt er eine wahrhaft aufregende gesellschaftliche Wirklichkeit.
Am Ende mag das Talent des Chronisten Casanova weit größer und der Verwitterung ungleich weniger ausgesetzt sein als das des Verführers.

Manès Sperber

Joseph von Eichendorff
Aus dem Leben eines Taugenichts

Es ist der heiterste Novellentitel, den ich kenne: »Aus dem Leben eines Taugenichts«. Und der Text hält, was der Titel verspricht. Keine gefältelte Stirne, nicht bei den Figuren der Geschichte und also nicht beim Leser. Für mich ist der »Taugenichts« ganz ohne Zweifel eines der hundert wichtigsten Bücher. Aber daß nun gar noch sechs männliche Preisrichter über die Weltliteratur eine weibliche Grille bestätigen, das grenzt an Zauberei.

Der »Taugenichts«: man könnte den Titel ein Programm nennen, aber dieses Wort läuft am Text herunter wie Wasser an einer Ölhaut. Der »Taugenichts«: das ist ein Titel, signalhaft heiter wie ein flatternder Wimpel, schwerelos wie der helle Ton eines Posthorns.

Als Joseph von Eichendorff den »Taugenichts« veröffentlichte (1826), war er 38 Jahre alt. Seit zehn Jahren schon war er preußischer Regierungsbeamter, seinen großen, Goethes »Wilhelm Meister« aufnehmenden Bildungsroman »Ahnung und Gegenwart« hatte er bereits (1812) geschrieben. In den Jahren bis zu seinem Tod (1857) gab es noch eine Steigerung in seiner Beamtenlaufbahn (der überzeugte Katholik und studierte Jurist wurde Dezernent im Kultusministerium in Berlin), nicht aber in der Entwicklung des Schriftstellers (er verfaßte noch einige Novellen und Dramen, konzentrierte sich dann fast ausschließlich auf Literaturgeschichte und Übersetzungen).

Der »Taugenichts« ist also nicht von einem solchen geschrieben, ist kein spontan notiertes Bekenntnisbuch in autobiographischem Zusammenhang. Der Autor war ein Mann in mittleren Jahren, der seine Studentenzeiten in Halle und Heidelberg, der die Freundschaft zu den romantischen Dioskuren Arnim und Brentano längst hinter sich hatte; feste Vorstellungen von Pflicht und Ordnung erwuchsen ihm nicht nur aus seiner Existenz als Beamter, sondern auch aus seinem eher ernsthaften Temperament und seiner religiösen Bindung.

»Du Taugenichts«, nennt der Vater, seines Zeichens Müller, eines schönen Frühlingstages seinen hinter dem Ofen hockenden Sohn und empfiehlt ihm, auch einmal in die Welt hinaus zu gehen und sein Brot selber zu verdienen. Dem jungen Mann ist das nicht unrecht, er nimmt seine Geige von der Wand, schlendert zum Dorf hinaus und singt alle vier Strophen von »Wem Gott will rechte Gunst erweisen«. Im Zollhäuschen vor einem prächtigen Schloß sitzt er alsbald aber wieder fest, als Einnehmer mit Morgenmantel und Pfeife und eigenem Blumengarten. Seine Hauptbeschäftigung hier ist allerdings das Schwärmen für die geheimnisvolle »viel schöne, gnäd'ge Frau«, die er aber leider nie recht zu Gesicht bekommt. Halb verärgert, halb erleichtert zieht er deshalb eines Morgens weiter, will nach Italien. Unterwegs wird er in allerlei kuriose und geheimnisvolle Geschichten verwickelt. Irgendwie scheint alles auch mit der viel schönen, gnäd'gen Frau zusammenzuhängen, aber er wird nicht schlau aus der Maskerade, ist verwirrt und verstimmt. Wie an unsichtbaren Fäden gezogen, landet er aber, nachdem er dem »falschen Italien mit seinen verrückten Malern, Pomeranzen und Kammerjungfern« den Rücken wieder zugekehrt hat, noch einmal auf dem Schloß. Die viel schöne, gnäd'ge Frau ist, so stellt es sich vor der Kulisse des Parks im glücklichen Tutti-Finale heraus, die schöne Nichte des Portiers, überall fällt man sich erleichtert in die Arme, und, letzter Satz, » – es war alles, alles gut«.

Das ist der in seiner prononcierten Märchenhaftigkeit fast schon wieder ironische Schluß einer ihrem Inhalt nach harmlosen Geschichte von einem netten Glückspilz. Es ist, trotz manchem Hin und Her und trotz gewisser kleiner Gruseleinlagen, auch keine aufregende Geschichte. Und es ist eine Geschichte voller Menschen, aber ohne Charaktere. Die Protagonisten bleiben Figuren ohne Kontur, nicht einmal dem Helden wächst im Verlauf des bewegten Treibens ein kleiner Charakter zu.

Andererseits vermißt man aber auch keine Charaktere, denn das Geschehen, das sich in diesen knapp hundert Seiten entfaltet, findet nur vordergründig in der Menschenwelt statt. In Wahrheit entfaltet es sich in der Natur, im Rauschen der Bäume, im Funkeln der Sonnenstrahlen, im Zwitschern der Vögel, im Funkeln der Flüsse, im Knacken der Äste. Indem er sich auf Wanderschaft begibt, wird der junge Müllersbursche empfänglich für die Botschaft dieser Welt, in der er instinktiv richtig reagiert und die ihn schützend umfängt, die ihn über sich hinaus bringt, weil er ihren Code versteht:

Schläft ein Lied in allen Dingen
Die da träumen fort und fort
Und die Welt hebt an zu singen
Triffst du nur das Zauberwort.

Natur bei Eichendorff ist weder realistisches Abbild noch verselbständigte Emotion. Sie ist ein Raum, der sich von der Enge des Vordergrunds in eine tiefe Ferne erweitert. In diese Ferne fühlen sich die Menschen, die bereit sind, Pantoffel und Hausrock hinter sich zu lassen und »Flügel und Segel« aufzuspannen, wie magisch hineingezogen. Das ist die Goethesche »Selige Sehnsucht«, aber ohne Schwere, ziellos und deshalb unendlich. Mit dem Blick aus dem geöffneten Fenster beginnt es (man hat dieses Motiv über hundertmal in Eichendorffs Werk gezählt), dem Angelocktwerden durch die geheimnisvolle Freiheit, die eine soghafte Wirkung hat, dann folgt der Sprung auf den Postwagen, der Marsch durch Wälder und Dörfer.

Die Schilderungen dieser Naturszenerie (Eichendorffs Lieblingsfiguren halten sich am liebsten im Freien auf) sind, ähnlich wie die Charakterisierungen der Menschen, undifferenziert und zweidimensional. Die Flüsse, Wälder, Blumen, Bäume, Bäche und Vögel haben keine Individualität, dafür eine um so stärkere Signalwirkung. Und sie werden erlöst durch das »Zauberwort« des Dichters (und Icherzählers). Durch ein Reservoir von Verben der Bewegung werden sie mit Leben durchpulst, durch Kaskaden von funkelnden Adjektiven ins Licht getaucht bis zu dem Punkt, wo alles auf eine wunderbare Weise entmaterialisiert scheint.

In dieser dritten Dimension verwandelt sich Realität in Symbolik. Und weil im »Taugenichts« (anders als in »Ahnung und Gegenwart« oder im »Schloß Dürande«) das Helle, Heitere nie wirklich in Gefahr ist, ist alles aufgelöst in harmonische Bewegung, hellen Klang, glitzerndes Licht: »Da war ein Duften und Schimmern und Jubilieren von allen Vöglein; die Plätze und Gänge waren leer, aber die vergoldeten Wipfel neigten sich im Abendwinde vor mir, als wollten sie mich bewillkommnen, und seitwärts aus dem tiefen Grunde blitzte zuweilen die Donau zwischen den Bäumen nach mir herauf. Auf einmal hörte ich in einiger Entfernung im Garten singen:

Schweigt der Menschen laute Lust:
Rauscht die Erde wie in Träumen
Wunderbar mit allen Bäumen,
Was dem Herzen kaum bewußt,
Alte Zeiten, linde Trauer,
Und es schweifen leise Schauer
Wetterleuchtend durch die Brust.«

Der »Taugenichts«: das ist die erste Gammlergeschichte der deutschen Literatur, das ist mit seinem Antihelden auch ein Gegenentwurf zu Goethes »Wilhelm Meisters Lehrjahre« (1791/1796). Goethe hatte den klassischen Entwicklungs- und Bildungsroman geschrieben: Über Ablenkungen und Irrtümer hinweg findet ein junger Mann hin zu seinen Pflichten und seiner Verantwortung. Im »Taugenichts« beschreibt Eichendorff liebevoll das Gegenteil: Die unschuldige, unbewußt lebende Kreatur, die dem Instinkt vertraut, kommt auch ohne moralische Fegefeuer zu ihrem einfachen Glück. Das ist kein Programm, nicht vorbildlich gemeint (dafür ist der gute Schluß zu theaterhaft), aber ein Hinweis, Beschreibung einer Sehnsucht.

Was Eichendorff über Calderon schrieb, ist Beschreibung der eigenen Absicht, des eigenen Werks: ». . . im Grunde geht alle Poesie auf nichts Geringeres als auf das Ewige, das Unvergängliche und absolut Schöne, das wir hienieden beständig ersehnen und nirgends erblicken. Dieses aber ist . . . undarstellbar, und kann nur sinnbildlich, das ist in irdischer Verhüllung und durch diese gleichsam hindurchschimmernd zur Erscheinung gebracht werden. . . . Indem das Göttliche menschlich, das Irdische aber, die ganze Natur, gottestrunken in Stern und Baum und Blumen mitredend, zum Symbol des Übersinnlichen wird, spielt das Ganze in einer Höhe, wo das Diesseits und Jenseits wunderbar ineinanderklingen und Zeit und Raum und alle Gegensätze in dem Geheimnis der ewigen Liebe verschwinden.«

Petra Kipphoff

Stendhal
Rot und Schwarz

»Ich sehe Männer vor mir, die ohne Rücksicht auf meine Jugend eine Klasse junger Menschen strafen und entmutigen wollen, die niedrig geboren und durch Armut unterdrückt sind, aber das Glück haben, gute Bildung zu besitzen und die Kühnheit, sich in Dinge zu mischen, die der Stolz der Reichen *die Gesellschaft* nennt. Sie sehen in mir einen Bauern, der sich gegen sein Schicksal aufgelehnt hat.«

Das läßt vor 150 Jahren der Autor seinen jungen Helden Julian Sorel sagen in dessen Rede vor dem Gericht, das ihn zum Tod durch Köpfen verurteilt. Julian hat, ohne sie zu töten, aber in zugegeben klarer Tötungsabsicht, auf eine Frau von Rênal geschossen, die seine Geliebte wurde, als er Hauslehrer ihrer Kinder war. Er wollte sie töten, weil sie ihn verraten hat: In dem Augenblick, in dem er, verprügelter Sohn eines Armen, endlich erreicht hatte, was er mit obsessiver Leidenschaft begehrt hatte, nämlich als Sekretär eines hohen Politikers, als Oberleutnant und geadelt, überdies künftiger Ehemann der Tochter eines Politikers, zur *Gesellschaft* zu gehören, schreibt diese Frau von Rênal einen Brief an den Politiker, in dem sie Julian denunziert, sie verführt zu haben, um auf diesem Weg Geld und Ansehen zu kommen (was haarscharf an der Wahrheit vorbeigeht) und überdies »ein Mann ohne religiöse Grundsätze« zu sein (was wahr ist). Dieser Brief beendet seine Karriere und in der Folge sein Leben.

Wie kam Frau von Rênal, diese grundanständige Frau, die ihn wirklich liebt, dazu, diesen Brief zu schreiben? Sie handelt unter dem Diktat ihres Beichtvaters, der sich ihre Gewissensnot zunutze macht. Wieso aber hat er so große Macht?

Der Roman, der nicht nur ein großer Liebesroman ist (minuziös das Entstehen einer Liebe als einen Kristallisationsprozeß aufzeigend) und nicht nur ein genialer psychologischer Entwicklungsroman, ist vor allem ein bitterböser politisch-gesellschaftskritischer. Nach Napoleons Sturz gab es in Frankreich zwei Parteien: die konservativ-royalistische »Schwarze«, und, in der Opposition, die demokratisch-liberale »jakobinische«, die »Rote«. Der Klerus war verbündet mit dem reaktionären Adel. Ein Teil aber, die »Jansenisten«, die progressiven Theologen, zu »Rot« gehörend, standen ebenso unter dem Verdacht der Staatsfeindlichkeit wie heute bei uns die Linksintellektuellen. Julian hatte das Unglück, von einem Jansenisten zum Denken erzogen worden zu sein. Und er denkt! Er sieht sich aber einer reaktionären Festung gegenüber, die ein Julian Sorel von heute kapitalistisch verfilzte Leistungsgesellschaft nennen würde. Was tut ein junger Mann, ein »plebejischer Revolutionär«, arm und ohnmächtig, mit einer stolzen Seele geboren und so glühend ehrgeizig, daß »selbst die (erwiderte, gewährte) Liebe ihm nur befriedigter Ehrgeiz« ist, wenn er keine revolutionäre Gruppe findet, aber Karriere machen will? Er muß heucheln. Er hat es gelernt im Priesterseminar (das er nolens volens verläßt), er lernt es allerorten, vom Klerus und von Laien. Julian verabscheut sie, und er ahmt sie nach. Tatsächlich ist er Revolutionär und perfekter Atheist. Als Gesellschaftskritiker ist er ein Glacéhandschuh-Verschwörer, der sich keine Schramme zuziehen will. Beispiel: Julian ist beim Direktor eines Gefängnisses zum Essen eingeladen. Nebenan singen die miserabel gehaltenen Gefangenen. Der Direktor verbietet ihnen das Singen. Julian, der Atheist, schreit stumm auf: »Und das läßt du zu, Gott?!« Eine Träne rinnt über sein Gesicht und fällt in das Glas teuren Weines. Eine Konsequenz zieht er nicht, aber das Schicksal tut's für ihn: Er landet selbst im Gefängnis. Der »Justizstrafvollzug« hat sich nicht geändert. Auch heute wird Gefangenen das »Singen«, das Dichten, vielerorts verboten . . .

Um Julian zu verstehen, muß man das Schlüsselwort Ehrgeiz verbinden mit dem Wort *Pflicht.* Er fühlt die *Pflicht,* aus »niederm« Stand aufzusteigen. Er fühlt die *Pflicht,* die *reiche* Frau des *adeligen Bürgermeisters* zu erobern und später die *reiche* Tochter eines *mächtigen aristokratischen Politikers.* Er fühlt die (lustlose) *Pflicht,* sich bei beiden im Bett potent zu erweisen. Er fühlt die *Pflicht,* seine erste Geliebte zu töten. Wäre er aber nur ein eiskalter Egoist, wäre er ein Monstrum und bliebe ohne unsre Teilnahme. Aber unter seinem maßlosen Ehrgeiz verbirgt sich, dicht angesiedelt neben seinem analytischen Verstand, eine höchst empfindsame Seele. Dieses explosive Gemisch, das sich nicht in revolutionärer Tat entladen kann, muß ihn in stille Raserei stürzen. Daß er, verurteilt, alle aussichtsreichen Versuche, ihn zu retten, stolz ausschlägt, verrät, daß er immer schon ein potentieller Selbstmörder war. Er hat gegen sich selbst die Pflicht, heroisch zu sterben. Aber dieser Tod bringt ihm endlich die große Genugtuung, daß seine beiden Geliebten zu ihm ins Gefängnis kommen. Matilde, die ein Kind von ihm erwartet, hatte einmal gesagt: »Alles kann man kaufen, nur ein Todesurteil nicht.« Das Todesurteil also macht Julian zum Helden.

Alles in allem: ein Roman der Zerstörung eines jungen Menschen durch Politik und Gesellschaft, transponierbar in andere Länder und Zeiten. Man könnte ihn für autobiographisch halten. Aber Stendhal, der eigentlich Henry Beyle hieß, war weder arm noch unterdrückt, er war Diplomat. Aber er liebte seine Zeit nicht. »Oh, 19. Jahrhundert!« ruft er aus. Allerdings wurde sein Ehrgeiz als Schriftsteller zu seinen Lebzeiten nicht befriedigt: Erst siebzig Jahre nach seinem Tod wurde er berühmt.

Luise Rinser

Georg Büchner
Lenz

Es gibt in der deutschen Literatur ein paar Texte, die mit den ersten Sätzen jedes historisierende Interesse von sich abschütteln und den Leser sogleich wie eine innere Stimme ansprechen: Goethes »Werther«, einige Prosastücke von Kleist, Kafkas »Rede an eine Akademie«, Büchners »Lenz«. Der Hinweis, daß es sich um Meisterwerke handelt, erklärt hier nichts, wirkt eher wie eine Abwehr, eine hilflose Reverenz; als wollten die Nachgeborenen sich so gegen die monströse Nähe dieser Texte verteidigen und sie durch Verehrung in ihre historischen Grenzen weisen.

Sicherlich läßt sich über die Sprachlosigkeit, die Büchners »Lenz«-Erzählung hinterläßt, kommunizieren, indem man Büchners Arbeitsweise untersucht: seinen Umgang mit der historischen Vorlage, seine Erzähltechnik, die Sprachbewegung. Aber der Vorgang des Untersuchens verändert und verletzt in diesem Fall seinen Gegenstand so stark, daß dieser darüber fast unsichtbar wird. Über Goethes »Wahlverwandtschaften«, über Grass' »Butt« läßt sich literaturwissenschaftlich debattieren, weil diesen Werken ein Kunstwille, ein ästhetisches Kalkül vorausgeht. Büchners »Lenz« ist dagegen nahezu kunstlos, ohne Technik geschrieben, fast möchte man sagen: unbeherrscht. Die Anstrengung des Autors, eine Sprache zu »beherrschen«, einen Stoff zu »meistern«, ist diesem Text nicht anzumerken. Vielmehr ist darin eine einzige innere Bewegung ganz mittellos, gleichsam ohne Energieverlust, in eine Sprachbewegung übersetzt. Solche Texte kommen nur unter extremen Druckverhältnissen zustande, und ich glaube, sie bleiben, eben weil der Herstellungsvorgang darin kaum Spuren hinterlassen hat, unwiederholbar, Ausnahmen auch im Werk der Meister.

Büchners »Lenz« beschreibt eine Fluchtbewegung, und auf der Flucht hat er sie verfaßt: nachdem das Komplott in Hessen verraten, die Mehrzahl seiner politischen Freunde verhaftet, die Hoffnung auf eine Revolution in Deutschland zerschlagen war. Am 9. März 1835 floh Büchner nach Straßburg, am 13. Juni war der Steckbrief gegen ihn heraus. Gesucht wurde ein einundzwanzigjähriger Student der Medizin, blond und

mit »sehr gewölbter Stirn«, wegen seiner »Teilnahme an staatsverräterischen Handlungen«. Der Grund: die Abfassung eines Flugblatts, das zum gewaltsamen Aufstand in Hessen aufrief, und Zugehörigkeit zu einer kriminellen Vereinigung namens »Gesellschaft für Menschenrechte«. Die Amtshilfe, die der Untersuchungsrichter Georgi von in- und ausländischen Behörden erbat, funktionierte damals, im Zeitalter der deutschen Kleinstaaterei, nur schlecht. Dennoch hatte Büchner, vor allem beim Besuch des Prinzen Emil in Straßburg, Ursache, seine Auslieferung zu befürchten. Der Steckbrief – die einzige Ehrung, die Büchner zu Lebzeiten erfuhr – und sein Status als politisch Verfolgter haben ihn freilich nicht von einer kaltblütigen Analyse der entstandenen Lage abgehalten. »Ich würde dir das nicht sagen«, schreibt er im Juli 1835 an den Bruder Wilhelm, »wenn ich im entferntesten jetzt an die Möglichkeit einer politischen Umwälzung glauben könnte. Ich habe mich seit einem halben Jahr vollkommen überzeugt, daß nichts zu tun ist und daß jeder, der im Augenblick sich aufopfert, seine Haut wie ein Narr zu Markte trägt.«
Die niederschmetternde Erfahrung mit dem »Hessischen Landboten«, die Beschäftigung mit der Tragödie der französischen Revolution unter dem Eindruck dieser Erfahrung – im Frühjahr desselben Jahres hatte Büchner »Dantons Tod« geschrieben – das Schicksal der Freunde, die sich nicht hatten retten können, der ungewisse Wartezustand in Straßburg, die Überzeugung, daß nichts zu tun sei, dies alles brachte Büchner die Gestalt eines anderen Flüchtlings nahe, der sich ein halbes Jahrhundert zuvor in Straßburg aufgehalten hatte: Jakob Michael Reinhold Lenz. Büchner, radikaler in seiner politischen Überzeugung als Lenz und kühner in ihrer praktischen Exekution, hat in dem Sturm-und-Drang-Dichter eine Verwandtschaft gespürt, die Karl Marx später in seiner »Vorrede zur Hegelschen Rechtsphilosophie« auf den Begriff gebracht hat. Über Büchners wie über Lenz' politischem Programm steht das geschichtliche Urteil: zu früh. J. M. R. Lenz entdeckte die Widersprüche zwischen den niederen Ständen und den gebildeten Klassen für die Literatur zu einer Zeit, da Goethe und Schiller die Emanzipation des Bürgertums vom Feudalismus literarisch vorbereiteten. Fünfzig Jahre später drang Georg Büchner auf die praktische Auflösung des Gegensatzes zwi-

schen »Armen und Reichen« zu einer Zeit, da in den »untersetzten deutschen Verhältnissen« nicht einmal eine bürgerliche Revolution bevorstand. Erst ein knappes Jahrhundert später fanden deren Ziele Eingang in eine deutsche Verfassung – das Ergebnis nicht etwa einer siegreichen Revolution, sondern eines verlorenen Weltkrieges. Anders als Goethe, der mit einem soliden Sinn für Macht ausgestattet war, waren Büchner und Lenz weder bereit noch fähig, soziale Widersprüche aus der Wahrnehmung auszugrenzen, weil ihre Aufhebung noch nicht an der Zeit war. Beide waren sie »ihrer Zeit weit voraus«, wie die Späteren gern anerkennen, freilich ohne den Preis zu nennen, den diese Zufrühgekommenen zu Lebzeiten zahlten: Verhaftung, Verbannung, Flucht in den Wahnsinn.

Halten wir fest: bei Büchner wie bei Lenz zuerst ein politischer und geistiger Ausbruchversuch, und dies in einer wahnsinnigen, heute vielleicht nur von einem deutschen Terroristen nachvollziehbaren, Isolation; beide erleben dann das Scheitern dieses Versuchs, den Abprall ihrer Utopien an den steinernen Verhältnissen, Flucht. Den Prozeß einer inneren Versteinerung und Vereisung, den eine so radikale Zurückweisung durch die Wirklichkeit in Gang setzt und den der historische Lenz wehrlos erlitt, hat Büchner mit seiner »Lenz«-Erzählung evoziert. »Die Welt, die er hatte nutzen wollen, hatte einen ungeheuren Riß; er hatte keinen Haß, keine Liebe, keine Hoffnung – eine schreckliche Leere, und doch eine folternde Unruhe, sie auszufüllen. Er hatte nichts.«

J. M. R. Lenz, selber ein Pfarrerssohn, hatte bei Pfarrer Oberlin im Elsaß Zuflucht gefunden. Oberlins Aufzeichnungen über Lenz' Aufenthalt in Waldbach, den Ausbruch und Verlauf seiner Krankheit bis zum gewaltsamen Abtransport nach Straßburg kamen Büchner im Sommer 1835 vor Augen. Wie schon im »Hessischen Landboten«, in »Dantons Tod« und später im »Woyzeck« bildet ein historisches Dokument die Grundlage. Die Genauigkeit und Schönheit der Vorlage ist über Büchners Erzählung fast vergessen worden. Zu Unrecht: Büchner selbst zögerte nicht, Oberlins Bericht überall dort wortwörtlich zu übernehmen, wo ihm die Arbeit schon gemacht schien; er hat abgeschrieben, gestrichen und hinzugefügt. Die Literaturwissenschaft hat sich vor allem um die Textstellen gekümmert, die Büchner hinzugefügt hat. Für

Büchners Arbeitsweise womöglich bezeichnender ist, was und wieviel er von Oberlins Text stehen gelassen hat.
Büchner verstand sich nicht als Schöpfer, ihm ging es nicht ums Erfinden, den Originalton, eher um so etwas wie Versenkung: »Man versuche es einmal«, läßt er Lenz sagen, »und senke sich in das Leben des Geringsten und gebe es wieder in den Zuckungen, den Andeutungen, dem ganzen feinen, kaum bemerkten Mienenspiel«. Die Bescheidenheit vor der Natur, vor dem Geschaffenen, vor dem Rohmaterial, die sein Lenz fordert – »ich verlange in allem – Leben, Möglichkeit des Daseins, und dann ist's gut; wir haben dann nicht zu fragen, ob es schön, ob es häßlich ist« – hat Büchner gegenüber Oberlins Vorlage walten lassen. Freilich hat er sie mit der gleichen Entschlossenheit, mit der er sie benutzt, auf ihren stofflichen Kern reduziert. Überall dort, wo Oberlin Lenz' Handlungen bewertet, sie diagnostiziert, ableitet, ist Büchner dem Pfarrer ins Wort gefallen. Die Position des mitfühlenden und erschreckten, aber immer außenstehenden Beobachters gibt er auf und macht Lenz' springende, atomisierte Wahrnehmung zum Antriebsmoment der Sprache, die diesen Zustand beschreibt. Auf weite Strecken liest sich der Text, als sei er von Lenz' Wahnsinn angesteckt: kurze, parataktische Sätze, die für ein »obgleich« oder »weil« oder »und« keinen Atem lassen, oft nur noch Bewegungen und Tätigkeiten ausdrücken, deren Richtung oder Objekt nicht mehr genannt wird. Dabei spart Büchner weder mit Zeit- noch mit Ortsangaben. Er läßt es nicht offen, daß das Gebirge, das Lenz durchreitet, die Vogesen sind, das Dorf, in dem Lenz Zuflucht findet, wird beim Namen genannt, seine Zeitgenossen und Freunde (Oberlin, Lavater) werden nicht hinter Pseudonymen versteckt. Eine Poetisierung der Lenz-Gestalt, die durch ein Wegretouchieren ihrer Personalien zustande käme, wäre Büchner zu äußerlich gewesen. Dennoch ist es, als könnten solche Markierungen in dem Text nicht Fuß fassen, als würden sie von einem Wahrnehmungsstrom fortgerissen, bevor sie Halt finden. Der Grund dafür ist, daß Büchner Raum und Zeit gar nicht mehr als etwas Äußeres, Meßbares darstellt, sie erscheinen in seinem Text von Anfang an als Projektionen eines inneren Zustandes. Auf die Schilderung einer Augenblicksempfindung kann er eine ganze Seite verwenden, um dann mit einem Semikolon

einen Zeitraum von einer Woche zu überspringen.
Ebenso hat der Raum, die Vogesen-Landschaft, keine Realität für sich, sie existiert nur, insofern sie empfunden und wahrgenommen wird: »Es war ihm alles so klein, so nah, so naß; er hätte die Erde hinter den Ofen setzen mögen. Er begriff nicht, daß er soviel Zeit brauchte, um einen Abhang hinunter zu klimmen, einen fernen Punkt zu erreichen; er meinte, er müsse alles mit ein paar Schritten ausmessen können.«
In gewissem Sinn ist Büchners »Lenz« eine unmögliche Erzählung. Sie nimmt dort ihren Anfang, wo die Entwicklung des Protagonisten, seine Entfaltung in Raum und Zeit längst aufgehört hat und nur noch die Innenwelt, dem Selbstlauf der Krankheit folgend, die Ausdehnung von Raum und Zeit bestimmt. Die Richtung des Erzählvorgangs im Sinn einer »aufspannenden Handlung« hat Büchner im »Lenz« umgekehrt. Er hat die Erzählung gleichsam gegen ihren Eigentrieb zum Fortschreiten organisiert, indem er ihr einen Zustand zu schildern aufgab, der keine Entwicklung mehr zuläßt. Fortschritt ist hier nur noch als eine Spirale gräßlicher Wiederholungen erkennbar, die sich immer weiter in sich verkreist. Über hundert Jahre vor Laing, Cooper und Basaglia reißt Büchner mit seinem Text die Mauern ein, die die Gesunden gegen den Wahnsinn errichtet haben, und erklärt eine für erblich gehaltene Geisteskrankheit, die Schizophrenie, zu einem Bestandteil unserer Innenwelt. »Die Gefühlsader«, läßt er Lenz sagen, »ist in fast allen Menschen gleich, nur ist die Hülle mehr oder weniger dicht, durch die sie brechen muß.« »Lenz« – die Nachtseite des klassischen Bildungsromans – zeigt gerade die andere »Entwicklungs«-Möglichkeit, gegen die dieser sich abpanzert: Nicht-Entwicklung, Nicht-Entfaltung, das Ende der Wahrnehmung, die Abwesenheit der Empfindung. Der Fragmentcharakter der Erzählung ist hier nichts Zufälliges, sondern Programm: Mißtrauen in die großen Entwürfe, den inneren Reichtum, das »strebende Bemühen«.
Gleichwohl verharmlost Büchner die Beunruhigung nicht, die von der Lenz-Figur ausgeht, indem er sie sozialisiert. Zu sehr senkt er sich in das »Geringste«, nämlich die Symptome der Krankheit, als daß eine Beschreibung ihrer Ursachen noch Beruhigung verspräche. Lenz ist keine Fallbeschreibung und eignet sich nicht für Gedankenspiele, denen zufolge die Neu-

rotiker die eigentlich Gesunden sind und gesund werden, wenn sie nur ihr Leiden in Haß verwandeln. Gegen jene selbstsüchtige Zuwendung, die den Verrückten gewährt wird, solange sie in ein soziales Konzept passen – als Resozialisierte oder als Revolutionäre – hat Büchner seinen Lenz in Schutz genommen. »Lenz« ist die Beschreibung eines Zustandes, nicht seiner Ursachen; er läßt sich fast nur wahrnehmen, kaum beobachten oder beschreiben, schon gar nicht herleiten. Eben weil Büchner Lenz in seiner Erzählung weder verteidigt noch erklärt, sondern sich ihm aussetzt, muß er sich auch wieder vor ihm retten; je weiter Lenz' Krankheit in der Erzählung um sich greift, desto häufiger und unvermittelter springt Büchner in Oberlins Erzählhaltung zurück. Plötzlich beschreibt er Lenz wieder von außen, aber nun fast mit Ekel: »Sein Gesicht veränderte sich vorteilhaft« . . . »unterdessen ging es mit seinen religiösen Quälereien fort« . . . »Ahnungen von seinem alten Zustande durchzuckten ihn und warfen Streiflichter in das wüste Chaos seines Geistes.« Bei aller Wiedererkennbarkeit bleibt Lenz doch ein Unheimlicher, von dem der sich Nähernde sich wieder losreißen muß, will er nicht in den Sog des Wahnsinns geraten.

Ich glaube nicht, daß Büchners »Lenz« heute aktueller ist als zu irgendeiner Zeit. Dieser Text wird sich jeder Generation direkt mitteilen, die »mit den Händen an den Himmel stößt«. Für das Gefühl des Risses, des Herausfallens aus der Welt hat Büchner eine Sprache gefunden, die gegen die Erosionskräfte der Geschichte fast unempfindlich ist. Aber die Radikalität, mit der Büchner sich diesem Seelenzustand ausliefert, erzeugt auch den Zwang, ihn zu überwinden. Ebenso entschlossen, wie Büchner sich Lenz zuwendet, läßt er ihn zum Schluß der Erzählung fallen: »Er tat alles, wie es die anderen taten; es war aber eine entsetzliche Leere in ihm, er fühlte keine Angst mehr, kein Verlangen, sein Dasein war ihm eine notwendige Last. – So lebte er hin . . .«

Lenz' Seelenzustand läßt sich nicht prolongieren und zum Lebensgefühl stilisieren. Eine Verzweiflung an der Welt, dies ist der Maßstab, den Büchners Text setzt, die nicht die Suche nach einem Ausweg, nach einem neuen Entwurf provoziert, ist keine gründliche.

Peter Schneider

Honoré de Balzac
Verlorene Illusionen

Im ersten Teil des voluminösen Romans (am Ende waren es 750 Seiten), der 1837 unter dem Titel »Die beiden Dichter« erschien, blühen noch die romantischen Hoffnungen. Sie blühen in Angoulême, damals wie heute tiefste Provinz. Lucien Chardon, der Apothekersohn, der sich später auch Lucien de Rubempré nennt, träumt von Dichterruhm und, wie viele Balzac-Helden, von gesellschaftlichem Aufstieg. Louise de Bargeton, der schöngeistige Kopf des örtlichen Adels, scheint diesen Traum verwirklichen zu wollen: Sie öffnet dem jungen Talent aus der Unterstadt ihren Salon und ihr Herz und zwingt es den widerstrebenden Habitués als ihren neuen Petrarca auf. Was Lucien nicht sieht oder nicht wahrhaben will, sind die Realitäten hinter dem schönen Schein: Louise spielt die Laura nicht ohne Eigennutz, sondern im Interesse ihrer ehrgeizigen Paris-Pläne; daß Lucien bei ihr eingeführt wird, verdankt er nicht seinem Genie, sondern den Ambitionen des Baron du Châtelet, der auf Hand und Vermögen der »Muse von Angoulême« spekuliert und den Poeten von Anfang an nur als Werbefigur in seinem Intrigenspiel benutzt, und daß Lucien über die nötigen Mittel verfügt, um sich überhaupt in Gesellschaft blicken lassen zu können, verdankt er allein der Opferbereitschaft seines Freundes David Séchard und seiner Schwester Eve, die als Besitzer einer kleinen Buchdruckerei seine ökonomische Basis bilden.

Der zweite, 1839 erschienene Teil spielt in Paris. Bei der Berührung mit der Hauptstadt zerplatzen die provinziellen Illusionen. Entfremdung heißt das Stichwort. Als Louise de Bargeton ihn verläßt, ist Lucien, der »große Mann aus der Provinz« (so der ironische Titel des zweiten Teils), auf sich allein gestellt. Nun erst beginnt das eigentlich neue Thema des Romans: der Existenzkampf des Schriftstellers, der in die freie Wildbahn entlassen ist. Bei den entmutigenden Streifzügen durch den Pariser Literaturbetrieb, insbesondere beim Umgang mit den Verlegern, denen er seine Manuskripte anbietet, lernt Lucien bald, daß auch Texte Waren sind, um so leichter zu plazieren, je mehr sie dem Massengeschmack entgegenkommen, um so schwieriger, je höhere Ansprüche sie stellen. »Kunst als

Ware«, »Kommerzialisierung des Geistes«, »Ausbeutung der Autoren«, »Massenliteratur« kontra »seriöse Literatur«: dies sind nicht die abgedroschenen Slogans von heute, sondern die traumatischen Erfahrungen Luciens, letztlich die Erfahrungen von Balzac selbst und der Generation von Autoren, die zwischen den Revolutionen von 1830 und 1848 schrieben, als die Folgen des kapitalistischen Liberalismus auch die Bedingungen des Geisteslebens radikal zu verändern begannen. Und die Illusionen, die dabei verlorengehen, sind die Illusionen der Romantik: die Illusion vom Originalgenie, das nun in einen erbarmungslosen Konkurrenzkampf mit Dutzenden anderer »Originale« gerät; die Illusion von der Autonomie der Kunst, deren tatsächliche Abhängigkeit von wirtschaftlichen Bedingungen auf Schritt und Tritt greifbar wird, und die Illusion von der Reinheit des Geistes, der doch nur in der Isolierung sich noch vor der Korruption behaupten kann. Es sind Erfahrungen der Desillusion, des Innewerdens einer neuen Wirklichkeit, vor deren Aufscheinen man lange Zeit die Augen verschlossen hatte. Wie einst Don Quixotes Rittertum angesichts der anonymen Feuerwaffen illusionär wurde, so geschieht es jetzt mit Luciens Dichtertum.

Aber Lucien ist »moderner« als Don Quixote. Er merkt sehr schnell, welche Rolle er spielt; und da der Trieb zu reüssieren bei ihm viel stärker ist als das moralische Gewissen und die literarischen Grundsätze, paßt er sich an: von der Kleidung bis zur Gesinnung wird bei ihm nach und nach alles »flexibel«. Zwar versucht Daniel d'Arthez, Luciens Mentor und letzter Freund, Haupt eines elitären Cénacle, seinen Schüler bei der Disziplin zu halten. D'Arthez ist ein wirklicher Idealist: asketisch, prinzipientreu und voll Verachtung für die ökonomischen Realitäten, fast schon ein Flaubert avant la lettre, allerdings noch mit politischen Überzeugungen. Doch vergebens: Lucien wechselt zum Journalismus über, der einzigen Alternative, die dem mittellosen Schriftsteller raschen Erfolg versprach, und verrät gerade damit die reine Kunst. Denn nach der Meinung d'Arthez' (und Balzacs) ist der Journalist ein gefallener Poet und der Journalismus als ganzes die Korruption der schönen Künste, weil er das Talent vermarktet und damit die unheilige Allianz von Geist und Kommerz besiegelt. Nach meinem Dafürhalten ist für den heutigen Leser die

ebenso bissige wie glänzende, fast 300 Seiten lange Reportage am ergiebigsten, in der Balzac (niemand ein besserer Journalist als er!) gleichsam zähneknirschend das entstehende Massenmedium »Zeitung« vorstellt und minuziös beschreibt, wie es funktioniert, wie es hergestellt und vertrieben wird, und vor allem auch, wie es (dies am Beispiel Luciens) einen neuen Typ von Erfolgsschriftsteller hervorbringt: den Feuilletonisten. Viele Widersprüche, die in den etablierten Medien von heute rationalisiert oder verdrängt sind, erscheinen in Balzacs erregender Sittengeschichte des frühen Pressewesens noch undomestiziert und prallen in kruder Unmittelbarkeit aufeinander. Wie in der Redaktion die lukrativsten Aufträge verteilt werden; wie die Buchkritik sich nach geschäftlichen Absprachen reguliert; wie ein schlechtes Stück durch eine gute Presse zum Theatercoup werden kann, und welcher Transaktionen es bedarf, um die Presse geneigt zu machen: Überall wird der Geist in der unverschämtesten Weise durch das materielle Interesse regiert, dem keine moralische Rücksicht heilig ist, weder die Freundschaft noch die Ehre und schon gleich gar nicht die Wahrheit.
Gewiß kann man nicht behaupten, Balzac habe den Journalismus »objektiv« gesehen. Ganz im Gegenteil: er hat ihn nach Kräften verteufelt. Gleichwohl war er der erste und für lange Zeit auch der einzige, der klar erkannte, was die Machtergreifung der Presse, die sich just während der Julimonarchie vollzog, für das Geistesleben bedeutete: das Ende einer allein von Eliten kontrollierten und der Anfang einer marktorientierten und im wesentlichen auf den Massenkonsum ausgerichteten Kultur.
Im dritten Teil, 1843 unter dem Titel »Die Leiden des Erfinders« zugleich als Feuilletonroman erschienen (Balzac selbst verschmähte keineswegs die Rekompensationen der Zeitung und wußte ebenso reißerhaft zu schreiben wie ein Eugène Sue und ein Alexandre Dumas), ist Lucien, in Paris inzwischen gescheitert, nur noch eine Nebenfigur. Erst in der Fortsetzung der »Illusions perdues«, den »Splendeurs et misères des Courtisanes«, rückt er wieder in den Vordergrund. Im Mittelpunkt steht nun die Geschichte seines Freundes David Séchard, der sich vergebens gegen die übermächtige Konkurrenz einer größeren Druckerei wehrt und von der Profitgier der Brüder

Cointet schließlich sogar um die Früchte einer umwälzenden Erfindung zur Verbilligung der Papierherstellung gebracht wird. Gleichwohl gehört der dritte Teil, in dem Balzac noch mehr als im zweiten die ganze Fülle seiner Realienkenntnisse in die Fiktion webt, ganz eindeutig ›zum Thema‹ und stellt eine wichtige Variante verlorener Illusionen dar.
Er macht deutlich, daß nicht nur das ›Dichten‹ durch den kapitalistischen Industrialismus bedroht wird, sondern auch andere Formen geistiger Produktivität. Balzac gelingt es damit, das seinerzeit dutzendfach, unter anderem in Vignys Chatterton und in der ersten Education sentimentale von Flaubert abgehandelte Thema vom enttäuschten Dichter aus der Beschränkung narzißtischer Selbstbemitleidung (der Poet als Märtyrer des Bourgeois) herauszuführen. Bei ihm ist das Schicksal des Dichters nur noch ein Sonderfall in einer übergreifenden gesellschaftlichen Entwicklung, in der das »nackte Interesse«, »die gefühllose bare Zahlung«, die »egoistische Berechnung«, die »Auflösung der persönlichen Würde in den Tauschwert« und die Zurückführung »des Familienverhältnisses auf ein reines Geldverhältnis« bestimmend geworden sind. In der Tat erscheint das Kommunistische Manifest in diesen allbekannten Formulierungen wie die Zusammenfassung eines Balzac-Romans, ja der Comédie Humaine insgesamt. Nur: wie man weiß, hat Balzac diese Entwicklung nicht als einen ›notwendigen‹ Übergang zu einer besseren Zukunft, sondern eher als eine erschreckende Denaturierung einer schöneren Vergangenheit verstanden. Eben deshalb verkörpern die asketische Tugendhaftigkeit des Cénacle und der bescheidene Familiensinn der Séchards für ihn das ›Richtige‹, nicht die aufgeregte Betriebsamkeit des Journalismus oder die Raffgier der Cointets. Bezeichnend ist auch, daß Balzac seinen Roman zeitlich in der Restaurationsepoche ansiedelt, nicht in der Gegenwart der Julimonarchie. Daß die politische Rückwärtsgewandtheit und die Sehnsucht nach dem Aufrechterhalten fester Bindungen Balzac nicht daran hinderten wahrzunehmen, was die Stunde geschlagen hat, wird seit Lukács immer wieder als der besondere Ausweis seines Genies hingestellt. Indes läßt sich Balzacs Wirklichkeitssinn auch anders und, wie mir scheint, psychologisch plausibler erklären: Nicht *trotz* seiner regressiven Affekte wurde Balzac hellsichtig, sondern *dank*

ihrer. Sein Realismus entspringt nicht so sehr einer höheren Einsicht, als vielmehr der Sorge, den letzten Halt verlieren zu können. Er hat etwas Exorzistisches. Er ist ein Produkt der Angst, einer Angst, die von dem, was sie fürchtet, zugleich fasziniert ist. Vautrin, der am Ende von »Illusions perdues« auftaucht und die »Splendeurs et misères des Courtisanes« beherrscht, verkörpert diese Faszination.

Hans-Jörg Neuschäfer

Charles Dickens
Oliver Twist

Leider gibt es nur wenige, die nicht falsch auf die Füße gestellt sind und spazierengehend bei sich selbst anlangen können. Der Mensch hat aber keine Räder, und weil er also nicht selbstfahrend ist, muß er fliegen, wenn er ankommen will, notfalls auf den Flügeln seiner Phantasie.

Immer haben die Bilder in Büchern das Erzählte in meinem Kopf auf seltsame Weise verwandelt. Die Wirkung dieser Bilder hat die Flügel meiner Einbildungskraft gestreckt oder gestutzt, je nachdem, ob ich beim Lesen eine Übereinstimmung oder ein Mißverhältnis empfand. Was für eine wahrhaftige Meerjungfrau von Vilhelm Pedersen zu Andersens Märchen! Was für ein unglaubhafter Don Quixote von Dali zu Cervantes' Roman!

In meinem ersten Märchenbuch, einem Reclam-Heftchen mit »Fünfzig Kinder- und Hausmärchen, gesammelt von den Brüdern Grimm«, gab es zwölf Bilder von Ludwig Richter; die Illustrationen in meiner »Biblischen Geschichte« stammten von Schnorr von Carolsfeld; und meine Ausgabe von »Oliver Twist«, die ich jetzt erst gelesen habe, ist von George Cruikshank bebildert. Von jetzt an weiß ich nicht mehr, was ein realistischer Roman, und schon gar nicht mehr, was ein sozialer Roman ist.

Mit Ludwig Richters Bildern drang der sanfte Schrecken der Natur in die gemütvolle deutsche Familie ein: der Schornstein des Hexenhauses ist eine Kaffeekanne, und aus dem geöffneten Deckel steigt Rauch auf, aber der Mond hinter den Tannen ist keine Laterne, die den verirrten Kindern leuchtet, und wenn man nicht immer schon gewußt hätte, daß die beiden am Ende gerettet werden, hätte man an dieser Stelle schon keine Hoffnung mehr. Mit Schnorr von Carolsfelds Illustrationen erschienen mir Absaloms Selbsterhängung und Ahabs Untergang in nibelungischer Theatralik als schrecklose Monstrositäten; aber mit Cruikshanks Zeichnungen entpuppten sich die Sonntags- und die Stiefkinder der viktorianischen Gesellschaft allesamt als groteske Figuren, und nun nutzen mir alle Erklärungen der Literaturwissenschaftler nichts mehr. Cruikshank hat mir meine Vorstellung von »Oliver Twist« beglaubigt, und

ich bin sicher, daß um ihn herum die ganze Welt und die edelmütige wie die verdorbene Gesellschaft eine einzige Groteske ist, und mir geht's seitdem mit meiner Welt und meiner Umgebung nicht anders als Oliver Twist. Oder ist das vielmehr nicht alles ganz anders und meine Literatur- und Kunstseligkeit am Ende ein Selbstbetrug, und ich bin der schmählich Getäuschte, der einem geschickten Geschichtenerzähler aufgesessen ist?
Es ist schon verdächtig genug, daß ich so weit ausholen muß, um die Stimmungen und Gedanken beschreiben zu können, die mich bei der Lektüre des Buches bewegt haben, eines Romans, dessen Verlauf durch Originalausgaben und Bearbeitungen für Kinder, durch Kinofilme und Fernsehserien, durch Musicals und Comic Strips in weiten Kreisen bekannt ist. Das Schicksal des kleinen Oliver, eines Waisenkindes und Fürsorgezöglings, der erst spät in der Geschichte seine wahre Herkunft erfährt, einer Figur, wie sie häufig in den englischen Romanen des vergangenen Jahrhunderts vorkommt, ist von Charles Dickens so unerbittlich vorherbestimmt, daß der Romancier selbst nicht umhin kann, immer neue Verwirrungen und Verknupfungen zu diesem prädestinierten Lebensablauf hinzuzuerfinden, damit der Leser am Ende der Geschichte vor lauter Rätseln und Unwahrscheinlichkeiten steht, die der gutmütige Mr. Brownlow so englisch auflöst wie der Belgier Hercule Poirot seine Fälle in Agatha Christies mechanizistischen Kriminalromanen.
Alle positiven Figuren sind engelgleiche Wesen, unschuldsvolle Jungfrauen und sittsame Matronen, alle negativen sind archetypische Unikums, apokalyptische Scheusale und monströse Golems, groteske Karikaturen. Der Jude Fagin sticht mit seinen Brétecher-Augen, und der Knabe Oliver rümpft seine Bählamm-Nase, sie sind als Kunstfiguren »das Überwahre, das überaus Wirkliche«, wie Thomas Mann das Groteske beschreibt. Es gibt keine fast aus dem Leben in die Literatur entsprungenen Bergleute wie bei Zola, keine Muschiks wie bei Dostojewski, auch keine Eisenwichser in Schürzenhosen wie in der späteren deutschen Literatur der Arbeitswelt, nein, bei Dickens wird nicht redlich gearbeitet im Overall und mit ehrbarem Hammer und Schlegel; die Protagonisten tragen Zylinderhüte und handhaben Brecheisen und Dietriche, sie sind kraus und schrullig, jeder ist ein Original.

Es gibt Mehlgesichter und Rindfleischgesichter, es gibt die »berufsmäßige Heiterkeit« des Leichenbestatters, das »gleichmäßige Benehmen und jene Herrschaft über die Nerven«, den kurzsichtigen Ratsherrn mit weitreichenden Taten, der das Tintenfaß nicht gleich findet, um den Lehrbrief zu unterschreiben, der Oliver zum Schornsteinfegerlehrling bei einem grausamen Meister gemacht hätte, es gibt das gefallene Mädchen und den zwielichtigen Büttel. Dieser Herr in der weißen Weste ist zugleich der Herr mit weißer Weste, die aber allzubald vor lauter subalterner Brutalität und Korruption unfehlbar besudelt wird. Je böser das Böse erscheint, umso besser wird das Gute, und man weiß als Leser, der Autor wird seinen Helden nicht verkommen lassen.

Dickens selbst, als Kind einer heruntergekommenen Marinezahlmeisterfamilie, in der es schon die kriminell angehängten Nullen und die Leiche im Keller gegeben hatte, die Verwahrlosung und schließlich das Schuldgefängnis für den Vater, hatte am eigenen Leib die ausbeuterischen Arbeitsverhältnisse in einer Schuhwichsfabrik und die miserablen Wohnverhältnisse im Londoner Vorort Camden Town kennengelernt, er ist sich bewußt, daß er selbst »leicht ein kleiner Straßenräuber oder Vagabund hätte werden können«; aber er wird Parlaments- und Zeitungsreporter, schreibt Kurzgeschichten und den Fortsetzungsroman »Die Pickwickier« und läßt, fünfundzwanzigjährig, die blauen Fortsetzungshefte des »Oliver Twist«, die einmal wöchentlich mit der Post ins Haus gebracht werden, folgen.

Damit ist sein Ruhm begründet; ganz England versetzt sich in regelmäßiger Annehmlichkeit in die spukhaften Aufzüge der Gauner und Bösewichte, erbaut sich am maskierten Schrecken der Krüppel und Possenreißer, vergegenwärtigt sich die verworfenen Landgasthäuser und Garküchen, die kriminellen Schnapsbuden und Spelunken; ja, ganz England darf einen Blick in die bürgerlichen Viertel und in die Slums tun: Wird die brave Rosa ihren Heinrich kriegen? wird der Mörder Sikes seine verruchte Tat auch auf angemessene Weise sühnen müssen? Dickens erobert das Herz einer ganzen Gesellschaft, sein Mitgefühl für die frierende Armut, die trostlose Verlassenheit, ein demokratisches Mitgefühl, wird hoch gelobt und feierlich gewürdigt.

Dickens hat den Nagel auf den Kopf getroffen, er hat die Zeichen seiner Zeit begriffen und sie, in reziproker Wertigkeit, als Verderbtheit kapitalistischer Praktiken gedeutet, indem er den Lasterhaften die Tugenden und den Tugendhaften die Laster der herrschenden Ideologie anlastet; der Jude Fagin bringt es den kleinen Dieben bei: »sooft (sie) abends mit leeren Händen heimkamen, ließ er sich heftig über die Nichtswürdigkeit eines trägen und lässigen Lebenswandels aus und schärfte ihnen die Notwendigkeit eines tätigen Daseins ein.« Bei Dickens wird es offensichtlich, daß selbst die Beziehungen zwischen zynischer Brutalität der Unterdrücker und armseligster Schwäche der Unterdrückten nicht frei von Komik sind; in der Sichtbarmachung dieses »Risses durch die Welt« entdeckt er die Kluft des paradoxen Seins.

Zur Beschreibung dieses Sachverhalts kann er nicht den Mann von der Straße, dieses konturlose Konfektionsgeschöpf, brauchen; er muß übertreiben, aber er tut es, indem er nicht das Tragische, sondern das Komische hervorkehrt, das ja gar nicht leichter und seichter, eher bodenloser und anarchischer ist. Dickens ist Humorist, der die Säfte fließen läßt und zum Weinen veranlaßt wie jeder Humorist und obendrein auch noch die Qualität der Tränen beschreibt: Die Tränen der Guten sind glitzernde Brillanten, die der Bösen geschmolzenes Preßglas.

Hundertfünfzig Jahre später wird Christian Enzensberger kommen und die These aufstellen, Dickens habe im »Oliver Twist« auf literarische Weise versucht, das »Sinnbedürfnis der Herrschenden, das jetzt ideologisch nicht mehr abzudecken ist, . . . wenigstens notdürftig und zeitweise zu sättigen«, womit er ja tatsächlich recht haben könnte, weil Dickens nämlich den gesellschaftlichen Mangel des viktorianischen England, die Ausbeutung mit Zehnstundentag und Lohnkürzungen, die Unterdrückung durch Polizeirazzien und Militäreinsätze, mit keinem Wort erwähnt und statt auf revolutionäre Agitation nur auf ästhetische Verachtung setzt.

Sollte sich Dickens nicht schämen, nur moralisch entrüstet zu sein, dazu so distanzvoll und prall von Humor, anstatt hinzugehen und zum Umsturz des gesamten englischen Systems aufzurufen? Ja, was hätte Dickens tun sollen? Es lagen noch keine literaturwissenschaftlichen Analysen und noch keine

Empfehlungen des »Werkkreises der Literatur der Arbeitswelt« vor, und der »Realismus« ist, wie ja auch Sartre erst viel später in einem Romanvorwort exemplifiziert, »notwendigerweise« gescheitert.
Das kommt davon, wenn man den Dickensschen Roman für einen realistischen Roman hält! Ist »Oliver Twist« nicht viel mehr ein Märchen als ein realistischer Roman, und ist es nicht die Wahrheit des Märchens, die auch seine Wahrheit ausmacht, daß es nämlich mit dem »Sinn« noch viel radikaler und anarchischer zugeht, als es der realistischste Roman ahnen läßt, und es schon viel zu viel »Sinn« ist, etwa wie Hjalmar Söderberg anzunehmen, der Sinn des Lebens bestehe einfach darin, zu leben und dann zu sterben.
Wie erfrischend ist es im Gegensatz zu diesen realistischen Frömmigkeiten, wenn sich bei Ernst Bloch im Hinblick auf Dickens der Begriff des Surrealismus einstellt, der seinen Gegenstand nicht »rechtfertige«, sondern »verhöre«. Oliver Twist ergeht es wie allen surrealistischen Waisenkindern aus guter Familie: Die falsche Tante ist am Ende die richtige Schwester, das Geistige entpuppt sich als das Leibliche, und alle Welt ist gesund: »Ein Vater, eine Schwester und eine Mutter waren in diesem einzigen Augenblick gewonnen und verloren«, heißt es in »Oliver Twist«.
Ja, Dickens läßt seinen Oliver gar nicht erst erwachsen werden, damit er über seine Bählamm-Nase hinaus nicht auch noch seine dritten Zähne oder, was ja viel schlimmer wäre, eine blasphemische englische Realitätssinnigkeit bekommen müßte. Oliver Twist bleibt Kind, »und selbstverständlich wunderbar / erwächst auch ihm ein Flügelpaar«, sagt Wilhelm Busch von Balduin Bählamm; aber Bählamms Ankunft im Reich des Traums endet wie die des kleinen Oliver in einer Schlüsselszene des Romans: Die »tausend Kilogramm«, die Bählamms entfaltetes Gefieder am Fliegen hindern, spürt auch Oliver Twist an seinen Gliedern hängen, sie ziehen ihn aus dem Halbschlummer ins Wachsein zurück, und was man da nicht alles erleben muß, erzählt der Autor so, als sei es wirklich passiert.

Ludwig Harig

Nikolaj Gogol
Die toten Seelen

Gleich vorweg sei gesagt: es gibt wenige Werke der Weltliteratur (und für manche ist das ja auch schon ein Schreckwort), die sich so amüsant, vergnüglich und behende lesen lassen wie Gogols »Tote Seelen«, und die sich wohl auch deshalb seit 138 Jahren ungebrochener Leselust erfreuen, und es vergeht kein Jahrzehnt, in dem nicht irgendein berühmter Maler sich von diesem Text zur Illustration herausgefordert fühlt, vom Zeitgenossen Agin bis Hegenbarth und Chagall. In unserem Land gibt es nicht weniger als ein halbes Dutzend Übersetzungen, seitdem die erste, nur wenige Jahre nach der Moskauer Originalausgabe, 1846 unter dem Titel »Die todten Seelen, ein satirisch-komisches Zeitgemälde« gedruckt wurde. Das war so erfolgreich, daß es als eines der ersten ausländischen Romane in *Reclams Universal Bibliothek* aufgenommen wurde.
Aber satirisch-komisch ist das freilich nur auf den ersten Blick, auf den zweiten eine schwarze Komödie, eine finstere Posse, und auf den dritten ein Reigen unseliger Geister, eine Versammlung von Ungeheuern, ein makabrer Totentanz, ja – und ein Protokoll des Sterbens: wie der Mensch stirbt und die Dinge übermächtig werden, wie das Lachen stirbt und das Gelächter versteint, wie die Sprache stirbt und die Wörter weiterwuchern. Da hat einer die toten Seelen gerufen und ist sie nicht mehr losgeworden.
Dabei fängt das so leichtfüßig, so flott, so harmlos, ja konventionell an: »Im Hoftor einer Gastwirtschaft in der Gouvernementsstadt N. rollte eine dieser kleinen hübschen und gut gefederten Kutschen, wie sie besonders von Junggesellen bevorzugt wurden, nämlich von Oberstleutnants, Stabskapitänen und Gutsbesitzern, die über ungefähr hundert Seelen geboten – kurz von jener Sorte Menschen, welche zur sogenannten Mittelklasse gerechnet werden. Im Wagen saß ein Herr, der zwar kein Adonis war, aber trotzdem nicht übel aussah und weder besonders dick noch übermäßig dünn war, auch konnte man ihn ebensowenig für alt wie für besonders jugendlich halten . . .«
Pawel Iwanowitsch Tschitschikow, also ein Mann ohne Eigenschaften, so recht dazu angetan, den andern als Spiegel zu

dienen, in dem wir, die Leser, sie als das erkennen, was sie in Wirklichkeit sind: Fratzen, Zerrbilder, Scheusale, Mißgeburten, Ungeheuer, sie alle, die da in diesem Roman eine Rolle spielen, die verkommenen Gutsbesitzer, die korrupten zaristischen Beamten, die klatschsüchtigen, neidischen Ehefrauen ... ja und auch Tschitschikow selbst, der Schwindler und Luftikus. Der Teufel? Mephisto gar?
Er ist in ihre Stadt gekommen, um bei den Gutsbesitzern der Umgebung tote Seelen zu kaufen (wobei er übrigens immer von *nicht-existierenden* Seelen spricht, die andern sind es, die handfest und pietätlos von *toten Seelen* reden, an denen sie noch tüchtig verdienen wollen). Das sind verstorbene Leibeigene, für die ihre Besitzer bis zur nächsten Revision, und die findet nur alle zehn Jahre statt, weiterhin Steuern zu zahlen haben. Mit diesen toten Seelen auf dem Papier, die Tschitschikow auch noch im weit entfernten Gouvernement Cherson ›ansiedeln‹ will, beabsichtigt er bei irgendwelchen Kreditinstituten Leihgelder aufzunehmen ...
Gogols Kunst treibt das (scheinbare) Paradoxon auf die Spitze, indem er diese *toten Namen* auf dem Papier höchst lebendig werden läßt (»Popow, Hausknecht ... Du kannst bestimmt lesen; zum Messer hast du, glaub ich, nie gegriffen, sondern nur geklaut wie eine Elster; schließlich wirst du erwischt und kommst, weil du keinen Paß hast, vor den Polizeihauptmann. Beim Verhör tust du unerschrocken ... Und dann holst du die Schnupftabakdose aus der Tasche und traktierst freundschaftlich die beiden Invaliden, die dir die Füße in den Block schlagen, erkundigst dich, ob sie schon lange entlassen sind und an welchen Kriegen sie teilgenommen haben . . .«), während die hier Lebenden, die Stützen der Gesellschaft, allesamt tote Seelen sind: der schmeichlerische Manilow, die raffgierige Korobotschka, der brutale verschlagene Sobakewitsch, der polternde zänkische Nosdrow, der in seinem Geiz versteinerte Pljuschkin, Personen, die mit ihren Eigenschaften in Rußland später sprichwörtlich werden sollten ... Das ist in einer Sprache geschrieben, die aller Valeurs und Schattierungen fähig ist, die von satirischer Schärfe bis zu mitleidlosem Spott, von sanfter Boshaftigkeit bis zur demaskierenden Ironie reicht, eine Prosa von solchem Reichtum und einer Schärfe und Genauigkeit, wie es sie vorher in der russi-

schen Literatur nicht gegeben hat. Ganze Generationen fühlten sich danach eher stolz, ›im Schatten Gogols‹ (Sinjawski). Gogol hat hier eine der bissigsten Anklagen gegen den Kapitalismus formuliert, bevor es ihn überhaupt richtig in Rußland gab. »Die Erwerbsgier *(priobritenie)* ist an allem schuld«, schreibt er am Schluß der *Toten Seelen* unverblümt und entdeckt sie unter aller Schminke und allen Kostümierungen, sie ist es, die die Gesichter der Menschen verzerrt und entstellt und die er zu seinem Entsetzen überall findet, bei den Reichen wie bei den Armen, bei den Frommen wie bei den Spitzbuben – wie bei sich selbst. ›In allen Figuren habe ich etwas von mir hineingetan‹, schreibt er einmal, ›eine meiner unangenehmen Eigenschaften, die habe ich dann vergrößert, bis ich selbst davor erschrocken bin ...‹ Und an anderer Stelle: ›Es sind Mißgeburten, aber in ihnen soll man doch noch etwas von dem *Ideal* ahnen, das von eben dieser Mißgeburt karikiert wird.‹
Rein äußerlich war das ein überzeichnetes Porträt (ich kopiere nicht die Natur, verteidigte er seine Übertreibungen) der russischen zaristischen Gesellschaft. Aber Gogol wollte damit mehr. Für ihn war die Gouvernementsstadt N. Sinnbild von ganz Rußland – was sehr rasch allgemein begriffen wurde, zuallererst von der Zensur, die das Buch nach einigen Querelen mit dem Autor dann doch ohne Striche zum Druck freigegeben hat, nur der Titel verharmlost in ›Tschitschikows Abenteuer oder Die toten Seelen‹ – ja als Sinnbild der ganzen Welt, und ihm schwebte mit diesem Werk ein Traktat über die Sinnlosigkeit des Daseins vor, über die Banalität des Lebens. Er griff ganz hoch.
Sein Erfolg als Schriftsteller war bisher eher mäßig gewesen, der ›Revisor‹ hatte ihn 1836 plötzlich berühmt gemacht, und schon verglich er sich mit Dante, nannte seine »Toten Seelen« nicht etwa ein Roman sondern ein POEM, und wollte den zweiten Teil ›als Vorstufe zur Lektüre Homers‹ verstanden wissen. Er vertrug überhaupt keine Kritik, warf Belinskij (›da er sein Studium abgebrochen habe‹) Unbildung vor, ging verkleidet ins Theater, um zu lauschen, was die Zuschauer zu seinem Stück äußerten, um danach in einem langen Aufsatz mit ihnen zu zanken. (›Beim Verlassen des Theaters‹) Jetzt *investierte* er seinen Ehrgeiz, seine Kraft, sein ganzes Talent, ja schließlich sein Leben in diesen seinen ersten und einzigen

Roman, und ich glaube, das Verbum hätte ihm gefallen, da er sich auf eine gewisse Weise als eine Art Buchhalter menschlicher Laster und Untugenden fühlte. Sechs Jahre hat er am ersten Teil der »Toten Seelen« gearbeitet, und überspitzt läßt sich sagen, er hat sich so tief in sein Buch hineingelebt, daß er am Ende selbst eine tote Seele war. Aber das ahnte er mehr, als daß er es wußte. Und so schrieb er noch zehn Jahre weiter am zweiten Teil, ohne dabei auch nur einen Schritt voranzukommen . . .

Um sich allein und ganz diesem Werk widmen zu können, war er von Rußland weggegangen, in ein freiwilliges Exil nach Rom, um freilich von dort in Briefen über alles zu klagen und zu räsonieren. Er ging kaum aus dem Haus, schloß sich in seine Wohnung ein, betete und forderte in immer neuen Schreiben seine Dichterfreunde auf, ebenfalls für ihn und das Gelingen seines Werkes zu beten. Tagelang fühlte er sich wie gelähmt, erhob sich nicht aus dem Bett, aß fast nichts und magerte ab. Er fand sich selber ›unangenehm und abstoßend‹ und dichtete sich auf eine selbstquälerische Weise lauter ›schlechte Eigenschaften‹ an. Weil er selbst sehr klein war, fast ein Zwerg, ließ er immer wieder verkümmerte Leute auftreten, weil er eine extreme, schiefe, priapische Nase hatte, schrieb er alle naselang etwas über die Nase, nicht nur »Die Nase«. Vor seinen Freunden breitet er geradezu masochistisch alle seine Zweifel und Verzweiflungen aus, und, indem er die Briefe auch später veröffentlicht, vor der Welt. Als der erste Teil der »Toten Seelen« erscheint und von der Kritik im allgemeinen gerühmt wird, klagt er die Rezensenten an, sie hätten ihn nicht auf die Fehler und Schwächen aufmerksam gemacht, und er habe darüber sehr viel Zeit verloren, um das selbst herauszufinden.

Es wird noch schlimmer. Er vernachlässigt sich, seine Zähne beginnen zu faulen, er riecht auf eine unangenehme Weise, seine Blicke sind gehetzt und ängstlich (Aksakow). Auf einmal entdeckt er, daß es ihm am Handwerk des Schreibens mangele und beginnt literarische Techniken und Muster zu studieren; er redet über Stile, und seine Sprache wird immer kraftloser, er schreibt von Seelenkunde, und seine Figuren werden immer bleichsüchtiger. Er kleidet sich auf eine groteske Weise, läuft in dicken Wollstrümpfen herum, um den Hals einen langen Schal gewickelt, denn er fürchtete das Fieber, das »mich nur von der

Fortsetzung meiner Arbeit abhalten will . . .«; er läßt sich den Kopf kahlscheren, weil er glaubt, die Haare würden nur die Inspiration verhindern, und bestellt sich aus Rußland »eine Perücke neuester Machart, die auf jeden Kopf paßt und nicht mit Stahlfedern, sondern mit elastischen Gummizügen gefertigt ist . . .«; er wünscht keine Besuche mehr, aber in seinen Armen stirbt Graf Wjeljegorski, ein 23jähriger Jüngling, dem außerordentliche Schönheit nachgesagt wurde . . .; er fürchtet lebendig begraben zu werden und schickt an die Regierungen Vorschläge, wie man das verhindern könnte. Er, der längst kein produktiver Schriftsteller mehr ist, verkündet der Mitwelt, daß er kein Schriftsteller mehr sein *will,* sondern nur noch Christ und wallfahrtet zum Heiligen Grabe nach Jerusalem, die »Toten Seelen« empfindet er jetzt als Gotteslästerung, er verbrennt den fertigen zweiten Teil aus ungeklärten Motiven (alle Gründe, die die Literaturhistoriker und er selbst anführen, befriedigen mich nicht), um ihn dann noch einmal zu schreiben. Aus den erhaltenen Fragmenten erfahren wir, daß Gogol geahnt haben muß, daß er mit dem ersten Teil der »Toten Seelen« alles gegeben hat. Das Kunstwerk war vollendet; er hatte nichts mehr zu sagen. Den ersten Teil nannte er: »Die Hölle«. Der zweite Teil sollte »Das Purgatorium« heißen, der dritte: »Das Paradies«. Aber damit hat er erst gar nicht angefangen.
Er starb in der Hölle, mit erst 43 Jahren. »Man muß schon ein Genie sein«, schreibt Sinjawskij in seinem Gogol-Buch, »um, solange die Kräfte reichen, den eigenen Tod in ein großartiges Kunstwerk umzuwandeln, das von diesem Tod profitiert und ihn gleichzeitig in sich aufnimmt, ihn in sich trägt, das verdorrt, dahinschwindet und die Größe des Autors und seinen Tod im selben Atemzug anzeigt . . . Wer beklagt seinen vorzeitigen Tod? Wäre er nicht gestorben, dann würde es sein großartiges Poem nicht geben . . .«
Aber der Schluß der »Toten Seelen« (I. Teil), der so ganz anders geschrieben ist, jene letzten, so vielgedeuteten, so vielumrätselten Sätze, was ist damit, sind sie Gogols Botschaft, seine Hoffnung, seine Furcht?: »Stürmst nicht auch du, Rußland, so dahin, wie eine kühne Troika, die niemand einholen kann? . . . Wohin stürmst du Rußland? Gib Antwort! Du schweigst. Wundersam tönt das Glöckchen. Die vor deinem

Ansturm zurückflutende Luft wird zum heulenden Sturm. Alles auf Erden weicht dir aus und es geben dir den Weg frei alle anderen Völker und Reiche.«
Ja, was läßt (und ließ) sich da alles hineininterpretieren. Aber vergessen wir nicht: in der Kutsche sitzt Tschitschikow, der aus der Stadt flieht, um nicht entlarvt zu werden, Tschitschikow, der Schwindler, der Luftikus, der Teufel. Mephisto.

Horst Bienek

Søren Kierkegaard
Entweder – Oder

Einer, der es ja vielleicht wissen müßte, Günther Rennert, bekannte, nachdem er es viermal versucht hatte: »Ich glaube nicht an die Möglichkeit, für diese Partitur auch nur annähernd eine szenische Entsprechung finden zu können; ich halte sie für unrealisierbar.« An einer anderen Stelle aber bezeichnet er das Werk wenigstens als »ein Höchstes, ein Gefährlichstes, an dem zu scheitern keine Schande sein muß«.
Wolfgang Hildesheimer, auf Seite 246 seines Enträtselungsversuchs fast schon im Verdacht, ein Bilderstürmer sein zu wollen, stellt fest: »Es ist das Geheimnis dieser Oper, daß sie durch dramaturgische Ordnung unwahrscheinlicher wird.« Aber auch er gesteht: »Doch gibt es wohl kaum ein Bühnenwerk in der Theatergeschichte, dessen Ungereimtheiten wir lieber in Kauf nähmen.«
Gegenüber so viel vorsichtig-zögernder Distanz erscheint es wie blinder Geniefetischismus, wenn jemand über den besagten Autor hymnisch wird: »Du, dem ich alles verdanke, dem ich verdanke, daß ich den Verstand verlor, daß meine Seele erstaunte, daß ich in meinem innersten Wesen mich entsetzte, du, dem ich verdanke, daß ich nicht durchs Leben gegangen bin, ohne daß etwas imstande gewesen wäre, mich zu erschüttern, du, dem ich es verdanke, daß ich nicht gestorben bin, ohne geliebt zu haben, mag meine Liebe auch unglücklich gewesen sein.«
Der solchermaßen anbetend singt, 1843, steht keineswegs schon als Greis mit einem Bein im Grabe – daß er unglücklich geliebt habe, glaubt man zu wissen –, sondern ist knapp dreißig Jahre alt, Sohn eines vermögenden Kaufmanns aus Kopenhagen, hat Philosophie und protestantische Theologie studiert, machte vor zwei Jahren seinen Doktor mit einer Arbeit über den »Begriff der Ironie mit ständiger Rücksicht auf Sokrates« und legt nunmehr sein erstes Hauptwerk vor: »Entweder–Oder«. Wie kommt Søren Aabye Kierkegaard zu solch enthusiastischer Verehrung Mozarts und dessen Oper »Don Giovanni«? Wie zu dem selbstreduzierenden »Wenn er fortgenommen, wenn sein Name ausgetilgt würde, so würde der einzige Pfeiler umgestoßen, der es bisher verhindert hat, daß alles für

mich zusammenstürzte in einem grenzenlosen Chaos, in einem furchtbaren Nichts«?

Er kommt dazu, wie er auch zu ganz anderen, ebenso erstaunlichen Sätzen, Erkenntnissen, Thesen kommt, etwa:

»Alle Menschen sind also langweilig ... Diejenigen, die andere langweilen, sind Plebs, der Haufe, der unendliche Menschenklüngel im allgemeinen ... Die andere Klasse der Menschen, die Vornehmen, sind die, welche sich selbst langweilen.« Ein Zyniker?

»Am wünschenswertesten ist es für ein junges Mädchen stets, daß man ihr die Freiheit läßt, ihr aber keine Gelegenheit bietet.« Ein Sadist?

»Erst wenn man die Hoffnung über Bord geworfen hat, erst dann fängt man an, künstlerisch zu leben; solange man noch hofft, kann man sich nicht beschränken.« Ein Skeptiker? Ein Bohémien?

Aber auch: »Kann man die Liebe bewahren, und das kann man, so wahr mir Gott helfe, so kann man auch das Ästhetische bewahren; denn die Liebe selbst ist das Ästhetische.« Ein Phantast?

»Aufrichtigkeit, Offenherzigkeit, Offenbarung, Verständnis, das ist das Lebensprinzip der Ehe, ohne das ist sie unschön und eigentlich unsittlich.« Ein Schwätzer aus Wolkenkuckucksheim?

»So ist also dies, daß wir gegen Gott immer unrecht haben, ein erbaulicher Gedanke; es ist erbaulich, daß wir unrecht haben, erbaulich, daß wir es immer haben.« Ein religiöser Schwärmer, ein pietistischer Masochist? Das alles und noch mehr.

Ist es überhaupt ein und derselbe Geist, dessen so heterogene Überzeugungen sich hier äußern? Schreibt sich da jemand seine Unsicherheiten und Aggressionen von der Seele, um desto klarer seinen Glauben bekennen zu können? Wer entlarvt hier wen?

Kierkegaards »Entweder–Oder« ist mehr als das philosophisch-literarische Schachspiel eines Intellektuellen gegen sich selber; eine Disputation nicht nur der zwei Herzen in einer Brust, sondern ein detektivisches Aufspüren jener maskenartigen Abgrenzungen, Entschuldigungen, Scheinaktivitäten, die ein Mensch unternimmt, um sich vor einer rigorosen und radikalen Entscheidung zu drücken, jener selbstbetrügerischen Fluchtversuche, mit denen er sich seinem Gott zu entziehen versucht.

Ein philosophisches Buch? Gewiß, aber mit literarischem Raffinement geschrieben. Zwei Teile, zwei Positionen – ein erstes Entweder-Oder. Im Vorwort wird der Rahmen geliefert: Der »Herausgeber« – er nennt sich Victor Eremita, und die Existenzformen und -möglichkeiten des Einzelnen, Einsamen bleiben Kierkegaards ständige Leitmotive – findet in einem Geheimfach eines beim Trödler erstandenen antiken Sekretärs ein Bündel Manuskripte, Papiere von A, Papiere von B, offenbar aufeinander bezogen: Briefe und Essays, Aphorismen, Vorträge und Schauspielentwürfe. Dazu zweimal die Puppe in der Puppe: Der Anonymus A hat in seine Texte die kommentierten Tagebuchaufzeichnungen seines Freundes Johannes, B die Predigt eines befreundeten Pfarrers hineingenommen; ob die Mehrfachpseudonyme Distanz oder Bekräftigung bedeuten, man wird sehen.

A vertritt die »vielfältigen Ansätze zu einer ästhetischen Lebensanschauung«. Die schwanken zwischen geradezu pathologischer Weltangst – »Mir ist zumute, wie es einer Figur im Schachspiel sein muß, wenn der Gegenspieler von ihr sagt: Mit der Figur darfst du nicht ziehen« –, grenzenloser Verherrlichung scheinbar autarker Willkür – »Man hüte sich vor der Freundschaft . . . Man unterziehe sich niemals einer Berufsarbeit« – und der Apologie des »Unglücklichsten«, der »gelebt hat, ohne des Lebens Freude oder reinen Genuß zu fassen«.

Prototypen des Ästheten: Don Giovanni (Don Juan) und Faust: »Don Juan ist der Ausdruck des Dämonischen, das als das Sinnliche bestimmt ist; Faust ist der Ausdruck des Dämonischen, das bestimmt ist als jenes Geistige, welches der christliche Geist ausschließt.« Erstes Kriterium der »ästhetischen Lebensanschauung«: die Begierde. In Mozarts Oper wird für Kierkegaard diese Eigenschaft in drei Stadien vorgestellt – träumend (Cherubino), suchend (Papageno), begehrend (Don Giovanni).

Die Ausführungen von A kulminieren im »Tagebuch eines Verführers«, dem Blick in die geheimen Hirnwindungen eines Ästheten, der, nur sich selber und das »Interessante« seines Tuns im Auge, die Strategie einer Ver- und Entlobung offenbart: nicht das Was des Genießens, sondern das Wie des Sich-Steigerns im Genuß.

Dagegen dann B, ein Gerichtsrat und älterer Freund von A, mit in Briefform gekleideten Darlegungen über die Ehe auf der Basis einer christlichen Ethik, Erwiderungen auf die Egozentrismen des Ästheten: »Zum Erobern gehört Stolz, zum Besitzen Demut; zum Erobern Heftigkeit, zum Besitzen Geduld; zum Erobern Begehrlichkeit, zum Besitzen Genügsamkeit; zum Erobern Essen und Trinken, zum Besitzen Beten und Fasten.«

Eine das Moralin geschickt versüßende christliche Ehe-Schule? Eine verflixt schöne Sprücheklopferei nach zwei Seiten?

Es ist mehr die Dokumentation einer Angst. Schon der zweiundzwanzigjährige Kierkegaard hatte in sein Tagebuch notiert: »Was mir eigentlich fehlt, ist, ins reine mit mir selbst zu kommen, darüber, was ich tun soll.« Acht Jahre später, Hegel und Schelling im Kopf, ist ein philosophisches System daraus geworden. Das Individuum nicht mehr als sich an die Synthese der Gegensätze erinnerndes Teilchen im Ganzen, sondern als sich je neu selbstverantwortlich entscheidendes Wesen. Der Mensch ständig auf dem Sprung in die nächste irrationale Phase des Geschichtsprozesses – vor, hinter und neben sich die Freiheit, die »unendlich ist und dem Nichts entspringt«. Einzig stützende Hilfe beim Sprung: der Glaube.

Und so existiert neben dem selbstischen Verlangen nach Glück des Ästheten und der ethischen Wahl von Gut und Böse jetzt noch das religiöse Stadium der Unterwerfung unter die Forderungen Gottes. Das neue »Entweder-Oder«: die Scheinfrömmigkeit der Kirchenfunktionäre und Manager – »So steht es mit dem Christentum: der Staat bestellt tausend examinierte Beamte, und das Christentum kommt im Geschwätz um« (137 Jahre später taucht die Frage gerade wieder neu auf) – oder die radikale Nachfolge Christi (bis auf die Konsequenz zur Person des Jesus von Nazareth: auch diese Forderungen werden, leicht säkularisiert, inzwischen wieder modern).

Was aber die eingangs erwähnte szenische Realisierung des »Don Giovanni« betrifft: Kierkegaard ähnelt hier Stendhal, der ihn am liebsten durch einen »Spalt der offenen Logentür« hörte: »Ich habe Zeiten gehabt, wo ich für eine Eintrittskarte alles gegeben hätte, jetzt brauche ich nicht einmal einen Reichstaler dafür zu zahlen. Ich stehe draußen auf dem Gang, ich lehne mich an die Scheidewand, die mich von den Plätzen der Zuschauer ausschließt; da wirkt die Musik am stärksten, es ist eine Welt für sich, von mir abgesondert, ich sehe nichts, bin aber nahe genug, um zu hören, und doch so unendlich fern.«

Heinz Josef Herbort

Heinrich Heine
Deutschland. Ein Wintermärchen

Heinrich Heine – so reklamiert ihn das »Neue Deutschland«: »denn er ist unser!« Die Nazis, nebbich, haben das nie behauptet. Ansonsten aber wird Heine von Leuten geliebt, die einander nicht gerade lieben. Trommler der Revolution für die einen, Salonästhet für andere; für noch andere ist Heine ein verkappter Fürstenknecht, für andere ein Sänger der Freiheit. Die einen schneiden sich aus dem toten Dichter das »Buch der Lieder« heraus, die anderen das »Wintermärchen«. Dieses große Gedicht über Deutschland wird gelesen als antipreußisches Pasquill, als kommunistisches Pamphlet, als patriotisches Spottgedicht, als Nestbeschmutzung, als Exil-Gift, ein Gemisch aus Heimatliebe und Vaterlandshaß, Zukunftsmusik und Schreckensvision.

Der Autor selbst: ein Hungerleider, ein steinreicher Sprachschluderer, eine ehrliche Haut, ein bestochener Hund, ein syphilitischer Zyniker, L'art pour-l'art-Artist, Märtyrer im Freiheitskrieg der Menschheit, Kitscher und Kunstriese. Jeder mißversteht seinen halben Heine so gut es geht. Und es geht sehr gut mit diesem Heine. Keiner weiß, was eigentlich ein Genie ist, aber alle wissen: Der war eins. Ein verfehltes für die einen, ein vollendetes für die anderen. Aber wenn ich zum Meister gehe, gehe ich nicht den goldenen Mittelweg. Der würde an Heinrich Heine immer vorbeiführen.

In den DDR-Schulen wird der Dichter den Kindern eingetrichtert, im Westen kennen viele Schüler kaum seinen Namen. Verkannt oder vergessen zu sein, ich weiß nicht, was schlimmer ist.

Deutschland – ein Wintermärchen. Für Leute, die dieses Poem gelesen haben, will ich drei Anmerkungen machen. Erstens zur Struktur dieses Werkes. Zweitens zur Frage: Wieviel Marx steckt im »Wintermärchen«? Und drittens will ich behaupten: Der Dichter Heine war realistischer als der Denker Marx.

Als ich in Anlehnung an Heine mein eigenes »Wintermärchen« schrieb, merkte ich, je mehr ich damit zu Rande kam, wo die formale Schwierigkeit des Stoffes liegt. Ein lässig gereimter Reisebericht, in dem schön schnoddrig die Wichtigkeiten und die Nichtigkeiten gleichgewichtig nebeneinander gesetzt sind:

die streunenden Hunde in Köln und der Himmel auf Erden. Diese ewigen Vierzeiler! Das ginge so endlos fort, wo also aufhören? Heine beginnt mit dem Grenzübertritt nach Deutschland. Die Reise geht über Aachen und Köln nach Hamburg. Unterwegs träumt er sich in den Kyffhäuser, in ein Gespräch mit dem toten Barbarossa. Wo aufhören? Er trifft in Hamburg seine alte Mutter . . . trifft dann Hammonia, die Schutzgöttin der Hansestadt, die üppige Schönheit auf St. Pauli . . . Wo aber aufhören? Warum nicht noch ein Stückchen Rückreise nach Frankreich? Warum nicht noch die Wiederankunft im freieren Paris, bei seiner Mathilde? Heine, so dachte ich damals, hatte sich einen Scheinschluß, ein willkürliches Finale ermogelt: diese Schimpfkanonade gegen Fürsten, welche den Dichter bei Lebzeiten beleidigen statt bezahlen, ihn ächten statt ehren. Und so droht Heine den Herrschenden:

»Kennst Du die Hölle des Dante nicht,
Die schrecklichen Terzetten?
Wen da der Dichter eingesperrt,
Den kann kein Gott mehr retten . . .«

Ich dachte damals zu sehr in dramaturgischen Kategorien. Und so gesehen hat Heines »Wintermärchen« in der Tat keinen »richtigen« Schluß.

Es mußte erst mein verehrter Freund Walter Grab kommen, der Jakobiner-Forscher aus Tel Aviv. Nun habe ich begriffen und will es weitersagen: die formale Geschlossenheit des Heineschen Wintermärchens liegt wohl in den zwei Prophetien. Am Anfang das berühmte

»Ein neues Lied, ein bess'res Lied
Oh Freunde will ich euch dichten,
Wir wollen hier auf Erden schon
Das Himmelreich errichten . . .
Und wollen nicht mehr darben . . .
Ja, Zuckererbsen für jedermann . . .«

Die zweite Prophetie aber ist der eigentliche Schluß. Kurz vor Ende des Poems: der Blick in Deutschlands Zukunft, den die Göttin Hammonia dem Dichter gewährte: Sie ließ ihn hinabblicken und hinabriechen in ihren gewaltigen Kacktopf. Die schöne Göttin hatte kein Wasserklosett, und so sah Heine in jene stinkende Zukunft, die wir heute erleben. Und die schlimmsten, die schärfsten Verse, in denen der Poet be-

schrieb, was er in jener schön-schaurigen Nacht vorausriechen durfte, konnten damals in Deutschland nicht erscheinen. Die Schere des Zensors bewahrte die Leser in Preußen vor den apokalyptischen Wahrheiten. Noch in den heutigen Ausgaben sind diese Strophen weggelassen oder in den wissenschaftlichen Kommentar verpackt.
Heine schrieb sein »Wintermärchen« genau in der Zeit, als er Karl Marx in Paris traf. Aus den Quellen ist nachzulesen, wie entzückt beide voneinander waren. Und so wurde mir in der DDR beigebracht, daß das »Wintermärchen« eine direkte Frucht vom Baume dieser Freundschaft sei. Der Philosoph habe dem Dichter ideologisch auf die Sprünge geholfen, das »Wintermärchen« sei versifizierter Marxismus, ein gereimtes Kommunistisches Manifest vom Genossen Heine. Was für ein Blödsinn!
Lange vor dem Wintermärchen veröffentlichte Heine sein Buch »Zur Geschichte der Religion und Philosophie in Deutschland«. Er hat darin seinen lieben Franzosen die Deutsche Philosophie ins Französische verdeutscht, hat ihnen die revolutionären Ideen des genialen Spießbürgers Kant im Klartext kolportiert, wie auch die ketzerischen Gedanken des Hofphilosophen Hegel verraten. In diesem wunderbaren Buch findet sich aber auch alles längst in schönster Prosa gesagt, was der Autor später an sozialistischen Ideen in die Verse seines Wintermärchens investierte. Nicht weniger, nicht mehr. Was also der Dichter 1843/44 in Paris groß gelernt haben soll, hatte er zehn Jahre vorher schon in Druck gegeben, 1834, als sein Freund, der Philosoph, noch ein großer Junge war, grad sechzehn Jahre alt!
Dabei zeigt sich, daß die Prognosen des großen Dichters realistischer waren als die des großen Denkers. Von Marx stammt die vielzitierte Voraussage: Entweder Kommunismus – oder Barbarei. Heine aber begriff den Kommunismus selbst als die neue Barbarei. Er sehnte ihn herbei – und es grauste ihm davor. Ja, Heine hoffte auf diese moderne Barbarei, aber mehr aus Zorn gegen die alte. Er sagte nicht: entweder oder, wie Marx. Er sagte: sowohl als auch! Und diese Dialektik erweist sich als wirklichkeitsnäher, Heine behielt recht. Zumindest wir hier in den reichen Ländern, ja, wir darben nicht mehr. Wir sitzen mit unseren Zuckererbsen aus der Dose – und bis zum

Halse! – im monumentalen Nachtgeschirr der Göttin. Wohlgenährt rasen wir in die Katastrophen. Die Wohlstandsgesellschaft erweist sich als stinkender, als lebensgefährlicher Dreckhaufen. Und was inzwischen sich Kommunismus nennt, ist eine Ausbeutung des Menschen durch den Menschen auf höherer Stufe. Unser Himmel ist in der Hölle.
Heinrich Heine fürchtete, daß einst, in irgendeinem Kommunismus, seine Gedichtbücher zerrissen und die Seiten zu Gewürztüten gedreht werden. Ein wirklicher Kommunismus ist bis heute nicht in Sicht. Es ist schlimmer gekommen. Die Nazis haben Heines Bücher verbrannt. Die Westdeutschen lesen sie kaum. Und lebte Heine heute in der DDR, würden seine Gedichte nicht im Aufbau-Verlag landen, sondern bei der Staatssicherheit.
Ja, Heines Ängste sind Wirklichkeit geworden. Aber auch seine Hoffnungen; solange sie in uns noch leben, sind sie nicht widerlegt.

Wolf Biermann

Edgar Allan Poe
Phantastische Erzählungen

Es ist wahr, den Erzählungen von Edgar Allan Poe (1809-1849) haftet auch etwas Juveniles an. Er war ein Mann der Typisierung und Übertreibung: Jedes Laster geriet unter seiner Hand zu dem allerverworfensten, jeder Schrecken zum allergrauenhaftesten, jeder logische Schluß zu einem wahren Zauberkunststück des Scharfsinns. Und wenn er gar Frauen zu beschreiben suchte, er, der sich nicht anders als in devotester keuscher Anbetung wahrnehmen konnte, geriet ihm seine Prosa leicht so großartig wie lächerlich: »Hier in der Tat war der Triumph alles Himmlischen – . . . die Zähne, die mit fast wundersamem Glanz jeden Strahl des heiligen Lichts zurückwarfen, der auf sie fiel . . .« Solche Sätze stehen nicht irgendwo, sondern in seiner Lieblingsgeschichte, »Ligeia«.

Es muß unter anderem an diesem pompösen und effekthascherischen Hang zur Übertreibung gelegen haben, daß ausgerechnet Poe, der finstere Analytiker des Grauens, den Baudelaire, der ihn hingebungsvoll übersetzte und kommentierte, als die Personifizierung des *décadent* feierte (eines *décadent,* der sich aus der verachteten Welt des materiellen Fortschritts und der Zivilisation in das Reich der Träume zurückgezogen hatte), daß ausgerechnet dieser Repräsentant der schwarzen Literatur zu einem Klassiker der Jugendliteratur werden konnte. Wer sich nach überdeutlichen gewaltigen Leidenschaften sehnte: hier konnte er sie finden.

Poe war ein unglücklicher Mann: reizbar, stolz und oft gedemütigt, in seinen nie richtig erfolgreichen Versuchen, von der Literatur oder wenigstens als ihr Redakteur zu leben, bisweilen am Rand des Verhungerns, eng vertraut mit Krankheit und Tod. Aber seine unglückseligen Lebensumstände reichen nicht hin, den Schrecken zu erklären, der sein Werk durchdringt; und schon gar nicht läßt dieser sich reduzieren auf die willkürliche Übernahme einer damals »deutsch« oder »gotisch« genannten literarischen Tradition. »Der Schrecken«, schrieb er in dem Vorwort zu seiner ersten Erzählungssammlung, »stammt nicht aus Deutschland, sondern aus der Seele.« Was ihn dazu trieb, immer wieder Untergänge und Tode zu phantasieren und zu inszenieren; was ihn veranlaßte, sich Schönheit nur in Verbindung mit Fremdartigkeit, Melancholie, Verlust und Trauer vorstellen zu können – es muß das Geheimnis seiner gequälten Seele bleiben.

Was nun bleibt, ist eine Handvoll phantastischer Kurzgeschichten. Sie sind lesenswert und werden es bleiben, weil sie sich einem einzigartigen Zusammentreffen verdanken: Dieser Mann, der von Untergangsvisionen an den Rand des Wahnsinns getrieben wurde, war gleichzeitig ein kühler Kopf, ein Meister logischer Analyse, der zeitweise, wie ein Starker August auf dem Jahrmarkt, alle Welt herausfordern konnte, ihm Geheimcodes zu unterbreiten: Er würde jeden knacken. Und er, der seine Geschichten gern in unbestimmten Fernen ansiedelte, der seinen Landsleuten als ein Fremder erschien, war Amerikaner genug, sich ketzerisch klare Gedanken über die Erzeugung poetischer Effekte zu machen. Sein Schrecken wuchert und wabert nicht. Er ist genau kalkuliert. Poe wurde der Techniker der Horrorvisionen, der visionäre Ingenieur.

Es ist kein Zufall, daß er mit einigen seiner Erzählungen die Detektivgeschichte begründete und mit ihr jenes moderne Märchen, in dem unentwegt heller Verstand über finstere Untaten obsiegt und die Gerechtigkeit wiederherstellt. Sein Thema ist die Beherrschung des Schreckens durch den Einsatz aller Nüchternheit.

Ein paarmal stellte er sich den Untergang als ein unentrinnbares Loch vor: in seiner ersten Erzählung »Manuskript in der Flasche«, in seinem Roman »Arthur Gordon Pym«, in jener unübertreffbaren Schilderung langgezogener Todesangst »Grube und Pendel«, im »Sturz in den Malstrom«. Hier ist das Loch ein übernatürlich gewaltiger Meeresstrudel. Der Fischer, der in seinen Sog gerät, ist zuerst geradezu dankbar, um den Preis seines Lebens ein majestätisches Grauen erleben zu dürfen, wie es die wenigsten erleben. Noch mehr aber schließlich wünscht er sich, es durch ein äußerstes Aufgebot an Kaltblütigkeit und Scharfsinn zu besiegen. Es gelingt ihm. Im Gewand der manchmal antiquierten Schauergeschichte erzählt Poe von einem immer aktuellen menschlichen Abenteuer.

Dieter E. Zimmer

Herman Melville
Moby Dick

Pensioniert wurde der New Yorker Zollinspektor Herman Melville mit 66 Jahren 1885.
Vier Jahre zuvor war die unsterbliche der zahllosen Räuberpistolen erschienen, die bis auf den heutigen Tag (»Der weiße Hai«) periodisch als geglückte oder verkrüppelte Stiefgeschwister seines »Moby Dick« in die Welt gesetzt werden: »Die Schatzinsel« von Stevenson.
Der 30jährige Schotte konnte so sicher sein, kein Mensch in der englischsprachigen Welt entsinne sich auch nur noch des Titels »Moby Dick«, eines vor 30 Jahren von einem ebenfalls 30jährigen Autor in New York und in London publizierten Romans mit dem Untertitel »Der Wal«, daß der Jüngere unvergeßbare Visionen des Älteren aus dessen total verschollenem »Moby Dick« einfach übernahm.
Doch obgleich Stevenson sich endlich genötigt sah, in einem Essay wesentliche Ingredienzen seiner zum internationalen Bestseller gewordenen »Schatzinsel« als von ihm gestohlene zu deklarieren: den von keinem Menschen mehr gekannten »Moby Dick« brauchte er gar nicht zu erwähnen, als er eingestand, gestohlenes Wasser sei süß, und aufzählen mußte, daß er von Defoe den Papagei, von Poe das Skelett, von Kapitän Marryat (»Sigismund Rüstig«) den Kampf ums palisadenbewehrte Blockhaus und dies von Washington Irving und jenes aus Johnsons »Freibeuter« und die Kiste des Toten aus Kingsleys »Zuletzt« übernommen hatte: an Melville, obgleich der noch zehn Jahre lang lebte (bis zum 28. September 1891), dachte ja niemand mehr . . .
Zwar war in den USA sein »Moby Dick« bei Erscheinen 1851 noch respektabel verkauft worden mit 2771 Exemplaren, sicher aber nur deshalb, weil »Weißjacke«, Melvilles im März 1850 publizierter Roman über »seine Erfahrungen und Beobachtungen im Dienst einer amerikanischen Fregatte«, wie er im Vorwort schrieb, das gewesen war, was wir heute ein politisches Ärgernis nennen: Eines Morgens lag der Roman auf dem Pult jedes amerikanischen Kongreßabgeordneten und regte die derartig auf, daß sie Menschlichkeit gesetzlich festmachten: »Bald ging ein Gesetz durch, das die Auspeitschung

in der Flotte untersagte und keine andere Strafe an deren Stellen setzte«, wie Konteradmiral Franklin überliefert. So wurden 4145 Exemplare von »Weißjacke« binnen dreier Jahre verkauft. Der englische Verleger behauptete, an früheren Büchern einschließlich »Moby Dick« 453 Pfund verloren zu haben, und forderte, Melville solle die Hälfte der Kosten tragen, wenn er seinen neuen Roman, seinen siebenten: »Pierre« in England gedruckt haben wolle; die zweite Forderung: um künftig Lesern nicht wieder ein Monstrum wie neulich »Moby Dick« zuzumuten, solle Melville zustimmen, daß fortan seine Manuskripte von einem »literarisch versierten Freund« druckreif geschrieben würden. Nach Deutschland wurde »Moby Dick« dann schon gar nicht mehr importiert wie die frühen Romane, die übersetzt worden waren. In seiner vierten Auflage, 1889, erklärte das 18bändige Meyers Konversations-Lexikon, Melville sei 1874 gestorben – so sehr war er verstummt, der noch lebte bis 1891!
Thomas Manns letzte Betrachtung galt den »Schönsten Erzählungen der Welt«; er schrieb fünf Druckseiten als Geleitwort einer zweitausend Seiten umfassenden Anthologie; und von diesen fünf Seiten widmete er zwei der *einen,* weil unvergleichlichen Nachlaß-Novelle des siebzigjährigen Melville: »Wenn man mich fragt, wo in dem Bande ich am längsten verweilt, wobei mir das Herz am größten wurde, so gestehe ich die Modernität meines Geschmacks und antworte: Bei ›Billy Budd‹ . . . Oh, hätte ich das geschrieben, oder könnte ich mich der einem Naturereignis angeglichenen Beschreibung rühmen des undeutlich aufkommenden und von der Disziplin rasch unterdrückten Murmelns und Murrens der auf dem offenen Deck versammelten Mannschaften, die alle ihren Billy lieben!«
Und dieses Meisterwerk – so völlig obskur war um 1890 in New York sein Autor, der pensionierte Zöllner –, lag dreißig Jahre ungedruckt herum, keiner fragte nach Melvilles Nachlaß, und wurde schon 1938 ins Deutsche übertragen, obgleich Amerikaner selbst nicht hoch von ihm dachten.
Melville kannte die fünf Ozeane und den Walfang noch gründlicher als Hemingway die Jagd, denn er war kein Sonntagsseemann gewesen wie Hemingway ein Freizeitjäger war, sondern Melville lief mit siebzehn aus einem Bankhaus fort, um als

Schiffsjunge auf einem Frachter anzuheuern, der zwischen seiner Vaterstadt New York – dort war er am 1. August 1819 geboren – und Liverpool pendelte; mit dem gleichen Recht wie Joseph Conrad durfte er die sieben Meere als seine Universität bezeichnen. Nur war Melville nach acht Jahren einer mörderisch strengen und abenteuerlich lebensgefährlichen »Schulung« wieder an Land geblieben, um als Kleinfarmer alljährlich ein ziemlich erfolgreiches Buch aus seinen Erlebnissen und Beobachtungen zu machen, »Pflichtarbeiten, die ich für Geld gemacht habe – ich mußte sie machen, so wie andere Leute Holz sägen«.
Und er beginnt, »Moby Dick« zu schreiben, das Buch, das dann alle seine Zeitgenossen übereinstimmend als ein »danebengegangenes« verwerfen . . .
Realitätsnäher zu schreiben ist unmöglich, und es ist Melvilles um ein Jahrhundert zu früh geborene Erfindung, die erst noch Epoche machen wird: der *lexikalische* Stil, die nahtlose Verfugung wissenschaftlicher Texte aller Disziplinen der alten Humaniora wie der neuen Naturwissenschaften mit homerisch und alttestamentlich epischer Prosa. Betrachtet man – wie das offensichtlich Sartre getan hat, als er das »erdrückend Dokumentarische« tadelte – einzelne der 135 Kapitel des Romans für sich, zum Beispiel das 32., das »Zoologie der Wale« überschriftet ist, so verfährt man, als breche man aus einer Renaissancefassade einen Quader heraus und schließe von dem auf das so zerstörte Ganze; indem man behauptet, nur einen Zoologiebuchtext vor sich zu haben. So muß auch Hemingway verfahren sein, als er von »Rhetorik« sprach – und dabei möglicherweise an das 9. Kapitel gedacht hat, das: »Die Predigt« heißt und tatsächlich eine Predigt *auch* ist, vor allem jedoch integrierter Bestandteil ist eines erzählerischen Universums, das sich so wenig ohne seine ihm exakt eingefugten Teile begreifen läßt, wie diese Teile – herausgelöst – sich künstlerisch rechtfertigen könnten.
Was den Roman, der – wenn irgendeiner – so »aus der Art geschlagen war«, wie alles Geniale die Gattung sprengt, in die man es schubladisieren will, um seine Wirkung brachte, ihn »weltunmöglich« machte fast hundert Jahre lang: war das *Neue,* das er in die Literatur einführte! Neu war, »unerhört« im Wortsinne, daß er nicht nur die Erzählung des Walfangs war,

sondern dessen Lehrbuch. Und nicht nur Lehrbuch des Walfangs, sondern Lehrbuch der – bisher nicht geübten – Erzählungskunst, über den Walfang so zu schreiben, daß er ihn nicht nur rapportierte, sondern lehrte. Und auch noch lehrte, welche Fragen zu stellen seien – Fragen, auf die kein Sterblicher antworten *kann,* daher allein *sie,* diese Fragen, immer aufs neue gestellt werden müssen! Fragen anläßlich des gestirnten Himmels und der Gezeiten des Meeres und des Menschengeschicks und der Fauna und der Natur des Menschen, damit der Mann an Bord nicht nur weiß, was er tun soll, sondern gar erahnen kann, warum er da ist – und warum er bald weg ist, für immer. Da der Autor kein Theologe war und, obgleich gelernter Walfänger, nicht als Walfänger schrieb, sondern als Dichter, so fand er für die Radikalität seines Fragens und Verunsicherns – in der Tat verunsichert das Buch auch den Leser, als sitze der nicht in seiner Sofaecke, sondern stehe bei schwerer See an Bord – eine Sprache, die das Alte Testament mit dem Vokabular eines Seemannes des naturwissenschaftlichen Zeitalters sozusagen auf seine Verbindlichkeit für uns heute überprüft.
Melvilles Stil und Anspruch: ein Sänger des Genauen sein zu wollen, ein Unterhalter als Belehrer, ein Poet als Sachbuch-Autor!
Wie er aus der Realität das hereinholt in den Roman, was sofort zum Symbol wird, ebenso versucht er die Identität des physischen mit dem metaphysischen Treiben und Getriebenwerden seiner Menschen, Tiere, Schiffe, Wellen herzustellen – daher er die Sprache der Bibel, des Sprichwortes und des Singens Homers ständig hereinholt ins kaltausnüchternde Vokabular naturwissenschaftlicher Fibeln. Immer wieder reißt ihn (und die Leser) jugendliche Abenteuerlust aus der gruftkalten Predigeratmosphäre, die der Vorausschau auf das Ende im schaumweiß aufgewühlten walweißen, leichenlakenweißen, knochenweißen (wie Ahabs Beinprothese, die aus dem Kieferknochen eines Wals gezimmert ist) Meer entspricht. Weiß als Toten-»Farbe«, weiß wie die rasch verwehende Vergänglichkeit der Gischt: ist die alles überziehende bedrohliche »Farbe«, die keine ist, des Epos . . .
Kein Zufall, daß der einzige deutsche Philosoph, der das Meer, weil am Meer geboren, jemals zu seinem Lehrer machte, so wie

der Meerfahrer Melville das Meer seine Universität nannte, daß der Friese Jaspers jene Zeile schrieb, die in jeder der tausend Seiten des »Moby Dick« als geheimes Wasserzeichen mitschwimmt: »Scheitern ist das Letzte.«

Rolf Hochhuth

Arthur Schopenhauer
Parerga und Paralipomena

Die Aufnahme philosophischer Texte in eine Auswahl erzählender Literatur kann nicht unumstritten sein. Und wenn schon Schopenhauer, der nun in der Tat der Literatur so nahe ist wie kaum ein anderer Philosoph, dann hätte sich das Hauptwerk »Die Welt als Wille und Vorstellung« angeboten, das wenigstens durchgehend erzählt ist, ein »geistiger Roman«, wie Thomas Mann es nannte.

Statt dessen »Parerga und Paralipomena«. Ich wasche meine Hände nach Art des Pontius Pilatus. Diese »Nebenwerke und Nachträge« verdanken ihren Platz auf unserer Hunderter-Liste möglicherweise einem Brief Tucholskys, in dem die Freundin ermahnt wird: »Es ist gar nicht einzusehen, warum Du nicht viel mehr Schopenhauer liest . . . es fällt eine solche Fülle von klugen und genialen Bemerkungen dabei ab, fast alle klassisch zu Ende formuliert, niemals langweilig – das solltest Du immerzu lesen: Parerga und Paralipomena.«

Die Autoren unserer hundert Bücher haben Schopenhauer mehr gelesen als irgendeinen anderen Philosophen. Über ihre Schopenhauer-Lektüre geäußert haben sich, kurz oder ausführlich: Friedrich Nietzsche, Thomas Mann, Karl Marx, Theodor Fontane, Gustave Flaubert, Lew Tolstoj, Emile Zola, Oscar Wilde, Sigmund Freud, Knut Hamsun, André Gide, Marcel Proust, Rainer Maria Rilke, Hermann Hesse, James Joyce, Franz Kafka, Samuel Beckett, Albert Camus. Schopenhauer war der Philosoph der Literaten.

Mit den »Parerga und Paralipomena« schaffte der 63jährige den Durchbruch durch die Lethargie des lesenden Publikums. Ganz allmählich nur konnte es dann auch dazu gewonnen werden, das 32 Jahre vorher erschienene und bis dahin kaum bekannte Hauptwerk »Die Welt als Wille und Vorstellung« zu lesen.

Mit ihm führte Schopenhauer einen scheinbar gebändigten Irrationalismus in die Philosophie ein. Dieser allen strengen Erkenntnistheoretikern unheimliche Weg wurde weiter verfolgt von Nietzsche, Bergson, James und Dewey.

Von all dem hört man in den »Parerga und Paralipomena« nur ein fernes Echo. Vor allem dann gilt das, wenn die Lektüre-

Empfehlung angemessen reduziert wird. Einen mit »erzählend« wenigstens annäherungsweise zu beschreibenden Zusammenhang gibt es in diesem disparaten Frankfurter Allerlei von 38 Essays sehr unterschiedlicher Qualität ja allenfalls dann, wenn man von 1223 Seiten 1027 vergißt und sich ganz auf die 196 Seiten konzentriert, die »Aphorismen zur Lebensweisheit« überschrieben sind.

Diese »vom populären Standpunkt« aus (so Schopenhauer) geschriebenen »Aphorismen« sind keine Aphorismen etwa im Sinne von Lichtenberg oder Karl Kraus, sondern ein durchlaufender Text, numeriert von 1 bis 53. Sie lassen wenig durchklingen vom Furioso des alles vernichtenden Willens, der durch Verneinung gezwungen werden muß, sich selber aufzugeben. Nicht mehr ist davon die Rede, daß es besser wäre, tot, und am besten, nie geboren zu sein. Statt dessen handeln sie von der (dem ernsten, jungen Philosophen Schopenhauer noch ganz fernliegenden) »Kunst, das Leben möglichst angenehm und glücklich durchzuführen«; ja, sie geben sich als »die Anweisung zu einem glücklichen Dasein, welches . . . bei kalter und reiflicher Überlegung dem Nicht-Sein entschieden vorzuziehen wäre«. Kurz: sie versuchen, den Pessimismus, der Schopenhauers Gütezeichen in der Weltgeschichte der Philosophie geworden ist, erheblich zu mildern.

Aufgebaut sind sie wie ein klassisches Drama in fünf Akten: Von dem, was einer ist – Von dem, was einer hat – Von dem, was einer vorstellt – Paränesen und Maximen – Vom Unterschiede der Lebensalter.

Daß ein nicht unbedingt philosophisches Publikum sich immer wieder auf die »Aphorismen zur Lebensweisheit« hingewiesen findet, hat gute Gründe. Zum einen erreicht Schopenhauers Sprache gerade in diesem Essay durch nuancierte wie pointierte Aussagesätze eine Kraft, die mindestens Ebenbürtigkeit beanspruchen darf mit der der Schriftsteller seiner Zeit. Und zum anderen kann einer, auch heute noch, das eine oder andere daraus lernen.

Zum Abschluß ein paar dieser Aussagesätze, ganz nach meinem eigenen Geschmack ausgewählt:

»Das Nomadenleben, welches die unterste Stufe der Zivilisation bezeichnet, findet sich auf der höchsten Stufe im allgemein gewordenen Touristenleben wieder ein. Das erste

ward von der Not, das zweite von der Langeweile herbeigeführt.«
»Was einer dem anderen sein kann, hat seine sehr engen Grenzen: am Ende bleibt doch jeder allein, und da kommt es darauf an, wer jetzt allein sei.«
»Bei diesen Herrn (i. e. den Playboys) muß in der Jugend die Muskelkraft und die Zeugungskraft herhalten. Aber späterhin bleiben nur die Geisteskräfte: fehlt es dann an diesen oder an ihrer Ausbildung und dem angesammelten Stoff zu ihrer Tätigkeit, so ist der Jammer groß.«
»Daß die Wünsche der Menschen hauptsächlich aufs Geld gerichtet sind und sie dieses über alles lieben, wird ihnen oft zum Vorwurf gemacht. Jedoch ist es natürlich, wohl gar unvermeidlich, das zu lieben, was als ein unermüdlicher Proteus jeden Augenblick bereit ist, sich in den jedesmaligen Gegenstand unserer so wandelbaren Wünsche und mannigfaltigen Bedürfnisse zu verwandeln.«
»Zu dem, was einer hat, habe ich Frau und Kinder nicht gerechnet; da er von diesen vielmehr gehabt wird.«
»So unausbleiblich wie die Katze spinnt, wenn man sie streichelt, malt süße Wonne sich auf das Gesicht des Menschen, den man lobt und zwar in dem Felde seiner Prätension, sei das Lob auch handgreiflich lügenhaft.«
»Die Gegenwart allein ist wahr und wirklich: sie ist die real erfüllte Zeit, und ausschließlich in ihr liegt unser Dasein.«
»Es ist durchaus töricht, eine gute gegenwärtige Stunde von sich zu stoßen oder sie sich mutwillig zu verderben aus Verdruß über das Vergangene oder Besorgnis wegen des Kommenden.«
»Wir verleben unsere schönen Tage, ohne sie zu bemerken: erst wenn die schlimmen kommen, wünschen wir jene zurück.«
»Wahre, echte Freundschaft setzt eine starke, rein objektive und völlig uninteressierte Teilnahme am Wohl und Wehe des andern voraus, und diese wieder ein wirkliches Sich-mit-dem-Freunde-Identifizieren. Dem steht der Egoismus der menschlichen Natur so sehr entgegen, daß wahre Freundschaft zu den Dingen gehört, von denen man wie von den kolossalen Seeschlangen nicht weiß, ob sie fabelhaft sind oder irgendwo existieren.«
»Höflichkeit ist wie die Rechenpfennige eine offenkundig fal-

sche Münze: mit einer solchen sparsam zu sein, beweist Unverstand.«

»›Weder lieben noch hassen‹ enthält die Hälfte aller Weltklugheit; ›nichts sagen und nichts glauben‹ die andere Hälfte. Freilich aber wird man einer Welt, welche Regeln wie diese nötig macht, gern den Rücken kehren.«

»Vom Standpunkt der Jugend aus gesehen, ist das Leben eine unendlich lange Zukunft; vom Standpunkte des Alters aus eine sehr kurze Vergangenheit.«

»Man muß alt geworden sein, also lange gelebt haben, um zu erkennen, wie kurz das Leben ist.«

»Von der Venus entlassen, wird man gern eine Aufheiterung beim Bakchus suchen.«

Rudolf Walter Leonhardt

Karl Marx
Der achtzehnte Brumaire des Louis Bonaparte

Um den »achtzehnten Brumaire« verstehen zu können, muß man sehen, in welcher Zeit und unter welchen persönlichen Lebensbedingungen Marx dieses Buch schreibt. Die erste zeitgeschichtliche Probe auf die materialistische Geschichtsauffassung entsteht in der Zeit vom Dezember 1851 bis März 1852. Ihr Gegenstand ist die französische Gesellschaft; geschrieben wird sie in London, veröffentlicht in der Zeitschrift »Revolution« in New York 1852. Diese vier Daten bezeichnen eine für das damalige politische und gesellschaftliche Klima höchst charakteristische Konstellation.

Marx war Juni 1849 mit seiner Familie nach London emigriert. Ihre materielle Situation war zu keiner Zeit besonders günstig; als der achtzehnte Brumaire entstand, war die Lage der Familie jedoch so drückend, daß, wie berichtet wird, Marx »aus Mangel an den im Pfandhaus untergebrachten Röcken nicht mehr ausgehen und aus Mangel an Kredit kein Fleisch mehr essen konnte«. Seine Gesundheit war stark angegriffen. In dieser schier hoffnungslosen Situation meldet sich sein alter Freund Joseph Weydemeyer, der nach Amerika ausgewandert ist, mit der Bitte, für eine in Gründung befindliche Zeitschrift regelmäßig Artikel zur Geschichte des Staatsstreichs Louis Bonapartes zu schreiben. Marx schickt ihm wöchentlich Beiträge; auf das ersehnte Honorar wartet Marx vergeblich, das geplante Zeitschriftenprojekt hatte sich, wie so viele andere in den Emigrantenländern, als bloßer Wunsch erwiesen. Erst als ein namenloser Mäzen, ein Schneidergeselle, seine ganzen Ersparnisse hergab, konnte die Szenenfolge des achtzehnten Brumaire erscheinen und Marx zu seinem Geld kommen. In seinem nach wie vor lesenswerten Buch: »Karl Marx. Leben und Werk« (1928) beschreibt Otto Rühle diese Verhältnisse im übrigen am eindrucksvollsten.

Daß die Leidensgeschichte des Exils nicht vorübergehend ist, scheint ab 1851, da die europäischen Revolutionen merklich abebben, die Gedankenwelt von Marx immer stärker zu prägen; er versucht jetzt mit seinem »ehemaligen revolutionären Gewissen« ebenso radikal abzurechnen wie mit dem »ehemaligen theoretischen Gewissen«, als er sich in der Deutschen

Ideologie von Feuerbach und den Hegelianern löste. Während sich in der Psychologie der Londoner Emigrantenzirkel, aus derselben Not, an der Marx litt, und aus der Begriffslosigkeit der Ungeduld, die kleinste Begebenheit des Widerstandes oder der Rebellion als sehnsüchtig erwartetes Signal für den großen revolutionären Schlag vergrößert, wofür dann die rivalisierenden Gruppen sofort auch entsprechende Welterklärungen und Strategien bereit halten, wachsen bei Marx, je tiefer er in die ökonomischen Studien eindringt und je bewußter ihm die kapitalistischen Entwicklungsmöglichkeiten werden, die Zweifel an der Reife einer proletarischen Revolution.
Dieser Sinneswandel ist um so bemerkenswerter, als Marx im März 1850 selber noch alle diese Illusionen vorbehaltlos teilt: »... in diesem Augenblicke, ... wo eine *neue* Revolution bevorsteht«, erklärt er selbstsicher in der Ansprache der Zentralbehörde an den Bund und formuliert den Schlachtruf: Revolution in Permanenz – von 1848 bis zur proletarischen Umwälzung, Folgeglieder einer verschlungenen, aber intakten Kette. (Ganz scheint sich Marx im übrigen von der Selbsttäuschung über den Ausbruch der proletarischen Revolution Zeit seines Lebens nicht befreit zu haben. Erst 1895 zieht Engels, kurz vor seinem Tode, offen die Konsequenz, die der achtzehnte Brumaire nur anzudeuten wagt: »Die Geschichte hat uns und allen, die ähnlich dachten, unrecht gegeben. Die Periode der Revolutionen von unten war einstweilen geschlossen; es folgte eine Periode der Revolutionen von oben.« Dies »einstweilen« dauerte immerhin, mit den kurzen Unterbrechungen der Pariser Commune und der russischen Revolution von 1905, fast 70 Jahre. Ein Element idealistischer Verzerrung blieb auch dann noch in der Bewertung der »Maulwurfsarbeit« des revolutionären Subjekts, während die ganze Kraft der materialistischen Dialektik auf den Klassengegner sich richtete).
Uns mag es heute als arrogant erscheinen, wenn Marx und Engels, um nicht vom Gründungs- und *Be*gründungsfieber ihrer Londoner Schicksalsgenossen angesteckt und verbraucht zu werden, auf kompromißlose, ja fast elitäre Distanz gehen. In einem Brief vom 11. Februar 1851 schreibt Marx an seinen Freund: »... abgesehen davon, gefällt mir sehr die öffentliche, authentische Isolation, worin wir zwei, Du und

ich, uns jetzt befinden. Sie entspricht ganz unserer Stellung und unseren Prinzipien. Das System wechselseitiger Konzessionen, aus Anstand geduldeter Halbheiten, und die Pflicht, vor dem Publikum seinen Teil Lächerlichkeit in der Partei mit all diesen Eseln zu nehmen, das hat jetzt aufgehört.«

Ein Ergebnis dieser authentischen Isolation ist der »achtzehnte Brumaire«; ein anderes das »Kapital«. Methodisch stehen »Der achtzehnte Brumaire« und »Das Kapital« komplementär zueinander. Wer sich auf einen Originaltext der *politischen Ökonomie* einlassen will, wird zum »Kapital« greifen müssen; wer einen Originaltext zur *Ökonomie des Politischen* sucht, wird unvermeidlich auf den »achtzehnten Brumaire« stoßen. »Womit beginnen?«, war für Hegel eine entscheidende systematische Frage der Logik. Der Blick des Dialektikers, gleich welcher Herkunft, ist auf die Zelle, die irreduzible Einheit, und auf das entfaltete Ganze, die konkrete Totalität, nie auf die synthetischen Halbfabrikate gerichtet, die dazwischen liegen. Das »Kapital« setzt ein mit der Feststellung: »Der Reichtum der Gesellschaften, in welchen kapitalistische Produktionsweise herrscht, erscheint als eine ›ungeheure Warensammlung‹, die einzelne Ware als seine *Elementarform*«. Aus den Widersprüchen der Waren-Zelle entwickelt Marx den ganzen kapitalistischen Kosmos; umgekehrt im »achtzehnten Brumaire«: als Geheimgeschichte der Staatskostümierungen, die im Kaisermantel des »Neffen seines großen Onkels« gipfeln, erweist sich die Bauern-Parzelle. Der widersprüchliche Lebenszusammenhang des französischen Parzellenbauern ist das Bewegungsgesetz des zweiten Kaiserreichs, das keine eigene geschichtliche Perspektive hat: es nimmt lediglich die Chance wahr, welche die drei französischen Revolutionen mit der Unlösbarkeit des Bauernproblems und am Ende mit der blutigen Niederlage des proletarischen Juni-Aufstandes geschaffen haben.

Erkenntnisleitendes *Motiv* des »achtzehnten Brumaire« ist das Schicksal der europäischen Revolutionen, besonders der von 1848; sein *Thema* die französische Gesellschaft, als in ihren Klassenbestimmungen entfaltetste politische Organisationsform Europas, im *Prozeß der Restauration*. Marx befaßt sich hier nicht zum ersten und auch nicht zum letzten Mal mit der französischen Gesellschaft. 1850 schreibt er die »Klassenkämpfe in Frankreich«, 1871 den »Bürgerkrieg in Frankreich«. Das hat systematische Gründe, die im *Gegenstand* der Analyse liegen. Marx ist offenbar der Auffassung, daß eine materialistische Ökonomie des Politischen nur dort den ihr spezifischen Erkenntnisgegenstand hat, wo es die geschichtliche Kraft revolutionärer Traditionen gibt. Bestehende Verhältnisse sind nur unter dem Aspekt ihrer Veränderbarkeit, des die Verhältnisse überschreitenden Tendenzgehalts, begreifbar. So sind das zeitgenössische Deutschland und England, wie weit auch deren industrielle Ökonomie entfaltet sein mag, nicht nur politisch rückständiger; ihnen fehlt vielmehr der eigentliche, konkrete Gegenstand, der materielle Stoff, an dem sich die Begriffe der Wissenschaft überhaupt erst als Kategorien der Realität bewähren und abarbeiten können. Auch hier gilt die materialistisch-historische Maxime: das entwickeltere Land zeigt dem minder entwickelten das Bild der eigenen Zukunft.

Was zeichnet den achtzehnten Brumaire vor den anderen zwei Frankreich-Analysen »Klassenkämpfe in Frankreich« und »Bürgerkrieg in Frankreich« aus? Marx rekonstruiert Detail für Detail die Entwicklungslogik einer Restauration unter gesellschaftlichen Gesamtbedingungen, welche die unvollständige 48-Revolution als Erbmasse hinterlassen hat. Keiner hat wirklich gewonnen, vielmehr haben alle Klassenfraktionen verloren oder genauer: alle haben Teilsiege errungen und Teilniederlagen erlitten. Der dadurch bedingte Schwebezustand treibt auf eine Grundentscheidung hin; Louis Bonaparte, Napoleon le petit, der Neffe des Onkels, der Chef der Gesellschaft, wie Marx variantenreich und ironisch Napoleon den Dritten nennt, ist groß in einer einzigen Fähigkeit: er kann mit diesem labilen Gleichgewichtszustand kompetent umgehen, um ihn schließlich durch den coup d'etat für sich zu entscheiden – nicht als Führer, wohl aber als Führer*darsteller*. Daß er sich dann noch den Kaisermantel umhing, war für Marx eine Frage der Zeit. Er konnte daher mit einem gewissen Autorenstolz im Vorwort zur zweiten Auflage seiner Schrift auf den Schlußsatz verweisen, der sich bereits bewahrheitet habe. »Aber wenn der Kaisermantel endlich auf die Schultern Louis Bonapartes fällt, wird das eherne Standbild Napoleons von der Höhe der Vendômesäule herabstürzen.“

Aber es ist nicht der vorausschauende und scharfsinnig beobachtende Historiker der Zeitgeschichte, der den »achtzehnten Brumaire« zu einem der faszinierendsten Bücher der europäischen Geistesgeschichte gemacht hat; vielmehr ist es die analytische Phantasie des Geschichtsphilosophen, dessen politische Sprache die verarmte Aufspaltung von Begriff und Bild noch nicht kennt.
In keinem Werk bedient sich Marx in vergleichbarer Breite des Mittels der Ironie, um unter der Decke der Verkehrungen und der Scheindynamik der Haupt- und Staatsaktionen die unterschlagene Wirklichkeit sichtbar zu machen. Ironie, Metaphern, Analogien, Bilder von abgründiger poetischer Kraft, sind die sprachlichen Medien einer Ideologiekritik, von der Nietzsche sagen würde, sie sei die Kunst, mit dem Hammer zu philosophieren, die Verhältnisse auf ihre Hohlheit, ihren schleichenden Substanzverlust abzuklopfen. Der »achtzehnte Brumaire« setzt fort und erweitert die Religionskritik des jungen Marx – auf der Ebene des Politischen und vertieft um die Dimension der geschichtlich Handelnden. Anders als für eine wissenschaftliche Untersuchung, in der die Argumente Schritt für Schritt nach begründeten Regeln der Darstellungslogik entwickelt werden, sind für die politisch *Handelnden* die eindeutigen Trennungen von Begriff und Bild, Analyse und poetisiertem Selbstverständnis, Utopie und Wissenschaft gar nicht realisierbar. Diese Bild- und Metaphernwelt in wissenschaftliche Definitionen rückübersetzen zu wollen, zu überprüfen, *wofür* sie steht, ist unsinnig. Sie bildet vielmehr eine handlungsrelevante Wirklichkeit für sich. Wenn Marx daher den aller Vorgeschichte eigentümlichen Wiederholungszwang der »weltgeschichtlichen Totenbeschwörungen«, deren Opfer, ob nun in der Gestalt der revolutionären Tragödie oder der restaurativen Farce, alle Mächte der Vergangenheit gewesen sind, einer schneidenden Kritik unterzieht, so wird für ihn dadurch die künftige Revolution nicht bloßer Ausdruck rationaler Erkenntnis, poesielos. Die Not der Ketten ersetzt nicht das Triebmotiv, die vorgreifende Phantasie der Befreiung: »Die soziale Revolution des 19. Jahrhunderts kann ihre Poesie nicht aus der Vergangenheit schöpfen, sondern nur aus der Zukunft . . . Die früheren Revolutionen bedurften der weltgeschichtlichen Rückerinnerungen, um sich über ihren eigenen

Inhalt zu betäuben. Die Revolution des 19. Jahrhunderts muß die Toten ihre Toten begraben lassen, um bei ihrem eigenen Inhalt anzukommen.«

Gewiß, Phantasie ist keine anthropologische Kategorie. Marx ist auch im »achtzehnten Brumaire« der eigensinnige Aufklärer, als der er mit der Kritik der Hegelschen Rechts- und Staatsphilosophie zum ersten Mal konsequent aufgetreten war. Die »weltgeschichtlichen Totenerweckungen« sind Ideologie, Verkehrungen, im Kopf ausgemalte und auf den Kopf gestellte Verhältnisse; vielleicht nicht in der analytisch strengen Form der *notwendigen* Produktion von falschem Bewußtsein, wie sie auf dem ökonomischen Boden von Kapital- und Warenfetisch entsteht. Aber nichts von alledem ist bloß zufällig. Wie ernst Marx die *subjektiven* Formen nimmt, in denen sich Interessen und Klasseninhalte ausdrücken und worin die politischen Kämpfe, mit ihren psychischen und bewußtseinsmäßigen Besetzungsgehalten, ausgetragen werden, Illusionen, Schlachtparolen heroischer Vergangenheit, rückerinnerte Normen, Toga und Symbole, zeigt sich auch darin, daß er bei der eindrucksvollen Beschreibung der Maskeraden einen Augenblick innehält, um zu versichern: man solle ja nicht glauben, daraus ließe sich die wirkliche Geschichte erklären. »Und wie man im Privatleben unterscheidet zwischen dem, was ein Mensch von sich meint und sagt, und dem, was er wirklich ist und tut, so muß man noch mehr in geschichtlichen Kämpfen die Phrasen und Einbildungen der Parteien von ihrem wirklichen Organismus und ihren wirklichen Interessen ihre Vorstellung von ihrer Realität unterscheiden.«

»Unterscheiden« bedeutet freilich nicht, sie abstrakt auseinanderzureißen. Wäre das möglich, hätte das Regime des Louis Bonaparte zu keinem Augenblick eine Chance gehabt; denn es zehrt von den wiedererwachten Kaiserhoffnungen der zahlreichsten Klasse der französischen Gesellschaft, den Parzellenbauern, die aus der drückenden Not über bornierte Verhältnisse nach einem Retter Ausschau halten. Sie greifen auf einen uralten, in der geschichtlichen Unterwelt fortlebenden Massenwunsch zurück: Caesar, amor legum, solve querelas (Kaiser, Liebling des Rechts, löse unsere Streitigkeiten).

Wenn Marx zu Beginn der Schrift von der Wiederholung der Ereignisse im historischen Längsschnitt spricht, das eine Mal als Tragödie Napoleons I., das andere Mal als Farce seines Neffen, so reproduziert sich dieses Verhältnis *innerhalb* der Gesellschaft, die er untersucht, noch einmal. Die Tragödie des Parzellenbauern spiegelt sich als Farce im Patriotismus des dritten Napoleon.

Es ist keine ästhetische Kategorie, sondern eine politische, welche die Ironie der Geschichte ausmacht; sie kehrt subjektive Willensrichtungen objektiv ins Gegenteil. In der ersten großen Revolution schafft der Parzellenbauer der Bourgeoisie den Feudaladel vom Halse. Der Code Napoleon befestigt und regelt die Bedingungen, worin die freien Bauern »ungestört den eben erst ihnen anheimgefallenen Boden Frankreichs ausbeuten und die jugendliche Lust am Eigentum büßen konnten«. Indem jedoch die bürgerliche Ordnung die Parzelle in den »Alchimistenkessel des Kapitals« wirft, schlägt die von Feudalbanden gelöste Freiheit der Parzelle, deren Energie der erste Napoleon politisch und militärisch nutzen konnte, in die angstbesetzte Verschuldung und Verarmung des Bauern um. »Die Uniform war ihr (der Parzelle) eigenes Staatskostüm, der Krieg ihre Poesie, die in der Phantasie verlängerte und abgerundete Parzelle das Vaterland und der Patriotismus die ideale Form des Eigentumssinns. Die Transformation des Eigentumssinns in die Scheinweltläufigkeit von Nation und Patriotismus gelingt freilich nur, indem Louis Bonaparte Frankreich selber, im Kontext anderer Länder, zur bornierten Parzelle macht – wofür Marx ihm die Niederlage prophezeit, was auch 1871 eintraf.

Auch das ist nicht rein historisch zu lesen. Marx interessiert nicht so sehr, was der Parzellenbauer *ist*, sondern was unter bestimmten Bedingungen aus ihm *wird*. Durchgängig sind es im achtzehnten Brumaire Prozeßkategorien, die er entwickelt. Das gilt besonders für den zentralen Begriff der Klasse, der, frei von jeder historischen Legitimationslast, die auf dem Proletariatsbegriff liegt, gewissermaßen in statu nascendi, in den Bedingungen seiner Konstitutionsgeschichte hier deutlicher gefaßt ist als in irgendeiner anderen Schrift von Marx, einschließlich dem »Kapital«, das die Klassenspaltung begründet, aber nicht entwickelt. Der situationsbedingte Wechsel von *Urteil* und *Vor*urteil läßt sich bei gesellschaftlichen Zwischenschichten noch unbefangener denken.

Die »Klasse an sich« bezeichnet die Situationsgleichheit ökonomischer Existenzbedingungen von Millionen von Menschen; Parzelle steht neben Parzelle, Familie neben Familie. »Ein Schock davon macht ein Dorf, und ein Schock von Dörfern macht ein Departement. So wird die große Masse der französischen Nation gebildet durch einfache Addition gleichnamiger Größen, wie etwa ein Sack von Kartoffeln einen Kartoffelsack bildet.« Alle Bedingungen dafür, daß daraus eine Klasse »für sich«, ein handlungsfähiges Kollektiv wird, liegen gleichsam in Subjektbereichen, setzen zusätzliche und verschiedenartige Erfahrung voraus, so z. B. Anwendung der Wissenschaft, wechselseitiger Verkehr, Verschiedenheit der Talente, Mannigfaltigkeit und Reichtum der gesellschaftlichen Entwicklung. Marx spitzt den Unterschied zu: »Insofern Millionen von Familien unter ökonomischen Existenzbedingungen leben, die ihre Lebensweise, ihre Interessen und ihre Bildung von denen der andern Klassen trennen und ihnen feindlich gegenüberstellen, bilden sie eine Klasse. Insofern ein nur lokaler Zusammenhang unter den Parzellenbauern besteht, die Dieselbigkeit ihrer Interessen keine Gemeinsamkeit, keine nationale Verbindung und keine politische Organisation unter ihnen erzeugt, bilden sie keine Klasse. Sie sind daher unfähig, ihr Klasseninteresse im eigenen Namen, sei es durch ein Parlament, sei es durch einen Konvent, geltend zu machen. Sie können sich nicht vertreten, sie müssen vertreten werden.«

Das ist der entscheidende Punkt: »Sie müssen vertreten werden.« Marx hat hier zweifellos vor allem die »Bauernerfindung« Louis Bonaparte im Auge, der sich als kaiserlicher Stellvertreter der Parzellenbauern präsentiert. Aber die Stellvertreter sind auch unter seinen Londoner Exil-Kollegen nicht gering an Zahl; die meisten von ihnen sind auf dem Sprunge, Geschichte zu machen. Auch auf sie, die das Zeitmaß revolutionärer Geduld nicht kennen und deshalb ängstlich die Geister der Vergangenheit heraufbeschwören, d. h. vom revolutionären Aufbruch träumen, richtet sich der bittere Satz von Marx: »Die Menschen machen ihre eigene Geschichte, aber sie machen sie nicht aus freien Stücken, nicht unter selbstgewählten, sondern vorgefundenen, gegebenen und überlieferten Umständen. Die Tradition aller toten Geschlechter lastet wie ein Alp auf den Gehirnen der Lebenden«.

Die Aktualität des »achtzehnten Brumaire« liegt auf der Hand. Marx reflektiert die Folgen einer gebrochenen und unvollendeten Revolution; weil sie die Gesellschaft in Bewegung bringt, erhofft sich jede Seite, die Rechte ebenso wie die Linke, einen schnellen Sieg. Die Verselbständigung des Politischen, vor allem des Staatsapparates, im Gewande eines nachgemachten Cäsarismus (mit seinen idées napoléniennes: gewaltige Bürokratie, Übergewicht der Armee, Herrschaft der Pfaffen) ist die Folge, was, gekoppelt mit der ungelösten Bauernfrage, August Thalheimer in der Weimarer Zeit auf den irrigen Gedanken brachte, den Faschismus als Neuauflage des Bonapartismus zu sehen. Sicherlich, die Analogie ist schief. Wir leben heute nicht unter den Bedingungen einer nachrevolutionären Phase, auch keiner gescheiterten Revolution.
Aber schon der junge Marx hatte angemerkt, daß die Deutschen etwas haben, was ihnen kein Volk am historischen Himmel nachmacht: sie teilen die Restauration anderer Völker, ohne ihre Revolutionen zu teilen. Für Restaurationen unter hiesigen Verhältnissen reichen gebrochene Reformen aus. Führen die einen, die Stellvertreter des Proletariats, die »neue Weltgeschichtsszene« in »altehrwürdiger Kleidung und mit erborgter Sprache« auf, so erweitert sich auf der anderen Seite der gesellschaftliche Boden, auf dem die Stellvertreter in bonapartistischen Kostümen Massenanhang gewinnen. Denn die bornierte Parzelle ist heute nicht mehr nur die des verarmten Bauern. »Die Fenster sind in einem Hause, was die fünf Sinne für den Kopf sind.« Je verengter die Privatverhältnisse sind, auch wenn es am Ende nur noch die mit Fremdmitteln bewirtschaftete Parzelle der eigenen Gefühle und Wünsche ist, desto intensiver ist das Bedürfnis nach einem »Chef der Gesellschaft«, der deren geschichtliche Bedeutsamkeit wiederherstellt, in der Regel durch Abenteuerpolitik.
Bloch hat einmal gesagt: Geschichte wiederholt sich nicht; wo aber etwas Geschichte nicht wurde, wiederholt sie sich durchaus. Dieser Gedanke ist das Leitmotiv, mit dem Marx den »achtzehnten Brumaire«, das Buch, das, nach dem Kalender der Revolution von 1789, den Tag des Staatsstreichs Louis Bonapartes, zum Titel hat, beginnen läßt. »Hegel bemerkt irgendwo: Daß alle großen weltgeschichtlichen Tatsachen und Personen sich sozusagen zweimal ereignen. Er hat vergessen

hinzuzufügen: das eine Mal als Tragödie, das andere Mal als Farce. Caussidière für Danton, Louis Blanc für Robespierre, die Montagne von 1848-1851 für die Montagne von 1793-1795, der Neffe für den Onkel«.

Oskar Negt

Hans Christian Andersen
Märchen

Im Dezember 1932 schenkte der Gefion-Verlag (Berlin-Kopenhagen-Malmö) dem Direktor einer Berliner Lackfabrik dreißig Heftchen mit Hans Christian Andersens gesammelten Märchen. Die Heftchen sollten, so stand's auf der Rückseite, für den Beitritt zu dem schon »nach Hunderttausenden zählenden Leserkreis« des Verlags werben und die Beschenkten geneigt stimmen, sogleich den Roman »Der singende Tor« von Baron Palle Rosenkrantz zu bestellen, mit Goldschnitt und »Bildern vom Film gleichen Namens, für nur 2,75 zuzüglich Porto«. Ob der Direktor den Roman gekauft hat, weiß ich nicht, die Märchen hat er jedenfalls nicht behalten. Anscheinend hat niemand sie haben wollen. Wie Andersens dänischer Silberschilling in der Fremde müssen die Heftchen in der Lackfabrik von Hand zu Hand gegangen sein, unerkannt und ungeachtet, bis sie zum Geringsten der Firma gelangten, der keinen mehr unter sich hatte. Das war der Lehrling, mein älterer Bruder, und der schenkte sie mir. Nun hatte ich die Heftchen, aber was stand drin? Ich konnte noch nicht lesen. Das mußte meine Mutter für mich tun. Sie hat mir die Märchen Abend für Abend vorgelesen, vom ersten bis zum letzten, alle hundertsechsundfünfzig. Draußen wurde das Dritte Reich ausgerufen, drinnen waren wir da vielleicht bei der Stopfnadel, die sich so fein vorkam, daß sie sich einbildete, eine Nähnadel zu sein; draußen wurde es Frühling, Sommer, Herbst und wieder Winter, drinnen hatten wir da vielleicht »Tante Zahnweh« ausgelesen und fingen mit dem »Feuerzeug« wieder von vorn an: »Es kam ein Soldat die Landstraße dahermarschiert: Eins, zwei! Eins, zwei! Er hatte einen Tornister auf dem Rücken und einen Säbel an der Seite, denn er war im Kriege gewesen und wollte nun heim.« Manchmal, wenn es spät geworden war, übersprang meine Mutter einen Absatz oder überschlug auch eine ganze Seite. Das merkte ich. Da fehle was. Und wenn meine Mutter entgegnete, da fehle nichts, ich müsse mich irren, wußte ich meistens auch, was da gefehlt hatte. »Aber Junge«, rief sie dann, »du kennst die Geschichten doch schon auswendig!« Eben darum gefielen sie mir immer besser. Noch heute liebe ich jeden Satz.

Kann man nur als Kind Andersen lieben lernen? Das glaube ich nicht. Wer als Kind niemanden hatte, der sich zu ihm ans Bett gesetzt und ihm die Märchen vorgelesen hätte, der geniere sich nicht und hole als Erwachsener das Versäumte nach. Andersens Welt ist lebenslänglich und für alle Lebensalter geöffnet. Als die Märchen neu waren, als Andersen selbst sie zum erstenmal erzählt hat, vor fast hundertfünfzig Jahren, bemerkte er bald, daß ihm nicht nur die Kinder zuhörten. Sein Freund Thorvaldsen, der Bildhauer, ließ sich die Geschichten sogar während er arbeitete von ihm vorlesen, am liebsten die vom häßlichen Entlein und die vom Ball und dem Kreisel. Und wenn sie abends im Kreis der Familie zusammensaßen, fragte Thorvaldsen: »Bekommen wir Kleinen heute keine Märchen?« In seinen Erinnerungen berichtet Andersen, daß Kinder sich vor allem an dem vergnügten, was er die Staffage nennen wolle, die Erwachsenen aber sich mehr für die tieferen Gedanken interessierten. Während er den Kleinen erzähle, denke er daran, daß oft Vater und Mutter zuhörten, und denen müsse man etwas für den Verstand geben. In der Geschichte »Moorkönigs Tochter« wissen das die Störche auch: »Die Störche erzählen ihren Kleinen so viele Märchen, alle vom Sumpf und vom Moor; die sind für gewöhnlich ihrem Alter und Fassungsvermögen angepaßt; die kleinsten Jungen sind zufrieden, wenn man zu ihnen sagt: ›Kribbel, krabbel, blupp, blupp!‹ das finden sie ausgezeichnet, aber die älteren möchten einen tieferen Sinn dabei haben oder zum mindesten etwas über die Familie.« Als ich älter wurde, hielt ich mich in der Tat lieber an die Stellen für den Verstand, die mit dem tieferen Sinn oder über die Familie, inzwischen aber finde ich »Kribbel, krabbel, blupp, blupp!« auch wieder ausgezeichnet.

Brauchen wir zum Märchenlesen günstige Umstände? Muß uns poetisch zumute sein? Sind Ort und Zeit von Belang? Das glaube ich auch nicht. Zwar empfiehlt Ernst Bloch die Abendstunde als die geeignete fürs Erzählen, zwar ist nicht zu leugnen, daß es schön ist, wenn dazu noch Winter herrscht, mit früher Dunkelheit draußen und einem richtigen Ofen mit einem richtigen Feuer drinnen, so einem mit langem Hals und blanker Messingtrommel, wie er uns aus dem »Schneemann« bekannt ist, aber wirklich nötig ist das alles nicht. Die Märchen können auch ohne förderliche Umstände gelesen werden.

Im Frühling, Sommer, Herbst, morgens, mittags, nachmittags, in der U-Bahn, im Hotelzimmer, ja sogar am Strand. Ich habe es ausprobiert. Nötig sind nur die Märchen selber. Sie haben Kraft genug, uns zu allen Jahres- und Tageszeiten, und wo immer wir sind, und wie immer wir gelaunt sind, sofort – ja, was? gefangenzunehmen. Das altmodische Bild paßt. Wir merken das gar nicht, blättern, lesen eine Überschrift, einen ersten Satz, und sind gefangen. Andersens erste Sätze sind die schönsten und listigsten der Weltliteratur. Zum Beispiel: »Es waren einmal zwei Hähne, einer auf dem Mist und einer auf dem Dache, hochmütig alle beide. Aber wer brachte es am weitesten? Sag uns Deine Meinung – wir behalten dennoch unsere eigene.« Oder: »In China, weißt du wohl, ist der Kaiser ein Chinese, und alle, die er um sich hat, sind auch Chinesen.« Wie mag das auf chinesisch klingen? Kürzlich las ich in der Zeitung, daß Andersens Märchen in der Volksrepublik China noch vor den Romanen von Dickens auf der Bestseller-Liste stünden. Oder: »Es kam eine Ente aus Portugal, manche sagten, aus Spanien, das ist einerlei, sie wurde die Portugiesische genannt, sie legte Eier, wurde geschlachtet und aufgetragen; das ist ihr Lebenslauf.« Ist das ein Anfang? Es ist auch ein Schluß. Einer von den Schlußanfängen, wie Andersen sie liebte. Hier gleich noch einer: »Es war einmal ein Kaufmann, der war so reich, daß er die ganze Straße und fast noch eine kleine Gasse darum mit Silbergeld hätte pflastern können, aber das tat er nicht, er wußte sein Geld besser zu gebrauchen; gab er einen Schilling aus, so bekam er einen Taler wieder, so ein tüchtiger Kaufmann war er – und dann starb er.« Eine Figur wird aufgebaut, bekommt einen Beruf, einen Charakter, einen Platz in der Gesellschaft – nun kann die Geschichte anfangen. Aber sie fängt nicht an, nicht so und nicht mit diesem Mann, sondern mit einem ganz anderen, mit seinem Sohn. Was es mit dieser Art von Anfängen auf sich hat, lehrt uns ein weiterer Anfang: »Es ist eigentlich eine Geschichte in zwei Teilen, mit der wir hier aufwarten; der erste Teil könnte recht gut fortfallen, aber er gibt uns die Vorkenntnisse, und die sind nützlich!« Hier der schönste erste Satz. Er stammt auch aus dem berühmtesten Märchen: »Es war so herrlich draußen auf dem Lande, es war Sommer! Das Korn stand gelb, der Hafer grün, das Heu war unten auf den Wiesen in Schobern

aufgesetzt, und dort ging der Storch auf seinen langen, roten Beinen umher und sprach ägyptisch, denn diese Sprache hatte er von seiner Mutter gelernt.« Das ist, für Leselustige, unwiderstehlich. Und welche Märchen zu welchen Sätzen gehören, das wird nicht verraten? Wer's wissen will, der suche selbst.
Können also die Märchen überall und jederzeit und von allen gelesen werden? Überall und jederzeit, aber nicht von allen. Philister, zum Beispiel, lesen keine Märchen, sie könnten es gar nicht, selbst wenn sie wollten. Sie glauben den Märchen nicht. Sie verwechseln Wunder mit Illusionen. Sie denken, das Märchenerzählen sei nichts weiter als erlaubtes Lügen für Kinder. Sie halten Märchen und Wirklichkeit für Gegensätze. Ihnen wird nie aufgehen, was Andersen meinte, als er in der »Geschichte aus den Dünen« die Fahrt des kleinen Jörgen durch die blühende Heide so beschrieb: ». . . ihm war es, als führe er mitten in das Märchenland hinein, und es war doch die Wirklichkeit.« Aber wäre es überhaupt wünschenswert, würde Andersen von allen verstanden? Es spricht, finde ich, sehr für die Märchen, wenn wir uns vorstellen, wer alles sie mit Gewißheit nicht liest, Leute nämlich, mit denen wir lieber nichts gemeinsam haben wollen.

Wir halten es mit den Märchenlesern. Mit Heinrich Heine, der Andersen sein Gedicht »Lebensfahrt« schenkte, und sich, selbst Fachmann auf dem Gebiet des Koboldwesens, von ihm ausführlich über die besondere Anhänglichkeit der dänischen Kobolde unterrichten ließ. Mit Charles Dickens, der, als er eine Sammlung arabischer Sprichwörter herausgab, eins davon hervorhob (»Als des Kaisers Roß goldene Hufeisen bekam, hielt auch der Mistkäfer das Bein hin«), und dazu anmerkte: »Wir empfehlen Hans Christian Andersen, darüber ein Märchen zu schreiben.« (Was Andersen tat.) Mit Theodor Fontane, der schon 1889 Andersens Märchen auf eine Liste der »besten Bücher« setzte. Mit Wladimir Majakowski, der den Märchen in seinem Antikriegs-Poem »Krieg und Welt« den Vorzugsplatz zu Füßen des Friedenstages anwies: »Aufbrach ein Tag, Zaubers so voll, / das Andersens Märchen zu seinen Füßen so froh / sich balgten, wie junge Hunde, vor Übermut toll.« Mit Kurt Tucholsky, der die Märchen von Herzen geliebt haben muß, denn sie fallen ihm zu oft ein, als daß das ein Zufall sein könnte. Über die parodistische Tänzerin Valeska Gert: »Gott muß ihr jenen Andersenschen Glassplitter ins Auge geweht haben, durch den man die Welt so eigentümlich verzerrt sieht.« Über den Blick auf das französische Städtchen Grasse am Abend: ». . . bis weit ins Land kann man sehen und oben auf den Bergen wohnen auch Menschen und blinken Lichter. Und jeder Lichtfleck erzählt eine kleine Geschichte – es ist wie ein Rundblick für Andersen.« Über die Riesenmenge gefundener und noch nicht abgeholter Fahrräder im Kopenhagener Polizeipräsidium: »Man müßte Andersen bitten, hier einen Nachmittag lang herumzugehen – was gäbe das für ein hübsches Märchen!« Es gibt auch einen ganz Andersen gewidmeten Artikel, »Herr Konferenzrat Andersen« von 1927. Und wenn Tucholsky, wie hier, sich lustig macht über Andersens Ruhmsucht, so läßt der milde Spott die große Zuneigung nur noch deutlicher hervortreten: »Du hast nach Anerkennung gelechzt, dein Leben lang! Wenn Herr Konferenzrat erlauben und wenn es Herrn Konferenzrat Freude macht: Herr Konferenzrat sind unser Aller Allerbester!«

Die frischeste Spur fand ich in Martin Walsers neuem Roman »Seelenarbeit«. Xaver Zürn, der Chauffeur, der von seiner Herrschaft selten beachtet und nie gelobt wird, hat ein Lieblingsmärchen, das vom Gärtner und der Herrschaft, in dem der Gärtner von der Herrschaft selten beachtet und nie gelobt wird, und dieses Märchen ist natürlich von Andersen. Keins von den berühmten, den oft gedruckten und viel zitierten. Es muß einer seinen Andersen schon ganz gelesen haben, um es zu kennen. Wie Xaver Zürn, über den Walser mitteilt: »Der Lieblingssatz der Herrschaft des Gärtners in seinem Lieblingsmärchen hieß: ›Dieses Jahr glückte es nicht, lieber Larsen.‹« Ich habe sofort in meinem Andersen nachgesehen, und da steht: »Es war fast, als empfinde die Herrschaft eine Erleichterung, wenn sie sagen konnte: ›Dies Jahr wurde es nichts, guter Larsen!‹« Zürn hat die bessere Übersetzung. »Glückte es nicht« ist genauer als »wurde es nichts«, weil im Mißglücken sich ausdrückt, daß Larsen sich Mühe gegeben hatte, es glücklich zu lassen, und »lieber Larsen« gefällt mir besser als »guter Larsen«, weil das Gleichstellung vortäuschende »lieber« noch verlogener ist als das herablassende »guter«, ganz im Sinne von Andersens alter und Walsers neuer Geschichte. »Seelenarbeit« und »Der Gärtner und die Herrschaft« sind Darstel-

lungen lebenslänglicher Kränkung Niedriggestellter durch Hochgestellte. Die unverdiente Kränkung ist Andersens Hauptthema, und das Märchen vom Gärtner und der Herrschaft, 1871 geschrieben, eine seiner vielen Variationen darüber. Nur daß es hier, anders als im Märchen vom häßlichen Entlein zum Beispiel, eine menschliche Herrschaft ist, eine »reiche, hochadlige«, die das wahre Talent weder erkennt noch achtet, und nur, daß die Geschichte vom Gärtner Larsen nicht wie die vom häßlichen Entlein glücklich endet, nämlich mit dem Triumph des lang Verkannten, sondern daß die menschliche Herrschaft unbelehrt bleibt und es dem Gärtner übelnimmt, wenn ihm seine Arbeit gelingt und er Erfolg damit hat. »Sie fühlten«, heißt es am Schluß von Andersens Märchen, »daß sie die Herrschaft waren, sie konnten Larsen kündigen, aber das taten sie nicht, sie waren gute Menschen, und das ist erfreulich für jeden Larsen.« Ein Lob, das den lesenden Herrschaften eigentlich im Halse hätte stecken bleiben müssen, aber das tat es nicht. Vielleicht glaubten sie wirklich, gute Menschen zu sein, da sie die Larsens manchmal nicht hinauswarfen. Und vielleicht glauben sie das, wie Walsers Geschichte zeigt, noch heute. »Nun magst du darüber nachdenken«, sagt Andersen am Schluß. Das wollen wir tun. Auch darüber, wie unser Dichter eigentlich zum Ruf des guten Märchenonkels aus dem Butterlande kam. Das ist er, glaubt es mir, nicht.
Ob es den Gefion-Verlag (Berlin-Kopenhagen-Malmö) noch gibt, weiß ich nicht, »Der tanzende Tor« von Baron Palle Rosenkrantz ist so vergessen wie der Film gleichen Namens, mein älterer Bruder fiel im Krieg, meine Mutter ist gestorben. Von den dreißig Heftchen habe ich noch an die zwanzig, aber vielen Geschichten fehlt entweder der Anfang oder der Schluß. Dennoch kommt es mir ein bißchen wie Verrat vor, wenn ich neue Bücher benutze. Bei uns zu Hause bin jetzt ich der Vorleser. Und welches Märchen lesen wir heute? Vielleicht das vom Vater, der immer das Richtige tut. Es fängt so an: »Jetzt werde ich dir eine Geschichte erzählen, die ich gehört habe, als ich klein war, und jedesmal, wenn ich seitdem darüber nachgedacht habe, fand ich sie schöner; denn es geht mit den Geschichten wie mit vielen Menschen, sie werden mit dem Alter schöner und schöner, und das ist so vergnüglich!«

Egon Monk

Gottfried Keller
Der grüne Heinrich

Kein großer Roman deutscher Sprache hat eine im Sinn bürgerlicher Disziplin so bemühende Entstehungsgeschichte. Ein junger Zürcher, kleinwüchsig und aufs Maul geschlagen, kommt 1850 nach Berlin mit dem erklärten Ziel, Theaterdichter zu werden (eine Morgenlandfahrt stand auch zur Diskussion). Was hat er hinter sich: eine Jugend im gestrengen Schutz der verwitweten Mutter; den disziplinarischen Hinauswurf aus der Zürcher »Industrieschule« und damit aus der Bahn bürgerlicher Qualifikation; kümmerliche Jahre als Textilgrafiker und angehender Kunstmaler; als solcher hat er in München zwei Jahre gedarbt und die Rente seiner Mutter verzehrt (ein Haus war da, zum Glück, eine Schwester auch, aber die war in ihren eigenen Augen »nicht so wichtig«); seine Bilder waren teils nach dem Gedächtnis gemalte Naturstudien, teils ossianische Landschaften, ausnahmslos unverkäuflich und menschenleer. Menschen konnte der Autodidakt noch nicht, und offenbar hatte er sich auch im Medium getäuscht. Die politische Lyrik, die der Heimgekehrte in den vierziger Jahren schrieb, verschaffte ihm ein Stipendium seiner arrivierten Altersgenossen, so daß er das Menschenstudium seriöser beginnen konnte: zuerst 1848 in Heidelberg als Hörer Feuerbachs, der ihm nicht nur seinen Kinderglauben, sondern auch eine Liebe wegnahm, und dann eben in Berlin als Theater-Student. Leider gab er an, etwas ganz anderes schon so gut wie fertig zu haben: einen »traurigen kleinen Künstlerroman«, von dem er dem Braunschweiger Verleger Vieweg ein Exposé lieferte und ihn damit »ganz verliebt« machte. Keller mochte wirklich glauben, er könne seine mißglückte Maler-Zeit literarisch schnell übers Knie brechen und mit der Nachfrage der Leihbibliotheken seine wahre Bildung finanzieren. So begann sein Elend – und das des Verlegers – mit dem »Grünen Heinrich« und ließ beide über Kellers ganze fünf Berliner Jahre nicht mehr los. Erst 1855, nach einem weitern Liebesunglück, konnte der »zypressendunkle Schluß« »unter Tränen hingeschmiert« werden. Der nicht enden wollende Vierbänder hatte Keller nicht nur die ursprünglichen Berufspläne verdorben, sondern auch fast jeden bildenden Umgang, andere, verheißungsvollere Prosa-

Projekte und den Kredit in Zürich: um so mehr, als auch der Roman alles andere als ein Erfolg wurde. Der 36jährige lief von einem Trümmerhaufen weg heim zu Mutter und Schwester. Der Berliner Literat hatte den Münchner Maler weder überholt noch ins reine geschrieben; er hatte, so schien es, nur Mißverständnis und Misere bestätigt.
Ist aus dem Stoff solcher Wanderjahre ein klassischer Entwicklungsroman zu machen? Die Resignation, auf die er hinausläuft, ist jedenfalls kein bürgerliches Lernziel. Obwohl das größte Vorbild, in seinen »Wanderjahren«, ebenfalls ein exemplarisches Individuum namens Meister wieder zur Fremde verurteilt hatte, zur Abwanderung aus der gesuchten Universalität, zum Erlernen des Ärzte-Handwerks, zur Spezialisierung der Utopie. Nur: so recht bürgerlich war diese Utopie nicht gewesen. »Wilhelm Meister oder die Wallfahrt nach dem Adelsdiplom« lautet ein mokantes Urteil des Goethe-Verehrers Novalis – der *seinen* Heinrich die ständische Klippe so hoch hatte überspringen lassen, daß sie, im magischen Licht der Universal-Poesie, nicht mehr hemmte. Die großen deutschen Entwicklungsromane, vom »Titan« bis zum »Nachsommer«, stellen den Erfolg ihres Helden immer ein bißchen abseits der sozialen Realität sicher: Sie arrangieren Residenzen und Rosenhäuser dafür. Das Angebot zum Dispens ergeht, in den Grafenschloß-Kapiteln, auch an den grünen Heinrich, nur: Es wird, mitsamt der dazu passenden Liebe, nicht angenommen. Es ist eine stärkere Bindung, die das Glück des Romans vereitelt. Bei Keller steht dafür das Bild der um alle Hoffnung betrogenen Mutter. Aber die ebenfalls symbolische und am Ende tödliche Kraft, die es über den grünen Heinrich behauptet, erschöpft sich in keiner nur psychologischen Deutung. Dahinter steht ein Begriff des gerechten Tausches, ein Gefühl für das Unerbittliche von Schuldigkeitsverhältnissen, das den Roman allerdings, und bis ins künstlerische Herz hinein, zu einem *bürgerlichen* Buch macht – gerade in der Schilderung des Scheiterns. Das Buch strahlt von weltlichem Ernst – vom Ernst sozialer und politischer Tatsachen, die das gewählte Roman-Muster, zur Farbe der Trauer gebrochen, durchscheinen lassen muß. Nicht weniger exemplarisch als Marx die Leidensgeschichte der Werte im Zeichen ihrer kapitalistischen Entzauberung demonstriert, entwickelt Keller die

optimistische Prämisse des Bildungsromans zu Tode – ohne es zu wünschen, aber unter dem Druck moralischer Notwendigkeit und ästhetischer Ökonomie. Der »Grüne Heinrich« führt vor Augen, daß in diesem großen 19. Jahrhundert ein neuer Handel um die menschliche Existenz in Gang gekommen war, dessen Konsequenz das Ende des Individuums als Helden-Figur bedeutet – oder umgekehrt gesagt: dessen Regeln sich dieser Held nur um den Preis seines Lebens entzieht. Der Roman macht das Defektgewordene der klassischen Bildungs-Erwartung schon in der Wurzel deutlich: Der Dropout, der hier Künstler werden will, will in Wahrheit sich und andere für die Verluste seiner ersten Jahre entschädigen: Der »Grüne Heinrich« ist ein Schuldbuch, den das wache soziale Gewissen führt. Nie bisher, auch nicht im »Anton Reiser« oder bei Jung-Stilling ist Jugend so genau als Kindheit, Entwicklung als Sozialisation gezeichnet worden. Und eben so wird auch das Künstler-Schicksal präzise meßbar: als Traum, und als Verzweiflung am Träumen; als Kompensation, die – Begabung hin und Glücksumstände her – nicht gelingen durfte. Wer sich nicht in Kapital verwandeln lernt, muß liquidieren; für das Gesicht der Kunst im 19. Jahrhundert bedeutet Liquidation noch: Tränen; jene Tränen, unter denen das Ende des »Grünen Heinrich« »hingeschmiert« wurde. Und wer danach noch Staat machen will, muß ein guter Kaufmann sein oder dienen. Die literarische Nachkommenschaft des kinderlosen grünen Heinrich ist bei Robert Walser zu finden, den Gehülfen und Diener-Lehrlingen, die scheinbar lächelnd und ziellos durch seine Prosa spazieren.

Nach 15 Jahren ehrenhaften Staats-Dienstes hat Gottfried Keller als fast Sechzigjähriger das ungeliebte Buch seiner Jugend noch einmal umgeschrieben und die Hand, die die Urfassung wieder ausgraben sollte, zum »Verdorren« verurteilen wollen. Er hat nicht nur das in seinen Augen Überflüssige getilgt, sondern auch dem Jugendüberfluß selber, den trostsuchenden Reflexionen und den »Nuditäten« zu steuern versucht. Er hat seinen Helden vom Tod in ein Amt gerettet und von der Er-Form (deren Schein von Objektivität ihm zu durchsichtig, zu indiskret geworden war) in die Ich-Form. Die Erinnerung sollte als Rolle erkennbar werden, das monströse Bruchstück einer Konfession als eigene Plastik. Der Roman ist dadurch gebildeter, verschwiegener, staatsmännischer geworden. Für das Glück hat er seinen Helden nicht retten können: Darauf bestand und darin besteht sein exemplarischer Realismus. Der »Grüne Heinrich« ist aktuell geblieben, weil er seiner geschichtlichen Stunde treu gewesen ist; aus der Gebrochenheit seiner Lebenserwartung leuchtet ungebrochen die Nähe seiner Kunst.

Adolf Muschg

Gustave Flaubert
Madame Bovary

Als der Priester ihr das Kruzifix zur letzten Ölung entgegenhielt, da »reckte sie den Hals wie jemand, der dürstet, preßte die Lippen auf den Leib des menschgewordenen Gottes und drückte mit aller erlöschenden Kraft den heißesten Liebeskuß darauf, den sie je gegeben hatte«. Danach verlangte sie ihren Handspiegel und fand sich schön in ihm, bis Tränen ihr den Blick verwehrten.

So läßt der Autor Flaubert seine Leser ahnen, aber nur ahnen, daß sie nie schöner war als jetzt, nachdem sie sich selbst vergiftet hatte. Und so ungefähr sah es auch der Staatsanwalt Pinard und sorgte mit für Emma Bovarys Berühmtheit, indem er Flaubert beschuldigte, seine Leser zu vergiften durch den Glorienschein, mit dem er eine Ehebrecherin umgebe. Flauberts Verteidiger Sénard hat das erfolgreich bestritten, und Literaturwissenschaftler, die sich bis zum heutigen Tage gern auf die Seite der Kunst schlagen, wenn die Kunst sich an den Moralkonventionen vergeht, haben seine Argumente noch über die Maßen verfestigt mit Hilfe der Beobachtung, daß Flaubert nur ungerührt beschreibe, was seine Personen empfänden, und daß er, wie keiner vor ihm, den Leser selbst zum Richter über die Geschichte mache.

Leicht konnten sie sich dabei auf Flaubert selbst berufen. Von seiner »impassibilité«, von der beabsichtigten Gleichgültigkeit und Unpersönlichkeit seines Schreibstils, redete er in seinen Briefen, und einer jugendlichen Verehrerin, die ihm zu seinem Freispruch gratulierte, gab er dafür eine lakonische Begründung: »Der Künstler muß in seinem Werk wie Gott in der Schöpfung sein, unsichtbar und allmächtig.«

Das klingt in der Mitte des 19. Jahrhunderts wie versteinerte Genieästhetik. Erst Sartre hat in seinem großen Flaubert-Buch »L'Idiot de la famille« aufgedeckt, aus welchem Haß auf eine Umwelt, die ihn schon als Kind mit Zurücksetzungen und lächerlichen Erniedrigungen nicht verschonte, Flaubert die literarische Kraft entband, im selbsterrichteten Reich der Kunst ein Souverän seiner Geschöpfe zu werden. Als einen mitleidlos exakten Beobachter haben Kritiker und Karikaturisten den Arztsohn allerdings schon zu seiner Zeit gesehen: Als Chirurg

erscheint er da, wie er Emmas blutendes Herz, auf ein Skalpell gespießt, unter einer Lupe gleichmütig betrachtet.
Wie geht er im Roman mit seiner Heldin um, die so heiter den Leib Christi empfängt, ehe sie qualvoll und unappetitlich zu Tode kommt? Er führt sie seinen Lesern zunächst als jugendliche Leserin vor, die für Herzjesubilder schwärmt und später für galante Romanhelden, die um Maria Stuart, Jeanne d'Arc, Heloise und dann um die Verfolgten der Bartholomäusnacht zittert und dann wieder von Sultanen in den Armen ihrer Bajaderen träumt – bevor sie den ersten Mann in ihrem Leben, einen unbedeutenden und eher täppischen Landarzt heiratet. Hat sie sich früh mit Literatur vergiftet oder hat sie nur, wie viel später Döblins Franz Biberkopf, ein bißchen mehr als ein Stück Brot vom Leben gewollt?
Charles überlebt seine Frau und liebt sie unterwürfig und geduldig, bis ihn ein Schlagfluß aus seiner Sehnsucht nach Liebe und seinen Geldsorgen erlöst. Emmas verwaiste Tochter wird Baumwollspinnerin.
Dazwischen liegen die Lebenserfahrungen einer Pächterstochter aus der Provinz. Ein Schloßball führt ihr einen Vicomte als Tänzer zu und einen Hauch von Reichtum und Paris. Auf einem Stadtplan von Paris und in den Romanen von Sue, Balzac und George Sand sucht sie die Spuren und das Bild des Vicomte. Ein Kanzleischreiber, der in ihr Dorf Yonville verschlagen wird, mit tadellosen Manieren und einem Anflug von Weltläufigkeit, wird ihr erster und später ihr letzter Liebhaber. Sie genießt es, sich mit ihm auf der Dorfstraße zu zeigen, und sie empfindet die weichen Lockungen eines künftigen Glücks und hält sich ehrbar, bis er sich nach Rouen verabschiedet. Später werden sie in Rouen eine taglange Kutschfahrt hinter verhängten Fenstern und dann ein wöchentliches Glück in einem schäbigen Hotel erleben, das sie mit allerlei Unkosten und gefälschten Klavierstundenrechnungen bezahlt.
Dazwischen liegen die beiden Liebesaffären mit dem strammen Gutsbesitzer Rodolphe. Rodolphe hat eine übliche Liebschaft im Auge; für Emma gehört selbst ihre Vereinigung mit ihm noch in das Zeremoniell ihrer platonischen Lebensvorstellungen. Ihr Glück besteht mehr darin, einen Liebhaber zu haben, als seiner Liebe gewiß zu sein. Und darum hat er sie bald in seiner Gewalt.

Nach einer Phase wachsender Gleichgültigkeit bei ihm und wachsender Reue mit ihr tritt jedoch eine Wendung ein, die sie ihm erneut und nun leidenschaftlich in die Arme treibt. Sie stachelt ihn an, mit ihr zu fliehen, und erst als er sie im letzten Augenblick buchstäblich sitzen läßt, schlägt diese Leidenschaft in Verzweiflung und gottgefälligen Wohltätigkeitseifer um.
Was war der Drehpunkt, der sie Rodolphe neuerlich in die Arme trieb, der ihr schüchternes Liebesbegehren zu ungehemmter Liebesleidenschaft, ihr Ehrbewußtsein zu raffinierter Lügenhaftigkeit, ihre Zielstrebigkeit aber in dumpfe Getriebenheit verkehrte? In einem einzigen Kapitel erzählt Flaubert zwischenhinein von Charles. Eine Klumpfußoperation soll seine Reputation vermehren. Sie mißlingt und leitet seine öffentliche Mißachtung und seinen sozialen Niedergang ein. Eine soziale Enttäuschung wird also der Angelpunkt, um den sich Emmas Schicksal dreht, und zwar so gründlich, daß sie nun, in genauem Rücklauf ihrer bisherigen Erlebnisse, wie auf einer Gleitbahn dieselben Stationen nacheinander wieder durchmißt, die zuvor als Stufen ihrer Befreiung erschienen.
Ist dieser Roman vielleicht deshalb eine bis dahin unerhörte Partitur im Konzert der Weltliteratur, weil er keinen Helden und keine Heldin und nicht einmal das Gegenteil davon hat? Flaubert führt uns die kümmerlichen Abwechslungen im Leben eines Marktfleckens in der Normandie und die dürftigen Reize einer Mittelstadt samt dem schalen Abglanz vor, den das ferne Paris über die Provinz wirft.
Krasser als Flaubert hat niemand aus der Mittelmäßigkeit literarisches Kapital geschlagen, seinen Haß auf die Dummheit seiner Mitbürger zu Sätzen geschliffen und die so entstandenen Sätze geliebt. Satz für Satz sind die Romane Flauberts ein Meißelwerk – das schon unterscheidet ihn, den im übrigen sparsamen Schreiber, von den wortgewaltig ausladenden Scott, Dickens, Balzac oder später Zola. Seine Personen sind nirgends imstande, selbst ihre Eindrücke so zu ordnen und zu deuten, daß sie Klarheit über sich gewönnen. Er aber meistert das Paradox, dumpfe, verworrene, unerlöste Dinge so klar zu sagen, daß das Dumpfe, Verworrene, Unerlöste an ihnen in scharfes Licht tritt. Es wäre Dummheit zu glauben, sagt er von sich, ich schriebe die Welt ab.

»Dummheit! Wenn ich aus einer Sache einen Satz gemacht habe – was hat die Sache noch mit dem Satz zu tun?« Das ist ein Bekenntnis, das Flaubert ausgesprochen haben könnte. Ausgesprochen wurde es tatsächlich ein halbes Jahrhundert später von Thomas Mann, als er seine »Buddenbrooks« gegen den Vorwurf einer bösartig getreuen Abschilderung seiner Lübecker Zeitgenossen vor den Schranken eines Gerichts zu verteidigen hatte. Flaubert, der sich ein eigenes Wörterbuch von Gemeinplätzen anlegte, um die Rede- und damit auch die Denkmuster der Bourgeoisie festzuhalten, ist der erste Romanautor, dem es gelingt, nicht nur den charakterlich, sondern auch den geistig und seelisch durchschnittlichen, den dumpfen und selbst in seinem Leiden nicht mehr tragischen: den sehr gewöhnlichen Mitmenschen zur Romanfigur zu machen, und er hat damit Geschichte gemacht.

Der Roman geht böse aus. Sein letzter Satz teilt mit, der Apotheker Homais habe das Kreuz der Ehrenlegion erhalten. Homais' Beschränktheit zeichnet sich dadurch aus, daß sie genau auf der Höhe seiner Zeit ist. Homais ist »Fortschrittler«.

Flauberts Roman scheint gnadenlos gegen jedermann. Und doch enthält dieser Roman ein Plädoyer für Emma Bovary, das sein Ankläger und sein Verteidiger übersehen haben. Emma Bovary emanzipiert sich nicht, obgleich sie es will, und man kann sie, wie viele es wollen, als Entgleiste ansehen oder auch als Opfer der Gesellschaft. Aber sie wird schöner mit jeder dürftigen Erfüllung ihrer mittelmäßigen Sehnsüchte. Sie entwächst noch dem Erniedrigungswillen ihres Autors. Der neue Zustand, in den die Besuche des wenig unterhaltsamen Charles im Hause ihres Vaters sie versetzen, erwecken in ihr »eine wunderbare Leidenschaft«. Vor dem Ball im Schloß sieht Charles im Spiegel des Ankleidezimmers, wie ihre Augen und ihr Haar tiefer glänzen. Bei der ersten Begegnung mit dem jungen Kanzlisten Léon läßt der Erzähler vom Kamin her einen tiefroten Lichtschein über sie hin laufen, der ihre Haut leuchten macht. Sie das »Mal einer höheren Bestimmung« trägt sie die erwachte Liebe zu Léon auf der Stirn, »sogar Unbeteiligte konnten sich diesem Zauber nicht entziehen«. Die Liebhaber werden ihr zum Anlaß einer Selbsterleuchtung, die sie wacher, anspruchsvoller gegen sich und darum auch für andere ebenso wie für ihren Mann begehrenswerter macht. Nach ihrer Hingabe an Rodolphe sieht sie im Spiegel ihre Augen schwarz, groß und unergründlich wie nie zuvor. »Etwas Vergeistigtes lag über ihrem ganzen Wesen und verschönte es.«

Der Gleichtakt, in dem sich ihre Schönheit und ihre Liebesfähigkeit weit über ihre Glückserfahrung hinaus noch bis in ihren sozialen Ruin hinein entfalten, ist vom Autor mit der gleichen Unbeirrtheit ausgeführt wie der architektonisch exakte Aufstieg und Abstieg der gesamten Romanhandlung. Aber er setzt sich gegen sie und womöglich noch gegen die menschen- und zeitverachtende Souveränität ihres Autors durch. Noch in ihrer abwegigsten Verwirklichung zeigt sich an Emma, daß Liebe schön macht. Ihre Liebesfähigkeit, aus welchen vorgeprägten Vorstellungen und nie geklärten Ahnungen sie auch erwuchs, hat Emma bedeutender gemacht, als die Sitten der Provinz es ihr vorgeschrieben hätten.

Der Liebesroman »Madame Bovary« hat den zeitkritischen Gesellschaftsroman weit hinter sich gelassen, und Flauberts Verteidiger war im Unrecht, dies abzuschwächen; sein Ankläger dagegen hat, übrigens ebenso wie der hernach von ihm verklagte Baudelaire, mindestens die Idealisierung der Liebe jenseits der Moral bei der Lektüre dieses Buches richtig erkannt.

Die Verteidiger des Romans, die sich auf die Freiheit der Kunst berufen, treten bloß denselben Rückzug an, den schon der Autor vorgezogen hat. Der Lebenswandel der Madame Bovary wird unter der Feder Flauberts ein gefährlicher, aber auch ein entschiedener Vorstoß, den Lebenswert der Liebe über die »Sitten der Provinz« zu stellen. Gefährlich nicht nur für den Staatsanwalt, sondern für alle, die ihn ernst nehmen. Daß ein Roman ernsthaft mit der Liebe zu tun haben soll, ist eine mindestens zweitausendjährige Weisheit. Das Wagnis, rücksichtslos und verheißungsvoll von Liebe zu erzählen, macht darum diesen Roman einer Gutstochter aus der Normandie letztenendes unverwüstlich.

Eberhard Lämmert

Iwan A. Gontscharow
Oblomow

Man hat Gontscharow den russischen Flaubert genannt, seinen zweiten Roman, der ihn gleichsam über Nacht berühmt machte, zum Besten gezählt, was die russische Literatur nach Puschkin und Gogol hervorgebracht hat. Die Wirkung, die das Buch bei seinem Erscheinen (1859) gehabt hat, ist heute kaum noch vorstellbar. Ganz Rußland las und diskutierte es. Hatte der Autor seinem Lande einen Spiegel vorgehalten? Nur wenige Figuren der Weltliteratur sind so populär geworden wie der Oblomow, nur wenige auch so kontrovers gedeutet, was schließlich dazu führte, daß die Interpreten, trotz allseitig versicherter Hochschätzung der künstlerischen Leistung, bis heute an dem Werk herumnörgeln. Den einen ist die vermeintlich negativ intendierte Gestalt des Oblomow zu positiv ausgefallen, den anderen die vermeintlich positiv intendierte des Deutschrussen Stolz zu negativ.
Dostojewskis Verehrung für Puschkin ist sicher aufrichtig gewesen. Seine Ansicht jedoch, ohne Puschkin wäre die jüngere Literatur Rußlands kaum denkbar, nur zur Hälfte wahr, gerade auch hinsichtlich der Vorbilder Dostojewskis selber, dessen große Romane deutlich den Einfluß Gontscharows und seiner psychologischen Kunst verraten. Und womöglich ist das mit ein Grund, weshalb in den kritischen Aufsätzen Dostojewskis (übrigens auch in der Sekundärliteratur über Dostojewski) der Name Gontscharows so beharrlich ausgespart wird.
Die Fama, die dem »Oblomow« vorangeht, in diesem Roman ereigne sich nichts, aber auch gar nichts, der Inhalt lasse sich in wenigen Zeilen wiedergeben, hat bewirkt, daß die wenigsten sich noch die Mühe machen, dieses Buch wirklich von Anfang bis Ende zu lesen, weil jeder es zu kennen, jeder sich unter den (längst in alle russischen Diktionäre aufgenommenen) Wörtern *Oblomow* und *Oblomowschtschina* etwas vorstellen zu können glaubt. Was Gontscharow erzählt, ist in der Tat, auf die pure Fabel reduziert, eine höchst einfache Geschichte: Im Alter von 30 Jahren hat sich der Gutsbesitzerssohn und an einer Beamtenkarriere desinteressierte Oblomow im wörtlichen Sinne in den Ruhestand versetzen lassen. Umsorgt von

seinem alten Diener Sachar verbringt er das Leben im Bett oder auf dem Diwan, schläft, träumt, dämmert vor sich hin oder grübelt über Reformen auf dem väterlichen Gut nach. Von seinem Jugendfreund Stolz für kurze Zeit aus dieser Lethargie herausgerissen, versucht er, ein neues Leben zu beginnen. Er verliebt sich in das Mädchen Olga. Doch sehr bald erkennt er, daß er auch um dieser Liebe willen sein Leben nicht ändern kann. Er trennt sich von Olga und heiratet seine neue Wohnungsgeberin, eine rechtschaffene Hausfrau, an deren Seite er, weil seine Trägheit noch unterstützt wird, nur noch dahinvegetiert bis an sein notwendig zu frühes Ende. Die Frage, die Kritiker und Interpreten bis heute beschäftigt: was hat es mit dieser übermenschlichen Trägheit und Apathie auf sich? Wollte Gontscharow im »Oblomow« die politische Lethargie unter dem Zarismus, die tiefe Resignation des ganzen russischen Volkes darstellen, den dekadenten Lebensstil der höheren Gesellschaftsschichten anprangern? Ist dieser Ilja Iljitsch Oblomow eine Verkörperung des russischen Nationalcharakters (was immer das sein mag), seine Lebensweise exemplarisch für jene noch von Lenin beklagte teuflische Langsam- und Säumigkeit, eben jener sprichwörtlich gewordenen Oblomowschtschina?

Wer das Buch zu lesen anfängt, der wird schon nach den ersten acht Kapiteln, auf die dann im neunten der berühmte Traum folgt, in dem man von Oblomows Kindheit auf dem Lande, von seiner Verwöhnung, ja Verzärtelung durch die Erwachsenen erfährt – eine Anamnese der Oblomowschen Störungen und ein Prosastück von kühnsten Einsichten in die frühkindliche Psyche –, feststellen können, wie viel hier passiert und daß die Ereignisse sich nahezu überstürzen.

Oblomow, der gerade – damit beginnt der Roman – einen Brief über die katastrophalen Zustände auf seinem vom Vater geerbten Gut und obendrein eine Kündigung seiner Stadtwohnung erhalten hat, wird bereits am Vormittag von einem halben Dutzend Besuchern bestürmt. Das wäre nun eine Chance, sich eingehend über die anstehenden Probleme zu beraten. Aber keiner ist bereit, Oblomow auch nur anzuhören. Der eine lädt ihn zu einer Lustpartie, der andere zu einem Dinner ein. Der Literat Penkin versucht, ihn für die Belletristik zu gewinnen, das Schlitzohr Tarantjew, ihn mit seiner Schwägerin zu verkuppeln. Rat und Hilfe bringt nicht einmal der Arzt, der nur unwillig feststellt, daß Oblomow nie ernsthaft krank ist. Man fragt sich nach diesen ersten Kapiteln, wie Oblomow, selbst bei gutem Willen, da hätte Zeit finden sollen, auch nur seine dringenden Angelegenheiten zu ordnen. Doch Gontscharow schildert lediglich einen exzeptionellen Vormittag; denn diese *Sybariten,* wie Oblomow die Störenfriede tituliert, erscheinen, wie man bald erfährt, keineswegs jeden Tag. Und daß hintereinander sechs Personen in Oblomows gute Stube kommen, wird vom Autor zwar mit dem 1. Mai begründet, an dem die Petersburger ihre Ausflüge unternehmen, ist aber vor allem ein dramaturgischer Kniff. Durch Oblomows Reaktionen auf diese Besucher, durch seine Art, wie er deren Einladungen ausschlägt, lernen wir nicht nur Oblomows Verhältnis zur Petersburger Gesellschaft kennen, sondern mehr noch das Ausmaß seiner Passivität. Und weil Gontscharow diese Passivität, diese kolossale Trägheit nicht nur beim Namen nennt, sie vielmehr in allen Schattierungen darstellt und ihre Auswirkungen zeigt, folgt man über annähernd 700 Seiten gefesselt und von dem Gegenstand angesteckt dieser Geschichte, in der angeblich nichts passiert. Erst am Ende der Lektüre wird einem der homerische Umfang dieses Romans bewußt, begreift man, daß diese Seitenzahl nötig war, Oblomows Leben darzustellen: sein allmählicher, aber unaufhaltsamer Abstieg und sein Versinken in Stumpfheit und Gleichgültigkeit. Doch mit welcher Phantasie, mit welcher Detailgenauigkeit ist dieses monotone Dasein sprachlich realisiert, mit welcher künstlerischen Ökonomie die erzählte Zeit gedehnt und dann wieder gerafft! Von dem Traumkapitel abgesehen, spielt der ganze erste Teil des Romans, also gut ein Drittel, an einem einzigen Tag. Dieser Zeitvergrößerung, die Dostojewski in »Schuld und Sühne« übernimmt, steht gegenüber der zweite, umfangreichere Teil des »Oblomow«, in dem die erzählte Zeit eine Spanne von Jahrzehnten umfaßt. Damit ist es Gontscharow nicht nur gelungen, die verschiedenen Facetten der Oblomowschen Trägheit darzustellen, das Verhältnis von objektiver und subjektiver Zeit, sondern auch die Fallgeschwindigkeit zu veranschaulichen, die Beschleunigung des Tempos von Oblomows Sturz in die Tiefe abzubilden.

Daß Gontscharow seinen Helden und dessen Schwächen so

ungemein sympathisch schildert, bereitet den meisten Interpreten offensichtlich die größten Deutungsschwierigkeiten. Aber sah der Autor in Oblomow denn tatsächlich, wie die Exegeten so unbeirrbar glauben, nur einen »dürren Ast am Baume Rußlands«, einen »Überflüssigen«, einen »Vertreter der Untüchtigkeit, Schlamperei und Versumpfung«? Oder wirkt Oblomow nur deshalb so sympathisch, weil sein Gegenspieler Stolz von Gontscharow so farblos hingestellt ist?
Man sehe sich diese beiden Hauptfiguren einmal etwas genauer an: den tüchtigen Geschäftsmann Stolz und den Versager Oblomow – und man weiß, wem die wahre Zuneigung des Autors gehört. Aus dem Text geht unzweideutig hervor, daß Gontscharow emotional auf der Seite Oblomows und seines Dieners Sachar steht. Ihm, dem »Feuerkopf« Oblomow, dessen »vulkanisches Innenleben« nur der Diener erkennt, ist gegenübergestellt der nüchterne und pragmatische Stolz. Er wird zwar, wie auch Olga, die ihn heiratet, als idealistischer Mensch geschildert, dürfte aber wohl kaum das Ideal Gontscharows gewesen sein. Stolz ist nicht deshalb so blaß als Figur ausgefallen, weil es dem Autor an gestalterischer Kraft fehlte, sondern weil er die Hohlheit des Idealismus auch formal und stilistisch ausdrücken wollte. Nein, für Gontscharow ist Stolz alles andere als der »neue Mensch«, den Rußland braucht. Er ist bestenfalls dessen Karikatur, und seine wie auch Olgas idealistische Gesinnung wird darum auch auf die einfachste Art ironisiert, nämlich dadurch, daß es diesen beiden, die eigentlich die ganze Menschheit bessern und verändern möchten, nicht einmal gelingt, auch nur einen einzigen Menschen, nämlich Oblomow, zu ihren Idealen zu bekehren.
Es geht darum auch nicht länger an, in der Gestalt des Oblomow einen Vertreter der alten Feudalordnung zu sehen. Gerade dieser Ordnung hat Oblomow sich entzogen. Er will nicht mehr leben wie seine Vorfahren, als Gutsbesitzer, sondern ist in die Stadt gezogen und Beamter geworden. Aber weil er auch darin keine alternative Lebensform erblickt, er nicht bereit ist, dem Staat länger zu dienen, läßt er sich vorzeitig pensionieren. Aber nicht, weil er ein Faulpelz ist, sondern ein anarchischer, jede Ordnung und jeden Zwang ablehnender Mensch. Und hierin sehe ich den tieferen Grund für Gontscharows Parteinahme, der in der Figur des Oblomow das Lebensgefühl der

Nihilisten beziehungsweise Anarchisten im zaristischen Rußland, wie ich glaube, dargestellt hat. Sein Beharrungsvermögen, seine Unbeweglichkeit läßt sich nicht vorschnell als konservatives Moment deuten. Als konservativ ansehen läßt sich allenfalls Oblomows Gleichgültigkeit gegenüber den Problemen der Gegenwart, sein Nachtrauern der Vergangenheit, die Verklärung des Dorflebens zur Idylle. Sein Traum vom verlorenen Paradies, in dem das Personal dem verwöhnten Söhnchen jeden Handgriff abnimmt und in das er sich deshalb lebenslänglich zurücksehnt, unterscheidet sich von utopischen Wunschbildern wesentlich durch die Zielrichtung. Doch die Ursache dieser Vergangenheitsorientierung liegt eindeutig in der nie vollzogenen Ablösung von der mütterlichen Welt in Oblomowka, ja, diese Bindung wird sogar noch verstärkt durch die neu gefundene Geborgenheit bei Agafja Matwejewna. Psychologisch konsequent führt darum auch Oblomows Unfähigkeit, sich von der Hausfrau loszusagen, zur Trennung von Olga. Oblomows Problem ist nicht das Phlegma, sondern seine Infantilität. Dieses Phänomen in seiner ganzen Komplexität erkannt, dargestellt und überhaupt erst darstellbar gemacht zu haben, macht die Kühnheit dieses Werkes aus.

Gontscharows »Oblomow« ist ein realistischer Roman vor allem wegen seiner Psychologisierung des Geschehens, was damit weitgehend moralischen oder gesellschaftlichen Wertungen entzogen wird. Allerdings scheint dieses Buch in unserer Zeit sozusagen nachträglich eine gesellschaftliche Bedeutung zu bekommen, die des Autors Zeitgenossen aufgrund ihres Fortschrittsoptimismus entgangen ist. In der heutigen Leistungsgesellschaft, die langsam zu erkennen beginnt, daß Fortschritt nicht unbegrenzt möglich ist, könnte man die Figur des Ilja Iljitsch Oblomow nämlich durchaus auch als den Prototyp des unangepaßten Menschen verstehen, in ihm einen Verweigerer sehen, dessen Trägheit – gewollt oder nicht – zu einer Art von passiver Résistance wird. Doch um das gleich hinzuzufügen: in einer aktuellen Deutung sehe ich nicht den Sinn dieses Hinweises auf ein Meisterwerk. Ein Buch wie dieses, an dem Gontscharow fast zehn Jahre gearbeitet hat, ist nicht um einer Quintessenz willen geschrieben. Um zu wissen, was das oblomowsche Lebensgefühl *ist,* nicht, was es *bedeutet* und wofür Oblomow steht, muß man diesen Roman lesen, Seite für Seite und mit der gleichen Kontemplation, mit der er geschrieben wurde. Weshalb ich denn auch bitte, diesen Hinweis auf Gontscharows »Oblomow« als Einladung zum Lesen zu verstehen.

Hans J. Fröhlich

Victor Hugo
Die Elenden

»Die Elenden« von Victor Hugo lesen heißt noch immer literarisches Neuland betreten – Neuland, obwohl die Geschichte Jean Valjeans, des ehemaligen Galeerensträflings und edelmütigen Menschheitsfreundes, ihren Hauptzügen nach bekannt ist. Denn zum einen steht Hugo deutschsprachigen Lesern sehr ferne, zum anderen wollte er mit dem Buch, das 1862 erschien (er selber war damals sechzig Jahre alt), nicht nur einen exemplarischen gesellschaftskritischen Roman vorlegen, sondern zugleich eine *Summa* seines dichterischen Schaffens geben. Die Arbeit daran zog sich über mehr als fünfzehn Jahre hin: ein »Les Misères« betitelter Roman, der das Grundmuster der Handlung enthält, sollte bereits 1847 herauskommen, und ganz offensichtlich erhofften sich Hugos Verleger von dieser Vorstufe der »Elenden« eine erfolgreiche Konkurrenz zu Sozialkolportagen wie denen von Eugène Sue, der 1842/43 als Fortsetzungsroman »Die Geheimnisse von Paris« veröffentlicht hatte.

1851, nach Konstituierung des zweiten Kaiserreichs, mußte Victor Hugo, der von 1848 an als Abgeordneter der Pariser Kammer linke Ideen verfochten hatte, ins Exil gehen; die erste Station war die englische Kanalinsel Jersey. Dort lebte er bis 1855, und zu diesem Zeitpunkt lagen die ersten vier der insgesamt fünf Teile von den »Elenden« vor. Auf Guernesey, wohin er anschließend übersiedelte und wo er bis 1870 blieb, arbeitete er die vier Teile dann um und schrieb den fünften, abschließenden. »Der Demokrat des Jahres 1860, entschlossen republikanisch und antiklerikal, war in politischer Hinsicht nicht mehr derselbe Mann wie der Pair von Frankreich der Julimonarchie«, schreibt Maurice Allem im Vorwort zu seiner Ausgabe von »Les Misérables« in der »Bibliothèque de la Pléiade«.

Auf die Darstellung gesellschaftlicher Ereignisse, soweit sie in die erzählte Zeit des Romans fallen (es sind etwa die Jahre 1815 bis 1833), hat sich die Wandlung der politischen Überzeugungen Hugos in spürbarer Weise ausgewirkt. Dennoch sind »Die Elenden« kein politischer Roman geworden, sind sie nicht das Werk eines politisch denkenden, sondern das Werk eines räsonierenden Menschen, eines Moralisten. Deutlicher noch als an dem, was einzelne Personen innerhalb des Buches über Politik äußern, läßt sich das an seiner Anlage ablesen: Da sind einerseits die Figuren – »lebende Abstraktionen, Idealbilder«, wie Charles Baudelaire sie beim Erscheinen des Buches in einer Kritik charakterisiert hat: Figuren, deren Schicksalsfäden Hugo (so wiederum Maurice Allem) »mit der Strenge eines Präzisionsinstruments« spinnt und verknüpft und die er im richtigen und richtig vorbereiteten Augenblick zusammenführt. Ihre Konfrontationen stehen im Zeichen elementarer, sozusagen ungemischter Leidenschaften und Gefühle – im Zeichen der Liebe, des Hasses, des Mitleids. Und andererseits sind da die freskenhaften Bilder zeitgeschichtlicher Begebenheiten und Zustände: der Rückblick auf Waterloo, die Schilderung von Barrikadenkämpfen während der Juni-Aufstände des Jahres 1832 oder die Exkurse über das Kloster-, das Gefängniswesen der damaligen Zeit, über die Pariser Abwasserkanäle.

Pittoreske Kulisse

Obschon Victor Hugo für diese – teilweise breit angelegten – Dokumentarpartien sorgfältige Recherchen angestellt hat, sind ihm darin etliche Ungenauigkeiten nachgewiesen worden. Es kann nicht darum gehen, diese Kritik zu wiederholen, schon gar nicht darum, ihm nachträglich eine Genauigkeit der Dokumentation abzuverlangen, wie sie – kurz nach ihm – Emile Zola aufgeboten hat. Was freilich in den »Elenden« auffällt, ist die allzu lose Verknüpfung zwischem dem Personenkreis des Romans und den Zeitbildern: Die Personen werden in sie nicht hinein-, sondern davorgestellt – die Zeitbilder bleiben mit einem Wort Kulisse, wenn auch sehr pittoreske Kulisse, und dieses bloße Nebeneinander von Mikro- und Makrokosmos führt dazu, daß auch die geschilderten gesellschaftlichen Mißstände, die Misere der »Misérables«, ihrerseits nur in den pittoresken, wenn auch kraß gezeichneten Details erscheint und – entgegen den erklärten Absichten des Autors – verniedlicht und verharmlost wird; so gesehen, steht Hugo der Sozialromantik eines Sue näher als dem Sozialroman eines Zola.

Der »mitreißenden Lebenskraft«, die Hans Mayer den »Elenden« nachgerühmt hat, tut das sicherlich keinen Abbruch; aber im heutigen Leser entsteht dadurch unvermeidlicherweise eine Irritation, die auch der pathetisch vorgetragene humanitäre Appell Hugos nicht zu übertönen vermag. Allerdings kann sich gerade im Falle der »Elenden« diese Irritation als ein sehr produktives Moment auswirken – als Anstoß zum Nachdenken darüber, welche Möglichkeiten die Literatur, welche Verpflichtungen vor allem sie hat, zerstörerische Mechanismen aufzudecken; denn »solange in gewissen Gegenden der gesellschaftliche Erstickungstod möglich ist«, wie Victor Hugo im Vorspruch zu dem Roman schreibt, »werden Bücher wie das vorliegende nicht überflüssig sein«.

Vernünftige Proportionen

»Les Misérables« sind bereits im Jahre der Veröffentlichung auf deutsch erschienen. Aus den zwanziger Jahren dieses Jahrhunderts gibt es zwei stark gekürzte deutsche Ausgaben, von denen die von E. Th. Knauer mehrmals nachgedruckt worden ist. Zur Zeit ist im Buchhandel nur die Übersetzung von Hugo Meier aus dem Manesse-Verlag greifbar, die freilich auch die relativ vollständigste und zuverlässigste darstellt; ungekürzt ist sie jedoch ebenso wenig zu nennen wie die früheren: Die *Pléiade*-Ausgabe umfaßt 1486, die Manesse-Ausgabe 1325 Seiten Text. Aus dieser Gegenüberstellung geht aber nicht das ganze Ausmaß der Kürzungen hervor, weil der Satzspiegel der französischen Seite größer ist als der der deutschen; hinzu kommt, daß ein aus dem Französischen ins Deutsche übersetzter Text um 10 bis 15 Prozent länger wird als das Original.
Im übrigen hat Hugo Meier nur die Titel der Bücher übersetzt, worin die fünf Hauptteile untergliedert sind; die Titel der kleineren Unterabschnitte sind unübersetzt geblieben. Welche Art von Kürzungen er vorgenommen hat, legt Meier, der zur Manesse-Ausgabe auch ein informatives Nachwort beigesteuert hat, in einer gesonderten Bemerkung dar; weggefallen sind danach »die Beschreibungen der Schlacht von Waterloo, einstmals aktueller Kriminalfälle oder des alten Pariser Kanalisationssystems« (das ist das zweite Buch des fünften Hauptteils, »L'intestin de Léviathan«) – ferner ein »den Problemen der Gaunersprache« gewidmetes Kapitel (das ist das siebte Buch des zweiten Hauptteils), dazu überhaupt »unerträgliche Längen und unnötige Wiederholungen«. Natürlich deckt diese Pauschalformel vieles ab, was sich bei näherer Prüfung als

anfechtbar erweisen könnte; aber die Proportionen zwischen französischer und deutscher Ausgabe sind, sofern man überhaupt gekürzte Texte akzeptiert, nicht nur vertretbar, sondern vernünftig zu nennen; jedenfalls sind sie so bemessen, daß von Victor Hugos Roman kein inadäquates Bild entsteht.

Hanns Grössel

Lewis Carroll
Alice im Wunderland

Es spricht der Kartenkönig. Er spricht über ein gerade verlesenes Dichtwerk unklaren Sinns. Sonst nicht der Hellste, macht er diesmal eine nicht unerleuchtete Bemerkung: »Wenn es keinen Sinn hat, dann können wir uns eine Menge Mühe sparen, weil wir dann nämlich gar nicht erst versuchen müssen, einen zu finden.«

Lewis Carrolls »Alice im Wunderland« (1865) ist eine der großen Pioniertaten der Nonsens-Phantastik. Sie erfreut sich unverwüstlicher Beliebtheit vielleicht bei vielen Kindern, gewiß bei noch mehr Eltern dieser Kinder, die verliebt sind in den Gedanken, daß ihre Kinder die »Alice« lieben, und nachweislich bei vielen Schriftstellern, insbesondere den Surrealisten (Aragon und Breton), die gleichsam programmatisch eine Verkindlichung der Menschen wünschten: »All jene, die sich den Sinn für Auflehnung bewahren, werden in Lewis Carroll ihren ersten Lehrer im Schuleschwänzen sehen«, schrieb Breton (es war die Zeit, als das Wünschen noch geholfen hat). Allen zusammen aber dürfte die »Alice« auch darum immer so lieb gewesen sein, weil sie, als approbierter klassischer Nonsens, davon dispensierte, mühsam einen Sinn in ihr zu suchen.

Doch mit dem Nonsens verhält es sich so: Je reiner und haltloser er ist, je befreiter die Phantasie, desto beliebiger und öder wirkt er auch; die freie Assoziation ist allenfalls noch von klinischem Interesse. Nur jene Phantastik kann auf größeres Einverständnis hoffen, die eine untergründige Liaison zur Rationalität und zum Rationalitätsprinzip unterhält. Die verkehrte Welt, in die das Mädchen Alice gerät, in die es – durch die bewährte Tunnelröhre – ein zweites Mal hineingeboren wird, ist nicht einfach nur irgendwie verkehrt. Sie ist ein verzerrtes Spiegelbild von Alices viktorianischem Alltag. Und es läßt sich, meine ich, auch genauer angeben, was es ist, das das Bild für Alice verzerrt: Es sind die erschrockenen Befürchtungen einer etwa Zwölfjährigen vor dem Älterwerden, die aufkommenden Bedenken gegen die Absonderlichkeiten der Erwachsenenwelt.

Nicht umsonst besteht das erste Wunder, das Alice nach ihrem Sturz durch den Brunnen zustößt, darin, daß sie unvermutet abwechselnd größer und kleiner wird. Bald ist sie winzig, bald riesig: Sie verliert das Bewußtsein ihrer richtigen Größe, eine Art Größenschwindel tritt an seine Stelle, und der zwingt sie, immerfort ein verstörtes Augenmerk auf ihre Größe zu haben. Vor ihrem Sturz war ihr Schatz von Kinderversen harmlos und unschuldig; jetzt, im Wunderland, kommen sie ihr alle verkehrt aus dem Mund, und bei der Verkehrung haben sie viel von ihrer früheren Unschuld eingebüßt – plötzlich handeln sie vorwiegend vom Fressen und Gefressenwerden.

Was Alice dann aber am meisten verwundert und auch plagt, sind die Sprüche, die all jene so besonders kränkbaren oder besonders unkränkbaren Phantasietiere und Phantasiemenschen im Munde führen, die sie im Wunderland antrifft. Entweder sind sie von einer irritierenden wörtlichen Logik, oder sie sind von einer irritierenden sprunghaften Unlogik – in jedem Fall gibt es ihre normale Verständigungsebene nicht mehr. Es klingt alles bedrohlich, was diese verkappten Erwachsenen ihr und sich mitzuteilen haben; kein Satz will mehr die vertrauten Wendungen nehmen. Alice hat sich unversehens in einer Welt zu bewähren, deren Spielregeln sie noch nicht kann und die ihr vorerst auch schlechterdings absurd erscheinen. Sie hat gelernt, daß Etikette schrecklich wichtig ist; zunächst scheint ihr diese aber vor allem schrecklich unverständlich. Wohl ist dieses Wunderland noch voller Reflexe ihrer viktorianischen großbürgerlichen Kinderwelt: ungeliebte Grammatikstunden, Teegesellschaften, Krockettspiele, fröhliche Katzen, lange Sommernachmittage auf sonnigem Rasen, aber es ist durchschossen von mehr als einer Ahnung des Erwachsenenlebens, in dem, hört man, gerichtet und geköpft wird.

Christian Enzensberger, der »Alice« 1963 ins Deutsche übersetzt hat, beschrieb ihr *predicament* genau: »Carrolls Bücher handeln von der Gesellschaft ... In den Ländern, die Alice durchwandert, stirbt man die Tode der Verlegenheit und des Verstummenmüssens; man wird nicht ermordet, sondern mundtot gemacht; und nicht die Gurgel wird einem abgeschnitten, wohl aber die Antwort. Unversehens ist Alice in einen Irrgarten, in ein Vexierspiegelkabinett des schicklichen Verhaltens geraten.«

Das Wunderland macht ihr Angst; trotzdem ist ihre Reise kein

Horrortrip. Jene neue Welt lockt sie auch; und sie begegnet ihr mit wachsendem Selbstvertrauen, wachsender Vernünftigkeit. Als sie am Ende erwacht, ist ihre Angst vollends besiegt. So wenig, wie ihr jene Gerichtsverhandlung noch imponierte, in der die Vernunft so kurzgehalten wurde, daß die Gerechtigkeit nicht die geringste Chance hatte, so wenig, meint man, wird ihr nun die Erwachsenenwelt noch imponieren. Sie kann nun selber erwachsen werden: Sie hat erfahren, daß sie in dem Konzert der Unsinnigkeiten sich selber vertrauen muß und nur sich selber vertrauen kann.

So ist denn »Alice im Wunderland« ein durch und durch optimistisches Buch, und was es für mich besonders anrührend macht, ist die Vermutung, daß seinem Verfasser gar nicht so optimistisch zumute war. Dem Oxforder Mathematikdozenten und Pfarrerssohn Charles Lutwidge Dodgson alias Lewis Carroll, der diese Geschichte für die Tochter seines Dean, für Alice Liddell erfand, blieb schließlich gar nichts anderes übrig, als Alice optimistisch Mut zu machen. Denn in jedem Wort ist seine Geschichte eine Werbeschrift: Er wirbt um die Zuneigung eines heranwachsenden Mädchens, das zu lieben ihm verboten ist. Seine umwegreichen Avancen treffen auf die Unbarmherzigkeit eines Kindes, das in seine – wie er meint glückliche – Welt eingesponnen ist. Mit seiner Geschichte versuchte er schmeichlerisch in sie einzubrechen. Wohl nie hat eine hoffnungslose Liebe zu aller Strafe sich unbeschwerter und munterer gegeben.

Dieter E. Zimmer

Iwan Turgenjew
Väter und Söhne

Immer schon habe ich den Anfang dieses Romans für das Musterexemplar einer Exposition aus Urgroßvaters Zeiten gehalten, so milde, so höflich und pedantisch, so wie in Filzpantoffeln kommen diese ersten Seiten auf den Leser zu.
Da erwartet ein älterer Herr auf einer russischen Landstraße den vom Petersburger Studium heimkehrenden Sohn, und kaum haben wir erfahren, daß der ältere Herr erst Mitte vierzig ist (genau wie damals sein Autor), kaum ist er und sein Diener vorläufig abgeschildert, da heißt es: »Während er so mit übergeschlagenen Beinen dasitzt und seine Augen nachdenklich umherschweifen läßt, wollen wir die Gelegenheit benutzen, den Leser mit ihm bekannt zu machen.« Worauf seine und seiner Familie Geschichte drei Seiten lang gemütlich ausgebreitet wird, bevor endlich die Handlung einsetzen, der Sohn eintreffen kann.
Aber nicht einer makellos altmodischen Machart verdanken »Väter und Söhne« den anhaltenden Ruhm. Auch der Titel des Romans, mit dem er sich neben andere Musterromane des Jahrhunderts stellt, neben »Rot und Schwarz« und »Krieg und Frieden«, verrät kaum sein wahres Thema. Eine einzige Figur ist es, für und gegen die hier geschrieben wird: der junge Mediziner Bazarow, der im Frühjahr 1859 dort in der russischen Provinz einige ältere Herrschaften entsetzt und ein paar jüngere Leute entzückt. Bazarow ist »Nihilist«.
Dieses Wort, mit einiger Schärfe und Feierlichkeit ausgesprochen und ausgelegt, sollte bald Funken schlagen in Rußland. Mit ihm war das Signal gefunden für einen Typus, der damals zu reden und zu handeln begann, der in Literatur und Geschichte, von Dostojewski bis Trifonow, von den Zarenattentätern bis zu den Terroristen unserer Tage Nachfolge gefunden hat. Denn dieser »Nihilismus« ist fast genau das Gegenteil dessen, was später Nietzsche unter dem Begriff verstand.
Aus Bazarow nämlich redet die radikalisierte Aufklärung, rauh, herzlich und arrogant. Alles ist wissenschaftlich erklärbar und herstellbar, »ein guter Chemiker zwanzigmal nützlicher als der beste Poet«. Die ganze bestehende, nur noch von

faulen Idealismen zusammengeleimte Welt muß schonungslos verneint, am besten »abgeräumt« werden, bevor die Utopie eines schmerzfreien, nichts als vernünftigen Lebens aufgebaut werden kann. Das alles geschieht zwar für die Massen, die aber in ihrer bedauernswerten Verblödung vorerst nichts davon verstehen.

Wir kennen die Botschaft, wir kennen den Ton. Mit so kaltem Luftzug weht der »Nihilismus« ausgerechnet in einen Roman, der sein Erzählpensum derart ordentlich, gutmütig, taktvoll und zart erledigt, daß es uns heute eher beunruhigt, und genau dieser Widerspruch hat gleich nach Erscheinen des Buchs 1862 erste Verwirrung gestiftet. Denn als damals in Petersburg Großfeuer ausbrachen, war man schnell davon überzeugt: Da zündeln Turgenjews Nihilisten. Die Schuldfrage ließ nicht lange auf sich warten. Aber wo und wie steht Turgenjew in seinem Roman, schreibt er tatsächlich als der klammheimliche Sympathisant Bazarows oder etwa als dessen zarter Denunziant?

Er selbst hat sich später so nobel wie schwächlich verteidigt, nach beiden Seiten. Nur die Kunst, sein realistischer Gerechtigkeitssinn hätten ihn zu einer vorurteilslosen Darstellung auch eines Nihilisten geführt. Andererseits, was ihm aufrichtig zuwider schien, war der freudige Gebrauch, den die russische Reaktion sofort von dem Terminus »Nihilist« machte, um mit ihm alles niederzuschlagen, was noch eine Tendenz zu Bewegung, zu Progression zeigte.

Wie es der Erzähler mit seinem Bazarow hält, das ließe sich schnell und leichtfertig entscheiden mit der Beobachtung, daß er ihn zwar mit großem Respekt behandelt, aber mit seiner Sympathie eher andere Figuren verwöhnt –, ein auf den ersten Blick richtiger, auf den zweiten auch plausibler Befund. So scheint es.

Denn, wie gesagt, das Wesen dieses traditionsfrommen Erzählwerks steht ja quer zu allem Anarchismus. Außerdem ist Turgenjew kein Stendhal oder Dostojewski oder Thomas Mann, kein erzählender Ideologe, sein Roman also zu Ideentransport oder -dialektik weder geneigt, noch geeignet. Weniger die Überzeugungen des Bazarow faszinieren den Erzähler als seine rigide Haltung. »Der Wahrheit«, so überlegt einer der älteren Herren, mögen die jungen Aufräumer ferner stehen als die Generation der Alten: »Und doch fühle ich, daß sie etwas haben, was wir nicht haben, eine gewisse Überlegenheit . . .«

Nur zieht es Turgenjews Sprache eben unweigerlich zum Alten Wahren, zu allem, was historisch verloren ist. Nur in solchen ruinösen Winkeln kann sein Humor und sein elegischer Grundton sich einnisten. Und historisch verloren ist alles, wogegen der Nihilist steht: die unverbindlich liberalen, ratlosen Altgutsbesitzer, die eitel herumreformierenden Staatsbeamten, die sanft und liebenswürdig in ihrem Dorf dahinmodernden Eltern des Bazarow. Diesen Welten, solchen Menschen ist Turgenjews Prosa nahe und gewachsen.

Aber genau darin, daß Bazarow wie ein Fremder, wie ein zoologisch noch nicht festgestelltes Tier durch seines Autors milde Prosa läuft, besteht bis heute Reiz und Rätsel dieses Buchs. Dieses unermüdliche Staunen, dieses Kopfschütteln und ungeschriebene Unbegreiflich! Unbegreiflich!, mit dem der Erzähler die eigene Figur verfolgt, das war für Turgenjew freilich auch eine ästhetisch produktive Haltung. Sie sichert seinem Erzählen eine schöne Undurchdringlichkeit, dem Helden ein Geheimnis, der Fabel die Spannung.

Je länger sich Turgenjew nämlich auf diesen Bazarow einläßt, desto deutlicher wird es mehr als nur Respekt und Staunen, was er für ihn aufwendet und empfindet, auch etwas Schmerzhafteres und Verbindlicheres als Sympathie. Fast möchte man von Liebe sprechen. Liebe zu etwas Unerreichbarem. Werbung um einen immer nur Abweisenden. Denn was immer Bazarow sagt und tut, wird zur Provokation von Turgenjews nostalgischer Romantik, dieses Hangs zum Schwachen und Schwindenden. Und der Autor will und kann sich, so scheint es, gegen sein Geschöpf nicht wehren. Zu diesem Linksintellektuellen findet sein elegischer Humor keinen Zugang. Auch in komödiantischen Situationen, die er für andere Figuren reichlich erfindet, läßt sich der schroffe Mensch nicht einfangen.

Und nun wagt Turgenjew einen Zug, den ich mir nur als eine feine Rache an diesem Unerreichbaren erklären kann. Mit seinen Mitteln. Im Schutz eines Romans. Er schickt Bazarow in eine romantische Liebe zu einer ebenfalls Unerreichbaren, zu der jungen Witwe Odinzowa. Er bringt dem Propheten der

großen Ernüchterung die denkbar blamabelste Wunde bei und läßt ihn, folgerichtig, an ihr sterben.
Anders als Bazarow, ist diese Odinzowa eine Figur, über die Turgenjews Erzählkunst jederzeit souverän verfügen kann. Solche Mondgeschöpfe und Sirenen zeichnen, das konnte er. In allen ihren Zuständen und Regungen wird die Frau durchsichtig, in ein wunderbar logisches Verhaltensmuster gebracht, und bleibt doch in eine Aura von Unnahbarkeit, von Unaufklärbarkeit gehüllt. Dieses Schreiben als sanftes Starren, wie durch Milchglasscheiben, diesen Tonfall zwischen schwül und kühl, das zelebriert kaum jemand so wie Turgenjew.
Endlich ist also auch Bazarow in eine Komödie verstrickt. Der Menschenfeind zappelt als hilflos Verliebter. Der Radikalrationalist stürzt in Gefühlsohnmacht. Der politische Mensch entdeckt in sich den romantischen Trottel. Das alles wird klar genug, nur das Wichtigste nicht: ob damit der Typus Bazarow blamiert, nämlich in den Sumpf seiner Verdrängungen geführt werden soll, oder ob Turgenjew weiterhin nur »absichtslos« wahrhaftig, eben realistisch zu verfahren meint, oder ob da tatsächlich eine Liebesgeschichte zwischen Held und Autor ihre, sagen wir ruhig, infame Pointe findet. Daß die Wahrheit irgendwo in der Mitte zwischen allen drei Möglichkeiten liegen dürfte, ist keine Beruhigung.
Die beiden Betroffenen, Bazarow und Madame Odinzowa, behandeln später ihren kläglichen Anlauf zu einer Liebe als eine für beide Teile peinliche, bedauerliche Affäre. Hilflos und souverän beginnen sie das Vergangene regelrecht zu rezensieren. »Das Ganze war nur ein Traum, nicht wahr?« sagt Madame und fügt dann leider noch hinzu: »Und wer erinnert sich eines Traums?« Auch Bazarow ahnt nicht, was für hartnäckige Lebewesen Träume sind, er weiß nur: »Überdies ist die Liebe eine gemachte Empfindung.« Wer oder was in ihm diese Empfindung »gemacht« hat, das aufzuklären, dazu fehlt es dem Aufklärer an Verstand, Neugier, Mut und Energie.
Er scheint nicht einmal zu begreifen, daß er wenig später Selbstmord begeht. Denn auch der wird nicht wehmütig mit der Wertherpistole vollzogen (die noch in Tschechows und Gorkis Stücken knallen wird), sondern ganz dem wissenschaftlichen Nihilismus angemessen: Bazarow wird sich sezierend an einem Typhuskranken infizieren, unbewußt, versteht

sich. Ein romantischer Tod, wie aus dem medizinischen Lehrbuch. Der Tod als »gemachtes« Ereignis.
Aber erschüttert, ohne ein Zeichen von Thomas Mannschem Trauerhohn, steht der Erzähler Turgenjew vor einem Ende, das er selbst doch kunstvoll angerichtet hat. Fast höhnisch allerdings läßt er im Schlußkapitel noch einmal den Blick schweifen über alle seine banalen Überlebenden und dann, als wäre er nun doch über sich selbst erschrocken, schickt er dem Leser im allerletzten Abschnitt noch eine lange Andachtspostkarte von Bazarows Grab.
Was für ein dissonanter und unheimlicher Schluß, nach so betulichem Anfang. Irgend etwas bleibt in ihm, für mich, verborgen. Die wahre Geschichte hinter der erzählten, die Geschichte zwischen Bazarow und Turgenjew. Ich werde den Verdacht nicht los, als hätten wir einer Hinrichtung beigewohnt, bei der nicht nur das Opfer, sondern auch der Täter seine Rolle nicht durchschaut. Sollte da etwa, in Respekt und Liebe, Ödipus erschlagen worden sein, bevor er den Vater erschlagen konnte? Da könnte sich, im schön Verschleierten, das wahre Drama dieses alten Romans verbergen und seine wahre Aktualität.

Reinhard Baumgart

Wilhelm Raabe
Abu Telfan oder die Heimkehr vom Mondgebirge

Er bevorzugte als Figuren
Sonderlinge und seltsame Käuze
dtv-Lexikon über Wilhelm Raabe

Das Lexikon redet nach, was ihm Generationen deutscher Schulmeister vorgesagt haben. In naiver (oder zynischer) Selbstverständlichkeit wird bei solchem Urteil davon ausgegangen, daß der Urteilende genau weiß, was das ist: Normalverhalten und Sonderlingsdasein, zufriedenstellendes und kauziges Benehmen. Der deutsche Lebenslauf war genau programmiert: Man hatte nicht aufzufallen. Tat man es dennoch, so ging es einem schlecht. Zwar spricht die Raabe-Forschung gern von des Meisters »liebenswerten« Käuzen, allein der Meister selbst schildert immer wieder, wie schlimm es ihnen ergeht, den Sonderlingen und Käuzen, und auch, immer wieder, wie man in Deutschland zum Außenseiter werden kann oder gar muß. Er hält sie auch gar nicht für »liebenswert«, seine Außenseiter und Eigenbrötler. Im »Abu Telfan« beispielsweise finden sich am Roman-Ende mindestens vier Gestalten, zwei Frauen und zwei Männer, einsam und vereinzelt außerhalb von Gesellschaft und Staat irgendwo im Walde, in der »Katzenmühle«, zusammen. Durchaus nicht, um hier eine neue Gemeinschaft zu begründen, obwohl sie einander mögen. Doch jeder lebt dahin für sich allein. Der Roman erzählt, wie es dazu kam. Keinem von ihnen war es, wie man zu Raabes Zeiten zu schreiben pflegte, »an der Wiege gesungen worden«.
Nur eine Figur wird von Raabe in der Tat liebevoll beschrieben: ein verwirrter Schneider namens Täubrich, der sich, mitten in Deutschland, ein orientalisches Traumreich erfand, worin er als Täubrich-Pascha zu wandeln pflegt. War er jemals in irgendeinem Ausland? Der Heimkehrer vom Mondgebirge, Leonhard Hagebucher, ein Schopenhauerianer wie Raabe selbst, ermahnt den Schneider-Pascha: »Ich verbitte mir ernsthaft jeden Versuch Ihrerseits, auch das werden zu wollen, was jene dort über uns und dort unter uns einen klaren Kopf und

vernünftigen Menschen zu nennen lieben. Ich sage Ihnen, Täubrich, es ist auch unter jenen nicht einer, der mit Sicherheit sagen kann, ob er mit seinen Gedanken, Wünschen und Handlungen wahrhaftig in der Wirklichkeit wandle.«

Leonhard Hagebucher kehrt heim nach Deutschland aus Afrika, wo er lange Jahre als weißer Sklave im Tumurkieland am Mondgebirge zubringen mußte, bis ihn, auf einer Handelsexpedition, ein angeblich holländischer Kaufmann und Abenteurer, auch er in Wahrheit ein Deutscher, im schwarzen Kral entdeckt und verhältnismäßig billig loskauft. Im Tumurkieland? Wilhelm Raabe macht sich lustig über unseren Bedarf an Realismus: »Ich bitte ganz gehorsamst, weder den Ort Abu Telfan noch das Tumurkieland auf der Karte von Afrika zu suchen; und was das Mondgebirge anbetrifft, so weiß ein jeder ebensogut als ich, daß die Entdecker durchaus noch nicht einig sind, ob sie dasselbe wirklich entdeckt haben.«

Nun gelangt Hagebucher also, immer noch abenteuerlich anzusehen, aber mit etwas Geld durch seinen Befreier und Käufer ausgestattet, zurück nach Europa. Nach Triest, nach Wien, nach Prag, dann weiter nach Dresden und nach Leipzig. Raabe erzählt aus der Zeit von 1865. Der »Abu Telfan« erschien zwei Jahre später als Vorabdruck einer Zeitschrift, die Buchausgabe kam 1866 heraus. Von Triest bis Prag erlebt der Heimkehrer, wie sich sogleich die Polizei im Gasthof einstellt. In Sachsen wird der unheimliche Reisende zur Polizei bestellt. Raabe ist bis dahin genau gewesen mit der Geographie und Landeskunde. Er führt den Leonhard in den Leipziger Vorort Gohlis, beschreibt vorher die Mücken im Rosental, dann aber verlieren sich die Spuren des befreiten Sklaven. Er taucht wieder auf in der Heimat, beim Vater Steuerinspektor in Bumsdorf, unweit des Städtchens Nippenburg, in einem deutschen Fürstentum.

Nippenburg, oder auch Wallenburg und Bumsdorf? Von jetzt an, bald nach Beginn, schildert Raabe eine erfundene deutsche Kleinstaaterei und Kleinstädterei. Da müssen die Spuren verwischt werden. Noch in der Erstausgabe von Georg Büchners Werken, im Jahre 1850, durfte der Herausgeber, Büchners Bruder Ludwig, nicht vom Hessischen Landboten sprechen. Da liest man vom ». . . schen Landboten«. Auch Raabe weiß, im Jahre 1868, warum er nicht erkennen läßt, ob Leonhard von Gohlis aus weiterreiste in eines der thüringischen Fürstentümer, oder gar nach Niedersachsen, ins heimatliche Herzogtum Braunschweig. Ein Roman in der Sklavensprache: gut geeignet als Stilmittel, um die Heimkehr eines befreiten Sklaven zu beschreiben.

Vorsicht ist wirklich geboten, auch wenn der Erzähler gleichzeitig damit spielt. Allein in der Welt von »Nippenburg« und in der benachbarten »Residenz«, die bloß so genannt wird, weil die untertänige Ehrfurcht sogar den Ortsnamen ausspart, dominieren Hof, Militär und Polizei. Hagebucher muß erkennen: »Deutschland ist schlimmer als das Mondgebirge.« In einer herrlichen Episode wird ihm das klargemacht. Die spießige Verwandtschaft hatte auf den Heimkehrer ungefähr so reagiert wie Frau Marthe Schwerdtlein, als ihr Mephisto schöne Grüße vom verstorbenen Herrn Schwerdtlein ausrichtete und hinzusetzte: »Im übrigen sind meine Taschen leer.« Nicht einmal Goldstaub oder Elefantenzähne hatte der Kerl mitgebracht. Nun will Leonhard etwas Geld mit öffentlichen Vorträgen über seine Erlebnisse verdienen. Das läßt sich gut an, der Saal ist ausverkauft: auch die Behörden sind im Saal. Endlich mal was anderes in Nippenburg.

Dann aber: »Er machte in der Tat Vergleichungen, und zwar solche, welche nur einen ungewöhnlich verworfenen deutschen Staatsbürger und Untertan angenehm berühren konnten. Er erlaubte sich, von den Verhältnissen des Tumurkielandes wie von denen der eigenen süßen Heimat zu reden und Politik und Religion, Staats- und bürgerliche Gesetzgebung, Gerechtigkeitspflege, Abgaben, Handel und Wandel, Überlieferungen und Dogmen, Unwissenheit und Vorurteile auf eine Art und Weise in seinem Vortrage zu verarbeiten, daß man als staunender Horcher nichts Erstaunliches darin gefunden hätte, wenn seine Höchstselige bronzene Hoheit, der Großfürst vom Promenadenplatz, gleich dem steinernen Komtur in den Saal gerückt wäre . . .«

Der Erzähler mimt das Entsetzen: »Nie war eine polizeiliche Erlaubnis in Gegenwart eines verehrungswürdigen Adels und gebildeten Publikums schmählicher mißbraucht worden . . .« Dann aber läßt Raabe einen seiner Käuze und Sonderlinge, den Vetter Wassertreter, den man, unter dem Regime Metternichs, wegen politischer Betätigung relegiert, inhaftiert und zu

langjähriger Haft verurteilt hatte, worauf er schließlich unterkriechen mußte als Wegebauinspektor zu Nippenburg, begeistert kommentieren: »Recht so, recht so, mein Sohn ... Herunter mit dem Immergrün unserer Gefühle von dem alten Gemäuer! Nieder mit dem Efeu! Zeige dem Pack, wie das Ding ohne das grüne Behängsel aussieht.«
Die Festveranstaltung endet turbulent. Am andern Morgen bringt ein Polizist das fällige Handschreiben: »... daß eine hohe Behörde nach reiflicher Überlegung zu der Überzeugung gekommen sei, es sei ihre Pflicht, ein ruhiges oder festes Veto gegen alle ferneren Produktionen dieser Art einzulegen.« Gezeichnet: »Johann v. Betzendorff. Fürstlicher Polizeidirektor«. Raabe nennt das Schreiben einen »Wisch«.
Man hat, neben dem Gerede von den liebenswerten Käuzen, stets viel Wesens gemacht von Raabes »Pessimismus«. Daß der Autor des »Schüdderump« und der Geschichte Hagebuchers ein genauer Leser Schopenhauers war, ist unbestritten, allein Raabe ist das Gegenteil eines Erzählers mit Weltschmerzgefühlen. Sein Pessimismus ist höchst konkret: Er haßt und verachtet gewisse zeitgenössische Typen und Lebensweisen.
In einer bemerkenswerten Studie über Wilhelm Raabe hat Georg Lukács genau begründet, was es mit solchem Pessimismus auf sich habe: »Raabe verurteilt mit großer Schärfe die deutsche Kleinstaaterei und ihren feudal-monarchistischen Charakter. Er sieht in ihr einen Sumpf des kleinlichsten Philistertums. Sie ist jeder anständigen individuellen wie sozialen Regung feindlich. Jeder bedeutende, ja schon jeder streng moralische Mensch wird in dieser Welt zum Paria, zum outcast.«
Das ist es. Nicht zufällig hat Lukács, als er vor nahezu fünfzig Jahren so formulierte, einen »modernen« Ausdruck gewählt, um jene Sonderlinge und liebenswerten Käuze zu charakterisieren. Es sind immer wieder dropouts. Die wichtigsten, vom Erzähler mit ziemlich viel Zustimmung bedachten Figuren in Raabes Romanen und Erzählungen sind *Aussteiger* in einem sehr aktuellen Sinne.
Ein Vergleich Wilhelm Raabes, der sich bald bei deutschen Lesern unbeliebt machte und »überlebte«, mit seinem erfolgreichen Zeitgenossen Gustav Freytag, einem deutschen Lieb-

ling, macht erkennen, warum Freytag heute zur Ideologiegeschichte gehört, Wilhelm Raabe jedoch zur Literatur, die man lesen und wiederlesen kann. In »Soll und Haben« oder in der »Verlorenen Handschrift« geht alles reinlich auf. Die outcasts sind nicht liebenswert, sondern Verbrecher oder – bestenfalls – verächtliche Spinner. Der tüchtige Normalbürger hat Erfolg, als Kaufmann oder Ordentlicher Universitätsprofessor, und bekommt die richtige Braut, die dankbar zu ihm aufsieht. Die Außenseiter sind rothaarige jüdische Gauner oder – nicht einmal promovierte – Privatgelehrte.

Im »Abu Telfan« hat keiner Erfolg, und es kommt zu keiner Verlobung am Schluß. Raabes Frauengestalten sind ungemein selbständig und klug: was ihnen meistens schlecht bekommt. Die schöne und kluge Tonie im »Schüdderump« stirbt einsam im Armenhaus. Die schöne und kluge Nikola von Einstein wird an einen adligen Schuft verheiratet und lebt schließlich, dahinalternd, in der Katzenmühle draußen im Wald. Auch sie hat erkennen müssen, wie ihr Freund Leonhard Hagebucher, daß die deutsche Spießbürgerei dem Sklavenleben irgendwo in der Welt an Bitterkeit gleichkommt.

Es hat, seit den Tagen Leonhard Hagebuchers, immer wieder Heimkehrergeschichten in unserer Literatur gegeben, die sehr »deutsch« anmuten. Da ist der Heimkehrer aus afrikanischer Kriegsgefangenschaft beim jungen Brecht: der Andreas Kragler aus »Trommeln in der Nacht«. Nach dem zweiten Weltkrieg erscheint der Heimkehrer Beckmann, einfach Beckmann, vor deutschen Haustüren, die sich rasch wieder schließen.

Liest man »Abu Telfan«, ein hinreißendes Buch, das man aber in Ruhe durcharbeiten und reflektieren muß, weil der Erzähler alle vordergründige Spannung vermeidet und die aufregenden Episoden nicht vorführt, sondern nachträglich referieren läßt, so wird unabweisbar, daß Raabes Grundmodell immer noch vorhanden ist. Auch dieses Buch behandelt die »Deutsche Misere«.

Hans Mayer

Leo Tolstoi
Krieg und Frieden

Tolstois Roman »Krieg und Frieden« habe ich zum ersten und einzigen Mal unter etwas ungewöhnlichen Umständen gelesen. Während meiner Zuchthauszeit, 1951, in Bautzen steckte mir jemand die zwei Bände für eine Woche zu. Es war der erste Roman, den ich damals seit drei Jahren wieder in die Finger kriegte, und ich muß sagen, der Eindruck war überwältigend. Diese eine Woche, in der ich die Schicksale der von Tolstoi geschaffenen Gestalten miterlebte, in der ich das grandiose Bild der napoleonischen Siege und Niederlagen mitansah (wie Pierre Besuchow die Schlacht bei Borodino), ließ mich buchstäblich alles um mich her vergessen. Ich habe ein solches Leseerlebnis nie wieder gehabt.

Wollen wir sehen, was mein Gedächtnis damals aufgenommen und gespeichert hat und was es heute wieder hergibt. Zunächst einmal die Personen: allen voran der unermeßlich reiche Graf Besuchow, dick und kurzsichtig, dessen Vermögen ärgerlicherweise ständig abnimmt. Er ist der Träger aller Tolstoischen Überlegungen, wie ein Träumender geht er durch alle Kriege und Verwirrungen hindurch. Er heiratet eine im Grunde ungeliebte Frau, Hélène heißt sie, weil er bei einer Soirée aus unerfindlichen Gründen, gleichsam automatisch, »je t'aime« gesagt hat. Sie ist eine verwöhnte, eitle Person, reizt den gutmütigen Pierre so sehr, daß es sehr zur Freude des Lesers – zu einer wütenden Szene kommt. Pierre wirft ihr eine zentnerschwere Marmortischplatte vor die Füße und trennt sich von ihr, wodurch sich sein Vermögen »um ein Drittel vermindert«.

Hélène, die verwöhnte Puppe, leistet uns den Dienst, daß sie einen Bruder mit einbringt in den Roman, einen Kauz, unleugbar verwandt mit Christian Buddenbrook. Die zwei Bände hindurch wartete ich beständig darauf, daß er endlich mal wieder auftritt und irgendwelche Dummheiten redet. Dummheiten, die mir heute noch wörtlich im Gedächtnis sind: »Vielleicht auf dem Wege nach Warschau . . .«

Ein zweites, spröderes Paar, das dem Grafen Besuchow gegenübergestellt wird, ist Fürst André mit seiner Frau, die eine zu kurze Oberlippe hat, was man sich gut vorstellen kann. Dieser

Fürst André Bolkonski ist mir nie so recht sympathisch gewesen, kühl, distanziert ehrpusselig: durch und durch Gegensatz zum sicher etwas unreinlichen Besuchow, der mit dem einfachen Volk gut kann. Die kleine Fürstin mit der zu kurzen Oberlippe stirbt bei der Geburt ihres Kindes (einen einzigen durchdringenden Schrei hört der Fürst im Vorzimmer, und gleich danach das Quäken des Babys, und er weiß nicht sogleich, was das für ein Baby ist), wodurch der Fürst genauso wie Pierre für die Fabel des Romans erneut zur Disposition steht. Zwei abgebrochene Geschichten harren des Weitererzählens, vermurkste Lebensläufe, die im Strudel der weltgeschichtlichen Ereignisse einen unerwarteten Fortgang nehmen.

Wie uns Pierre Besuchow einen verrückten Schwager beschert, so bringt Fürst André einen mürrischen Vater und, wichtiger noch, eine Schwester ein, Maria heißt sie. Maria ist neben Pierre die zweite eigentliche Hauptperson des Romans. Ein unschönes Mädchen, weich, unsicher, gut. Ungeschickt benimmt sie sich, zaghaft – wodurch sie unser Interesse mehr und mehr gewinnt: ein Charakter, der von Kapitel zu Kapitel fesselnder wirkt. Mir war das Schicksal Marias immer interessanter und ans Herz greifender als das Nataschas, zu der wir noch kommen werden.

Maria leidet unter ihrer Häßlichkeit. Sie wird von ihrem mürrischen, eigensinnigen Vater tyrannisiert (Mathematik will er ihr beibringen!). Als er schließlich stirbt – das ist ein großartiger Höhepunkt Tolstoischer Erzählkunst – kommt es zu einer die Tränen hervortreibenden Szene: Maria steht am Bett des mit dem Tode Ringenden und wünscht den Tod des Vaters, für Momente, herbei. Sie weint, als sie das bemerkt, und da sagt der Alte: »Wir müssen hier nicht weinen.« – Ich zitiere diese Worte aus dem Gedächtnis, und noch heute überkommt mich die Erinnerung an die Wirkung, die diese Worte damals in mir erregten. (In der Übersetzung, die ich hier in Nartum besitze, kann ich sie merkwürdigerweise nicht finden.)

Eine dritte Familie trägt den Namen Rostow. Zwischen Pierre Besuchow, den Bolkonskis und den Rostows wechselt der Erzähler hin und her: der reiche gutmütige Bär Besuchow, der stolze Fürst Bolkonski, dessen häßliche, weichherzige Schwester Maria und Graf Rostow, der untüchtig ist, zum Rasend-

werden. Dieser Graf Rostow belebt den Roman mit einer vielköpfigen Familie, aus der die berühmte Tochter Natascha als dritte Hauptfigur herausragt. Pueril, temperamentvoll, hübsch, so steht sie da, so hat sie Generationen von Romanlesern hingerissen, in allen Tolstoi-Filmen ist sie die Darstellerin, die die vermutlich höchste Gage bekommt.
Natascha wird im Strudel der geschichtlichen Ereignisse – Napoleon überflutet mit unermeßlichen Truppenmassen das »heilige Mütterchen Rußland« – dem stolzen Fürsten Bolkonski zugespielt: Sie kriegen sich nicht. Zunächst, weil Natascha einen unbedachten Seitensprung macht, der den Stolzen verständlicherweise verletzt, sodann, weil er, schwer verwundet, stirbt: tröstlicherweise in den Armen der grazilen Natascha.
Was nun? Pierre Besuchow steht zur Disposition, Maria, stärker in den Vordergrund gerückt, dazu Natascha, die Wilde.
Es fehlt ein Mann: Die Familie Rostow liefert ihn. Der junge Graf Rostow, etwas dumm, aber ein guter Kerl, jähzornig und nicht ohne Fehler. Nach langem Hin und Her begegnet er Maria. Für ihn, den Mann, ist die weiche, kluge Maria wie aufbewahrt, und für Pierre, den gutmütigen, zögernden, zaudernden, der stundenlang auf dem Kanapee liegt und sich zu nichts entschließen kann, ist Natascha, die wilde Herbe, die Richtige.
Die Fabel eines solchen gewaltigen Romans nacherzählt, muß notwendigerweise flach, unzulässig simplifiziert wirken, ja frivol. Ich bitte um Nachsicht. Ich habe nur aus dem Gedächtnis rekapituliert, was haften geblieben ist von der Geschichte im Großen und Ganzen. Und ich meine, daß die Fabel, hier aufs Formelhafte vereinfacht, zeigt, wie klar und schlüssig Tolstoi seinen Roman gebaut hat. Ich weiß nicht, wieviele Personen in diesem Roman wichtige Rollen innehaben, vermutlich sind es dreißig oder vierzig. Aus diesem Gewimmel eine überzeugende Struktur herauszuarbeiten, die wichtigsten vier Personen herauszustellen und aufeinander zu beziehen, die anderen alle ihren Weg, und sei es den Untergang, finden zu lassen – das ist so nicht wieder gemacht worden, das hat es so auch vor Tolstoi noch nie gegeben.
Die Fülle der Neben-Hauptpersonen: Das Onkelchen zum Beispiel, dessen schöner Schnack: »Klare Sache, Marsch!«

nicht vergessen werden kann; die »arme Tante«, »ma pauvre tante«, die sich für ihren Sohn aufopfert; Dolochow, der Spieler; Vera Rostow, die nicht nur beim Leser Befremden erregt, weil alles auf besondere Weise richtig ist, was sie sagt und tut; Kutusow, der Feldherr, obzwar stilisiert und ganz und gar unhistorisch (die gute russische Seele repräsentierend), nichts tuend und deshalb grade das richtige; sein »Gegenspieler« Napoleon schließlich, mit der zuckenden Wade, der seine Untergebenen zur Auszeichnung am Ohrläppchen zupft . . .
Alle, alle sind präsent, werden nie vergessen werden können.
Dazu die grandiosesten Szenen, die man sich denken kann: die Schlacht von Borodino, der Flüchtlingszug der Moskauer, der Brand Moskaus mit der Ergreifung des Grafen Besuchows als vermeintlichen Brandstifter. Der Rückmarsch der napoleonischen Truppen schließlich – was für eine ungeheuerliche historische Szenerie und wie gemeistert!
Für uns Deutsche ist es vielleicht schmerzlich, daß Tolstoi, der Weise, keine Gelegenheit vorübergehen läßt, die Deutschen zu verspotten. Aber – und dies soll kein Aperçu sein – gerade dort, wo Tolstoi ungerecht wird, überzeugt er am meisten. Sein Haß, seine Verachtung in Sprache wie in eine Stromlinie gegossen, reißt den Leser zu höchster und erregter Teilnahme hin. Die geschichtstheoretischen, religiösen Überlegungen lassen einen hingegen vergleichsweise kalt (man denke etwa auch an die langen Passagen über Freimaurerei). Es sei denn, Tolstoi faßt Jenseitiges in Bilder, in Visionen: Sie haben eine Schärfe, über die man nur staunt.
Schade, daß man »Krieg und Frieden« nicht im Original lesen kann. Dieses eine Buch allein könnte mich dazu bewegen, das Russische, diese mir im Grund verhaßte Sprache, zu lernen.
Übrigens: das beste, was über Tolstoi gesagt wurde, hat meines Wissens Thomas Mann gesagt (»Goethe und Tolstoi«, 1922). Man kann sich eigentlich danach nicht noch einmal zu Wort melden.

Walter Kempowski

Adalbert Stifter
Erzählungen

»Was für ein aufregender, außerordentlicher, alle Augenblicke ins Extreme, man kann schon sagen: ins Pathologische vorstoßender Erzähler«, so zitiert der Stifter-Biograph und Herausgeber Urban Rödl Thomas Mann. Und Grillparzer schreibt in einem Brief an Stifter: »Da kann doch nur ein Narr so sicher sein, daß ihn der gemeinsame Lärm seiner Zeit nicht ins innere Wanken brächte.« Wir sind vorgewarnt.

Wer es nicht ist, auf die eine oder die andere Weise, wer mit den Erzählungen Stifters zu früh oder zu spät umzugehen beginnt, den könnte leicht schon bei den ersten Absätzen der Zorn schütteln, die Worte der Genesis: »Und Gott sah, daß es gut war« könnten ihm wieder einmal als Verzweiflung in den Sinn kommen. Denn wenn Stifter die Frage nach dem Verständnis des Schicksals auch in äußersten Fällen stellt, die Frage nach dem Einverständnis mit den höchst verschiedenartigen Existenzformen von Geröll, Flachs, Wüste, Mensch oder Tier wird nicht einmal vorausgesetzt.

Ob von der »festen Rose der Heiterkeit und Gesundheit«, von dem »heiteren Abgrund, in dem Gott und die Geister wandeln« (beides »Brigitta«) die Rede ist oder von dem Titel »Zuversicht« über der zum Teil als zentral und gesellschaftskritisch gewerteten Erzählung, derjenigen mit dem katastrophalsten Ausgang: Die Ergebenheit in alles von der Natur Vorgegebene beginnt selbst den geneigten Leser zu martern. Er überblättert verzweifelt Schilderungen von Hoch- und Mittelgebirge, von Tiefebene und Steinkar und schleudert sie vermutlich beim ersten Auftauchen der jungen, frischen und freudigen Leute, der königsgleichen älteren oder der kleinen unschuldigen Kinder von sich. »Wir werden da jetzt gleich rechts hinabgehen!« »Ja, Konrad.« »Der Tag ist kurz, wie die Großmutter gesagt hat und wie du auch wissen wirst, wir müssen uns daher sputen.« »Ja, Konrad«, sagte das Mädchen.

Es sagt immer ja und meistens sagt es: »Ja, Konrad.« Stifter nennt die Erzählung »Bergkristall«, alles ordnet sich in ihr, scheint zu kristallisieren, und die in Schnee und Fels geratenen Kinder werden noch in derselben Nacht gerettet und durch diese Rettung erst heimisch in ihrem Dorf. Aber auch, wo die

Natur weniger oder nichts herausgibt, bleibt die offene und erbitternde Ergebenheit des Autors und seiner Gestalten erhalten und wird dem, der sie nicht teilt, als Schuld zugezählt. Weshalb lesen wir weiter?

Ist es, wie Stifter selber meinte, »daß die tiefe sittliche schöne Absicht der Bücher die erfreuliche Wirkung tut«? Ist es Herders Philosophie, die seine eigene Ansicht der Natur vertiefte und die er seinen Erzählungen zugrunde legte? »Die Regel, die Weltsysteme erhält und jedes Kristall, jedes Würmchen, jede Schneeflocke bildet und erhält auch mein Geschlecht ... Alle Werke Gottes haben dies eigen ... In jedem seiner Kinder lebt und fühlt der Allweise sich mit dem Vatergefühle, als ob dieses Geschöpf das einzige seiner Gattung wäre ...« (Herder). Lesen wir also deshalb weiter, weil Stifters Erzählungen ein Bilderbogen der Herderschen Philosophie wären? Oder weil wir zu den »Männern mit abgeschlossenem Geiste« gehören, für die Stifter schreiben wollte, zu den Starken, die sich ergeben unterwerfen, wie es zu Beginn von »Abdias« heißt? Oder weil, wie der Dichter einmal verteidigend zur »Mappe des Urgroßvaters« sagt, »doch einiges Liebe und Freundliche darinnen wäre«? Um dieser letzten Bemerkung willen möchte man ihn in die Arme schließen, aber deshalb liest man nicht weiter.

Es gibt eine Zeichnung von Kubin, darauf erscheint Stifter einer Frau und einem Kind, vielleicht Beerensammlern, im Wald: dick und ernst, mit einem hohen Schädel steht er am Weg, eine Gestalt des Waldes und die Quintessenz alles Beerensuchens. Wer dieses Bild ansieht, sieht auch, wie die Leute nach Hause laufen und in der Dämmerung bei der Abendsuppe von dem erzählen, der ihnen erschienen ist, selbst Gestalt seiner Gestalten, von ihnen gesichtet und wiedererkannt, Spiegel ihrer Trauer und ihrer Freuden. Aber wie begegnet man Stifter heute? Sicher nicht im Wald. Wie begegnet man seinem unbedingten Einverständnis mit der Natur, die wir im Stich gelassen haben und die uns im Stich gelassen hat? Wir können uns kaum mehr als Beerensucher verkleiden. Und sicherlich kann uns keiner mehr in die stifterischen Gestalten einreihen.

An einem Julitag vor zwölf oder vierzehn Jahren mähte ein Bauer nicht weit von uns im Salzburgischen ein abschüssiges Stück Wiese. Als ich an ihm vorbeikam, wir uns gegrüßt hatten

und ich mit der Bemerkung, daß es heiß sei, an ihm vorbeiwollte, erwiderte er, ja und heute sei eine Hitze, wie sie der Adalbert Stifter hätte herbringen können. »Der?« sagte ich. »Ja, der«, sagte der Bauer und das sei gar nicht so oft.
Gab es das, eine stifterische Hitze? Die Frage tauchte auf und tauchte wieder unter, der Bauer starb dazwischen, und ich wäre auch nicht zu ihm gegangen, wenn er nicht gestorben wäre. Aber leid tat es mir doch um ihn, denn das wußte ich: Soviele waren es nicht, die eine stifterische Hitze von einer anderen unterscheiden konnten. Die heißen Tage wurden seltener, oder doch die mit einer annähernd stifterischen Hitze, übrig blieben die Werke Stifters, die es sich zu befragen lohnte. Die Suche nach der Hitze, nach der Hitze eines Tages, brachte mich dabei auf eine Entdeckung: der das schrieb, von der Hitze, von der Vergessenheit, vom Kalkstein, der das schrieb, hatte Angst, mehr Angst als die meisten anderen, genug Angst. Genug Angst haben, daran erinnere ich mich. Das war eine frühe Forderung. Und da war er, da war er endlich wieder, einer, der Angst genug hatte.
Stifter betrachtet seine Landschaften gehörig, wie er selbst es nennt, und das sieht ihm ähnlich. Getreulich, könnte man also sagen, genau, ohne etwas auszulassen oder hinzuzusetzen. Ich möchte aber diese Gehörigkeit noch weiter übersetzen. In: »Bis zum Grund« (Grundschuhhiasl nannte man ihn schon als Kleinen), wo die Gründlichkeit sich selbst überspringt, auch in »Bis zu Grund«, in diesen Bereich jedenfalls, wo die stifterische Hitze auftaucht.
Ich begegnete Stifter noch einmal an einem nebligen Spätherbstnachmittag in einem englischen Antiquariat. Unter einem Stapel französisch-hebräischer Wörterbücher zog ich einen kleinen Band der Erzählungen Stifters in deutscher Sprache hervor. An eine Papprolle gelehnt, begann ich zu lesen, ich las langsam und gespannt, ich nahm den Band mit und las ihn auf den schaukelnden Omnibussen, angesichts der Baumkronen von Hydepark und Kensington, die sich aus dem Dunst hoben, und der aufblitzenden Kinoreklamen. Noch einmal war ich geneigt, angesichts der ungeheuerlichen Sanftmut des Autors und seiner selbst im Zorn ergebenen Gestalten den Band wegzuschleudern oder liegen zu lassen, aber noch einmal, vielleicht angesichts der Gegensätzlichkeit der Umge-

bung oder weil ich an einer Wendung meines Sprachverständnisses angekommen war, entdeckte ich die Sätze Stifters. Mit diesen Sätzen hat zu kämpfen, wer sich mit ihnen einläßt, mit ihrer Geduld, ihrer unnachgiebigen Freundlichkeit, bis er die Spannung des »So und nicht anders«, die Linie des Blitzes in ihnen begreift.
»Ja, Konrad, sagte das Mädchen« las ich wieder und jetzt entließ mich der Zorn. Ich entdeckte das Gesetz in dem Satz wie in den vorhergehenden, die Unausweichlichkeit der sprachlichen Erscheinung, ich las weiter und entdeckte in der Schilderung die Definition der Räume und Landschaften, in der Gelassenheit und Ergebenheit den reißenden, fast verzweifelten Strom der Sprache, ihre Hochkarätigkeit, den Tod zu ihren Seiten. Ich begegnete ihm, nicht dem behäbigen Schulinspektor, dem Schreiber fast devoter Briefe an seine Ehefrau oder seinen Verleger, dem Beipflichter des Wohlverhaltens, sondern einem, der unter das Gesetz geraten ist, der seine Wörter aus dem Schweigen holt, dem einzigen Ort, aus dem sie zu holen sind, ob von Joyce, Conrad oder dem Hofrat Stifter.

Ilse Aichinger

Fjodor M. Dostojewskij
Die Dämonen

Ich las dieses Buch zum erstenmal als Siebzehnjährige und habe es seither nicht wieder angerührt. Das ist kein Buch, das man liest, das ist ein Abgrund, in den man hineinstürzt. Mir schien damals, ich habe durch diese Lektüre endgültig erfahren, was Leben wirklich ist: sich hilf- und heillos verstricken und schuldlos schuldig werden. Verzweifelt wie alle Personen des Romans bot sich mir als Ausweg jener an, den Kirillow und Stawrogin wählten: Selbstmord. So ein Buch ist das. Ein gefährliches Buch, wenn man es nicht ganz zu Ende liest.

Wer die ersten fünfzig (mühsam zu lesenden) von den achthundert Seiten hinter sich hat, der ist schon einbezogen in das verworrene Spiel, in die Verschwörung, und wird, Schritt für Schritt, zum Mitschuldigen. Genau das will Dostojewskij: daß der Leser, der Mitmensch, sich erkenne als den auf jeden Fall Mitschuldigen. Mitschuldig woran?

An allem, was in dieser russischen Tragödie des ausgehenden 19. Jahrhunderts geschieht: an seelischen Grausamkeiten, intellektuellen Verführungen, peinlichen Mißverständnissen, Lügen, den Selbstmorden, dem Morden, den Brandstiftungen, Denunzierungen und Verhaftungen, an dieser wüsten Götterdämmerung eines bürgerlich-feudalen Zeitalters. Alle Personen scheinen Wahnsinnige, Besessene. Daher: »Die Dämonen«.

Dostojewskij setzt zwei Motti über sein Buch, einen Vers von Puschkin und eine Bibelstelle. »Was nun tun? Wir irren, irren ... Teufel wollen uns verwirren ...« Die Bibelstelle ist die Geschichte vom Besessenen, den Jesus heilt, während die Dämonen, die den Kranken verlassen, auf Jesu Wort hin, in die Säue fahren, die sich ins Meer stürzen.

Mit Puschkins Versen gibt Dostojewskij die Beschreibung der Krankheit, mit den Worten des Evangeliums das Heilmittel.

Er schrieb den Roman 1871, fünfzig Jahre vor der großen Revolution. »Schon waren die ersten Gerüchte von der Befreiung der Bauern ins Land gedrungen« und schon »jubelte ganz Rußland auf und machte sich bereit zur völligen Wiedergeburt«, so heißt es im Buch. Was war diese »Wiedergeburt«? Wie kündigte sie sich an? Schon waren »die Wanderer« durchs

Land gezogen, die Maler und Dichter, die dem armen ausgebeuteten Volk seine miserable Lage zu Bewußtsein brachten. Schon war vieles in Bewegung. Schon gab es revolutionäre Gruppen. Dostojewskij berichtet von obskuren »Fünferkomitees«, deren Zahl man nicht kennt und deren Ziele noch unklar sind. Seltsame Hoffnungen werden auf seltsame Gestalten projiziert, und diese Gestalten bekommen mythischen Charakter und Rang.

Die mythische Gestalt dieses Buches ist der schöne junge Aristokrat Stawrogin, der Nihilist, mit der fatalen Gabe, andere sich hörig zu machen, ohne daß er es will, und der für das Haupt der Gesamtverschwörung gehalten wird. Der Typus des Intellektuellen, der schuldig wird, weil er »geschehen läßt«, was nicht geschehen dürfte und was er verhindern könnte. Daß er es nicht »kann« von seinem Charakter her, das ist sein Verhängnis. Sein nobler Nihilismus wird in denen, die ihn nachahmen wollen, zum groben Zerstörungstrieb. Ihn führt er zum Selbstmord.

Bei der Sitzung eines dieser »Fünferkomitees« legt ein Mitglied, Schigaliow, sein Buch vor, in dem er das Bild der künftigen sozialistischen Gesellschaft entwirft, ein Bild, gegen das, so sagt er, alle Gedanken früherer Reformer nichts als törichte Träume seien. Jedoch: er bekennt, sich selbst in seinen Ideen verirrt zu haben, und er müsse sehen, daß seine Propagierung der unbeschränkten Freiheit des einzelnen geradewegs in den unbeschränkten Despotismus führe. Es gebe keinen andern Weg als die Teilung des Volks in zwei Gruppen: ein Zehntel erhalte die unbeschränkte Freiheit und damit die absolute Macht, der Rest müsse entmündigt und damit in den »ursprünglichen Zustand der Lämmerunschuld zurückgeführt werden«. Das Ideal der totalen Diktatur, die Vorwegnahme des Faschismus und Stalinismus.

In den »Dämonen« zeigt Dostojewskij den Weg dorthin: die Verbreitung konfuser Nachrichten, welche Hoffnungen und Ängste wecken; das Einkreisen einzelner Personen, die man erpreßt, indem man sie unversehens zu Komplizen obskurer Geheimbünde macht; die gegenseitige Verdächtigung und Bespitzelung; das Kanalisieren der allgemeinen Unzufriedenheit in politisch unklare, aber dunkel zielgerichtete Bewegungen; das Unterwühlen aller Traditionen; die Ausrottung der Reli-

gion; die Verknäuelung verschiedenartiger reformerischer und revolutionärer Ideen, bis keiner mehr versteht, worum es geht, und schließlich der »starke Mann« sich zum Retter aufwirft. Schigaliow sieht diese Entwicklung voraus. Sie erscheint ihm unaufhaltsam und schrecklich, um so schrecklicher, als er sie erkennt als die logische Konsequenz seiner eigenen sozialistischen Theorie. Er sieht seine große Idee, die Erneuerung Rußlands, ad absurdum geführt. Er verzweifelt. Alle diese Revolutionäre verzweifeln. Sie sind zu früh geboren.
Unter all den von Dämonen Gejagten ist das alte Kind Stepan Trofimowitsch der große Unschuldige. Auf ihn wendet Dostojewskij den Vers eines Volksdichters an: »Wie ein fleischgewordener Vorwurf vor deinem Vaterlande bist du, liberaler Idealist.« Stepan Trofimowitsch ist der wahre Mensch, der »Humanist«, der in aller Ehrlichkeit und Harmlosigkeit sagt, was er denkt: daß die junge Generation recht hat mit ihrer Kritik am Bestehenden. Und schon bezichtigt man ihn, Mitverschwörer, »Sympathisant« zu sein, wenn nicht gar das geistige Haupt der Revolution. Ist er's? Er ist es in einem ganz andern Sinne, in dem nämlich, in dem das Buch verstanden werden will: Es ist kein politisches, es ist ein religiöses Buch. Aber was bedeutet das: ein religiöses Buch?
Als der alte Stepan Trofimowitsch im Sterben liegt, kommt ein Geistlicher und redet ihm in üblicher Weise von Gott und Jenseits. Stepan Trofimowitsch lächelt, und dann sagt er, der sein Leben lang für einen liberal-toleranten Atheisten gehalten worden war: »Gott habe ich schon deshalb nötig, weil er das einzige Wesen ist, das man lebenslänglich lieben kann. Und meine Unsterblichkeit ist etwas Notwendiges, weil Gott kein Unrecht begehen und das einmal in meinem Herzen entbrannte Feuer der Liebe zu ihm nicht wird auslöschen wollen ... Und wenn es einen Gott gibt, dann bin auch ich unsterblich. Oh, ich würde jetzt gern weiterleben! Jeder Augenblick des Lebens müßte den Menschen Glückseligkeit bringen ... Viel wichtiger als das eigene Glück ist es zu wissen, daß es irgendwo bereits ein vollendetes und ruhiges Glück gibt und zwar für alle und alles ... Das Unermeßliche und Unendliche ist dem Menschen ebenso notwendig wie der kleine Planet, auf dem er wohnt ... Es lebe der große Gedanke!«
Der große Gedanke: die Erneuerung Rußlands durch die Wie-

dergeburt der Religion, das heißt den Glauben an Gott und die Liebe zu ihm und zum Menschen. Anders gesagt: die Humanisierung der Menschheit, oder, wie Teilhard de Chardin ein halbes Jahrhundert später sagt: die »amorisation« unserer Erde. Die Dämonen werden nur besiegt durch den Christus, die inkarnierte unendliche Sympathie, welche das Universum eint.
Dostojewskijs Testament. Eine Prophezeiung? Eine Utopie? Eine konkrete Möglichkeit, Faschismus und Stalinismus zu überwinden? Der schuldlos zum Hauptschuldigen gewordene Held Stawrogin erhängt sich, weil er, wie er im Abschiedsbrief schreibt, »kein Genosse dieser Menschen (der Revolutionäre) sein kann, da er keine einzige ihrer Ansichten teile«. Er selbst hält sich für einen kleinherzigen Nihilisten mit »Halluzinationen«.
Der Roman endet nach all der höllischen Konfusion mit dem nüchternen Satz, daß bei der Autopsie der Leiche Stawrogins kein noch so kleines Zeichen einer Geistesstörung festgestellt wurde. »Wahnsinn wurde mit aller Entschiedenheit in Abrede gestellt.« Damit fällt jede Entschuldigung Stawrogins und auch der übrigen Umstürzler weg. Ihre »Besessenheit« bestand darin, daß sie mit ihrer Gottlosigkeit den Raum schufen, in den die Dämonen einziehen konnten.
Hat Marx Dostojewskij je bezichtigt, mit diesem Buch die Religion als Opium des Volkes propagiert zu haben?

Luise Rinser

Friedrich Nietzsche
Menschliches, Allzumenschliches

Was die Philosophen, die keine Professoren sind, so interessant und so anfechtbar macht, ist ihre herzerfrischend unbefangene Art, über alles und jedes ein Urteil abzugeben. Marx ebenso wie Rousseau, Nietzsche ebenso wie Schopenhauer verdanken es diesem ganz unwissenschaftlich universalen Anspruch, daß ihre Wirkungen weiter reichten als die viel strengerer Denker vom Format eines Kant oder Descartes oder Frege, daß man sie noch heute lesen kann, als hätten sie das Ihre gestern erst geschrieben.

Nun war Nietzsche ja, wenigstens vorübergehend, auch Universitätsprofessor – aber eben nicht der Philosophie, sondern der Altphilologie. Was übrigens für sein Denken und Schreiben bis zum Ende von entscheidender, selten ausreichend gewürdigter Bedeutung war. Es ist der einzige rote Faden, der sich wirklich durch all sein Philosophieren hindurchzieht.

Ein frühes Werk wie »Menschliches, Allzumenschliches« (1876–1880) lebt noch ganz aus dem Geist der Antike, wenn es sich an »freie Geister« wendet. Wo immer der Autor einen Vergleich, eine historische Perspektive braucht, werden die Griechen und Römer herbeizitiert.

Ich sehe drei Ursachen dafür, daß »Menschliches« auch heute noch Gemeingut der Gebildeten ist, die das Buch kennen, wenn sie es auch nicht in jedem Falle gelesen haben.

1. Der Titel hat die Kraft einer guten Schlagzeile. 2. Der schwierige Nietzsche des »Herrenmenschen« und der »blonden Bestie«, der Weiberpeitsche und der Zuchtwahl, der als Philosoph des Faschismus nicht ganz zufällig in Anspruch genommen worden ist, tritt hier kaum in Erscheinung. 3. Das Werk ist so voll von gescheiten, allgemein gültigen oder provozierenden Sentenzen, jede einzelne einen deutschen Aufsatz wert, wie sonst nur noch Schopenhauers »Aphorismen zur Lebensweisheit«. Pointiert könnte man Nietzsches Gegenstück nennen: Aphorismen zur Lebensdummheit.

Drei Zitate:

»Ein wesentlicher Nachteil, welchen das Aufhören metaphysischer Ansichten mit sich bringt, liegt darin, daß das Individuum zu streng seine kurze Lebenszeit ins Auge faßt und keine

stärkeren Antriebe empfängt, an dauerhaften, für Jahrhunderte angelegten Institutionen zu bauen.«
»Man kann Handlungen versprechen, aber keine Empfindungen; denn diese sind unwillkürlich. Wer jemandem verspricht, ihn immer zu lieben oder immer zu hassen oder ihm immer treu zu sein, verspricht etwas, das nicht in seiner Macht steht.«
»Nicht wenn es gefährlich ist, die Wahrheit zu sagen, findet sie am seltensten Vertreter, sondern wenn es langweilig ist.«
Eine Philosophie im Sinne eines durchdringenden und in eine Ordnung gebrachten Verstehens der Menschenwelt ergibt sich daraus nicht. Sie »ergibt« sich auch nicht aus den anderen Werken dieses Philosophen. Nietzsche war kein Systematiker. Jeder Satz bei ihm hat seinen Gegensatz. Der Versuch eines einigermaßen systematischen Hauptwerkes mit dem programmatischen und Nietzsches Denken, auch und gerade in seiner Abhängigkeit von Schopenhauer, völlig gerecht werdenden Titel »Der Wille zur Macht«, wurde diskreditiert, als nachgewiesen werden konnte, daß die unter diesem Titel zusammengefaßten Fragmente und Aphorismen aus dem Nachlaß liederlich und tendenziös ediert worden waren. Die Schuld wurde Nietzsches Schwester Elisabeth gegeben. So ganz und gar mißverstanden hat sie den Bruder jedoch nicht.
Das »neue Nietzsche-Bild«, von dem auch Pierre Bertaux, der Retter der Geisteskranken, schwärmt, sehe ich nicht. Unleugbar bewegte sich das Denken dieses musischen, liebenswerten und gebrechlichen Mannes hin auf eine hymnische, quasimystische Verherrlichung der Gewalt. Zwar war Nietzsche sicher nicht ganz so, wie Georg Lukács ihn sah, ein aggressiv reaktionärer Imperialist; aber ein Propagandist aristokratischen Herrenmenschentums war er – biologistische Utopie, gewiß: Aber soll man denn Utopien nicht ernst nehmen dürfen?
In »Menschliches, Allzumenschliches« freilich hat Nietzsche sich gerade erst von Wagner gelöst; seinem Lehrer Schopenhauer ist er noch immer verbunden. Da ist noch nicht die Rede von den viel zu vielen, deren einzige Daseinsberechtigung darin läge, von den großen Edlen beherrscht zu werden. Da heißt es noch geradezu christlich und auf jeden Fall sehr schön: »Lieber zugrunde gehen als hassen und fürchten, und zweimal lieber zugrunde gehen als sich hassen und fürchten machen –

dies muß einmal auch die oberste Maxime jeder staatlichen Gesellschaft werden!« Und da werden, nach einer sehr vernünftigen Absage an totale Gleichmacherei, Vorstellungen vom Eigentum laut, die manchen unserer Sozialdemokraten wahrscheinlich zu weit gingen: »Damit der Besitz fürderhin mehr Vertrauen einflöße und moralischer werde, halte man alle Arbeitswege zum kleinen Vermögen offen, aber verhindere die mühelose, die plötzliche Bereicherung; man ziehe alle Zweige des Transports und Handels, welche der Anhäufung großer Vermögen günstig sind, also namentlich den Geldhandel, aus den Händen der Privaten und Privatgesellschafter – und betrachte ebenso die Zuviel- wie die Nichtsbesitzer als gemeingefährliche Wesen.«

Daß Nietzsche außerhalb Deutschlands nur von wenigen hochgeschätzt wird, ist nicht schwer zu begreifen; nicht zuletzt auch deswegen, weil diejenigen, die ihn im Original nicht lesen können, die Gewalt des Stils, der in diesem Falle wirklich der Mensch selber ist, nicht anrührt. Daß Nietzsche, nach Luther und Goethe und Schopenhauer und Heine, der deutschen Sprache neue, erregende Ausdrucksformen abgewonnen hat, rechtfertigt wie sonst nichts seine Aufnahme in unsere Liste.

»Erzählende Prosa« ist »Menschliches, Allzumenschliches« natürlich überhaupt nicht. Dieses Prädikat gebührt allenfalls dem »Zarathustra«, sofern eine Aneinanderreihung ekstatischer Schreie »Erzählen« genannt werden kann. Wo alle Werte, dauernd umgewertet, wanken, verweigern sich Darstellungen, die Anfang, Mitte und Ende, die also Erzählform haben. Nietzsches literarisches Temperament war ebenso, wie seine Lebensumstände es waren, abhold der kontinuierlichen Niederschrift. Er hatte weder den Zettelkasten des Systematikers noch den langen Atem des Epikers. Während die Fragmente, Aphorismen, Beobachtungen, Notizen, Überlegungen, Skizzen entstanden, die dann eingingen in dieses Buch »Menschliches, Allzumenschliches«, war Nietzsche, gerade aus der relativen Solidität der Baseler Professur ausgebrochen, häufig krank und dabei dauernd auf Reisen. Sein unbarmherzig exaltiertes Denken erlaubte es nicht, jene Kompromisse einzugehen, die notwendig gewesen wären, um auch nur seine eigenen Gedanken miteinander zu versöhnen.

Auch über die »100 Bücher« hat sich Nietzsche Gedanken gemacht. »Wenn man von Goethes Schriften absieht und namentlich von Goethes Unterhaltungen mit Eckermann, dem besten deutschen Buch, das es gibt: Was bleibt eigentlich von der deutschen Prosa-Literatur übrig, das es verdiente, wieder und wieder gelesen zu werden? Lichtenbergs Aphorismen, das erste Buch von Jung-Stillings Lebensgeschichte, Adalbert Stifters Nachsommer und Gottfried Kellers Leute von Seldwyla.«
Ich selber finde diese Liste nicht schlecht. Wir haben jedes der dort genannten Werke erwogen, diskutiert, schließlich doch zugunsten eines zeitgerechteren verworfen. Daß wir »Menschliches, Allzumenschliches« aufgenommen haben, wäre in Nietzsches Sinn gewesen.

Rudolf Walter Leonhardt

Emile Zola
Germinal

Seine Gegner, die »Pächter der erhabnen Gedanken«, etablierte Kritiker und Berufsästheten, im Verbund mit Kapitaleignern und Bergwerkspächtern, warfen Zola vor, »in Schmutz und Abschaum« zu wühlen, sein Stil sei »eintönig, trocken und unpersönlich« und – das Schlimmste – er stelle »die Kunst in den Dienst der Propaganda«. »Sagen wir es doch rundheraus«, tobt der »Figaro«, »Germinal ist ein sozialistischer Roman von der allerverabscheuungswürdigsten Sorte.« – Und in einer weiteren Zolas »Germinal« gewidmeten Besprechung wendet der *Figaro* ein Verfahren an, mit dem die jeweils Herrschenden und ihre Verwalter lästige Kritiker zu erledigen versuchen. Indem sie ihnen die Kompetenz absprechen: »Die meisten der von Zola erfundenen Charaktere haben mit dem wirklichen Bergmann so wenig gemeinsam, wie die Erleuchteten in öffentlichen Versammlungen mit dem fleißigen und ehrbaren Arbeiter unserer Städte.«

Worin bestehen die besonderen Verdienste dieses 1885 erschienenen Bergwerkromans, daß er den entlarvten Kultur- und Kapitalwächtern der damaligen Zeit derartig den Schaum vors Maul treibt und den Kultusminister veranlaßt, eine Bühnenfassung des Romans zu zensieren und dann dennoch nicht zur Aufführung freizugeben?

Zola verläßt sich nicht auf seine eigene Zufälligkeit und Inspiration, er scheut nicht den Schmutz der Epoche, sondern er setzt sich ihm bewußt aus. Er fährt ins Revier und nimmt monatelang am Leben der Bergleute teil, lebt in ihren engen Behausungen zur Untermiete, weiß bald, was Hunger ist, wie Silikose schon die Lungen von mitarbeitenden Kindern zerfrißt und wie 35jährige – von der Fronarbeit ausgelaugt – Greise sind. Er fährt mit unter Tage ein und lernt die mörderischen, ausschließlich dem Profit unterworfenen Arbeitsbedingungen vor Ort kennen.

Wie auf Tonband hält er alles unmittelbar fest, Chronist von Arbeit und Protokolleur der Arbeiterklasse. Als einer der meistgelesenen Autoren seiner Zeit weigerte er sich früh genug, den ihm gebührenden Dichterdenkmalssockel zu erklimmen. Er sei – »nur ein Sozialforscher« – »meinetwegen ein Kopist

der Wirklichkeit«, stellte er unmißverständlich klar, um die Auseinandersetzung über sein Werk gleich auf die Sache, um die es ihm ging, zu lenken.
Er verleugnete weder Standort noch Parteilichkeit. »Ich bin der Eure«, versicherte er seine Solidarität den Erniedrigten und Ausgebeuteten seiner Zeit. Er erkannte auch, daß sein Dokumentarroman nicht nur »darstellen, sondern auch mit verändern helfen solle.« – Dennoch beschönigt er nichts, schafft keine »naturalistisch-idealisierten« Arbeiterhelden und die Arbeiterklasse kommt nicht als »Dame ohne Unterleib« daher. Seine Hauptpersonen, Antihelden, sind nicht die besonderen Menschen mit ihren gehätschelten außergewöhnlichen Gefühlen, es sind die Jedermänner und Namenlosen, die ansonsten in der Literatur (nicht nur) seiner Zeit allenfalls als Randfiguren existieren. Zolas »teilnehmende Beobachtung« vor Ort, die ihn engagiert und kämpferisch macht, ist für ihn erst der Ausgangspunkt. Er komponiert aus diesem Rohstoff die Entwicklungsgeschichte eines einzigen Jahres, ein Viertel seines Reportageromans widmet Zola allein den ersten 24 Stunden.
Zolas Sprache – da unterscheidet er sich grundlegend von seinem Freund und literarischen Gegner Flaubert – ist auch für jedermann verständlich. Er hat eine Ausdrucksform (und damit auch eine Gesellschaftsklasse) literaturfähig gemacht, die als »Gossensprache« diffamiert und aus der öffentlichen Diskussion verbannt war.
Als ich den über 600seitigen Roman »Germinal« jetzt noch mal gelesen habe, war ich erstaunt, wie aktuell er in vielem geblieben ist und damit weit über ein historisches Sittengemälde hinausgeht. Trotz Abschaffung der Kinderarbeit, Arbeitsschutzgesetzen, erhöhter Arbeitssicherheit, lohntariflichen Absicherungen und gewerkschaftlichem Einfluß: Einzelne Grundmotive sind geblieben. Auch wenn die Polizei hier nicht mehr auf Streikende schießt und Hunger und Unterernährung überwunden sind, der Grundkonflikt zwischen Kapital und Arbeit besteht weiter.
Wer die Fortsetzung von »Germinal« in unserem Land und zu unserer Zeit lesen will, nehme sich Max von der Grüns »Männer in zweifacher Nacht« und »Irrlicht und Feuer« vor. Er hat selber unter Tage gearbeitet, ist von Zola beeinflußt,

und die wütenden Angriffe und Prozesse der entlarvten Bergwerksgesellschaft nehmen sich – zum Teil wörtlich – wie eine Persiflage auf die Zolas »Germinal« zuteil gewordenen Reaktionen aus.
Auch Upton Sinclair war in den zwanziger Jahren mit seinem Erstling »The Jungle« (jetzt wieder deutsch als »Der Sumpf« erschienen), einem Roman über die Chikagoer Schlachthäuser, später in »König Kohle«, Nachfolger von Zolas realistischer Beschreibungsmethode und Milieu. Auch er hatte sich vor Ort umgesehen und war bis in die mörderischen Produktionsstätten der amerikanischen Fleischverarbeitungsindustrie heimlich vorgedrungen. Seine Anklage versuchten die Verantwortlichen und die ihnen verpflichtete Presse ähnlich zu erledigen wie zu Zeiten »Germinals«. »Muckraker«, Dreckaufwirbler, war der Titel, mit dem ihn seine Gegner abstempeln wollten. Heute, nach der »Watergate«-Enthüllung, ist diese Bezeichnung zu einem Ehrentitel im amerikanischen Journalismus geworden, und der französische Kultusminister Goblet ist den Franzosen – von Zola vorhergesehen – allenfalls noch als der in Erinnerung, der einst »Germinal« der Zensur unterwarf.
So geht's einem, meine Herren Kulturminister Maier aus Bayern und Herzog aus Baden-Württemberg, von denen dereinst nichts in Erinnerung bleibt, außer: daß sie die Lesebücher von Texten unerwünschter Autoren gesäubert haben.

Günter Wallraff

August Strindberg
Sohn einer Magd

Von einer gewissen Verlegenheit befallen, die vielleicht auch andere der in dieser Reihe Schreibenden, Empfehlenden, Erklärenden schon gespürt haben, zögere ich, etwas zu dem Roman, der Autobiographie, der Roman-Biographie »Der Sohn einer Magd« von August Strindberg zu sagen. Diese Verlegenheit betrifft das Verhältnis dieses einen Buches zum Gesamtwerk Strindbergs. Abgesehen von den Dramen, die ihn früh berühmt gemacht haben und die hie und da epische Züge tragen (»Nach Damaskus« etwa oder einige der Historienstücke), hat Strindberg als Erzähler, als Berichtender, als Wahrheitssuchender, als der er sich vor allem verstand, auf drei Ebenen geschrieben. Er hat Romane verfaßt, Autobiographien und Tagebücher. Diese drei Bereiche sind bei ihm jedoch nicht strikt getrennt, es gibt Durchlässe, Querverbindungen, Durchschüsse und Wechselpositionen. Es ist daher weniger leicht als bei anderen Autoren, von dem einen Buch, dem einen Roman zu sprechen, in dem alles, was er zu bieten hatte und was ihn zu sagen drängte, versammelt wäre. Bei Dostojewskij kann ich sagen, es ist alles, was ihn bewegte, im »Idioten« angesprochen, und es ist alles ausgebreitet in den »Brüdern Karamasow«, zwischen beiden müßte meine Wahl entscheiden.

Nicht so bei Strindberg, und es wäre überflüssig, dies hier exponierend zu erwähnen, fühlte ich mich aus der nun über vierzigjährigen Lektüre dieses Autors, aus der oft lange unterbrochenen, aber niemals abgerissenen Kenntnisnahme des Werks nicht gedrängt, dies als unabdingbar für die Lektüre des Einzelwerks und gerade des »Sohns einer Magd« anzusehen. Strindberg erzählt hier seine Jugend. Vergleiche mit der »Education sentimentale« von Gustave Flaubert liegen nahe. Vergleicht man jedoch, wird zweierlei deutlich: Strindberg ist distanzloser zu seinem Stoff als Flaubert, und er versucht zugleich, ein gesellschaftliches Ganzes zu erfassen. In dem Vorwort zur Erstausgabe von 1886, das erst aus dem Nachlaß publiziert wurde und das in Form eines Interviews abgefaßt ist, sagt der Autor auf die Frage, was das denn für ein Buch sei: »Das steht auf dem Titel: Die Entwicklung einer Seele, 1849-

1867. Ich gebe zu, da müßte noch stehen: Im mittleren Schweden und unter den im Buche angegebenen Voraussetzungen: die Erblichkeit von Mutter, Vater und Amme; die Verhältnisse während der Schwangerschaft; die wirtschaftliche Lage der Familie; die Weltanschauung der Eltern; die Natur des Verkehrs; Schule und Lehrer, Kameraden, Geschwister, Diener usw.« Und nicht von ungefähr zitiert Strindberg im weiteren Verlauf dieses Vorworts Emile Zola: »Zola selbst hat in seinem letzten Roman ›L'Œuvre‹ gewittert, daß seine Methode weiter entwickelt werden muß. Er findet seine Bücher trotz aller Wahrheitsliebe ›lügnerisch‹ . . . Ich halte Zola noch immer für den größten Meister im heutigen Europa, glaube aber, daß er zuweilen den Einfluß des Milieus überschätzt . . . Ferner glaube ich, daß die ausführliche Schilderung *eines* Menschen wahrer wird und mehr aufklärt als die einer ganzen Familie.«
Damit ist eigentlich deutlicher als man es in einer Kurzcharakterisierung von Stil und Inhalt leisten könnte, das Koordinatenkreuz angegeben, in dem nicht nur dieses Buch Strindbergs, sondern ein Werk überhaupt anzupeilen ist. Persönliches Bekenntnis und Gesellschaftskritik setzen bei ihm zugleich und in gleicher Perspektive an. Das zeigt nun dieses Buch freilich deutlicher als die vielleicht interessanteren späten, wie etwa »Inferno« oder »Einsam« auf der Seite der Autobiographien oder »Die Inselbauern«, »Am offenen Meer« oder »Schwarze Fahnen« auf der Seite der Romane, wobei ich persönlich den »Schwarzen Fahnen« am meisten zuneige, ich halte diesen in mancher Hinsicht erratischen Roman für eines der bedeutendsten Alterswerke der neueren Literatur.
Was den »Sohn einer Magd« nicht nur im Opus Strindbergs, sondern auch für die vergleichbare Literatur der Epoche so paradigmatisch macht, ist jedoch die noch einmal gelungene Versammlung widerstrebender Elemente. Das ist Literatur und zugleich Fallstudie. Wäre Strindberg in den nichtschwedischen, europäischen Literaturen, vor allem als Erzähler, bekannter gewesen, hätte sich die Dokumentarliteratur in vielen Dingen an diesem Buch orientieren können. Ich sehe allerdings auch die besondere Blüte dieser Tendenz in Schweden darin begründet, daß Strindbergs Beispiel dort selbstverständlich gegenwärtig ist.

Strindbergs Stil ist der eines aufmerksamen Beobachters. Oft folgen sich Ketten von Notaten, überraschend in ein Bild gebündelt. Er verdeutlicht innere Zustände mehr durch ein Erfassen von äußerer Erscheinung, Dialog, Interieur, weniger durch Analyse. Theoretische Zusammenfassungen bedienen sich häufig naturwissenschaftlicher Argumente. Die ästhetische Beurteilung der Erzählung ist niemals zu trennen von der Problematik, die erzählend erfaßt wird. Unvergleichlich die Mischung aus psychologischer, sozialer und literarischer Schilderung des Anfangs bis zum Tod der Mutter. Klingt nicht Freud voraus, wenn es heißt: »Die Trauer hat die glückliche Eigenschaft, sich selber aufzuzehren. Sie stirbt Hungers. Da sie im wesentlichen ein Abbruch von Gewohnheiten ist, kann sie durch neue ersetzt werden. Da sie ein leerer Raum ist, wird der bald wieder gefüllt wie durch einen wirklichen horror vacui.«

Strindbergs Vater ist bürgerlicher Herkunft, die Mutter von einfachem Stand. Bis zum vierten Kind leben die Eltern unverheiratet zusammen. Den sozialen Konflikt, den der heranwachsende Schriftsteller austrägt, sieht er in den familiären und in den psychologischen Voraussetzungen seiner Entwicklung begründet. Der »Sohn einer Magd« ist der, der zeitlebens zwischen dem Drang zur Vereinzelung und dem zum sozialen Ausgleich nicht zur Ruhe kommt. Eine Inszenierung der »Gespenstersonate« vor einigen Jahren bediente sich zur Verdeutlichung psychoanalytischer Parolen. Ebensogut hätte sie marxistische Maximen wählen können, wahrscheinlich wäre das aufschlußreicher gewesen, denn im Spätwerk drängt immer wieder so etwas wie sozialistische Allegorie in den Vordergrund.

Ein, so meine ich, unverändert interessanter Autor und vor allem das erzählerische Werk einer Neuentdeckung wert. Er sollte nicht durch Lobsprüche erneut eingesargt werden. Sondern die selbstverständliche Lesegewohnheit müßte ihn frisch ergreifen. Lest Strindberg!

Helmut Heißenbüttel

Knut Hamsun
Hunger

Unbefangen, so nahm ich es mir vor, wollte ich »Hunger« lesen, den 1888 veröffentlichten kurzen Roman, in dem der damals 29jährige Hamsun quasi autobiographisch von den asozialen Umständen seiner Schreibanfänge erzählt und durch den er bekannt wurde. Die Nachschlagewerke sprechen vom Welterfolg. Der muß ja für jemanden, der in einer skandinavischen Sprache schreibt, schon mit dem Glück anfangen, überhaupt in andere Sprachen übersetzt zu werden.

Natürlich lese ich aber nie unbefangen, nie einfach nur als Leser, immer ja berufstätig, und nun bei Hamsun noch zusätzlich bedrückt von politischen Irritationen, im voraus irgendwelchen Signalen auf der Spur, die später dann den Nazis in ihre Hamsun-Verehrung geblinkt haben könnten. Aber ich fand keine. Ich wollte die fast vergessenen Eindrücke wiederfinden, und das, so viel früher natürlich nicht ermittelte, Fasziniertsein auch. Ein junger Mann will Schriftsteller werden, und dafür besitzt er, außer dieser Obsession, keinen anderen Anhaltspunkt. Zum Zeitpunkt seines Berichts, über einen schlimmen Herbst und einen schrecklichen Winter, fristet er sein Notdasein, mittellos zwischen den seltenen und schnell verbrauchten Honoraren für die paar Feuilletons, die er seiner miserablen äußeren und inneren Verfassung abzwingt, dann bittstellerhaft beim gleichgültig-freundlichen Redakteur anzubringen versucht. Als Oslo noch Kristiania hieß, am Ende des letzten Jahrhunderts, hat dieser Wunschbesessene keine noch so bescheidene Vorform von sozialem Netz unter seinem Absturz wissen können. Vielmehr spürte er eine absolute Verlorenheit inmitten der kleinmütigen, spießbürgerlichen Außenwelt, in der ein sensibilisierter Einzelner, einer, der sich mit übergreifenden und unalltäglichen Absichten folgerichtig isoliert, ja eigentlich nur scheitern kann.

Hamsun, der selber nicht in Kristiania, sondern in Paris zum *outlaw* herunterkam, wählte mit »Hunger« einen zugleich lapidaren und bescheidenen Titel, und auch aus dem Text selber bläst ein lakonischer Sprechton jedes Pathos heraus, das dem feierlich-höheren Ziel, ein Dichter und berühmt zu werden, ja geradezu innewohnt. Der dauernd auch selbstironische Ich-

Erzähler hat beim unvermittelt beginnenden Bericht eine Geschichte des gesellschaftlichen Abstiegs schon hinter sich. Selbstgesprächsartig wechselt er die Tempi. Größere Menschheitsgesten läßt er völlig weg. Das hat mich verwundert. Wie gefährlich nah hätten wichtigtuerische Gebärden gelegen. Schließlich hungert sich da einer durch, bloß um einem Ideal zu folgen! Einer will dringend schreiben – und er memoriert die erhabensten Titel und Themen – und übt Verzicht, quält sich bis in Wahnzustände darbend ab!

Dem Elend schwindelt er keinen illuminierenden Reiz an. Es geht ihm in jeder einzelnen, sich selber und dem Leser gewissermaßen miterzählenden Tagesstunde auch ums Schreiben, aber erst recht um ein paar Öre, auch um Selbstachtung, aber möglichst doch gleichzeitig, besser noch vorher um ein Weißbrot, um ein Obdach; und das Wichtigste, eine vertraueneinflößende menschliche Beziehung, ist am allerschwersten zu finden. Dieses Vernünftige, finde ich, rückt das Buch weit weg von aller Sentimentalität und Larmoyanz. Hamsun spielt kein Versöhnlichkeitstheater auch beim Hoffnungsschimmer, der die kleine, hier erzählte böse Zeitspanne nur sehr blaß erhellt: eine Liebesgeschichte bleibt schon im Versuch stecken. Beim Blick auf die Menschen, von denen außer ihren Vorurteilen kaum was zu erwarten ist, und auf das angeschwärmte, doch rasch von der Not wie durch eine Geisteskrankheit erschreckte Mädchen, wird hier kein einziges Mal beschönigend herumgeblinzelt. Leser mit ihrer Dauererwartung nach tröstlich-hilfreichen Fingerzeigen auf das sogenannte Positive, abverlangt den Schriftstellern und ihren Büchern, kommen beim Hamsun dieses Romans zu keinem Erfolgserlebnis. Ich finde ja allerdings wie immer, »geholfen« wird ihnen auf diese Weise erst recht: mit der Wahrhaftigkeit. Keinerlei scheinheiliges Getue veranstaltet Hamsun, schon gar nicht beispielsweise mit den angeblich in der Nächstenliebe besser als die Privilegierten bewanderten sogenannten Kleinen Leuten, und die als heimeliger heimwehmäßig verklärten früheren Zeiten, denen eine intaktere Kommunikation hinzuerfunden wird, die geben sich als brutal und keiner Sehnsucht wert zu erkennen. Ein Armer schenkt einem Ärmeren eigentlich lieber nichts, und den Ärmsten trifft eine tiefe haßerfüllte Abwehr, wie aus Angst vor einem furchtbaren Spiegelbild, dem Anblick der eigenen, noch

verschlechterten Zukunft. Und auch die guten alten lieben tabuierten Topoi, den armen Greis, die kleinen Mädchen, die schwangere Frau: Hamsun schützt sie nicht, sondern er schildert in einer trostlos ekelhaften Szene, wie die kleinen Mädchen den armen Greis als Spielzeug benutzen und quälen und wie dem Alten, indem er sie abschließend endlich bespuckt, die häßliche schlüssige Pointe einfällt.
Dieses unterste Milieu wird also ganz schön böse seziert, das idealistische Porträt vom edelmütig leidenden Künstler widerrufen. Hamsun stellt sein Roman-Ich in vielen Passagen geradezu als Paranoiker dar. Eine Physiologie des ausgehungerten Körpers ergibt so etwas wie Seelendelirien.
Hamsuns Menschenbeobachtungen würden nach heutiger Mode innerhalb einer oft ja ziemlich huldvoll-sozial und damit außerliterarisch gewordenen Kritikerpositur als »denunziatorisch« und »menschenverächtlich« getadelt, und der genaue Blick, der auf die obsoleten Bedingungen zwischen Menschen fällt, hieße mißbilligend ein böser Blick. Lauter Vorwürfe, die man, schrieben sie heute, womöglich ja auch Hamsuns russischen Schriftstellerkollegen machen müßte, Dostojewskij zum Beispiel, der auch keine aufheiternden Lebensrezepte ausstellte und an Hamsuns Technik der indirekten Handlungsführung erinnert: Eine so vor sich hin sprechende Tagebuchhaftigkeit bringt es folgerichtig mit sich, daß hier keine autoritäre Erzählerfigur den Leser informiert, sich um Einweihungen bemüht. Man ist mit diesem Hunger-Künstler ganz allein, schaut ihm ins Bewußtsein, wobei die Illusion entsteht, es geschähe gemeinsam mit ihm.
Den Weltekel dieses Außenseiters macht ein schwarzer Humor nicht lustiger. Aber Situationsgrotesken beleben den Text, und in jedem Augenblick ist das Tragische auch komisch. Eine irritierende Paradoxie entsteht: der Held kippt mehr und mehr aus der Wirklichkeit, zu der er sich immer unwirklicher verhält. Die szenische Begrenzung auf Stadtstraßen, Häuserfassaden, Toreinfahrten, Parkbänke, Notquartiere, Hafenkais wirkt sich als konkretisierend aus, als räumliche Ergänzung der allgemeinen Kerkerhaftigkeit. Aus einer sargähnlichen Enge versucht also der Erzähler sich zu befreien, topographisch beim kaum je unterbrochenen Umherwandern, und seelisch-geistig mit der unablässig beibehaltenen Schreibhoff-

nung. Die Schilderung seiner stets dann für geniedurchpulst gehaltenen Ideenanfälle und Produktionsschübe ist auch viel mehr bitter-humoristisch als gefühlvoll tränenschimmernd, und streng genau werden auch Gehirnlahmheiten beim Namen genannt. Selten wird mit so viel Selbstverspottung, fast mit Hohn, die Mühseligkeit und die Stagnation eines Schriftstelleranfangs beschrieben. Im Auf und Ab der Stimmungen überwindet Hamsuns Ich pausenlos Höhenunterschiede, er fällt aus den Paroxysmen der Verzweiflung am Existieren – Gott anrufend, den Tod ehrlich mutlos beinah wünschend – sehr realistisch übergangslos in so banale Rauschzustände wie die seiner Lebensmittelphantasien. Der fremdartige Ernst seines Humors: Hier durchdringt er die Minutendetails, und er ist es, der im Bewußtsein erhellt, während das rein Handlungsmäßige eher funktional bleibt. Es kommt also wieder einmal wohl fast am wenigsten auf die sogenannte Fabel an.
Eine »Thematik« gibt es selbstverständlich dennoch, und man soll das, »was der Dichter« (wohl) »sagen wollte«, durchaus auch hören: über Mißtrauen, über Selbstgerechtigkeit, Scham, Unfreundlichkeit, die Angst vorm Anvertrauen und so weiter wird hier verhandelt. Sehr pessimistisch. Keine kleinste Herzlichkeit wird simuliert. Einseitig, obstinat, nicht besonders abwechslungsreich, an Handlung fast nicht interessiert, schreibt ausgerechnet so sich Hamsun in eine Glaubwürdigkeit. Der Armut wird kein pittoresker Beigeschmack angedreht, und das törichte Gerücht, äußere Not mache produktiv, fliegt Satz für Satz von selber auf, zusammen mit der gedankenlosen Nostalgie, die immer irgendwelche bitteren kargen Zeiten unwahrhaftig verklären will. Ich denke doch immer wieder auch an die Nazis: »Hunger« kann das Buch nicht gewesen sein, das ihnen gefiel. Nichts Herrenmenschenhaftes, Arbeitermilieuverherrlichendes – und andererseits viel zu viel Religion hat ja Hamsuns Debutant auf (buchstäblich) Schritt und Tritt im Sinn. Die speziell wohl von deutschen Lesern schwer nur zu hörende Frequenz der Ironie – eine Tonlage, die oft als Bitterkeit und Ingrimm falsch interpretiert wird – die muß wohl allen verkehrten Verehrern völlig entgangen sein. Sie haben für herb-durchhaltemäßig-heldisch genommen, was dem hungernden Schriftsteller unfreiwillig als üble Last zu schaffen macht. Vielleicht hat sowieso schon das Nordische

bei Knut Hamsun erstmal genügt. Den Satiriker in ihm konnte man dann ganz leicht in düstere kalte Nebel falscher Interpretation hüllen. Daß die Streifzüge durch die Stadt regelmäßig auch zum Hafen führen, wirkt erst auf der letzten Seite dramaturgisch gut geplant: Ohne den Beigeschmack jeglicher Fernwehsentimentalität löst der Autor die Lage seines Protagonisten, indem er ihn auf einem ausländischen Frachter anheuern läßt. Das ist ein unerwartetes, wortkarges Happy Ending und ein beeindruckender Kunstgriff außerdem. Ich war gespannt auf Hamsuns Schlußeinfall. Ich wußte, es würde schwierig sein, dieses Romanproblem zu lösen, möglichst ein wenig kurzgeschichtenartig, wie es zum gesamten Text paßt. Mit dem Schiff und dem lustlos schließlich zustimmenden Kapitän hatte ich nicht gerechnet. Aber lang vorher war ich sicher, Hamsun erwiese sich als zu geschickt für eine Pointe mit Schlußapplaus für einen endlich entdeckten Dichter.

Gabriele Wohmann

Oscar Wilde
Das Bildnis des Dorian Gray

Eine gescheite, hochgebildete, verehrte amerikanische Essayistin, ich spreche von Susan Sontag, stellt dem Buch, das sie weltbekannt gemacht hat, als Motto diesen Satz voran (meine Übersetzung): »Nur oberflächliche Leute urteilen nicht nach dem Aussehen. Das Geheimnis der Welt ist das Sichtbare, nicht das Unsichtbare.« Als Quelle gibt sie an: »Oscar Wilde, in einem Brief.« Der Satz steht in Oscar Wildes Roman »Das Bildnis des Dorian Gray«. Den liest man wohl weniger, den kennt man.

Es ist ein geheimnisvolles Buch in dem Sinne, daß der Autor vieles hineingeheimnist hat. Wer von Erzählung eher Aufklärung als neue Fragen erwartet, die ein ohnehin kompliziertes Leben noch komplizierter machen, kann mit diesem Mini-Roman wenig anfangen. Er muß auch nicht zu den großen Romanen der Weltliteratur gezählt werden. Daß er auf unserer Liste auftaucht, verdankt er seinem Autor. Wo auch geredet werden muß von den ein paar Jahrhunderte lang probierten Möglichkeiten, Kunst und Literatur zu einem Teil des Lebens zu machen oder Leben wie ein Kunstwerk zu gestalten, durfte ein Typ wie Oscar Wilde nicht fehlen: Der Prophet des Schönen und Witzigen gegen das Gute und Rechte, der so schwer dafür büßen mußte, daß Knaben ihn unwiderstehlicher anzogen als Mädchen, daß er die Kunst für den besseren Teil des Lebens hielt und deswegen sein Leben zu einem Kunstwerk zu stilisieren trachtete.

Der Inhalt, unsere jungen Leser wollen immer den Inhalt wissen, vielleicht um sich Leseverdruß zu ersparen, nicht bedenkend, daß der Leseverdruß auch ein Lesevergnügen sein könnte, der Inhalt jenes »Picture of Dorian Gray« also läßt sich erzählen in zwölf Sätzen.

Der junge und bildschöne britische Aristokrat Dorian Gray inspiriert den begabten Maler Basil Hallward zu einem Porträt. Basils Freund Lord Henry Wotton spannt Dorian seinem Maler-Mentor aus. Lord Henry lehrt Dorian ein Leben um des animalisch gewonnenen, ästhetisch gedeuteten Genusses willen. Dorian versucht, aus dieser Welt männlicher Freunde auszubrechen und sich an die Schauspielerin Sibyl Vane zu binden. Als die Kunstfigur wie eine ganz normale Frau sich benimmt, verläßt er sie. Sie bringt sich um. Ihr Bruder verfolgt Dorian, um die Schwester zu rächen. Dorian führt das Leben eines skrupellosen Genießers, so wird es gesagt, nie beschrieben. Er bleibt dabei jung und schön, die Spuren der Ausschweifungen zeigt allein jenes Porträt, das den Abgebildeten immer älter, häßlicher, verworfener erscheinen läßt. Dorian führt Basil Hallward, der gekommen ist, um ihm ins Gewissen zu reden, vor das Bild des Wüstlings – und ersticht ihn. Mehr Verworfenes, Verbrechen werden auch angedeutet. Am Ende rammt Dorian ein Messer in das Bild und tötet dadurch sich selber.

Wilde übernimmt romantische Motive des »gotischen Romans« in England, wie er sie vor allem in »Melmoth the Wanderer« gefunden haben dürfte: Doppelgänger, Teufelspakt und Zaubererspuk. Aber er macht daraus etwas ganz Eigenes: ein Schauermärchen von der Amoral der Ästhetik, das autobiographische Züge trägt.

Wie Leben und Kunst ineinandergreifen, wurde deutlich, als in dem Prozeß gegen Oscar Wilde, der zu zweijähriger Gefängnishaft wegen Homosexualität führte, der gegnerische Anwalt sich auf den »Dorian Gray« bezog.

Edward Carson: »In Ihrer Einleitung zu ›Dorian Gray‹ heißt es: ›So etwas wie ein moralisches oder ein unmoralisches Buch gibt es nicht. Bücher sind gut geschrieben oder schlecht geschrieben. Das ist alles.‹ Gibt das Ihre Ansicht wieder?«

Oscar Wilde: »Meine Ansicht über Kunst, ja.«

E. C.: »Darf ich dem entnehmen, daß es keine Rolle spielt, wie unmoralisch ein Buch auch immer sei? Wenn es nur gut geschrieben ist, dann ist es, Ihrer Ansicht nach, ein gutes Buch?«

O. W.: »Ja, wenn es so gut geschrieben wäre, daß es eine Empfindung von Schönheit hervorruft, welches die höchste Empfindung ist, deren ein menschliches Wesen fähig sein kann. Wenn es schlecht geschrieben wäre, würde es eine Empfindung von Ekel hervorrufen.«

E. C.: »Dann kann also ein gut geschriebenes Buch, das perverse moralische Ansichten vertritt, ein gutes Buch sein?«

O. W.: »Kein Kunstwerk vertritt jemals Ansichten. Ansichten haben Leute, die keine Künstler sind.«

Dieses Verhör vor Gericht offenbart – neben anderem – die Kunstauffassung des Autors, die auch den Roman von Dorian Gray durchzieht. Wir neigen heute eher dazu, diese Auffassung für falsch zu halten. Oscar Wilde hat sie mit einer Konsequenz vertreten, die ihn von den Höhen der Gesellschaft in die Tiefen des Gefängniselends (»De profundis« heißt das dort geschriebene Werk) gestürzt hat. Er hat dieses Martyrium, mit dem sein Leben praktisch zu Ende ging, nicht beabsichtigt. Aber er hat es auf sich genommen. Auch der Roman »Das Bildnis des Dorian Gray« handelt, so könnte man es paradox nach Art des Oscar Wilde formulieren, von der Freiheit des Künstlers, an seiner Kunst zugrunde zu gehen, sowie von der moralfreien Kunst, die im Leben als Unmoral gilt.

Rudolf Walter Leonhardt

Anton Tschechow
Erzählungen

Als Tschechow 1880, zwanzigjährig, Medizinstudent im ersten Semester, zu publizieren begann, hatte sich im Großen Russischen Reich so manches Große erledigt, auch wenn die Gesellschaft unentwegt Großes zu produzieren schien: neben Patriotismus und begrenzten Kriegen gigantische Superlative, weithin sichtbar, ausgestellt auf Weltausstellungen und anderen Paraden, Eiffeltürme, Eisenbahnnetze, epochemachende Erfolge in der Wissenschaft und so weiter.

Gescheitert waren, jedem, der es sehen wollte, offenbar, die Großen Reformen der 60er Jahre: die Aufhebung der Leibeigenschaft hatte den russischen Bauern die Freiheit auf dem Papier gebracht, ihre ökonomische Verelendung hatte sie nicht aufgehalten. Gescheitert waren, fürs nächste definitiv, die Hoffnungen der liberalen Intelligenz auf soziale und politische Veränderung: Nach dem Attentat auf Alexander II. 1881 hob die Administration des Reiches die Reste des Reformwerks der Jahre 1861f. rigoros und konsequent auf. Die Folge: ein Klima der allgemeinen dumpfen Depression. In den Theatern, merkt Pëtr Kropotkin einmal an, triumphierte die Operette.

Die großen Ideale, Hoffnungen auf eine freiheitliche Verfassung der Gesellschaft, waren groß geblieben, unerfüllt gegenwärtig in den Köpfen, in Gesprächen, bei denen man besser keine Zuhörer hatte. Und den Vertretern dieser Ideale waren, sofern sie nicht in sibirischer Verbannung graue Köpfe bekommen hatten, stattliche Bärte gewachsen.

Literarisch – die große Form: Die großen Romane der russischen Literatur waren geschrieben – die »Toten Seelen«, »Krieg und Frieden«, »Oblomow«. Für Dostojewskij hat Tschechow nur den einen Satz: »gut, aber schon ziemlich lang und unbescheiden. Sehr prätentiös.« Der große philosophische Disput, literarisch nurmehr gepflegt vom einsamen Giganten Tolstoj, die großen Gesten hatten plötzlich etwas Fragwürdiges; die Zeit der dramatischen Ausbrüche, der großen Leidenschaften schien vorbei, so als habe sich Anna Karenina stellvertretend für alle von der öffentlichen Moral Verstoßenen vor den Zug gestürzt.

Die wahren Dramen der Gegenwart, sagt Tschechow, finden

in aller Stille statt, verborgen im Alltäglichen, von den dramatis personae selbst argwöhnisch geheimgehalten: »Menschen, die seit langem einen Kummer mit sich herumtragen und an ihn gewöhnt sind, pfeifen nur vor sich hin und werden oft nachdenklich«, – so solle auch sie, Olga Knipper, die Darstellerin der Maša in den »Drei Schwestern«, vor sich hinpfeifen und nachdenklich werden. Mit diesem Satz erklärt Tschechow weit mehr als nur eine halbverstandene Regieanweisung, mehr als nur die Haltung einer Figur in einem seiner Theaterstücke; dieser Satz formuliert eine Sehweise, deren Hauptmerkmale – Kürze und Konkretheit – in sämtlichen Erzählungen, Stücken, in allen Briefen Tschechows nachweisbar sind, mehr noch: deren wesentliche Bedingung darstellen. Tschechow hat diese Bedingungen bereits sehr früh, als 26jähriger, in einem Brief benannt:

»1) Abwesenheit langgezogener Wortergüsse politisch-sozial-ökonomischen Charakters; 2) absolute Objektivität; 3) Wahrhaftigkeit in der Beschreibung der handelnden Personen und Gegenstände; 4) äußerste Kürze; 5) Kühnheit und Originalität; meide das Klischee; 6) Herzlichkeit.«

An diesem erzählerischen Programm, das Tschechow zeitlebens befolgt hat, in der Prosa wie in der Dramatik, ist der große Roman gescheitert, den Zeitgenossen von ihm forderten – er hat ihn nicht geschrieben. Tschechow hat die große Form im dramatischen Fach bewältigt – mit Stücken, bei denen ich nicht zu sagen wüßte, welches nun das beste sei: »Onkel Vanja« oder der »Kirschgarten«, »Drei Schwestern« oder »Die Möwe«. Er hat die große Form im wissenschaftlichen Essay bewältigt – mit seinem Bericht »Die Insel Sachalin«, einem Report über russischen Strafvollzug 1890, dessen Frische und nüchterne Präzision die »Aufzeichnungen aus einem Totenhaus« als Literatur, den »Archipel GuLag« als geschwätziges Pamphlet erscheinen lassen.

Im Erzählerischen dagegen, einem Œuvre von knapp 600 Prosatexten, gibt es, von Jugendwerken abgesehen, keinen Text, der länger wäre als 70 Druckseiten. Die »Dame mit dem Hündchen«, 1899, eine der bekanntesten Tschechow-Erzählungen und mit Sicherheit eine der schönsten Liebesgeschichten der russischen Literatur, hat auf ganzen 16 Seiten Platz.

An Tschechows Sehweise ist ein Zweites abgeprallt, was Zeit-

genossen, vornehmlich Liberale, ›Linke‹, zu verschiedener Zeit von Tschechow erwarteten: weltanschaulich-politische Tendenz, eine »Richtung«. Einigermaßen wütend schreibt Tschechow Oktober 1888 an seinen Redakteur: »Ist etwa auch in meiner letzten Erzählung« – gemeint ist »Der Namenstag« – ›keine ›Richtung‹ zu erkennen? Sie sagten mir einmal, in meinen Erzählungen fehle das Element des Protests, es gebe darin keine Sympathien und Antipathien ... Aber protestiere ich denn in der Erzählung nicht von Anfang bis Ende gegen die Lüge? Ist das denn keine Richtung? Nein? Nun, dann kann ich also nicht beißen, oder ich bin ein Floh ...«
Wenige Tage zuvor hatte Tschechow nämlich demselben Redakteur erklärt, er sei »kein Liberaler, kein Konservativer, kein Reformanhänger, kein Mönch, kein Indifferenter: Ich möchte ein freier Künstler sein und nichts weiter. Ich hasse Lüge und Gewalt in all ihren Erscheinungsformen ... Mein Allerheiligstes sind – der menschliche Körper, Gesundheit, Geist, Talent, Begeisterung, Liebe und absolute Freiheit, Freiheit von Gewalt und Lüge, worin sich die beiden letzteren auch äußern mögen«.
Wenn es einen Generalnenner gäbe, auf den Tschechows Werk zu bringen wäre, für mich wäre es der: Thema der »Dame mit dem Hündchen« wie das der »Drei Schwestern«, des Gesamtwerks überhaupt – die Lüge als Lebensform, der Widerspruch zwischen der Wirklichkeit und der Lebenslüge seiner Helden. In der »Dame mit dem Hündchen« ist die Lüge Thema in einer besonders zugespitzten Weise insofern, als Tschechow nämlich vorführt, wie dieser Widerspruch zwischen Wirklichkeit und Lebenslüge, erst einmal erkannt, die bewußte Lüge notwendig zur Folge hat: die »Dame mit dem Hündchen« ist, auch, eine Geschichte von betrogenen Betrügern.
Gurov, nicht mehr jung, verheiratet, allein zur Kur im mondänen Jalta, lernt eine junge, ebenfalls verheiratete Frau, die ›Dame mit dem Hündchen‹, kennen, beginnt mit ihr, aus Langeweile, ein Verhältnis, obwohl er aus Erfahrung weiß, daß solche Geschichten meist nur Komplikationen mit sich bringen. In Jalta jedoch weiß Gurov sich sicher, die Geschichte hätte mit dem Tag ein Ende, an dem einer von beiden abreist, ein Ende für immer (wie beide meinen). Aber zurück in Moskau, stellt Gurov Veränderungen fest, an sich, an seiner Um-

welt, er sieht seinen häuslichen, beruflichen und sonstigen Alltag plötzlich wie ein Fremder; seine Ehe, längst eine abgestandene Routineangelegenheit, nur wenig mehr als bloße Fassade, kommt ihm sinnlos vor, Anna Sergeevna geht ihm nicht aus dem Kopf – und niemand in ganz Moskau, mit dem er darüber sprechen könnte. Also reist er eines Tages, unter einem Vorwand, in die Stadt, in der sie lebt, begegnet ihr im Theater, erfährt, daß es ihr ebenso ergangen ist wie ihm. In der Folge reist sie, ebenfalls unter Vorwand, heimlich zu ihm nach Moskau: sie treffen sich im Hotel, führen fortan ein Doppelleben, wobei sie beide merken, daß dies heimliche Leben, ihre Liebe, ihr eigentliches Leben ist, und ihre offizielle bürgerliche Existenz als Lüge erkennen. Aber sie merken auch, daß sie auf Dauer nicht weiterleben können mit der »Notwendigkeit sich zu verstecken, zu betrügen, sich lange nicht sehen zu können«. Die Art, wie die Erzählung zum Schluß geführt wird, ihre innere Logik, die aus ihrer Sympathie mit den ›Betrügern‹ keinen Hehl macht und keinem der Beteiligten Schuld an der Entwicklung zuweist, deutet an: Die Betrüger (im Sinn der herrschenden Moral, und sicher im Verständnis der betrogenen Ehepartner) sind die eigentlichen Betrogenen – sie haben sich, bisher, um ihr Leben betrügen lassen, ein Leben geführt, das nicht ihrs war. Und der Schluß ein echter Tschechow-Schluß, gebrochen, vielfältig ironischer Verweis auf den Anfang, läßt offen, wie die Geschichte ausgeht. Anna Sergeevna wird sich vermutlich nicht vor den Zug stürzen, aber in die eben erst gewonnene Klarheit mischen sich Zweifel, Konjunktive: »ihnen schien, als könne« es bis zum guten Ende nicht mehr lange dauern, dann »würde« ein neues, wunderschönes Leben beginnen; »und beiden war klar, daß es bis zum Ende noch sehr-sehr weit war und daß das Komplizierteste und Schwierigste eben erst begonnen hatte«.
Gurov, aus dessen Perspektive erzählt wird und der in vielen Detailaspekten eine Art (positives?) Gegenbild darstellt zu Andrej Prozorov, dem Bruder der »Drei Schwestern«, ist eine typische Tschechow-Gestalt. Er ist der Typ des rasch gealterten, gescheiterten, desillusionierten Intellektuellen, der in seiner Jugend studiert hat, Hoffnungen hatte, Ansprüche stellte an sich und andere, der aber wenig oder kaum etwas von seinen Jugendidealen verwirklichen konnte; der nun im Futte-

ral der Lebenslügen, Konventionen und der Hoffnungslosigkeit dahinvegetiert – sei es ›im Dienst an der Gesellschaft‹ in Behörden, Banken, an den Universitäten in den Metropolen Moskau und Petersburg, sei es in den Kirschgärten, den Turgenevschen Adelsnestern auf dem Lande, die Tschechow so liebte. Gurovs Werdegang ist durchaus exemplarisch: seiner Ausbildung nach Philologe, aber in einer Bank beschäftigt, früher hatte er Opernsänger werden wollen, aber das Studium abgebrochen, besitzt mittlerweile zwei Häuser in Moskau – ein Leben in Rußland um die Jahrhundertwende, und dazu die Erkenntnis, als er dies Leben: seinen Beruf, der nicht erwähnt wird, seine schal gewordene Ehe, über die er kaum je ein Wort verliert, Revue passieren läßt: »Und erst jetzt, wo sein Kopf grau geworden war, liebte er, wie es sich gehört, richtig – zum ersten Mal im Leben.« Leben? Man wird es so nennen müssen; aber Tschechows Erzählungen enthalten immer, und seien sie noch so versteckt, Hinweise auf ein Leben, wie es sein könnte. Und sei es nur die verzweifelte Sehnsucht danach.
Damit ist noch nichts gesagt über die Art, wie diese Geschichte, die nichts Weltbewegendes hat, die allenfalls die Welt ihrer beiden Protagonisten in Bewegung bringt, erzählt ist. Die »Dame mit dem Hündchen« bildet zweifellos eine Summe aller erzählerischen Kunstgriffe Tschechows. Sie hier in toto darzustellen, wäre ebenso unmöglich wie die Querverweise auf andere Tschechow-Erzählungen aufzuzählen, die die »Dame mit dem Hündchen« enthält und die, zumindest teilweise, deren Kürze bedingen.
Dennoch, kursorisch: die Kürze und Schlankheit des Tschechowschen Satzes, die schlichte, in Rhythmus und Diktion der gesprochenen Sprache nachgebildete Erzählsprache in ihrer ungekünstelten Kunstfertigkeit sind, scheint mir, in der russischen Literatur bis heute unerreicht (welch' Mißverständnis des Jurij Trifonov, der sich auf Tschechow beruft!), ebensowenig die Lakonie der Beschreibungen (Jalta: »Deutlich fielen zwei Besonderheiten des eleganten Jaltaer Publikums auf: die älteren Damen gingen sehr jugendlich gekleidet, und es gab eine Unmenge Generäle – «), oder ihre kühne Wahrhaftigkeit (Gurovs Frau: »die ohne Aufrichtigkeit liebte, mit überflüssigen Gesprächen, manieriert, hysterisch, mit einer Miene, als ginge es nicht um Liebe und Leidenschaft, sondern um etwas

weit Bedeutenderes – «), oder die Brüche im Erzählfluß, die Wahrheit, die durch einfachen Wechsel der Blickrichtung erzielt wird: Nachdem Anna Sergeevna zum ersten Mal mit Gurov geschlafen hat und ausbricht in heftige Selbstvorwürfe: »Auf dem Tisch lag eine Wassermelone. Gurov schnitt sich ein Stück davon ab und begann gemächlich zu essen – «
Oder Tschechows Vergleiche: »Man konnte sie vergleichen mit zwei Zugvögeln, einem Männchen und einem Weibchen, die man gefangen und gezwungen hatte, in getrennten Käfigen zu leben.« Um daraus, unvermittelt, abzuleiten: »Sie verziehen einer dem andern, wessen er sich in der Vergangenheit zu schämen hatte«, usw. –
Oder die eingestreuten Dialoge, die kaum etwas und doch, fast immer, alles sagen: Wenn Gurov, sterbenseinsam im Moskauer Nachtleben, es nicht mehr aushält und sich einem x-beliebigen Menschen, seinem Spielpartner, einem Beamten, beim Verlassen des Klubs anvertrauen muß und sagt, er habe in Jalta eine bezaubernde Frau kennengelernt: »Der Beamte setzte sich in den Schlitten und fuhr an, drehte sich aber plötzlich um und rief:
– Dmitrij Dmitrič!
– Was ist?
– Sie hatten recht neulich: der Stör hatte einen kleinen Stich.«
Schlimmer, verletzender ist Gleichgültigkeit des einen, Einsamkeit des andern kaum darstellbar.
Man lese die »Dame mit dem Hündchen«: wer es tut, wird weitere Tschechow-Erzählungen lesen wollen. Tschechow hat einmal über Gogol gesagt: »Das ist einfach begeisternd und nichts weiter! Er ist der größte russische Schriftsteller.« *Des XIX. Jahrhunderts.*
Und Tschechow?

Peter Urban

Theodor Fontane
Der Stechlin

Es ist ein Bild seiner täglichen Arbeit: Der alte Herr hat zu schreiben aufgehört, sieht zu seiner Frau hinüber, die in unwirscher Konzentration, seine Manuskripte ins reine überträgt. Früher hat sie ihn selten zur Kur begleitet. Nun, im Neubrandenburgischen Augusta-Bad, braucht er ihre Hilfe. Er muß das Buch rasch vollenden. Seine Kraft läßt nach. Er merkt es daran, daß er nur noch geringfügige Veränderungen erträgt, und die ehelichen Mißhelligkeiten, vor denen er einst davonreiste, jetzt beinahe notwendig scheinen. An Mete, seine Tochter und Vertraute, schreibt er am 13. Juli 1897: »Schriebe ich *noch* einen Roman – allerdings undenkbar – so würde ich einen Abschreiber nehmen, coûte que coûte.«
Er weiß, er wird keinen Roman mehr schreiben, also auch nach keinem Abschreiber suchen müssen. Dem Manuskript jedoch, das seine von ihm mit zarter und geübter Ironie ertragene Kopistin nicht aus der »kolossalen Langenweile« zu reißen vermag, traut er alles zu, hat er alles mitgegeben. Es ist sein Resümee, der Spiegel, den er sich geschrieben hat, um sich, Abschied nehmend, zu erkennen: »Der Stechlin«.
»Zum Schluß stirbt ein Alter und zwei Junge heiraten sich – das ist ziemlich alles, was auf 500 Seiten geschieht.« Alles, was Fontane über den »Stechlin« äußert, trifft zu; und auch wieder nicht. Er ist übermütig, spielt und lockt. Zwar ist es ein politischer Roman, aber einer, dessen »Politik« es lesend zu entdecken gilt; zwar geschieht in dem Buch tatsächlich wenig und doch ist es ungemein spannend.
Fontane hat sich die Geschichte einer gewünschten Existenz geschrieben. Er ist mit Dubslav von Stechlin so verbunden wie der Stechlin-See mit der fernen Welt: » . . . wenn es weit draußen in der Welt . . . zu rollen und zu grollen beginnt . . ., dann regt sich's auch *hier,* und ein Wasserstrahl springt auf und sinkt wieder in die Tiefe.« Ähnlich rätselhaft und faßbar ist die Kommunikation zwischen Schöpfer und Geschöpf. »Er war eigentlich recht frei. Wußt es auch, wenn er's auch oft bestritt. Das goldene Kalb anbeten, war nicht seine Sache . . . Er war das Beste, was wir sein können, ein Mann und ein Kind.« Mit solchen Sätzen möchte Fontane in Stechlin aufgehen; über

sich selbst hätte er sie nie schreiben können.
Der Anfang bestimmt in seinem gespannten Gleichmut den Ton. Der sich zum Sterben rüstende, die Unordnungen seiner Umgebung genießende Herr auf Stechlin erwartet seinen Sohn Woldemar und dessen Freunde. Sie kommen zu Pferde aus Berlin. Das erwartende Schweigen wird ganz selbstverständlich zum Gespräch, zum »Geplauder«. Der Alte unterhält sich mit dem Sohn, mit dessen Freunden Czako und Rex, charakterisiert, schwadroniert, überrascht durch Sottisen und Merksprüche, prüft zum Verdruß aller Pathetiker und Besserwisser die Ereignisse, hält nichts von philosophischem Gardemaß.
Je tiefer man in das Buch gerät, um so mehr glaubt man, einem Selbstgespräch zuzuhören, einem unendlichen, Figuren sammelnden, Figuren verlierenden Monolog, der sich immer wieder in Dialogen verzweigt, im Grunde Dialogen für *eine* Stimme. Stechlin fordert, eigensinnig und aufmerksam, seine Umgebung zum Reden heraus, und Fontane hört gleichsam zu, und wie der Erzähler Fontane sich zu seinen Figuren verhält, so verhält sich Stechlin zu seinen Verwandten und Bekannten: Er treibt sie nie ins Heroische, erniedrigt sie nie um einer dummen Sensation willen, sondern verläßt sich auf ihre Mitgift. Was sie sind, dürfen sie in der Erzählung und im Gespräch sein. Die Lebenshaltung ist zur Schreibweise geworden. Und für Stechlin wird die Redeweise zur Lebenshaltung. Gelassen und mit Einsprengseln von Ironie führt er den jungen Gästen aus der Hauptstadt seinen brüchig werdenden Mikrokosmos vor.
Mit dem elften Kapitel wird ein Kontrapunkt gesetzt. Woldemar kehrt nach Berlin zurück. Der Erzähler wendet sich dem Haushalt des Grafen Barby zu. Und doch bleibt er auch hier, am Kronprinzenufer, in der Nähe Stechlins. Barby wird nämlich als dessen soignierter Zwillingsbruder geschildert. Er ist nur etwas weniger beredt als der provinzielle Märker. Um eine seiner beiden Töchter, Armgard, wirbt Woldemar. Nicht um Melusine. Ihr hat Fontane eine Freiheit aufgetragen, nach der sich alle seine großen Frauengestalten – Cécile, Helene Nimbsch, Mathilde Möhring, Jenny Treibel, Effi Briest – sehnten. Sie ist ihre von Ängsten und Zwängen befreite Schwester, »eine Dame und ein Frauenzimmer dazu«. Sie hat eine

Erinnerung, die sie allein mit dem Autor teilt, eine Geschichte, die im Buch nicht erzählt wird: Fontanes Vorliebe für die Melusinen-Sage, die sich – worauf der bedeutende Fontane-Biograph Hans-Heinrich Reuter hinweist – in »Schach von Wuthenow« ebenso andeutet wie in der »Jenny Treibel« und die in dem Fragment »Oceane von Parceval« scheitert. Da gelang es ihm noch nicht, aus der »Durchschnittsnixe« eine »exceptionelle Melusine« werden zu lassen, aus der irrationalen Erscheinung eine Frau, die mit ihrer »elementarischen« Kraft das Alte sprengt und unterm Zuspruch Pastor Lorenzens aufs Neue zugeht. In Melusine hat sich Fontane, schreibend, zum letztenmal verliebt.
Die Stimmen beginnen zwischen der Mark und Berlin hin und her zu wandern; die Gespräche werden ausgedehnt. Und Stechlin gewinnt wieder seine Redemacht. Fragt man sich, einbezogen in den Monolog, worüber denn eigentlich geredet wird, findet man nicht gleich eine Antwort, oder man könnte sich auf Fontanesche Weise herausreden: über dies und über das. Aber »dies« und »das« werden unauffällig zu Themen, die durchparliert werden. Es sind nicht viele: die Beziehung der Alten zu den Jungen. Das gesellschaftliche Treiben in Berlin und rund um den Stechlin. Der Tod, der »letzte dunkle Punkt«. Und endlich, oft in Nebensätzen, die Politik. Sie ist Lorenzens Domäne. Stechlin läßt ihn für sich sprechen, und wenn er ihn korrigiert, dann durchs »Reale«. Die Gegenwart kann man barsch attackieren; die Zukunft verlangt behutsamere Ansprüche.
So wird, eher en passant, das Buch zum politischen Vermächtnis Fontanes. Er hatte die Jahre zuvor Spuren verwischt, und es war ihm eher lieb, wenn seine Beteiligung am Märzaufstand von 1848 allenfalls anekdotisch überliefert wurde. Andererseits hatte er später Bismarcks Innenpolitik bitter kritisiert und keinen Zweifel daran gelassen, daß ihn die preußische Adelswirtschaft verdroß. Bloß waren das eher Reflexe geblieben, wie auch das Gedicht über »Die Alten und die Jungen«, in dem er den Jungen zugesteht:

»*Eins* läßt sie stehn auf siegreichem Grunde:
Sie haben den Tag, sie haben die Stunde;
Der Mohr kann gehn, neu Spiel hebt an,
Sie beherrschen die Szene, *sie* sind dran.«

Mit dem Stechlin kann Fontane die bittern Verdikte und die moderaten Hoffnungen so unter die Leser bringen, wie's ihm behagt, wie er es selbst, alt geworden, in Unterhaltungen geübt hat. Die Beharrlichkeit, weiß er, muß sich nicht brüsten, und die bessere Einsicht braucht keine Platzredner.

Manchmal jedoch wetterleuchtet es: »Kenn ich, kenn ich«, läßt er eine Randfigur ausrufen, »der Bourgeois tut nichts für die Menschheit. Und wer nichts für die Menschheit tut, muß abgeschafft werden.« Das ist nicht die Stechlinsche Musik. Die geht, von Pastor Lorenzen angestimmt, so: »Ich respektiere das Gegebene. Daneben aber freilich auch das Werdende, denn ebendies Werdende wird über kurz oder lang abermals ein Gegebenes sein. Alles Alte, soweit es Anspruch darauf hat, sollen wir lieben, aber für das Neue sollen wir recht eigentlich leben. Und vor allem sollen wir, wie der Stechlin uns lehrt, den großen Zusammenhang der Dinge nie vergessen. Sich abschließen heißt sich einmauern, und sich einmauern ist Tod.«

Peter Härtling

Thomas Mann
Buddenbrooks

»Hemingway über mich: ›He would be a great writer if he had never written another thing than Buddenbrooks.‹« Das notiert sich Thomas Mann am 25. November 1935. Es ist das Jahr seines 60. Geburtstags, den er im Exil am Zürichsee verleben muß. Da gab es viele Würdigungen von vielerlei Faktur. Darunter eben jene von Hemingway, den das Tagebuch übrigens als Hemmingway buchstabiert. Der Satz wird abends aufnotiert; nach dem obligaten Gesundheitsbericht und der Tagebuchnotiz über ein diktiertes Interview für ein Wiener Wochenblatt. Just dieser Satz: Hätte der Verfasser von »Buddenbrooks« später nicht mehr geschrieben, er wäre ein großer Schriftsteller. Ein Wort als Kommentar: »Zweideutig!«

In der Tat. Auf den ersten Blick könnte man das abtun als ein etwas fades Diktum eines bedeutenden Schriftstellers über einen anderen. Im Jahre 1935 waren die ersten beiden Bände des Josephs-Romans bereits erschienen, es gab den Zauberberg, den Tod in Venedig, die meisterhafte Novelle von Mario und dem Zauberer Cipolla, große Essays, Ansprachen und Reden. Das alles sollte verhindert haben, daß der Autor von »Buddenbrooks« seinen ursprünglichen Rang als Schriftsteller behielt?

Allein Thomas Mann hat die These anders gelesen und gedeutet. Daher das Wort von der Zweideutigkeit, Hemingway mischt hohes Lob mit entschiedener Ablehnung. Er meinte wohl dies: Nur der frühe Autor des Romans vom Verfall einer lübischen Bürgerfamilie sei ein großer Schriftsteller gewesen.

Natürlich hat Hemingway nicht recht. Trotzdem ist »etwas daran«. Seine spezifischen Möglichkeiten als Schriftsteller hat Thomas Mann kaum jemals wieder so rein und mühelos genutzt, wie bei diesem erstaunlichen Erzählwerk, das in der zweibändigen Erstausgabe vom Jahre 1901 mehr als 1100 Buchseiten ausfüllte, und das ein junger Mensch von 25 Jahren hatte abschließen können.

Der Fall ist einzigartig geblieben. Die Glücksfälle großer Lyrik und Musik, geschaffen von ganz jungen Menschen, sind allbekannt. Georg Büchner starb mit 23 Jahren. Aber eine epische

Leistung, die an genauer Zeichnung der Ereignisse und Charaktere, an Sprachmelodie, die vor allem auch an Erfahrungsfülle mit den »Buddenbrooks« wetteifern könnte, wo hat es dergleichen jemals bei einem anderen Schriftsteller in solchem Lebensalter gegeben?

Man hat später viel Wesens gemacht von Thomas Manns jähen und nachhaltigen Wandlungen als Erzähler, als politischer Unpolitischer, nicht zuletzt in seinem Selbstverständnis als Schriftsteller. Wie sehr jedoch der Thomas Mann des Romans vom »Doktor Faustus« in allen Bereichen, in allen Vorlieben und Vorurteilen, der Ursprungswelt jener Jahrhundertwende verbunden blieb, das beweisen die nun veröffentlichten Tagebücher des rastlosen Selbstbeobachters und Selbstbezweiflers. Das Mißtrauen gegen die eigene Menschlichkeit und sonderbare Spezialbegabung ist *einmal* in glücklicher Weise produktiv geworden: beim Schreiben der »Buddenbrooks«; weil es da für den jungen, ein bißchen verkommenen Sohn aus gutem Hause um das Weiterleben ging. Thomas und Hanno Buddenbrook müssen sterben, um den Erzähler zu retten und zur Selbsterkenntnis als Schriftsteller zu führen. Das glückte über alle Erwartung.

Indem der Zwanzigjährige mit zähem Fleiß und fast unerträglicher Selbstdisziplinierung ans Werk ging, glaubte er vorerst bloß eine Sache abschließen zu können, die alle Kenner der Lübecker Verhältnisse interessieren mochte. Wen sonst wohl noch? Man las im Kreis der Familie vor aus dem anschwellenden Manuskript. Große Heiterkeit und Zustimmung. Jeder wußte, woran er bei Tony Buddenbrooks Ehekrisen zu denken hatte.

Es erwies sich im Lauf der Jahrzehnte, durchaus nicht gleich beim Erscheinen des Romans, daß die »Buddenbrooks« einstehen konnten für vielerlei Bürgerwelten in vielen Ländern. Thomas Mann erfuhr später, daß sich Leser zu Bordeaux in der lübischen Welt wiederzuerkennen wußten. Entzückt hatte er sich beim Nobelpreis-Bankett in Stockholm im Jahre 1929 über den Satz seiner Nachbarin Selma Lagerlöf geäußert, die dem Tischnachbarn bekannte: beim Schreiben des Romans vom Gösta Berling habe sie geglaubt, das sei etwas zum Lachen. Auch der junge Thomas Mann schrieb »Buddenbrooks«, weil er annahm, das sei etwas zum Lachen.

Das ist es auch. Nicht zufällig sind manche Wendungen des Romans zum Zitat geworden, woran sich Romanleser in der Welt, vor allem natürlich die Leser deutscher Sprache, belustigen und als Gemeinschaft erkennen. Das Wort des Heiratsschwindlers Grünlich etwa, der allen, mit sehr gutem Grunde, nach dem Munde redet: »Oh, mein Gott, ich gestehe meine Schwäche für Blumen und für die Natur im allgemeinen! Diese Klatschrosen dort drüben putzen ganz ungemein . . .« Oder das Wort, das dem Urbayern Permaneder, dem zweiten Gatten der Tony Buddenbrook, in einer schrecklichen Nacht entschlüpfte, und das so gelautet hatte: »Geh zum Deifi, Saulud'r dreckats!« Worauf der Erzähler nurmehr mitzuteilen hat: »So schloß Tony Buddenbrooks zweite Ehe.« Hier brach der erste Band des Romans ab im Jahre 1901.

Wenn es dann weitergeht mit dem Erzählen, zu Beginn also des Siebenten Kapitels (der Zahlenspieler T. M. hat es schon damals mit der ominösen Siebenzahl gehabt, wie später allenthalben im »Zauberberg«, oder im Siebenten Kapitel von »Lotte in Weimar«, wo zum erstenmal Goethe »auftritt«), ist die große Wende vollzogen. Nun erst beginnt recht eigentlich der »Verfall einer Familie«. Scheinbar befindet sich die hanseatische Kaufmannsfamilie auf dem Höhepunkt ihrer Prosperität und Vitalität. Senator Thomas Buddenbrook darf Kindtaufe feiern: der Erbe kam zur Welt, Johann genannt, später Hanno gerufen. Allein Hanno überlebt die Pubertät nicht, er scheitert bereits an der Schule. Das vorletzte Romankapitel, das mit den berühmten Worten eines scheinbar objektiv-allwissenden Erzählers beginnt: »Mit dem Typhus ist es folgendermaßen bestellt«, ist auch von Thomas Mann selbst nie wieder übertroffen worden. Insoweit darf man ahnen, was Hemingway gemeint haben mochte.

»Verfall einer Familie«: Als der Autor der »Buddenbrooks« zu Anfang der fünfziger Jahre den Klappentext einer Ostberliner Ausgabe des Romans zu Gesicht bekam, wo in der üblichen Weise von Entlarvung des Bürgertums dahergeredet wurde, äußerte er sich zornig. So sei es denn doch nicht geschrieben. Der Roman ist angelegt als konsequente Gegenbewegung. Dem Verfall an Prosperität und Lebenskraft antwortet ein Aufstieg der Geistigkeit und Sensibilität. Bis der kleine Hanno, schöpferisch und vergeistigt, doch lebensuntüchtig,

das Ende einer Familie markiert. Noch eine andere Gegenbewegung sollte nicht übersehen werden. Dem Verfall eines Bürgertums, das aufstieg in der Goethezeit, aber verfiel im deutschen Kaiserreich, korrespondiert der Aufstieg der modernen Bourgeois: der Familie Hagenström. Immer wieder erstaunlich, daß ein so junger und so gefährdeter Mensch dergleichen beschreiben und zugleich deuten konnte.
Die »Buddenbrooks« eröffnen die Literatur deutscher Sprache in unserem Jahrhundert: nicht allein die Erzählliteratur. Sie mochten sich später, oft sehr vehement, abwenden von Thomas Mann, die Döblin und Musil, Jahnn und Arnold Zweig, Benn und Brecht. Geprägt worden sind sie alle durch dessen großes Frühwerk. Einer hat es gewußt und auch niemals vergessen: Franz Kafka.

Hans Mayer

Robert Musil
Die Verwirrungen des Zöglings Törless

Eine herrschende Klasse, an Erhaltung und Zementierung des von ihr geführten Staates arbeitend, entledigt sich ihrer Kinder und überantwortet deren Erziehung der von ihr bestellten und bezahlten Bürokratie. Indem sie die kleinste Zelle des eigenen Staates, die Familie nämlich, zerstört (in der Hoffnung auf perfekt geschliffenen Nachwuchs), schafft sie sich den zukünftigen Feind: Der eigene Sohn, im Internat zum blutig geräderten, melancholischen Ödipus heruntergekommen und aufgestiegen, wird im nächsten Krieg als Offizierswerkzeug ohne wirklichen Standesstolz zerbrechen oder er wird den väterlichen Staat – beschreiben. Letzteres tat Robert Musil, dessen kleiner Roman über die Kadettenanstalt ein Erfolg geworden ist für die Söhne des Jahres 1906, die den vermoderten Gestank des heraufziehenden Krieges schon in der Nase hatten, ihn aber vergessen konnten über der Schilderung ihrer vergeblichen Kindheit. Musil selbst hält den »Törless« (mit Recht, wie ich glaube) nicht für sein bestes Buch: »Abgesehen von dem Gewinn der Freundschaft einiger bedeutender Kritiker, schien dieser Erfolg aus einer Reihe von Mißverständnissen zu bestehen . . . Die Wahrheit war, daß ich auf den vorgezeigten Stoff selbst gar keinen Wert legte. Natürlich hatte ich ähnliches gesehen, aber es bewegte mich persönlich so wenig, daß ich es, zwei Jahre bevor ich es selbst benutzte, einem anderen jungen Schriftsteller erzählte, dessen krasser Realismus mir für diesen Stoff viel geeigneter erschien, und ihm fest versicherte, daß dies ein Stoff für ihn wäre, aber nicht für mich . . . Warum ich dann (1902/1903) doch den Stoff selbst anpackte, weiß ich nicht mehr zu sagen; ich glaube es geschah in einer besonderen Lebenslage und weil ich mich, nachdem ich für meine Gedankenpoesie keinen Verleger gefunden hatte, etwas fester auf die Erde stellen wollte.« Der Versuch gelang, der Erfolg verwandelte den Sohn in den Schriftsteller, der wiederum sich später aus diesem ›Beruf‹ mit seinem »Mann ohne Eigenschaften« in eine andere Lebensform hinausschrieb, die eine Berufsbezeichnung wie die des »Schriftstellers« überflüssig machte. Im Gegensatz zum »Törless« ist der »Mann ohne Eigenschaften« die Sprengung der Literatur, der Einbruch der Architektur in die

Prosa. »Törless« ist noch die Harmonisierung des Zerstörungsprozesses Erziehung, die Struktur und die Sehnsüchte dieser Erzählung fallen hinter den Stoff noch zurück, indem sie ihn gestalten. Noch agieren Charaktere mit Anspruch auf Subjektivität, die sie eigentlich schon nicht mehr für sich beanspruchen können: Schon als Kinder sind sie nur noch Karikaturen auf den Schoß, aus dem sie in die für sie vorbereitete Welt gepreßt worden sind. Die ständigen Rollenverteilungen einer Internatsklasse werden widerspruchslos übernommen, die Texte sind verteilt: der sensible, zurückgezogene Intellektuelle mit dem schlechten Gewissen dem vitalen Schläger gegenüber, der feige Kriecher an der Seite des zwei Köpfe größeren: das ewige Dreigespann aller Schulklassen und dazu die begehrenswerte Hure mit dem süßen Geruch, der auch aus der »Hüfte der Mutter« aufsteigt, als Törless schließlich den Weg vom Gefängnis Internat ins Zucht-Haus Familie antritt. Dazwischen die sadomasochistischen Versuche der Kinder, sich auf das Leben im Staat vorzubereiten, indem sie es mit gegenseitigen Folterungen, Unterwerfungen und Züchtigungen abbilden. (»Gegen Beineberg hatte er vor ein oder zwei Jahren einen *großen Krieg* geführt, der mit dessen Niederlage endete.«) Ständig aber die Distanzierung von der eigenen Rolle, das Außersich-Sein des Törless, der lächerlich-tragische Kampf um die eigene Individualität: »Er fühlte, daß ihm alles, was er tat nur ein Spiel war. Nur etwas, das ihm half, über die Zeit dieser Larvenexistenz im Institut hinwegzukommen.« Auch dieses ins technische Zeitalter gefallene und in den Standard verdrehte Individualitätsbedürfnis eines Hamlet-Läuffer-Leonce ist Gegenstand der Erzählung und (mag sein) macht deren exemplarische Bedeutung aus. (Die russische Literatur kennt diesen Archetyp nach Lermontows »Held unserer Zeit« im dem Internat folgenden Rüpelalter als »lischni tschelowek« – den »überflüssigen Menschen«!) Vielleicht ist der »Törless« eben durch seine Un-entschiedenheit des Autors mit dem Helden und des Helden wie des Autors mit sich selbst ein Meisterwerk als Stufe: zum kälteren Blick und zum entschiedeneren Bau nämlich. Möglicherweise hat sich Musil dieser Belastung eines ersten Buches entzogen, wie die Eltern des Törless sich ihres Sohnes entledigten: Er hat es ins Internat der Geschichte verwiesen zum ewigen Aufstand gegen den Direktor, von dem er fürs Gegenteil überzeugt werden will. Musil selbst (»Die Angst des Kindes vor den Russen und vor den Arbeitern ist ohne Einfluß geblieben«) hat sich weggewandt von einer Kunstform Literatur in eine Existenzform Schreiben, in der die Larve sich entpuppt: »Warum haben meine Eltern nicht protestiert. Heute noch unverständlich. Mensch!«

Thomas Brasch

Rainer Maria Rilke
Die Aufzeichnungen des Malte Laurids Brigge

Vor seinen »Aufzeichnungen des Malte Laurids Brigge« hatte Rilke selber gewarnt, vor ihrer Wirkung auf Leser, die sich mit Maltes Irritationen und Krisen identifizieren könnten, anstatt sie zu widerlegen. Im Brief an Artur Hospelt steht der berühmt gewordene Hinweis: »Ich sehe seit einiger Zeit ein, daß ich Menschen, die in der Entwicklung ihres Wesens zart und suchend sind, streng davor warnen muß, in den Aufzeichnungen Analogien für das zu finden, was sie durchmachen; wer der Verlockung nachgibt und diesem Buche parallel geht, muß notwendig abwärts kommen; erfreuend wird es wesentlich nur denen werden, die es gewissermaßen *gegen den Strom* zu lesen unternehmen.«

Diese Einsicht könnte als genereller Vorschlag gelten, Kunst anders wirken zu lassen, als sie mit ihren Negationen wirkt; das ganze Maß an Verneinung, das Kunst vermittelt, wäre zugleich das Maß, der mögliche Aufwand ihrer Utopie. Aber das sagt sich so leicht nur, wenn man Kunst allein aus der ideologischen Distanz betrachtet, wenn man sie nicht heranläßt an das eigene Leben. Maltes Aufzeichnungen lesen heißt bei einiger Sensibilität, der eigenen Krise inne zu werden, zumal wenn man jung ist und die Suche anfängt nach dem eigenen Ich. Mir ging es jedenfalls so, als ich die Aufzeichnungen las, zum ersten Mal vor über fünfundzwanzig Jahren.

Beim nächsten Wiederlesen ging es sicher nicht so, stellten sich die früheren Erfahrungen nicht mehr ein, gottlob nicht, diese Verheerungen auf dem Feld der Gefühle. Man muß dieses Buch mehrere Male, und in Abständen, lesen, schon deshalb, weil seine ständige Begleitung einen aufmerksam macht auf Entwicklungen und Veränderungen, in mir, mit mir, um mich herum.

Man muß sich von diesem Buch auch trennen können, um es wiederfinden zu können als Dokument der eigenen Biographie, vergangener Zustände, vergessener Verwirrungen. Es gibt wenige Bücher, die man auf der Lebensreise mitnehmen kann. Vielleicht weiß es jeder, der die wechselnden Moden miterlebt hat, die der blinden Verehrung, der schroffen Ablehnung, der vorsichtigen Wiederentdeckung der Werke Rainer Maria Rilkes: die Aufzeichnungen seines Malte behielten eine Qualität, die vom Streit um seine Lyrik ziemlich unbehelligt blieb; der Malte ließ sich nicht nur retten, er garantierte Rilkes Rang noch in Zeiten, als sein Dichten gerade gut genug für Parodien war.

Als die einzige große Prosa-Arbeit haben die Aufzeichnungen in Rilkes Werk ihren besonderen Stellenwert. Geschrieben in den Jahren zwischen 1904 und 1910 erscheint das Buch nicht als Wurf, sondern als Ergebnis einer Entwicklung, einer langen Veränderungsphase. Die Form der Aufzeichnungen spiegelt das wider; die Pausen, die Unterbrechungen, der Wechsel der Zustände und Bewußtseinslagen haben gewissermaßen mitgeschrieben; das Material einer Lebenszeit erreicht keine geschlossene literarische Gestalt. Ein Fragment also, ein offener Text, sagen wir heute, der, historisch begriffen, mit am Anfang stehen könnte all der Auflösungen und Zusammenbrüche, die in der Literatur dieses Jahrhunderts zu den weitgehenden Veränderungen geführt haben.

Die Krise des Erzählens, die Schwierigkeiten mit dem Roman: in den »Aufzeichnungen« wären die Belege für etwas zu finden, was in den vergangenen literarischen Generationen gedacht, praktiziert, zur Kenntnis genommen, nicht zur Kenntnis genommen oder überwunden worden ist, und dabei sollte die Ausrede nichts taugen, das Buch sei in lyrischer Prosa geschrieben, was immer das heißen soll, wahrscheinlich einen Aufenthalt im Paradies der unbegrenzten Möglichkeiten. Historische Zusammenhänge, Konsequenzen – Rilke aber war nicht Avantgarde und hatte keine Probleme mit der alternden Epik, mit den Konventionen des 19. Jahrhunderts; er schrieb ohne revolutionären Elan, ihn steuerte kein expressionistischer Zeitgeist. »Es ist nur so, als fände man in einem Schubfach ungeordnete Papiere und fände eben vorderhand nicht mehr und müßte sich begnügen. Das ist, künstlerisch betrachtet, eine schlechte Einheit, aber menschlich ist es möglich, und was dahinter aufsteht, ist immerhin ein Daseinsentwurf und ein Schattenzusammenhang sich rührender Kräfte.«

Rilkes Brief-Bemerkung soll nicht ausreichen, die fragmentarische Gestalt seiner Aufzeichnungen zu erklären; entscheidend erscheint mir aber der Hinweis auf die menschlichen Umstände, die das Entstehen der Aufzeichnungen mitbestimmt haben. Sie beschreiben weniger Erfindungen als Erlebnisse. Ziemlich zu Anfang, als der achtundzwanzigjährige Malte über seine bisherigen literarischen Versuche nachdenkt, kommt er zu Einsichten, die den Ansatz einer Poetik enthalten: Verse seien nicht Gefühle, sondern Erfahrungen. Das gilt für die Aufzeichnungen selber. Diese Prosa lebt vom Repertoire und vom Augenblick der Erfahrungen zugleich. Ihre Bestandteile, denen kein erzählerisches Kontinuum zugrunde liegt, werden zusammengehalten vom Bewußtsein eines Ichs, in dem die Momente und Perioden sich sammeln, die vergessenen und wiedergefundenen Zeiten, die plötzlichen und die erinnerten Erlebnisse, die Ängste und Träume, die Wahrnehmungen und Begegnungen, all das eben, was den widersprüchlichen Zusammenhang der Erfahrungen herstellt. Sie bestimmen den Gang der Aufzeichnungen; ihre Brüche und Schübe bilden sich in der Form des Textes ab.

Das Ich, das diese Zustände durchlebt und aufzeichnet, hat die Gestalt des Malte Laurids Brigge, eines Adeligen, der zu Anfang des Jahrhunderts in Paris lebt, in der Rue Toullier, und dort in einem kleinen Zimmer an einem 11. September mit seinen Aufzeichnungen beginnt. Malte als Projektion Rilkes; das andere Ich des Dichters, ausgedacht oder nicht, Rilke hat ihn jedenfalls sich verselbständigen lassen: »Malte Laurids hat sich zu einer Gestalt entwickelt, die, ganz von mir abgelöst, Existenz und Eigenart gewann, die mich, je mehr sie sich von mir unterschied, desto stärker interessierte.«

In jedem Fall lebt Malte mit den Erfahrungen seines Autors, dessen Aufenthalte in Paris, dessen Reisen nach Skandinavien und Rußland, dessen Lektüre und Studien verschiedener Chroniken, Geschichtswerke und Enzyklopädien die Materialien vorbereitet haben. Daraus sind Umgebungen entstanden, erzählerische Umgebungen: das sinnlich erlebte Paris, die Gerüche und Geräusche in den Straßen, Interieurs; das Schloß in der dänischen Hauptstadt. Und es sind die erzählerischen Zeiten entstanden: in der Reihung der unmittelbar erlebten Augenblicke; in der Ausdehnung der Assoziationen, die das historisch Vergangene, die Geschichte der aussterbenden Familie, die verlorene Kindheit ins Gedächtnis zurückholen.

Malte als Schreibender vergegenwärtigt ständig seine Existenz, und das heißt, die Suche nach seiner Existenz, die in ihren konkreten Bedingungen und Umständen nur vage bleibt und um so deutlicher erscheint als Zustand, als krisenhafter Zustand. Eine grenzenlose Empfindsamkeit, ewige Irritationen und Ängste und Krankheiten: das führt zwangsläufig zu einem Scheitern, das vielleicht in einer Art von Religiosität aufzuheben wäre, im Grunde freilich die Konsequenz der erfahrenen Krise bedeutet.

»Kannst Du's begreifen, daß ich hinter diesem Buch recht wie ein Überlebender zurückgeblieben bin, im Innersten ratlos, unbeschäftigt, nicht mehr zu beschäftigen? Je weiter ich es zu Ende schrieb, desto stärker fühlte ich, daß es ein unbeschreiblicher Abschnitt sein würde, eine hohe Wasserscheide, wie ich mir immer sagte; aber nun erweist es sich, daß alles Gewässer nach der alten Seite abgeflossen ist und ich in eine Dürre hinuntergeh, die nicht anders wird.« Solche Briefzeilen an Lou Andreas-Salomé lassen das Befinden erkennen, in dem die »Aufzeichnungen« ihren Autor zurückgelassen haben. Nachzulesen ist auch, daß Rilke nahezu zehn Jahre in einer Krise blieb, die erst mit den »Duineser Elegien« zu Ende ging, in einer Verstörung, in die er sich hineingeschrieben hatte, aus der er sich herausschreiben wollte? Man schreibt sich immer in etwas hinein, was beim Schreiben dann erkannt und erledigt wird; aber dieses Schreiben erzeugt dann neue Probleme, die über das Erkannte und Erledigte hinausreichen und wiederum zu Zwängen führen, von denen man sich nur schreibend, vorerst, vielleicht, befreien kann.

Die »Aufzeichnungen des Malte Laurids Brigge« mit aller Intensität zu lesen, kann zur Folge haben, daß man an solcher Erfahrung teilhat. Ich denke, daß die Wirksamkeit dieses Buches nicht aufhören wird, oder wiederkommen wird, je nachdem, was man von der Literatur haben will. Der gesellschaftliche Rahmen, in dem sich die Figuren um Malte herum bewegen, ist zerfallen, und damit leben diese Figuren auch nicht weiter. Aber das bröckelte schon alles und lebte bloß noch schattenhaft schon zu Rilkes Zeiten.

Worauf es weiterhin ankommt, ist die Frage, die in den »Aufzeichnungen« mitzulesen ist, ist der ganze Zusammenhang einer Lebens-Frage, die an unser Ich geht, an unsere Subjektivität, unsere Überlebensfähigkeit. Andere Wörter, andere Sätze, eine andere Zeit: aber in diesen Jahren kommt mir nicht sehr fern vor, was als Impuls der »Aufzeichnungen« weiterwirkt, in unseren Köpfen und in unserer Literatur.

Jürgen Becker

Heinrich Mann
Der Untertan

Heinrich Manns Roman »Der Untertan«, der ihm dauerhaften Ruhm und dauerhafte Feindschaft eingetragen hat, wurde bald nach der Jahrhundertwende konzipiert. In autobiographischen Mitteilungen schreibt der Autor: »Den Roman des bürgerlichen Deutschen unter der Regierung Wilhelms II dokumentierte ich seit 1906. Ich brauchte sechs Jahre immer stärkerer Erlebnisse, dann war ich reif für den ›Untertan‹ ... Beendet habe ich die Handschrift 1914, zwei Monate vor Ausbruch des Krieges – der in dem Buch nah und unausweichlich erscheint ...« Als der Roman nach der in ihm vorausgesagten Niederlage veröffentlicht wurde, erreichte er sofort Massenauflagen.
Im »Untertan«, der nicht nur mit dem Kunstmittel der Satire gestaltet ist, nahm Heinrich Mann Abschied vom liberalen Bürgertum des XIX. Jahrhunderts. Mit der Figur seines »Helden« Diederich Heßling hat er – wir gebrauchen seine Worte –: »Die Vorgestalt des Nazi« enthüllt, der das Zeitalter für Jahrzehnte prägen würde. Daher sind prophetisch Probleme vorausgesagt, deren Bedeutung erst viel später verstanden wurde: die umstrittene Frage der »Kollektivschuld« beispielsweise. Heßling zeigt schon als Schulknabe Eigenschaften, die, voll entfaltet, Kennzeichen des Nationalsozialismus sein werden. Er tut sich hervor bei der Mißhandlung des einzigen jüdischen Mitschülers. »Was Diederich stark machte, war der Beifall ringsum ... Wie wohl man sich fühlte bei geteilter Verantwortlichkeit und einem Schuldbewußtsein, das kollektiv war!« Vieles geht in diesem vorahnenden Roman über den Alltag des Wilhelminischen Reiches hinaus. Heßlings wollüstiges Erschauern, als ein unbewaffneter Arbeiter fast grundlos von einem Soldaten erschossen wird, gehört zu den Extremfällen. Man wird es 1912 für überspitzt gehalten haben, jemanden dadurch zu charakterisieren, daß man ihn nach einer solchen Gewalttat »schnaufend von innerer Bewegung« ausrufen ließ: »Für mich hat der Vorgang etwas direkt Großartiges, sozusagen Majestätisches. Daß da einer der frech wird, einfach abgeschossen werden kann, ohne Urteil, auf der Straße! Bedenken Sie: mitten in unserem bürgerlichen Stumpfsinn kommt so was

Heroisches vor! Da sieht man doch, was Macht heißt!« Zur Gewohnheit wurde solche Gesinnung erst rund drei Jahrzehnte später.
Bei dem von Karrieristen und Geschäftemachern provozierten Majestätsbeleidigungsprozeß, Kernstück der Handlung, in dem Heßling als Hauptbelastungszeuge hervortritt, bezeichnet der skeptische, liberale Rechtsanwalt Buck den forschen, deutschvölkischen Untertanen, der sich zu einer Hauptgefahr für Deutschland und die Welt auswächst: »›Wie er‹, sagte Buck, ›waren zu jener Zeit viele Tausende, die ihr Geschäft versahen und eine politische Meinung hatten. Was hinzukommt und ihn zu einem neuen Typus macht, ist einzig die Geste: das Prahlerische des Auftretens, die Kampfstimmung einer vorgeblichen Persönlichkeit, das Wirkenwollen um jeden Preis, wäre er auch von anderen zu bezahlen. Die Andersdenkenden sollen Feinde der Nation heißen und wären sie zwei Drittel der Nation . . .‹«
Die Untertanen, die stets ihre nationale Gesinnung hochspielen, halten Reden wie »Kreuzritter«. Damals hieß der »Erbfeind« Frankreich, und Deutschland war das machtvolle Bollwerk gegen die von Westen andringende »Schlammflut der Demokratie«. Vorzeichen und »Erbfeinde« konnten im Bedarfsfalle mühelos ausgewechselt werden. Der gleichgeschaltete Untertan war leicht umzuschalten. Seine Substanz blieb erhalten: »Die Verehrung der Macht.« Der profitable Gehorsam; die karrierefördernde Gesinnung, das prämierte Denunziantentum.
Das Gespür Heinrich Manns für die Untertanenmentalität ist erstaunlich. Manches reicht auf nicht voraussehbare Weise in unsere Tage hinein – und zwar auch bezogen auf die andere Seite, wo die Macht sich verabsolutiert hat. Man liest mit Erschrecken den Satz: »Dann kann es geschehen, daß über das Land sich ein neuer Typus verbreitet, der in Härte und Unterdrückung nicht den traurigen Durchgang zu menschlicheren Zuständen sieht, sondern den Sinn des Lebens selbst . . .« Der Untertan und der Parteifunktionär als Geschwister. Beider Hauptfeind ist die Aufklärung, der Freisinn. Im Roman ist der Feind verkörpert in der »beleidigenden Menschlichkeit« des alten Buck (dem Vater des schwächlichen liberalen Anwalts). Der Alte, ganz XIX. Jahrhundert, war Vorkämpfer der bür-

gerlichen Revolution von 1848. Er zehrt von dem Ruhm, damals zum Tode verurteilt worden zu sein. Seine Generation steht dem Untertanen noch im Wege. Für Heßling war er: »der Antipode; da gab es nur eins: zerschmettern!« Mit dem Sieg des Untertanen dankt das Zeitalter der Aufklärung ab.
Das Vokabular, dessen sich Heinrich Mann zur Kennzeichnung der Wilhelminischen Epoche bediente, mutet uns 70 Jahre nach dem Entwurf noch und wieder vertraut an. »Deutschland erwache« gehörte bereits zum Sprachschatz der Untertanengesellschaft. Auch die Warnung: »Der Umsturz erhebt sein Haupt«. Die »Zuchtlosigkeit« muß bekämpft werden. Und der »aus dem Schlummer gerüttelte Bürger« ist »erwacht zum berechtigten Selbstgefühl, das tüchtigste Volk Europas und der Welt zu sein . . .«. Die Sprache verrät, daß wir uns noch im Zeitalter befinden, das durch den »Untertanen« geprägt worden ist.

Alfred Kantorowicz

Marcel Proust
Auf der Suche nach der verlorenen Zeit

Es mag sein, daß man beim ersten Anlesen einen höchst peinlichen Eindruck von Proust empfängt, gleich – wenn dieser uns in seinen Familienkreis fossiler Großeltern, spinöser alter Tanten und eines obsoleten Onkels einführt –, wenn er dem Leser mit dem ganzen Gesippe des »Bottin mondain« scheinbar zu imponieren trachtet, mit sämtlichen Bekanntschaften aus dem »Gothaer Adelsalmanach« (den er übrigens auswendig lernte); peinlich, unerfreulich in solchem Grade, daß man zögert, ob man ihn schon beiseite legen oder gerade deswegen, um sich zu ärgern, weiter lesen solle.

Proust redet unaufhörlich von sich, überspannt wie ein hypochondrisches, schwer neurotisches Muttersöhnchen – selbstverliebt, taktlos über die Jugendlieben seiner Pubertät – manieriert im Jargon eines Klüngels, dessen fade Sticheleien, dessen verblasene platte Kunstklischees, dessen niedriger Hausmeisterklatsch dem Außenstehenden auf die Nerven gehen; und man möchte sich so rasch wie möglich »auf französisch« empfehlen, wäre man nicht von seiner Diktion gefangen, von ihr bestrickt wie von einem virtuosen, perlenden Präludieren arabesker Passagen – Paul Ducas, Albert Rousselle? Was ist das doch gleich? Woran erinnert das, was da von irgendwo nebenan mitphantasiert, mitklirrt, mitschwingt? Und in dieser musikalischen Sinnesverwirrung verharrt man, horcht man genauer hin; das Ohr gewöhnt sich an seine raffiniert mokante Dissonanz; an den affektierten Sprachschnitzer aus dem Munde einer Fürstin; die Scherznote eines Diplomaten, die eine Karriere, eine Ehe und ein Leben zerstört; an einen mit Racine verbrämten Antrag des Päderasten M. de Charlus (des illustren Robert de Montesquiou, wie er wirklich hieß – des abgefeimten »Duc des Esseintes«, als Romanheld von Huysmans).

Man schmunzelt nun – zur Gesellschaft – verständnisinnig mit, man lacht wirklich aus vollem Halse über die makabre, tiefe Ironie einer urkomisch blamablen Situation.

Und erst im nachhinein, wenn der letzte Akkord der proustischen Symphonik verklungen ist, empfindet man den Schock: Man ist bei Marquis-de-Sade-Gespenstern zu Gast gewesen, bei antisemitisch-chauvinistisch Pervertierten des Dreyfus-Skandals; in einem parfümierten, sophistisch schillernden Pfuhl toter Seelen, deren abgründige Infamie ein proustisches Wetterleuchten nur hie und da, hin und wieder fahl angeleuchtet hatte, weil es dort ins Grundlose ging.

Erst hinterdrein besinnt man sich: Diese eingebildeten, geschwätzigen, verbuhlten Schemen hätte man eigentlich eher durchschauen müssen, gewitzigt durch Anatole France (oder durch den Schriftsteller Bergotte bei Proust) – unterrichtet über ihre Herkunft durch Balzac.

Auch die Histörchen seiner Fauna spielen im »juste milieu«, in einer versunkenen Welt und Halbwelt, im Ur- und Geistesadel; und wie bei Balzac findet sich auch der Proust-Leser unversehens unter Salonhyänen, Finanzhaifischen und Wölfen der Politik.

Auch Combray – Prousts Kleinstadtallegorie seiner Jugend – ist ganz und gar ein Balzacisches »Cabinet des Antiques«, ein Naturkundemuseum ausgestopfter, hochtrabend betitelter Adelsbälge; ein Felsenhorst, wo zwei feindliche Sippen horsteten: die Duc de Guermantes, konservativ und Anti-Dreyfusards bis auf die Knochen, und die wagnerianischen, radikalsozialistischen de Verdurins – und auf der andern Seite des Bürgersteigs ein simpler Monsieur Swann: der nur mit Vorbehalt empfangene, nicht ebenbürtige Arrivist – der hochgezüchtete, veredelte Sprößling vom Stammbaum der Wechsler.

Ja, erst hinterdrein, sich besinnend, fragt man sich: Sollte vielleicht eine Großmama der Mme. Swann, der ehemaligen »grande cocotte« Odette de Crécy, eine Maîtresse des Baron de Nucingen (aus Balzacs Geldadel) – sollte ein Vorfahr von Prousts Busenfreund Saint-Loup etwa mit Balzacs Priester-Raubmörder und späterem Polizeichef Herrera-Vautrin einstmals liiert gewesen sein?

Aber das Proustische »Sodom und Gomorrha« hatte sich am Schluß schon so anämisch sublimiert, so altersschwach vergeistigt, daß man ihm gar nicht mehr zutraute, es könne noch jemals so gefährlich rabiat, so bösartig werden.

Und erst ein Jahrzehnt nach seinem Erscheinen in Buchform bestätigte es in facto, wie so gar nicht Proust übertrieben hatte, wie bis auf Herz und Nieren sein Befund zutraf, daß es reif für den Kollaps war, daß Frankreich gerade in seinen edelsten

Körperteilen schon rettungslos angegriffen war. Es rechtfertigte vollauf seine Kaustik, jede Fiber einer Empfindsamkeit bloßzulegen, jeden verborgensten Gedanken mit dem Skalpell seiner Federspitze zu sezieren, die ihm »so unentbehrlich war wie die Instrumente einem Chirurgen«.
Eine ihm durch geistige Inzucht vererbte Anfälligkeit, eine ihm angeborene asthmatische Konstituion hatten ihn, den Arztsohn und Halbjuden, prädestiniert; hatten ihn in einem Dauerzustand sexuell überhitzter, morgendlich überhöhter Temperatur so ermattet, daß ein »in eine Tasse Tee getauchtes Madeleinegebäck« aus den Händen seiner heimlich begehrten Mutter schon genügte, um bei ihm einen heftigen Blutsturz schmerzhaft süßer Erinnerungen zu provozieren.
Doch seine beiden Gebrechen, seine Verweichlichung von frühester Kindheit an und seine bronchitischen Erstickungskrämpfe jede Nacht vor dem Morgengrauen, die ihn dann für die letzten Lebensjahre ans Krankenbett fesselten, waren in seiner Wiege von zwei Wunschfeen in Begabungen umgezaubert worden, so daß er kraft ihrer, vom Tod schon angerührt und schon im Koma, mit der nachtwandlerischen Sicherheit eines Orpheus zu seiner geliebtesten, mondänen Vergangenheit hinuntersteigen, wieder zu sich kommen und sein Hadeserlebnis uns Lebenden mitteilen konnte . . .; und daß ihm der Höllenrachen der Tradition und das künstliche Gebiß, das nach ihm schnappte, und die Chimären, die ihn anfauchten, nichts anhaben konnten . . .; und daß der nimmersatte Schlund des Nimmermehr ihn so sacht, so behutsam überwölbte wie der Gaumen seines nachkostenden Ich die Brocken des Madeleinegebäckes.
Proust war kaum tot, als die Nachwelt ihn mit so viel Würdigungen und Erläuterungen schmückte, wie er es in seinen höchsten Ambitionen nur je hätte beanspruchen dürfen. – Selbst einer seiner strengsten Kritiker, André Gide, erwies ihm nun alle Ehren und bedauerte es aufrichtig, wenn er je versehentlich den zu früh Verstorbenen gekränkt hatte.
Doch die von Gide gerügten Abweichungen von der Regel haben gute Gründe; weil Marcel Proust nicht einer historisch bedingten, sondern einer in Wachträumen gültigen consecutio temporum folgte; weil er im Passé défini einer Tradition schon deren gegenwärtigen Verfall vorwegnehmen möchte; und im

Indikativ eines imperfekten Liebeskummers, den ihm Gilberte – das Töchterchen des Swann – angetan, schon den Konjunktiv, den Möglichkeitsfall eines generellen Betrugs aller Gefühle, vorausgespürt hatte. Den Verrat aller menschlichen Bindungen überhaupt.

Walter Mehring

Jaroslav Hašek
Die Abenteuer des braven Soldaten Schwejk

Als Hašek um 1910 – wahrscheinlich nach einer Zechtour – eine jener zahllosen Geschichten verfaßte, mit denen er das Geld für seine Zechtouren verdiente, diesmal zur Abwechslung über einen einfältigen Soldaten, dessen Einfälle seine Vorgesetzten zur Verzweiflung und in Gefahr bringen, hatte selbst der Autor – von der Welt ganz zu schweigen – keine Ahnung, daß der tschechische Urfaust entstanden war, der Keim eines Werkes, das siebzig Jahre später auch die Redaktion der ZEIT unter »die 100 Bücher der Weltliteratur, die man lesen sollte«, aufnehmen würde.
Hašek mußte allerdings noch ein weiteres Dutzend Jahre, einen Weltkrieg und eine welterschütternde Revolution durchleben, damit die gängige Humoreske zu jenem einzigartigen Roman heranreifte, der sowohl die elementaren Zeichen seiner Zeit als auch die Situationen und Gestalten einfing, die immer wieder auf der Turmuhr der Geschichte vorüberziehen, nur in neuen Kostümen und mit neuen Accessoires.
In Böhmen gibt es indes neben den unzähligen Lesern, die den Schwejk zitieren wie ein Pater die Bibel, auch zahlreiche, die ihn nach wenigen Seiten weggelegt haben. Denn der Schwejk ist eines der Bücher, die gleichsam nicht geschrieben, sondern herausgeschleudert wurden; deshalb wirken sie eher wie lebendige Organismen denn wie Kunst: Dieses endlose Konglomerat von Anekdoten, dessen Handlung von Episode zu Episode schweift, aus dem Gestalten geheimnisvoll verschwinden, in dem das Genre von obszöner Possenreißerei ins sittenbildhafte Traktat hinüberschillert, fasziniert den Leser entweder immer wieder aufs neue, oder es stößt ihn ein für allemal ab. Ich habe nicht die Absicht, diese irrationale Begegnung zu beeinflussen, ich schreibe keinen Werbetext, sondern einen Brief an jene, die dem braven Soldaten Schwejk verfallen sind.
Der Roman ist ein Handbuch der unbewaffneten Selbstverteidigung des Bürgers, der gleich zweimal ausgepreßt wird: durch die Presse eines totalitären Regimes und durch die einer Besatzungsmacht. Sich gegen beides aufzulehnen, dazu fehlt es ihm an Kraft. Sich nicht aufzulehnen, bedeutet entweder, physisch ausgepreßt zu werden, als Bestandteil einer anonymen Men-

schenmasse, die für fremde Interessen als Kanonenfutter in die Schlacht geworfen wird, oder psychisch, wenn er aus Angst oder Bequemlichkeit anfängt, mit dem Regime und der Macht entgegen den Interessen seiner Gemeinschaft zu kollaborieren. Schwejk, Angehöriger eines Volkes, dem seine Aristokratie gewaltsam genommen wurde und dessen Intelligenz sich daher unmittelbar aus dem Volk rekrutiert, findet eine geniale Lösung, zu der wohl Intellekt als auch Instinkt beitragen: Er beginnt, hohle Phrasen, die das totalitäre Regime und die Besatzungsmacht wie Reklameballons hochsteigen lassen, mit nimmermüder Aktivität zu füllen, bis dieser Ballast sie in Klötze verwandelt, die den Urhebern in den Weg und auf den Kopf fallen.

Die moderne Zeit kennt Streiks, bei denen ganze Industrie- und Verkehrszweige dadurch lahmgelegt werden, daß die Arbeitnehmer sich buchstabengetreu nach den Vorschriften richten. Schwejk ist ihnen im Bereich der Ideologie zuvorgekommen. Seine aufreibende staatsbürgerliche Loyalität, die selbst die Polizei entwaffnet, seine gefährliche kriegerische Ungeduld, mit der er seine Offiziere aus der sicheren Etappe an die unsichere Front treibt, und vor allem sein unausgesetztes Glaubensbekenntnis für den Sieg des Hauses Habsburg – desto unerschütterlicher, je weniger berechtigt –, all dies lähmt und deprimiert die Repräsentanten der Macht, schließlich verstört es sie. Da haben sie sich jahrzehntelang *viribus unitis* bemüht, den Musterbürger zu erschaffen. Nun steht er vor ihnen, und es gelingt ihnen nicht, zu unterscheiden: Ist er so durchtrieben oder so blöd? Wäre wenigstens eines dieser beiden Übel das kleinere! Doch das eine ist noch schlimmer als das andere: Falls Schwejks Unbefangenheit nur die Maske der Durchtriebenheit ist, woher dann die Gewißheit nehmen, daß er nicht gleich mit dem ersten Schuß den Vorgesetzten fällt? Und ist sie Ausdruck der Blödheit, wer garantiert dann dem Vorgesetzten, daß er nicht ins Verderben gerissen wird? So oder so bleibt ihm nichts anderes übrig, als seine gesamte Energie aufzubieten, um die Energie des Untergebenen in sicheren Grenzen zu halten. Auf diese Weise wirken zwei Energien, die vereint gegen den Feind wirken sollten, gegeneinander und stören sich gegenseitig.

Schwejk ist ein Antiheld, der eine Antikraft produziert, die geplante Situationen in ihr Gegenteil verkehrt. Dieser Effekt, in der konkreten historischen Situation, da Österreich den Krieg zu verlieren beginnt, durch die hämische passive Resistenz des besetzten Volkes vervielfacht, trug zweifellos zur Beschleunigung des Debakels bei. Dieses hatte freilich auch andere und ernstere Ursachen. Trotzdem wurde Schwejk in Böhmen zu seinem Symbol. Der Antiheld wurde von eben jener Mehrheit zum Helden gekürt, die mit der Besatzungsmacht generationenlang aktiv zusammengearbeitet hatte. Ein nur scheinbares Paradoxon. Schwejk als Widerstandskämpfer besitzt eine erstaunliche Eigenschaft: Er hinterläßt keine sichtbare Spur, und deshalb kann jeder sich für Schwejk halten. Masaryk? Gut, er hat den Widerstand außer Landes organisiert und die Alliierten dahingehend überzeugt, aus einem Teil der österreichisch-ungarischen Trümmer den tschechoslowakischen Staat zusammenzuleimen. Doch wo wäre Masaryk geblieben, hätte nicht zuvor Schwejk Österreich zerstört (sprich: wir!).

Darin liegt die Erklärung, warum auf der böhmischen Turmuhr der brave Soldat Schwejk den Präsidenten Masaryk bis heute überlebt hat, warum er Massenauflagen erlebt, während Masaryk längst eingestampft worden ist. Das gegenwärtige Regime und die dahinterstehende Macht wissen inzwischen sehr wohl, daß die Entstehung und jede weitere Inkarnation eines echten, gefährlichen Schwejk von zwei Faktoren bedingt werden: Die Macht muß müde sein, der Bürger bei Kräften. Deshalb ist Brechts »Schwejk im Zweiten Weltkrieg« ein naives Stück, das höchstens beweist, wie die Zeit die Erfahrungen des Autors überholt hat: Der Nazismus auf der Höhe seiner Kraft hat den Schwejk verscheucht, weil er zwischen »Schwejkismus« und Sabotage keinen Unterschied gemacht, sondern für beides das Beil bereitgehalten hat. Deshalb darf der brave Soldat Schwejk auch heute noch in jedem tschechischen Lokal hängen; er reflektiert nichts anderes als einen harmlosen frommen Wunsch der Bürger, die vom Dahintrudeln des nationalen Geschicks im Augenblick so erschöpft sind, daß sie alles tun, was das Regime verlangt, ohne auch nur zu versuchen, es in Verlegenheit zu bringen. Und sollte vielleicht ein unverhoffter Ruck das nationale Geschick wieder einmal zu einer besseren Zukunft wenden, wird Schwejk auch ihr Selbstbewußtsein steigern. Die Charta? Gut, sie hat die Kontinuität der nationalen Moral gerettet und somit auch die Voraussetzung der Staatlichkeit, aber wo wäre die Charta geblieben, hätten nicht zuvor wir den Hintergrund des Volkshumors, als die Schwejks, aufrechterhalten?

Darin ist freilich keine Schuld der Figur oder des Autors zu erblicken, sondern eher eines der Zeichen für die ungebrochene Vitalität des Werkes. Unabhängig vom nationalen Geschick oder von aktuellen Gegebenheiten wird der brave Soldat Schwejk, daheim und überall auf der Welt, immer wieder neu entdeckt und immer wieder gelesen, weil er, wie jedes große Werk, schon »an sich« funktioniert. Die Monate vor seinem Tod hat Hašek mit übermenschlicher Arbeit ausgefüllt; er schrieb oder diktierte sein Buch in einem einzigen, ununterbrochenen, hektischen Raptus – wie ein paar Gassen weiter, ebenfalls voll Todesahnungen, ein anderer Prager, Franz Kafka. Verblüfft vergleicht man, wie dieselbe historische und eine unterschiedliche existentielle Erfahrung zur selben Zeit und am selben Ort einen tschechisch und einen deutsch schreibenden Autor zu zwei genialen Büchern inspiriert hat, die offensichtlich einen gemeinsamen Nenner haben: das Thema des Bürgers, der gerüttelt wird durch die elementaren Kräfte von Geschichte und Gesellschaft.

Verfügt er über genügend Kräfte, und stehen seine Sterne günstig, so wird er als Josef Schwejk daraus hervorschleichen. Im gegenteiligen Fall wird es ihm ergehen wie Josef K.

Pavel Kohout

Aus dem Tschechischen übersetzt von Alexandra Baumrucker

James Joyce
Ulysses

»Ein Schriftsteller«, so hat Joyce einmal zu Djuna Barnes gesagt, »sollte niemals über das Außergewöhnliche schreiben. Das ist recht für einen Journalisten.« Dieser Ausspruch hält uns zur Prüfung seiner Stichhaltigkeit an. Blättern wir in der Weltliteratur – Epochen anonymer Epen müssen unberücksichtigt bleiben, ebenso präjournalistische Zeiten – so stellen wir fest, daß Joyce nur halb recht hat. Don Quixote, Gulliver, Heathcliff, Ottilie, Oskar Matzerath – um ein paar ungleiche Marksteine zu setzen – sind außergewöhnlich, sie verursachen, erfahren und erleiden das Außergewöhnliche. Daneben steht dicht die Reihe der Bücher von Liebe und Verzicht, Schmerz, Verrat und Verzweiflung, von Verhaltensweisen also, für die wir aus unserer Umgebung Beispiele kennen: *case history*. Sollte Joyces Satz als Warnung an die Adresse Djuna Barnes gedacht sein, so hat sie ihn in ihrem Roman »Nightwood« triumphal in den Wind geschlagen. Er selbst aber hat ihn sein Leben lang beherzigt. Keines seiner Werke behandelt das Außergewöhnliche. Sein Œuvre besteht aus konsequent gesteigerten Variationen des Themas Leben, wie alltägliche Menschen es bei Tag und Nacht erfahren. Aber seine Alltage und Allnächte sind All-umfassende Abläufe, und die Gestalten, die sie durchwandeln und durchschlafen, sind in ihrer Alltäglichkeit exemplarisch. Sie sind nicht zuletzt wir selbst, und zwar nicht nur in den Verkörperungen unserer eigenen Tag- und Nacht-träume, sondern auch in der einfühlenden und nachfühlenden Imagination eines großen Dichters.

Im Vergleich zu dem später geschriebenen »Finnegans Wake« ist »Ulysses« schmalschichtiger und leichter überblickbar. Zwar trägt jede der drei Hauptfiguren, die hier, meist in genau berechneter Distanz zu den jeweils anderen, ihre Wege und Irrwege geht, objektiv ihre mythischen Entsprechungen und subjektiv ihre abschweifenden, wenn nicht ausschweifenden Gedanken und Träume immer und überall mit sich, doch das intrikate Inkarnationsschema, das in »Finnegans Wake« aus Stunden Zeitalter, aus Orten Erdteile und aus Menschen Archetypen macht, ist im »Ulysses« erst, gleichsam als Vorstufe, angeschlagen; im realen Zeitablauf waltet höchste Klar-

heit: die an Glockenschlägen gezählten etwa achtzehn Stunden des Geschehens, die achtzehn Aktionsfelder des Protagonisten Leopold Bloom haben, in verschobener Sequenz, ihr Beispiel in den achtzehn Stationen des Odysseus. Doch bedeutet diese Überschaubarkeit nicht, daß die Lektüre leicht sei. Sie ist es nicht. Denn die Seelen dieser drei Figuren reagieren ja nicht, wie im landläufigen Roman, gezielt auf eine fabelbedingte Verstrickung: sie spannen sich nicht einer immanenten Katharsis oder Katastrophe entgegen, sondern sind, trotz ihrer individuellen Probleme und Präokkupationen, immer offen, um alle positiven wie negativen Reize der Außenwelt aufzunehmen und zu verarbeiten. Ihre bewußten und unbewußten Reaktionen sind durchgehend voll »auskomponiert«. Dadurch gewinnen sie eine überwirkliche Präsenz. (Ulysses-Gegner nannten es Penetranz.) Kein noch so peripherer Gedanke, keine noch so flüchtige Erregung bleibt uns verborgen. (Gegner sagten: erspart.) Es handelt sich weniger um Archetypen – denn ihre Mythenträchtigkeit ist angesichts dieser lebensvollen Präsenz von sekundärer Bedeutung – als um Prototypen und Phänotypen. Ihr Menschliches (in der apologetischen Sprache der Verdränger auch »Allzu-Menschliches« genannt) steigert sich niemals zu Größe. Denn das wäre das Außergewöhnliche, etwas »für einen Journalisten«.
Es ist der 16. Juni 1904. Gewiß hätte es auch ein anderer Tag sein können, aber dieser ist es nun einmal geworden und wird seitdem von Joyceanern jedes Jahr als »Bloomsday« gefeiert (wenn wohl auch keiner von ihnen, gleich dem Namengeber, Schweinsnieren zum Frühstück ißt). An diesem Tag gehen drei Bewohner Dublins, halb zufrieden und halb frustriert, ihren Alltagsbeschäftigungen nach: Leopold Bloom, jüdischer Annoncenakquisiteur, gutherzig und unbedeutend, prosaischer Praktiker mit Anlagen zum Phantasten und zum Schlemihl; seine Frau Molly, recte Marion, geb. Tweedy, Tochter eines Offiziers aus Gibraltar, als Sängerin eine Winkel-Primadonna, auch sie eher vegetativ als reflektiv veranlagt; und Stephen Dedalus, den wir bereits aus dem »Porträt des Künstlers als junger Mann« kennen, angehender Literat, hoffnungsvoll und selbstbewußt, ein junger Joyce.
Molly lernen wir nur im Bett kennen, zuerst beim Frühstück, das Leopold ihr serviert, dann erst wieder in den frühen Mor-

genstunden des 17. Juni, beim Empfang des heimgekehrten Odysseus-Leopold, und schließlich, erschöpft, in Erwartung des Schlafes vor sich hin assoziierend. (Dieser Monolog, kompositorisch eine Engführung, ist eines der vollkommensten Seelengemälde der erzählenden Literatur.) Sie ist wohl tagsüber kaum aufgestanden, ihren Liebhaber hat die ehebrecherische Penelope im Bett empfangen. Leopold indessen, auch er in seinem verschämt-abseitigen Wunschdenken alles andere als treu, durchwandert Dublin in Verfolgung beruflicher und mancher außerberuflicher Ziele, eher in Muße als im Streß. Dabei begegnet er zweimal dem noch ziellos-unentschiedenen Stephen auf der Suche nach Ansätzen einer Zukunft für sich, immer auf dem Sprung, seine latenten Gaben anzuwenden. Beim zweiten Zusammentreffen schwingt sich Leopold zur Vaterfigur auf und versucht, sich des jungen Mannes anzunehmen. Telemachos-Stephen folgt ihm nach Hause, nimmt aber im Morgengrauen wieder Abschied und geht in den frischen Tag hinaus; ein Tag, der sich wahrscheinlich für keinen der Drei vom vorherigen unterscheiden wird. Stephen bleibt auf der Suche nach sich selbst. Leopold und Molly, nicht wunschlos, doch letztlich sorgenlos, lassen sich von ihrem Schicksal weitertreiben, treulos bleiben sie sich selber treu. Ihre geheimen Träume werden sich nicht erfüllen, doch zu Schwermut oder Aufbegehren sind sie nicht geschaffen. Das wissen wir Leser besser als sie selbst, denn wir hören die Stimmen, die sie selbst nicht hören, die ihres Unbewußten. In scheinbarer Inkohärenz enthüllt sich uns ihr subjektives Erleben, mosaikartig, bis ins Versteckteste. Eines erklärenden Kommentars bedarf es nicht.

In der Tat, in diesem Buch wird nichts erklärt. Alle Gestalten, Haupt- und Nebenfiguren, die wechselnden Besatzungen der odysseischen Stationen, definieren sich selbst: Während sie sprechen, spricht es aus ihnen, beredt und üppig. Ihre Eigenarten und ihr jeweiliger Stellenwert bestimmen nicht nur den formalen Aufbau ihrer Auftrittsszenen, sondern auch sprachlichen Ausdruck ihrer äußeren Repräsentation, der Ortsbeschreibung, der Regieanweisung. Was hier für den Leser als Stilprinzip zum Leseerlebnis wird, war für den Autor konzeptionelle Notwendigkeit. Er wollte keinen »Erzähler«, sondern eine variable Partitur mannigfacher Stimmen des Subjektiven,

die in der Übersetzung des Lesers zu objektivem Geschehen werde: ein Angebot der Identifikation.
Daraus ergibt sich, daß dieses Buch den aktiven Leser fordert. Denn ihm wird die Aufgabe gestellt, aus diesem Reichtum der Instrumentation die tragenden Stimmen herauszuhören. Er muß die realen, die mythischen und die assoziativen, ja, wenn möglich sogar an Hand einer alten Karte von Dublin, die topographischen Bezüge herstellen, die Diagonalverbindungen freilegen. Er muß das Buch – wie alle großen Bücher – mehrmals lesen und sich dabei jene Routine erarbeiten, die ihm zunehmend erlaubt, mit dem Geschehen Schritt zu halten. Denn in der hier herrschenden, sich sogar überschneidenden Einheit der Zeit agieren und reagieren die Personen schneller, als er es aufnehmen kann, die Lektüre dauert um einiges länger als die »Handlung«. Tatsächlich müssen wir uns das Buch »erlesen«. Erst die Akkumulation der Teilerfahrungen, darüber die überflutende Gleichzeitigkeit bewegender, wenn nicht erschütternder Einfühlung und distanzierter sublimer Ironie offenbart uns das Meisterwerk, »eines der größten nicht nur unserer Zeit, sondern aller europäischen Literaturen« (T. S. Eliot).
Als solches haben es die meisten der differenzierenderen Zeitgenossen Joyces sofort erkannt. Zwar fand es die feinsinnige Virginia Woolf widerwärtig, D. H. Lawrence, der Erträumer eines idealen Edel-Sex, fand es dreckig und obszön, doch waren dies kränkliche Nebenstimmen im Konzert der frühen Leser. Pound, Yeats und Eliot, Broch und Musil haben das Einmalige, Unwiederholbare, das »Wiederanstimmen des Urgesangs« (Musil) gefeiert. »Erst in Jahrzehnten wird man abmessen können, was Joyce in unserer Epoche bedeutet«, sagte Ernst Robert Curtius. Diese Jahrzehnte sind nunmehr vorbei, und wir messen es ab. Eine Nebenfigur im »Ulysses« sagt: »Nach Gott hat Shakespeare am meisten geschaffen.« Joyce-Kenner haben hinzugefügt: »Nach Shakespeare hat Joyce am meisten geschaffen.« So ist es.

Wolfgang Hildesheimer

John Dos Passos
Manhattan Transfer

Sinclair Lewis war bereit, etwas zu riskieren: »Ich halte ›Manhattan Transfer‹ –« so schrieb er – »in jeder Hinsicht für bedeutender als sämtliche Werke von Gertrude Stein oder Marcel Proust oder sogar für bedeutender als den Großen Weißen Eber, Mr. Joyces ›Ulysses‹.« Und der Autor von Babbitt und Main Street, der ein einzigartiges Beispiel dafür gegeben hat, wie Zorn und Liebe in delikateste Balance gebracht werden können, lieferte zum Bekenntnis die Begründung: »In Manhattan Transfer bringt Mr. Dos Passos eine Sache fertig, die, wie wir alle häufig genug bewiesen haben, unmöglich sein sollte: Er gibt das Panorama, das Wesen, den Geruch, die Klangfarbe, die Seele von New York.«

»Manhattan Transfer«, zum erstenmal 1925 erschienen, ist ohne Zweifel der Roman, in dem die Großstadt New York – als Existenzform, als Verheißung, als Anfall und Delirium – literarische Wirklichkeit geworden ist. Sehr gute Schriftsteller haben sich an ihr versucht; Fitzgerald etwa, James und O. Henry spürten ihren Offenbarungen nach, suchten nach den Ausdrucksformen und Symbolen des neuen Babylon, doch keinem gelang es, die überwältigende Polyphonie der Riesenstadt in gleichem Maße einzufangen wie John Dos Passos. Sein Roman ist die Totalansicht eines steinernen Verhängnisses, aus dem es für die meisten kein Entrinnen gibt. Er ist die Beschreibung eines täglichen Kampfes, einer täglichen Jagd nach Erfolg, Liebe und Prestige in Straßenschluchten, Mietskasernen und Wolkenkratzern. »Manhattan Transfer« ist ein epischer Krankheitsbericht vom »Gipfel der Welt«, wo allen Schicksalen am Ende nur eines bewiesen wird: ihre Belanglosigkeit. Und schließlich ist dieses Buch die geglückte Annäherung an die Wahrheit Manhattans: die Spielregeln, auf die der einzelne sich in allen Phasen der Selbstbehauptung festgelegt sieht, werden mit ihrem ganzen Folgenreichtum aufgedeckt.

Es ist müßig zu fragen, wieviel Dos Passos (geb. 1896 in Chikago) dem dokumentarischen Realismus Dreisers zu verdanken hat oder gar Joyces »Ulysses«, der 1922 erstmals erschien. Um sein kolossales Werk zu meistern, erfand er sich

selbst eine ganze Skala von Erzähl- und Darstellungsmöglichkeiten. So virtuos wie er hat wohl kein anderer Schriftsteller die Technik des Films auf die Epik übertragen. Das »Kameraauge«, wie man ihn nannte, versuchte dem Wesen der Stadt mit Hilfe von Schwenks und Überblendungen, von Perspektivenwechsel und Schnitten beizukommen. Der Kraft der für sich selbst sprechenden Bilder vertrauend, verzichtete Dos Passos souverän auf jede traditionelle Kontinuität im Erzählprozeß. Hart setzte er Großaufnahmen gegeneinander, und damit entsprach er bereits dem Lebenstempo des Giganten. Die große Bewährungsprobe für jeden Schriftsteller – nämlich die Bewirtschaftung epischer Zeit –, bestand er auf seine Art: durch methodischen Verzicht auf Übergänge.
Seine Personen entkommen ihrer Anonymität nur solange, wie sie »im Bild« sind. Leidenschaftliche Deskription reicht aus, um diesen Personen ihre Tiefe, der Großstadt selbst ihre mythische Dimension zu verschaffen: Rom und Konstantinopel, Babylon und Ninive heben ihre Silhouetten in die Dämmerung. Der Erzähler reagiert auf die Spannung von Nähe und Ferne durch einen Wechsel vom Imperfekt zum Präsens.
Das Wesen einer Stadt kann nicht anders, es muß an ihren Bewohnern dargestellt werden, an ihren Ängsten und Erwartungen, an ihren spezifischen Haltungen und Erfahrungen. Das galt für das Petersburg von Dostojewski und für das London von Dickens, für Döblins Berlin und für Kafkas Prag. In den Handlungen der Menschen wird das Gesetz der Stadt erkennbar.
Was Dos Passos von den Leuten in Manhattan erzählt, läßt sie ausnahmslos, ohne Rücksicht auf soziale Höhenlage, als Bewohner eines ungeheuren Umschlagplatzes erscheinen (Manhattan Transfer: eine Umsteigestation der New Yorker Untergrundbahn). Sie sind allesamt auf vielfältige Weise unterwegs. Zu städtischer Existenz verurteilt (»Das Schreckliche, wenn einem New York zuwider wird, das Schreckliche ist, daß man nirgendwo anders hin kann.«), zeigen sie dennoch kein Verlangen nach definitiver Seßhaftigkeit. Jeder wird irgendwann vom Aufbruchsfieber erfaßt: der Matrose und der Kellner, der Anwalt und der Milchmann, der Schmuggler und der Bankrotteur, und schließlich auch die Schauspielerin und der Reporter – sie besonders, die Letztgenannten, von denen man

mitunter wünscht, sie möchten sich als veritable Hauptpersonen bestätigen.

Es gibt in diesem Sinne keine Hauptperson, keine alles übergreifende Schicksalspur, nach deren Verlauf sich das übrige dienstfertig organisiert. Fitzgerald (sein »Großer Gatsby« erschien ebenfalls 1925), Sherwood Anderson, Dreiser und auch Lewis: sie vertrauten der Signalhaftigkeit, der Demonstrationseigenschaft einer Hauptperson, deren Schicksal das Nein zu den Verhältnissen begründete. Im kunstvoll gelenkten Figurengewimmel von Manhattan Transfer, wo sich alles wie zufällig kreuzt, verschränkt, überschneidet, schrumpfen die Schicksale zu Episoden. Die Auflehnungen, die Aufbrüche, die zahlreichen Versuche, verkorkstes Dasein noch einmal einzurenken, müssen verloren und episodenhaft anmuten angesichts des steinernen Riesen, der gleichmütig über alles hinweggeht. Vergeblichkeit: das ist, was Dos Passos an seinen hundert Charakteren demonstriert; Vergeblichkeit der Entwürfe, der Handlungen.

Das einzelne verweist auf das Allgemeine, die Episode charakterisiert das Übergreifende, die vielfarbigen Fäden verbinden sich zum Muster der Großstadt. Nicht nur zum Muster: auch das Wesen der Großstadt mit aller Pracht und Verruchtheit wird gegenwärtig. Hier, wo der Gewinner leer ausgeht und die Lektion der Geschichte keinen erreicht, wo der jeweilige Tag die Ziele setzt und das Scheitern zum Woolworth-Erlebnis wird – hier, in dieser monströsen Gründung, triumphiert zum Schluß nur dies: Bewegung. Die Bewegung von Leuten und Fährbooten, von Feuerspritzen und Rettungswagen – eine betäubende Bewegung, die sich als letzter Inhalt aufdrängt.

»Manhattan Transfer«: mit diesem Roman reagierte John Dos Passos nicht allein auf die Herausforderung der Großstadt. Er entwarf zugleich seine Vision einer Auflösung aller menschlichen Beziehungen unter dem Gesetz von Metropolis.

Siegfried Lenz

Franz Kafka
Das Schloß

Eine Dornenhecke: wenige Bücher haben die Exegeten so unwiderstehlich angezogen wie Franz Kafkas »Schloß«, um wenige ist eine so stachelige Barriere aus Sekundärliteratur gewachsen, die jedem, der das Buch heute aufschlagen will, bedeutet, er habe sich zunächst auf die Höhe der »›Schloß‹-Forschung« zu begeben. Hartmut Binders imposantes neues zweibändiges »Kafka-Handbuch«, das deren aktuellen Stand resümiert, beruft sich dabei auf nahezu einhundertsiebzig einzelne Arbeiten. Unbefugten, so scheint es, ist die Lektüre des »Schlosses« nicht mehr erlaubt.

Dabei ist doch, im Unterschied zu den anderen großen Mysterienwerken der Weltliteratur (Goethes »Faust« etwa oder Joyces »Finnegans Wake«), das »Schloß« an der Oberfläche gar nicht schwierig – es ist höchst konkret und »ohne Experimente« in einem gleichmäßigruhigen Parlando erzählt, und keine geheimnisvollen Sachhintergründe bedürfen erläuternder Fußnoten. Diese Diskrepanz zwischen zugänglicher Oberfläche und schwer zugänglichem Inneren: sie macht sicher einen ganz besonderen Anreiz für das Dechiffriergewerbe aus.

Was »Das Schloß« beschreibt: sein Leser muß beim Lesen etwas ganz Ähnliches an sich selber erleben. Dem Leser ergeht es mit dem unauslotbaren Roman »Das Schloß« wie Kafkas Held K. mit dem Schloß selber: Wenn er kam, das »Schloß« zu besiegen und einzunehmen, wird er zurückverwiesen auf eine ewige Annäherung; die anfängliche Einfachheit ist bodenlos; dem Ziel, dem »Verständnis« bleibt er fern, und jeder Schritt darauf zu, jeder kleine Erfolg ist nicht nur höchst bescheiden im Vergleich zu der gesamten Wegstrecke, die zurückzulegen wäre und in ihren ferneren Etappen nicht mehr abzusehen ist, sondern stellt sich möglicherweise als trügerisch heraus.

Ein Mann, ein Fremder, ein auf sein Initial (K.) reduzierter Schemen, trifft in einem Dorf zu Füßen eines gräflichen Schlosses ein. Er behauptet, er sei vom Schloß als Landvermesser in dieses Dorf berufen worden; aber ob er wirklich Landvermesser ist oder sich nur als einer ausgibt, ob er wirklich berufen wurde oder seine Berufung nur erfunden hat, ob er nur zufällig eintraf oder in bestimmter Absicht, und was diese Absicht sein könnte – das alles wird endgültig nie klar. So fragwürdig seine Qualifikationen und Motive sind, er ist eines Tages da und läßt sich mit dem Schloß ein, und was der Roman beschreibt, ist die Geschichte dieses Einlassens, die eine Geschichte verlorener Illusionen ist und einem deutlichen Muster folgt: Je mehr K. versucht, um so mehr wird er abgewiesen.

Was wäre leichter und alltäglicher, als in einem Dorfgasthaus um Logis nachzusuchen? Nun, dazu ist die Genehmigung des Schlosses erforderlich. Was wäre leichter, als den Grafen darum zu bitten? Nun, schon an den Grafen zu denken, seinen Namen auszusprechen, ist vermessen. Was wäre leichter, als den zuständigen Schloßbeamten aufzusuchen? Nun, die Schloßbeamten sind nicht zu sprechen, und das Schloß ist unbetretbar. Aber man wird doch mit dem Zuständigen telephonieren können? Allerdings; nur: es antwortet kein Beamter, noch nicht einmal der Kastellan, sondern nur ein Unterkastellan, einer von unzählig vielen, und was er antwortet, ist vielleicht unverbindlich, oder es bedeutet das Gegenteil von dem, was es zu bedeuten scheint, und vielleicht ist es gar nicht gesagt worden, sondern nur ein Geräusch, das sich das Interesse des Hörers unten am Telephon seinen Wünschen entsprechend zurechtlegt.

Unter K.s neugierigem Blick entfaltet die Schloß-Behörde eine fiebertraumhafte Kompliziertheit, die jede Zuversicht, sie könnte irgend etwas zugunsten des Petitenten regeln, zu einem naiven Kinderglauben degradiert. Als K. in dem Dorf eintrifft, hat er noch irgendwie hochfliegende Pläne. Es scheint, er fordere sogar das Schloß zum Kampf heraus. Das Leben im Dorf interessiert ihn zuerst gar nicht; dann interessiert es ihn, soweit er es für seine Auseinandersetzung mit dem Schloß glaubt nutzen zu können; später interessiert ihn seine Auseinandersetzung mit dem Schloß vor allem, um im Dorf eine »Aufenthaltsgenehmigung«, das heißt eine Existenzberechtigung zu bekommen: Unterkunft, Arbeit. Gegen Ende des (unvollendeten) Romans ist aus dem tatsächlich oder vermeintlich oder vorgeblich berufenen, hochmütigen Landvermesser der Allergeringste geworden, ein versteckt lebender Knecht der Gasthof-Mägde. Je mehr er über das Schloß wissen wollte, desto intensiver bekam er seine Ohnmacht und Ahnungslosigkeit zu spüren; je heftiger seine Unternehmungen ausfielen, desto stärker prallte er ab. Das eben ist es, was »Das Schloß« beschreibt: eine Bemühung, die langsam aufdeckt, welche schwindelerregenden Widerstände ihr entgegenstehen. Je mehr K. weiß, um so ferner rückt sein Ziel. Sieht man in diesem Verlauf selber den Gegenstand des Romans, so büßt die unabweisliche, aber nie voll beantwortbare Frage, was das Schloß bedeute und was K.s »Kampf« gegen das Schloß, an Dringlichkeit ein.

Max Brod, der »Das Schloß« 1926 gegen die Anweisungen seines Freundes aus dem Nachlaß veröffentlichte und dem wir somit seine Erhaltung verdanken, eröffnete die Reihe der allegorisierenden Deutungen. Er nahm an, das Schloß bedeute den »Himmel« und K.s Kampf die Bemühung um die göttliche »Gnade«. Unfähig einzusehen, wieso die alptraumhafte Schloß-Bürokratie ausgerechnet den Himmel meinen sollte, kehrte Siegfried Kracauer diese Deutung um und erkannte in den Schloß-Behörden die »Hölle«. Später wurde die gesamte religiöse Deutung aufgegeben: nun war das Schloß ein Zeichen eben für die Religionslosigkeit, die »inhaltslose Transzendenz«. Andere rückten von jeder religiösen Deutung ab und lasen den Roman als eine sozialgeschichtliche Allegorese des jüdischen Kampfes um gesellschaftliche Anerkennung. Marxisten sahen mit Lukács »Das Schloß« als Darstellung auswegloser Entfremdung im Spätkapitalismus und verwarfen es, oder sie entdeckten darin eine (wenn auch individuelle, wenn auch erfolglose) Revolte gegen unzuträgliche Herrschaftsverhältnisse und Machtstrukturen und verteidigten es.

Nicht zuletzt läßt sich das Verhältnis zwischen »Schloß« und »Dorf« als das Verhältnis zwischen »Kunst« und »Leben« verstehen und K.s Kampf als ein Gleichnis für Kafkas eigene Anstrengung um die Ermöglichung einer höheren, künstlerischen Existenzform, ein Kampf, der teilweise lebensunfähig macht. Und die allermeisten Leser schließlich dürften immer der schlichten Meinung gewesen sein, im »Schloß« eine radikale Satire auf die Bürokratie, ihre verzweiflungsvolle Umständlichkeit, ihre Willkür, ihre unentrinnbare Allmacht, ihre labyrinthischen Dienstwege vor sich zu haben. Oder sollte »Das Schloß« das eigene Unbewußte symbolisieren und K.s

Anstrengung also eine Art Psychoanalyse, oder ist sie das Aufbegehren gegen die Figur des Vaters, überhaupt gegen jene Instanzen, die Kafka ständig als »die Erzieher« gegenwärtig waren, bedrohlich und umworben, geachtet und gehaßt? Wäre K. ein Lucien de Rubempré des zwanzigsten Jahrhunderts, besessen von einem tollkühnen, unbestimmten gesellschaftliche Ehrgeiz, der ihn ins Elend bringt? Sicherheit besteht noch nicht einmal darüber, ob K. nun als positiver oder als negativer Held zu sehen ist: Ist er einer, der nur sein primitivstes Recht verlangt, wo alle andern sich längst mit der Ungerechtigkeit abgefunden haben, oder ist er ein rücksichtslos berechnender Egoist, der gegen eine ehrwürdige, wenn auch absonderliche Ordnung aufbegehrt, wo nur ihre demütige Respektierung ihm ein volles mitmenschliches Leben erlaubte?
Gläubige, Nihilisten, Existentialisten, Strukturalisten, Bürger und Revolutionäre, linientreue Kommunisten und Dissidenten: Jeder fand im »Schloß«, was er suchte, bereitwillig schien der Roman jedem nachzugeben. Albert Camus hatte bemerkt, daß die Realität, die der Roman schildert, nichts anderes sein mag als K.s Projektion, und K. also der moderne Mensch, der überall nur Projektionen wahrnimmt und keinen Halt an der Wirklichkeit findet: Er erfährt nicht die Welt an sich, er erfährt in der Welt immer nur sich selber. Auf ganz ähnliche Weise hält der Roman jedem Leser genau das bereit, was er hineinlegt.
Es scheint mir vermessen, Kafka zu unterstellen, er hätte diese nahezu unendliche Auslegbarkeit seines Vexierbildes nicht gesehen und nicht gewollt und vielmehr eine bestimmte Bedeutung in dem Buch nahezu unauffindbar verschlüsselt, die eines Tages herauspräpariert sein wird. Ich möchte lieber alle überhaupt nur möglichen Auslegungen auch für »richtig« halten – solange man sich nur bewußt bleibt, daß man diesen Roman mit keiner von ihr ganz besitzt und daß jede mindestens ebensoviel über ihren Urheber aussagt wie über das Buch.
Es zeichnet die Spur einer elementaren menschlichen Bewegung, der Bewegung auf ein Ziel, das sich während dieser Bewegung als immer unerreichbarer enthüllt, so wie jeder Fetzen der Wriklichkeit selbst sich unter dem forschenden Blick abenteuerlich kompliziert und immer uneinnehmbarer wird. Die Tücke des Objekts: Kafkas trauriger Held trifft auf

einen Gegenstand, der sich für das Interesse des Neugierigen rächt, indem er wächst und dem Herausforderer seine Kleinheit beweist.
Dieses Verlaufsmuster lädt ein, ihm Bedeutungen anzuprobieren; wie Schatten kommen sie, legen sich über das Buch, lösen sich wieder von ihm. »Das Schloß« nicht als vertrackte Verschlüsselung dieser oder jener Idee, die es ausfindig zu machen gilt, sondern als eine aus einem Zustand, den Kafka selber vollkommene »Ergriffenheit« nannte, gewonnene autonome Phantasie, die ein grundlegendes menschliches Erlebnismuster abbildet und es dem Leser überläßt, in welcher konkreten menschlichen Aktivität er dieses Muster am ehesten wiederzufinden bereit ist: ein Roman, der gleichzeitig den Leser unwiderruflich zurückweist und ihm ein Spiegel ist.
Ich kenne kein Buch, das ihm vergleichbar wäre. Wenn alle großen Bücher Sonderfälle sind, wie Benjamin sagte, die eine Gattung begründen oder auflösen, ist »Das Schloß« mehr als ein großes Buch: so sehr ein Sonderfall, daß es selbst eine Gattung nicht auflöst und nicht begründet, eine Gattung für sich.

Dieter E. Zimmer

Hermann Hesse
Der Steppenwolf

Als ich sehr jung war und den »Steppenwolf« zum erstenmal las, war ich so betroffen und aufgewühlt von dieser Lektüre, daß ich mich hinsetzte und viele Seiten vollschrieb über das Buch und mich und Gott und die Welt. Jetzt bin ich sehr viel älter und habe wiederum den »Steppenwolf« gelesen und bin wiederum sehr betroffen – diesesmal allerdings weniger von der Lektüre als vielmehr von der Erinnerung meiner früheren Reaktion.

Was habe ich damals eigentlich gelesen? Gewiß, so finde ich heute, kein Meisterwerk der Weltliteratur. Aber wenn ich auch damals solche Etiketten eher für einen Etikettenschwindel hielt, so hätte mich doch irgendein ästhetisch kritischer Sinn über die gelegentlich peinliche Diskrepanz zwischen dem Anspruch dieses Buchs und Themas und seiner Umsetzung stolpern lassen müssen.

Private Verwirrung über eine abhanden gekommene Jugend-Lese-Liebe? Vielleicht nicht nur, denn zwischen meiner ersten und meiner zweiten Begegnung mit diesem Buch liegt die Annektierung des »Steppenwolf« durch eine ganze Generation amerikanischer Hippies und Flower-Power-Jugendlicher in den späten sechziger und frühen siebziger Jahren, liegt die Verfilmung des Buches und die Gründung einer Rockband namens »Steppenwolf«.

Die Produzenten des (schlechten) Films und die Gründer der Band haben sich nicht auf ein Nichts eingelassen, waren andererseits aber auch wohl kaum angetreten, den Ruhm von Hermann Hesse oder die Vertiefung des Verständnisses für ihn voranzutreiben. Sie haben eine Mode teils aufgegriffen und teils bestätigt, eine Trademark teils mitgeprägt, teils kühl benutzt. Ich glaube, der »Steppenwolf« ist das einzige in der Liste der »100 Bücher«, dem eine so hohe, so fragwürdige Ehre zuteil geworden ist.

Die Geschichte von Harry Haller, dem mit sich selber und der bürgerlichen Umwelt zerfallenen Intellektuellen mittleren Alters, der sich in dem ihm unter mysteriösen Umständen zugespielten »Traktat vom Steppenwolf« wiedererkennt, der von der schönen, geheimnisvoll planmäßig sein Leben umkehren-

den Hermine zurückgeführt wird zu seiner Sinnlichkeit und dadurch vorbereitet auf den Eintritt ins »Magische Theater«, wo er neben Goethe und unter Mozarts göttlichem Gelächter das Figurenspiel der Unsterblichen lernen soll – was eigentlich hat mich damals so betört und bewegt an dieser Geschichte? Gewiß nicht die mir teils unbekannten und teils suspekten literaturgeschichtlichen Wurzeln dieses Romans oder seine eigene Zeitbedingtheit (als das Buch 1927 erschien, lehnte es die Hesse-Gemeinde zunächst entsetzt ab): der Rückgriff auf den »Faust« also und den deutschen Bildungsroman, die literarische Nutzung der Erkenntnisse Freuds und der Psychoanalyse. Eher schon die Entdeckung, daß hier in leidenschaftlicher, verzweifelter Offenheit, aber ohne Brutalität oder Zynismus ein Konflikt dargestellt wird, den ich, durchaus nicht originell, als meine eigene erste Krise beim Versuch des Erwachsenwerdens erlebte: den Zusammenstoß des eigenen, langsam Ecken und Kanten ansetzenden Ichs mit der Welt der die Spielregeln des Lebens monopolisierenden Erwachsenen. Aber, was mehr war und dieses Thema erst wirklich brisant machte, war die Tatsache, daß Harry Haller, dessen »Aufzeichnungen« samt dem im Druck anders abgesetzten »Traktat vom Steppenwolf« nach seinem Verschwinden in den Gefilden des »Magischen Theaters« von Hesse ediert wurden (eine doppelte Verschlüsselung und Verschränkung, die die irreal romantische Komponente des Buches erhöht), kein Jugendlicher war, kein »Werther« oder »Demian«, sondern ein Erwachsener, der es sich leistete zuzugeben, daß seine Existenz nichts als die »schmale, gefährliche Brücke zwischen Natur und Geist« sei, ein Mensch also, dessen Sieg schließlich im Scheitern lag.
Harry Haller, der wohl erste, der gewiß erste weltweit bekannte Dropout der bürgerlichen Literatur, und Hermann Hesse, der in diesem Buch und in anderen Schriften das östliche Angebot der meditativen Rückkehr zu sich selbst und des Paradieses der Opiate anbietet: das waren, beginnend in den sechziger Jahren, und sind die Anknüpfungspunkte für eine Jugend, die andere Bücher liest, andere Freundschaften pflegt, andere Kartoffeln ißt als ihre Eltern, die sich in einer Gegenkultur einrichtet und ihre Teilnahme an der Weltgeschichte verweigert. »Wir sind aus der Natur herausgefallen und hän-

gen im Leeren«, Diese Lagebeschreibung Harry Hallers würden sie unterschreiben, und nicht nur sie.
Und wer die im »Magischen Theater« stattfindende »Hochjagd auf Automobile« liest, der stellt fest, daß Hesse, ob nun ein Großer unter den Klassikern oder nicht, ein furchterregend genauer Visionär ist: »Da riß es mich in eine laute und aufgeregte Welt. Auf den Straßen jagten Automobile, zum Teil gepanzerte, und machten Jagd auf die Fußgänger, überfuhren sie zu Brei, drückten sie an den Mauern der Häuser zuschanden. Ich begriff sofort: Es war der Kampf zwischen Menschen und Maschinen, lang vorbereitet, lang erwartet, lang gefürchtet, nun endlich zum Ausbruch gekommen. Überall lagen Tote und Zerfetzte herum, überall auch zerschmissene, verbogene, halbverbrannte Automobile, über dem wüsten Durcheinander kreisten Flugzeuge, und auch auf sie wurde von vielen Dächern und Fenstern aus mit Büchsen und Maschinengewehren geschossen. Wilde, prachtvoll aufreizende Plakate an allen Wänden forderten in Riesenbuchstaben, die wie Fackeln brannten, die Nation auf, endlich sich einzusetzen für die Menschen gegen die Maschinen, endlich die fetten, schöngekleideten, duftenden Reichen, die mit Hilfe der Maschinen das Fett aus den andern preßten, samt ihren großen, hustenden, böse knurrenden, teuflisch schnurrenden Automobilen totzuschlagen, endlich die Fabriken anzuzünden und die geschändete Erde ein wenig auszuräumen und zu entvölkern, damit wieder Gras wachsen, wieder aus der verstaubten Zementwelt etwas wie Wald, Wiese, Heide, Bach und Moor werden könne.«
Man kann Hesses Schriften, wie der gescheite Ernst Robert Curtius es tat, »autobiographische Ektoplasmen« nennen und ein wenig klagen darüber, daß Hesse nicht nur der Literatur mißtraute, sondern auch »zu den Erfordernissen dieses Handwerks, Stil und Syntax, keine verpflichtende Beziehung« hatte. Man kann auch, wie W. E. Süskind, feststellen: »Dichter der Jugend, Hesse ist es gewesen, zweimal und jahrelang, aber doch nur deshalb, weil er es immer in jenem zweiten Sinne war: Beschreiber und Verkündiger der Jugendzeit, ewig suchend nach dem Wert und Gleichnis, in dem das Jugendliche einzufangen sei.«
Daß das eine stimmt und das andere auch, das macht die seltsame, unvorschriftsmäßige Qualität des »Steppenwolf« aus.

Petra Kipphoff

Alfred Döblin
Berlin Alexanderplatz

Vor zwanzig Jahren etwa, ich war gerade vierzehn, vielleicht auch schon fünfzehn, befallen von einer fast mörderischen Pubertät, begegnete ich auf meiner ganz und gar unakademischen, extrem persönlichen, nur meinen ureigenen Assoziationen verpflichteten Reise durch die Weltliteratur Alfred Döblins Roman »Berlin Alexanderplatz«.

Zunächst, um ehrlich zu sein, hat mich das Buch überhaupt nicht angetörnt, schon gar nicht hat es »baff« gemacht oder »bumm«, wie es schon manchmal passiert war bis dahin zwischen mir und einigen, zugegeben wenigen »Büchern«, die ich gelesen hatte. Im Gegenteil, die ersten Seiten, es mögen vielleicht um die zweihundert gewesen sein, haben mich doch so trostlos gelangweilt, daß ich das Buch beiseite gelegt, nicht zu Ende und dann auch mit ziemlicher Sicherheit nie mehr gelesen hätte. Merkwürdig! Ich hätte nicht nur eine der aufregendsten und spannendsten Berührungen mit einem Kunstwerk verpaßt, nein – und ich glaube, ich weiß, was ich sage –, auch mein Leben, gewiß nicht im ganzen, aber doch in einigem, manchem, vielleicht Entscheidenderem als ich es bis heute zu überblicken vermag, wäre anders verlaufen, als es mit Döblins »Berlin Alexanderplatz« im Kopf, im Fleisch, im Körper als Ganzes und in der Seele, lächeln Sie meinetwegen, verlaufen ist.

In der Tat drückt sich der Autor, mag sein aus Feigheit, mag sein aus unerklärlicher Scheu gegenüber den bestehenden Moralbegriffen seiner Zeit und seiner Klasse, mag sein aus der unbewußten Angst des irgendwie persönlich Betroffenen, drückt sich Döblin also viele Kapitel, viele, viele Seiten lang, zu lange fast, um sein Thema oder besser das eigentliche Thema seines Romans »Berlin Alexanderplatz« herum. Die Begegnung des »Helden«, Franz Biberkopf, mit dem anderen »Helden« des Romans, mit Reinhold nämlich, eine Begegnung, die den weiteren Verlauf des Lebens dieser beiden Männer bestimmt, geschieht in der 410 Seiten langen Taschenbuchausgabe des Romans auf Seite 155, nach mehr als einem Drittel also und mindestens 150 Seiten zu spät, so schien es mir damals, beim ersten Lesen, ein Eindruck übrigens, der sich bei

mir, zwangsläufig etwas differenziert gewiß, bis heute nicht grundsätzlich geändert hat.
Warum auch immer, ganz gewiß aber zu meinem eigenen Glück, habe ich das erste Drittel von »Berlin Alexanderplatz«, das mich – wie gesagt – mehr gelangweilt als verwirrt, verstört oder gar erregt hatte, überstanden, habe also weitergelesen, gelesen plötzlich, daß man's kaum noch lesen nennen würde, verschlingen sagt man, fressen oder aufsaugen. Und hätte immer noch zu schwache Begriffe gewählt für dieses Lesen, das gefährlich oft wohl gar kein Lesen mehr war, eher schon Leben, Leiden, Verzweiflung und Angst.
Aber zum Glück ist Döblins Roman zu gut, als daß er zuließe, daß man darin unterginge oder sich verlöre. Immer wieder wurde ich, wird jeder Leser, wie ich glaube, zu sich selbst, zu seiner eigenen Wirklichkeit, zur Analyse jeder Realität eines jeden fast gezwungen. Ein Anspruch im übrigen, den ich an jedes Kunstwerk stellen würde. Mag sein, daß mir »Berlin Alexanderplatz« geholfen hat, diese Forderung an die Kunst zu erkennen, zu formulieren und nicht zuletzt an meine eigene Arbeit zu stellen. Ich bin also einem Kunstwerk begegnet, das nicht nur so etwas wie Lebenshilfe zu leisten in der Lage war, das auch, davon werde ich noch erzählen, ein Werk der Kunst also, »Berlin Alexanderplatz«, das hilft, Theoretisches zu entwickeln, ohne theoretisch zu sein, zu moralischen Haltungen zwingt, ohne moralisch zu sein, das hilft, das Gewöhnliche als das Eigentliche, als das Heilige also zu akzeptieren, ohne gewöhnlich zu sein oder gar heilig oder sich aufzuspielen als ein Bericht vom Eigentlichen und all dem, ohne dabei etwa grausam zu sein, was Werke dieses Stellenwertes ja nicht selten sind.
Aber »Berlin Alexanderplatz« hat mir nicht nur in so was wie einem ethischen Reifeprozeß geholfen, nein, es war mir, einem echt Gefährdeten in der Pubertät, auch echte, nackte, konkrete Lebenshilfe, denn ich habe Döblins Roman damals, und ich habe ihn dabei natürlich allzusehr vereinfacht auf meine eigenen Probleme und Fragen verengt, als die Geschichte zweier Männer gelesen, deren bißchen Leben auf dieser Erde daran kaputtgeht, daß sie nicht die Möglichkeit haben, den Mut aufzubringen, auch nur zu erkennen, geschweige denn sich zugeben zu können, daß sie sich auf eine sonderliche Weise

mögen, lieben irgendwie, daß etwas Geheimnisvolles sie mehr verbindet, als das unter Männern gemeinhin als statthaft gilt. Dabei geht es beileibe nicht um Sexuelles zwischen Personen des gleichen Geschlechtes, Franz Biberkopf und Reinhold sind keineswegs homosexuell – nicht mal im weitesten Sinn haben sie Probleme in dieser Richtung, nichts deutet darauf hin. Auch nicht Reinholds eindeutig sexuelles Verhältnis mit einem Jungen im Gefängnis, wie glücklich Döblin diese Beziehung auch immer schildern mag. Mit dem, was da zwischen Franz und Reinhold war, hat das, behaupte ich, überhaupt nichts zu tun. Nein, das, was zwischen Franz und Reinhold ist, das ist nicht mehr und nicht weniger als eine reine, von nichts Gesellschaftlichem gefährdete Liebe. Das heißt, das ist es eigentlich. Aber natürlich sind beide, Reinhold noch mehr als Franz, gesellschaftliche Wesen und als solche selbstverständlich nicht in der Lage, diese Liebe auch nur zu verstehen, zu akzeptieren gar, sie einfach nur hinzunehmen, reicher und glücklicher zu werden an einer Liebe, die ohnehin allzu selten vorkommt unter den Menschen.

Und tatsächlich, versteht sich, was soll einem Wesen, das so erzogen wurde wie wir oder ähnlich, eine Liebe bedeuten, die zu keinen sichtbaren Ergebnissen führt, zu nichts, das vorzeigbar, ausbeutbar, also nützlich wäre? Solch eine Liebe muß, so traurig ist das mit der Liebe und so schrecklich, solch eine Liebe muß denen, die gelernt haben, daß Liebe benutzbar ist, nützlich zumindest, im Positiven wie auch im Negativen – auch das Leiden haben wir doch gelernt zu genießen –, solch eine Liebe also muß angst machen, ganz einfach angst, und denen, versteht sich, meint uns. Jeden von uns.

So etwa, oder doch ähnlich, muß ich »Berlin Alexanderplatz« gelesen haben, damals, beim ersten Lesen. Und, um konkret zu werden, dieses Lesen hat mir geholfen, meine quälenden Ängste, von denen ich fast gelähmt war, die Angst, mir meine homosexuellen Sehnsüchte zuzugeben, meinen unterdrückten Bedürfnissen nachzugeben, dieses Lesen hat mir geholfen, nicht ganz und gar krank, verlogen, verzweifelt zu werden, es hat mir geholfen, nicht kaputtzugehen.

Etwa fünf Jahre später habe ich »Berlin Alexanderplatz« wieder gelesen. Diesmal hat mich etwas ganz anderes umgehauen oder wach gemacht für eine Erfahrung, die mir wiederum geholfen hat, vieles zu begreifen, von dem, was das ist: Ich – eine Erfahrung, die mir geholfen hat, nicht unbewußt etwas zu tun, das ich mal ganz salopp »ein Leben aus zweiter Hand zu leben« nennen möchte. Beim zweiten Lesen also wurde mir von Seite zu Seite mehr und mehr klar, staunend erst, dann mehr und mehr beängstigt, so betroffen zuletzt, daß ich beinahe gezwungen schien, Augen und Ohren zu schließen, zu verdrängen also, wurde mir klarer und klarer, daß ein riesiger Teil meiner selbst, meiner Verhaltensweisen, meiner Reaktionen, vieles eben, das ich für mich, für mich selbst gehalten hatte, nichts anderes war, als von Döblin in »Berlin Alexanderplatz« Beschriebenes.

Ich hatte also, ganz einfach, unbewußt Döblins Phantasie zu meinem Leben gemacht. Und doch, es war nicht zuletzt dann doch wieder der Roman, der mir dabei half, die folgende beängstigende Krise zu überwinden und an etwas zu arbeiten, was zuletzt, wie ich hoffe, relativ sehr das werden konnte, was man eine Identität nennt, soweit das in all dem verkorksten Dreck überhaupt möglich ist.

Als nächstes habe ich den »Alexanderplatz«-Film von Piel Jutzi gesehen, den ich, für sich selbst genommen, einen ganz guten, keineswegs schlechten Film fand. Döblins Roman allerdings hat man bei diesem Film ganz und gar vergessen. Buch und Film haben nichts zu tun miteinander. Jedes, auch der Film von Jutzi, gewiß, sind voneinander unabhängig eigene Kunst. Und da Film wohl doch das Medium ist, mit dem ich mich am meisten identifiziere, habe ich mich damals entschlossen, eines Tages, und warum erst eines Tages, das weiß ich nicht mehr, vielleicht, wenn ich genug können würde, den Versuch zu unternehmen, mit Döblins »Berlin Alexanderplatz« das Protokoll einer Beschäftigung mit dieser ganz speziellen Literatur mit meinen filmischen Mitteln letztlich wohl als Experiment zu wagen.

Es hat über zehn Jahre gedauert, bis es soweit kam. Und wenn die Situation nicht so gewesen wäre, wie sie war, ich mußte es machen, sonst hätte es ein anderer gemacht, hätte ich mir wohl noch einige Zeit mehr gelassen. Chronologisch aber geschah, daß ich in sehr vielen meiner Arbeiten der letzten zehn Jahre, viele, man könnte sagen Zitate aus Döblins Roman eingeflochten habe. Und dann irgendwann, der Grund war, es

wurde ein Buch über mich gemacht, habe ich alle meine Filme an drei aufeinanderfolgenden Tagen gesehen. Und wieder – diesmal hat es mich nur sehr verblüfft – stellte ich fest, daß es wesentlich mehr Zitate gewesen waren, die es in meinen Arbeiten gab, und meist wieder unbewußt, als ich es geahnt hatte.
Da habe ich das Buch wieder gelesen, ich wollte jetzt genauer wissen, was da war, zwischen Alfred Döblins Roman und mir. Es wurde mir vieles klarer, Entscheidendes, aber das Wichtigste war wohl doch das Erkennen und das darauf folgende Eingestehen, daß dieser Roman, ein Werk der Kunst, für den Verlauf meines Lebens mitentscheidend war.
Gewiß würde jeder, der »Berlin Alexanderplatz« nicht gelesen hat, jetzt fragen, was muß das für eine Geschichte sein, die von Alfred Döblin hier erzählt wird, daß sie auch nur für einen einzigen Leser eine solch große, fast existenzielle Bedeutung bekommen konnte, eine letztlich wohl doch recht ungewöhnliche Wirkung eines einzelnen Werkes der Kunst. Nun, so müßte man einem nach der Geschichte des Romans »Berlin Alexanderplatz« Fragenden ehrlich antworten, mit der Geschichte ist es eigentlich nicht so weit her. Eher im Gegenteil. Die Geschichte des ehemaligen Transportarbeiters Franz Biberkopf, wie der aus dem Gefängnis kommt, den Schwur ablegt, von nun an anständig zu bleiben, und wie ihm dieser Vorsatz nicht gelingt, das ist mehr eine teilweise unglaublich brutal aneinandergereihte Folge von wüsten kleinen Geschichten, von denen jede einzelne den obszönsten Boulevardblättern die allerobszönsten Aufmacher liefern könnte. Das Wesentliche an »Berlin Alexanderplatz« ist also nicht seine Geschichte, das hat dieser Roman mit einigen anderen großen Romanen der Weltliteratur gemein, seine Konstruktion ist womöglich noch lächerlicher als die von Goethes »Wahlverwandtschaften« – das Wesentliche ist ganz einfach, wie das ungeheuerlich Banale und Unglaubwürdige an Handlung erzählt wird. Und mit welcher Haltung zu den Figuren des Geschehens, die der Autor dem Leser trist entblößt, während er ihn andererseits lernen läßt, eben diese bis zur Mittelmäßigkeit Entblößten mit allergrößter Zärtlichkeit zu sehen, sie zu lieben am Ende.
An dieser Stelle will ich doch kurz versuchen, die reine Handlung schlicht nachzuerzählen. Wie gesagt, der ehemalige Transportarbeiter Franz Biberkopf wird aus dem Gefängnis

entlassen, wo er vier Jahre wegen Totschlags mit einem Sahneschläger an seiner ehemaligen Freundin Ida saß, die in den wirtschaftlich schweren zwanziger Jahren in Berlin für ihn auf den Strich gegangen war. Der entlassene Sträfling hat zuerst gewöhnliche Potenzschwierigkeiten, die er mit einer Fast-Vergewaltigung der Schwester seines Opfers verliert, so daß er darauf in der Lage ist, mit der polnischen Lina ein Verhältnis anzufangen, und das auf eine Art, daß sie's für Liebe halten könnte, und Franz dazu bringt, den Schwur abzulegen, von nun an anständig zu bleiben, so wahr . . . naja.

Die wirtschaftlichen Verhältnisse sind katastrophal, alle Versuche, eine stabile Basis zu schaffen, scheitern, seien es Schlipshalter, erotische Literatur, der »Völkische Beobachter«, der bringt ihm Schwierigkeiten mit früheren Freunden, Kommunisten, mit denen er mal gemeinsame Sache gemacht hatte, weil er sie mochte. Es bleiben Schnürsenkel, die braucht der Mensch immer und die vertreibt er mit einem Onkel seiner Lina, bis der das Vertrauen, das Franz zu ihm hat, ausnutzt und eine Witwe, die der Franz glücklich gemacht und etwas Geld dafür bekommen hatte, erpreßt und bedroht. Franz, der unerschütterlich an das Gute im Menschen glaubt, ist so verletzt, daß er sich zurückzieht von der Welt und den Menschen, wochenlang nichts tut als Saufen, dann aber doch zurückgeht ins Leben und zu den Menschen.

Da lernt er einen kennen, Reinhold heißt der und ist zwar ein kleiner Gangster, aber merkwürdig faszinierend irgendwo, so faszinierend, daß der Franz ein sonderliches Geschäft macht mit dem, er nimmt ihm die Frauen ab, diesem Reinhold, weil der die zu schnell überhat, die Weiber, das ist fast krankhaft bei dem, erst muß er eine haben auf Teufel komm' raus und dann wieder loswerden, ganz plötzlich, sehr heftig, aber das fällt ihm schwer, trotzdem, da hat er Schwierigkeiten mit, aber der Franz, von dem er merkt, daß der irgendwie fasziniert ist von ihm, den er für etwas dumm hält zudem, der nimmt ihm die ab, die Weiber, erst eine, dann eine zweite, bei der dritten aber weigert er sich. Der Reinhold soll lernen, länger zusammenzubleiben mit einer, weil das gesund ist eben und das andere krank und weil der Franz dem Reinhold helfen will und das richtig. Und daß der das nicht verstehen kann erst mal und beleidigt ist, das versteht der Franz Biberkopf, das ist eben so.

Kurz darauf ergibt sich durch Zufall, daß Franz mitmacht bei einer Sache, die er für einen regulären Obsttransport hält und von der ihm plötzlich klar wird, daß sie ein Diebstahl ist. Er steht Schmiere, will weglaufen, was ihm nicht gelingt. Nachdem der Diebstahl geschehen ist, sitzt Franz mit Reinhold im Auto, als Reinhold plötzlich das Gefühl hat, sie würden verfolgt. Jetzt mischen sich Angst vor der Verfolgung und die Wut auf Franz bei Reinhold. Und dann, es hat etwas Schlafwandlerisches, schmeiße Reinhold Franz plötzlich aus dem Auto. Franz wird von dem nachfolgenden Fahrzeug überfahren, es muß so aussehen, als wäre er tot. Aber Franz Biberkopf ist nicht tot, er verliert nur seinen rechten Arm. Seine ehemalige Freundin Eva und deren Zuhälter päppeln ihn wieder hoch, ohne rechten Arm geht er wieder in die Stadt, lernt einen kleinen Gangster kennen, für den er Hehlereien begeht, die ihm einen gewissen Wohlstand bringen. Da bringt ihm diese Eva ein Mädchen, das er Mieze nennt und die, wie sich dann herausstellt, für Franz auf den Strich geht. Franz akzeptiert das, und eine Weile sind die beiden auch glücklich. Sie lieben sich. Aber Reinhold mischt sich auch in diese Beziehung, trifft Mieze mehrmals, bis er sie zuletzt tötet. Franz wird dieses Mordes wegen verhaftet, kommt in eine Irrenanstalt, wo er in einer längeren Phase eines in etwa »umgekehrten Prozesses der Katharsis« der Gesellschaft ein gemeines, brauchbares Mitglied wird. Es ist nichts Besonderes mehr mit ihm. Er wird wohl Nationalist werden, so sehr zerstört hat ihn die Begegnung mit Reinhold. Soweit die Geschichte.
Im ganzen nicht mehr als ein Dreigroschenroman, im einzelnen nicht mehr als eben eine Aneinanderreihung mehrerer Boulevard-Zeitungsanreißer. Was also macht diesen Plot zu etwas so Großem? Es ist das Wie, versteht sich. In »Berlin Alexanderplatz« wird auch den objektiv kleinsten und ganz einfach mittelmäßigen Emotionen, Gefühlen, Glücksmomenten, Sehnsüchten, Befriedigungen, Schmerzen, Ängsten, Bewußtseinsdefiziten gerade der scheinbar unscheinbaren, unwichtigen, unbedeutenden Individuen zugestanden, den sogenannten »Kleinen« wird hier die gleiche Größe zugebilligt, wie sie in der Kunst gemeinhin nur den sogenannten »Großen« zugebilligt wird. Den Menschen, von denen Döblin in »Berlin Alexanderplatz« erzählt, besonders natürlich dem Protagoni-

sten, dem ehemaligen Transportarbeiter Franz Biberkopf, Zuhälter später, Totschläger, Dieb und wieder Zuhälter, wird ein derartig differenziertes Unterbewußtsein zugestanden, gepaart mit einer kaum glaublichen Phantasie und Leidensfähigkeit, wie es den meisten Figuren der Weltliteratur, natürlich immer nur soweit meine Kenntnisse hier reichen, so weitgehend nicht gegönnt wird, und wären es noch so Gebildete, kluge Intellektuelle, große Liebende, um nur auf einige Figuren hinzuweisen.

Döblins Haltung zu seinen Figuren, diesen objektiv gewiß armseligen und unbedeutenden Kreaturen, ist mit ziemlicher Sicherheit, so behaupte ich, auch wenn Döblin das mehrfach bestritten hat, von Sigmund Freuds Entdeckungen beeinflußt. »Berlin Alexanderplatz« wäre somit also wahrscheinlich der erste Versuch, Freudsche Erkenntnisse in Kunst umzusetzen. Das zuerst.

Zum zweiten erzählt Döblin jeden Handlungsfetzen, und wäre er noch so banal, als einen in sich bedeutungsvollen und großartigen Vorgang, als Teil einer nur scheinbar geheimnisvollen Mythologie zumeist, dann wieder als Übersetzung in religiöse Momente, seien es christliche, seien es jüdische.

Döblin hatte als einer, der vom jüdischen Glauben zum Katholizismus übergetreten ist, mehr Probleme mit der Religion, als das gemeinhin üblich ist. Vielleicht hat er deswegen versucht, dieser Probleme eben Herr zu werden, das in der Religion Besondere im Gewöhnlichen zu entdecken, und es als solches zu erzählen.

Vereinfacht formuliert, bedeutet das wohl, daß kein Moment der Handlung, auch wenn dieses voll und ganz ausreicht, nur für sich selber steht, sondern eben auch noch ein Moment einer zweiten, anderen, undurchdringlicheren und geheimnisvolleren Erzählung ist, Teil also eines zweiten Romans im Roman oder vielleicht auch Teil einer Privatmythologie des Autors, aber das will ich im Moment nicht entscheiden müssen.

Zum dritten dann, ist es die Erzähltechnik, die Döblin für »Berlin Alexanderplatz« erfunden, vielleicht auch nur gewählt hat. Im übrigen halte ich diese Fragestellung, erfunden oder nicht, keineswegs auch nur für wichtig, denn entscheidend ist doch, ob ein Autor die richtigen Mittel für seine Intentionen wählt, nicht, ob er auch noch deren Erfinder ist, das mag

Literaturhistoriker beschäftigen, für den Leser spielt das keine Rolle, der hat das Glück, einen Roman zu lesen, für den der Autor die ihm adäquate Form gefunden hat, und das hat Alfred Döblin mit »Berlin Alexanderplatz« mit schlafwandlerischer Sicherheit getan. Und ob Döblin nun James Joyces »Ulysses« kannte, bevor er »Berlin Alexanderplatz« schrieb, oder ob er ihn nicht kannte, das macht seinen Roman nicht besser oder schlechter. Im übrigen könnte ich mir sehr gut vorstellen, daß zwei Autoren fast zur selben Zeit fast dieselben neuen Erzähltechniken erfinden, warum eigentlich nicht. Wie in der Geschichte selbst, wird auch in der Literaturgeschichte nicht alles aus sich selbst heraus erklärbar sein. Ein Geheimnis, und wäre es nur die Hoffnung, wird immer bleiben.

Spannender zudem als die Frage, ob Döblin den »Ulysses« kannte, finde ich die Idee, daß die Sprache in »Berlin Alexanderplatz« vom Rhythmus der S-Bahnen beeinflußt ist, die vor Alfred Döblins Arbeitszimmer vorbeifuhren und -fahren. Von solchen Dingen, Geräuschen der Großstadt meist, ihren spezifischen Rhythmen eben, ihrem stetigen Wahnsinn eines ewigen Hin und Her ist die Sprache wohl geprägt. Und vom bewußten Leben in einer Großstadt, einem ganz besonderen Wachsein für alles, was das eigentlich ist, in der Stadt leben, kommt mit Sicherheit auch die Collagetechnik, die Döblin hier, in seinem, einem der wenigen Großstadtromane überhaupt, die es gibt, verwendet. Leben in der Großstadt, das bedeutet ständigen Wechsel in der Aufmerksamkeit für Töne, Bilder, Bewegungen. Und so wechseln die Mittel der gewählten Erzählpartikel ähnlich wie das Interesse eines wachen Bewohners einer Großstadt wechseln mag, ohne daß dieser wie die Erzählung sich selber als ihren Mittelpunkt verlöre.

Mehr und dann auch Genaueres zu Döblins spezifischem Erzählstil sollen andere sagen, ich kann nur darauf hinweisen, daß Döblin noch anderes geschrieben hat, Werke der Kunst, die möglicherweise späteren Generationen mehr bedeuten werden, die vielleicht einmal wichtiger sein werden, als es heute »Berlin Alexanderplatz« ist. Und daß Döblin gelesen wird, mehr, viel mehr als es bis heute geschieht, das kann ich mir wünschen. Den Lesern zuliebe. Und dem Leben.

Rainer Werner Fassbinder

Ernst Bloch
Spuren

Es gäbe keine modernen Märchen? Hier sind sie! Wer in Ernst Bloch nur den verrätselten Philosophen sieht und nicht auch den spinnsüchtigen Artisten, der hat ihn nicht begriffen; er ist ein Erzähler par excellence, ein Prosa-Kolporteur voller Sinn für Sprachnuance wie Inhaltseffekte. Seit Bloch in den 20er Jahren diese Geschichten im »Berliner Tageblatt« und in der »Frankfurter Zeitung« publizierte (Paul Cassirer verlegte 1930 die erste Buchausgabe), haben sie sich fortgesetzt bis zur 1969 erschienenen Buchausgabe, Siegfried Unseld gewidmet und sehr rechtens als Band 1 die Gesamtausgabe seiner Schriften eröffnend. Es ist vielleicht sein schönstes Buch, genau und verspielt zugleich, Phantastik und ernsten Sinn mischend, verzwinkert voll der listigen Grazie eines weisen Rabbiners; also nie »lustig« auf eine Pointe schielend, vielmehr in der kleinsten Etüde noch Bedeutung bergend. Es sind winzige Vignetten oder längere Geschichten, eine Sammlung von Merkwürdigkeiten im Sinne von Hebels »Schatzkästlein«, vorführend den Rebben oder den Priester, den Ehebrecher oder den Mönch, den Kalifen oder den Yankee – danach und heute. Schnurrpfeifereien – und doch so viel mehr. »Ich kannte einen, der . . .« – so hebt manche Geschichte an. Sie geht einmal vom alten Siemens, der räuberische Beduinen in Schrecken versetzte, als er, die Luftfeuchtigkeit nutzend, sich auf seinen Gummimantel stellte, den Zeigefinger anleckte und aus dem Plünderer eine Leidener Flasche machte; sie geht ein andermal vom Pächter, der den Nachbarsohn hinter sich aufs Pferd hob, durch den schwarzen Wald ritt und von Drachen erzählte, über dessen Greulichkeiten der Knabe nicht satt zu hören bekam – »und seine Zähne, hörte man sie knacken? Und zischte die Flamme, als er das Wasser soff?« – und als der Mann wütend weiteren Bericht auf die Heimkehr vertröstete, ihn anrief »so sieh mich doch an – sah er so aus?« Und als der Mann sich umdreht, hockte hinter ihm der Drache und zerriß ihm die Brust.

Es gibt Abgründe und Rätsel, Unheimliches und A-logisches in diesen Miniaturen, mal leise frivol, mal tief-melancholisch: immer ein Geheimnis unserer menschlichen Existenz andeutend, deutend. Bloch webt diesen Flickenteppich der Phantasie mit Meisterhand und was er aus einem einzigen Satz herausholen kann, grenzt ans Wunder. »Als ein streunender Junge sich besonders gut verstecken wollte, ging er nach Hause. Dort vermutete ihn niemand, er konnte die Jagd auf sich überstehen« – so hebt, mit einem dialektischen Splitter, eine Erzählung an, die immer Verblüffenderes über die Grenzen unserer Erkenntnisfähigkeit entwickelt. Eine andere Geschichte ersetzt mit dem ersten Absatz ein ganzes Lehrbuch über Moral und Ästhetik: »Man scheut sich durchaus, etwas zu schön zu beginnen. Nicht nur, weil man nichts berufen will, sondern ideale Formen kränkeln. Der erste Streit holt alles wieder auf, was vorher keinen Platz hatte in der edlen stillen Luft. Die Dinge dürfen nicht wie gemalt sein, sonst halten sie im Leben nicht.« Selbst eine scheinbar nur vergnügliche Schnurre verdreht sich nicht zur bloßen Snob-Pirouette: im alten China trafen sich junge Literaten – Popper avant la lettre – zu einem Olivenessen, jeder je drei Oliven. Um die nun wirklich geschmackvoll verspeisen zu können, aß man sie nicht »nur so«, vielmehr: eine jede ausgesuchte Frucht wurde in einen Krammetsvogel genäht, der in eine Wachtel, die in eine Ente, die in eine Gans, die in einen Truthahn, der in ein Ferkel, das in einen Hammel, der in ein Kalb, das in einen Ochsen. War das alles gesotten, gewendet, gebraten, »hernach« warf man den Ochsen weg, dann das Kalb, dann den Hammel – schließlich den Krammetsvogel. Und verspeiste gedankenvoll die also zubereitete Olive. Und einer der Literaten meinte da einmal: »Ich möchte kaum annehmen, daß ich mich irre, mir scheint, der Truthahn bei dieser Olive war nicht ganz jung.« Tableau. Was aber der weise Märchenerzähler Ernst Bloch daraus macht, und warum es Literaten sein müssen – das wird nicht verraten – und hat viel Sinn. Denn er sieht in uns Menschen schiefe, geträumte Puppen, weil wir schief und öde erwachsen wurden und jede seiner Fabeln hat etwas Unheimliches, Unaufgelöstes, es bleibt immer ein Rest, wie im Gedicht. Selbst in der geronnenen Sentenz: »Im Citoyen steckt der Bourgeois; gnade uns Gott, was im Genossen steckt.« Oder im Verwirr-Bild, das a-logisch ist und damit soviel mit uns zu tun hat; der feine Yankee muß im überbesetzten Hotel das Zimmer mit einem Neger teilen, gibt Ordre, ihn rechtzeitig, aber auch ja ihn, nicht

den schwarzen Zimmergefährten rechtzeitig zu wecken, man trinkt viel und scharf, die Zechbrüder malen ihn nachts schwarz an und im Pullman, beim Rasieren vorm Spiegel, schreit der empörte Yankee: »Jetzt hat der Dummkopf doch den Neger geweckt!«
Was Bloch mit seinen Legenden, mal raunend, mal süffisant, bewirkt: ein Verlöschen von Vor-Bildern, ein Eingehen ins Bild fremder Welt. Nicht zufällig erzählt er begeistert von der chinesischen Überlieferung, derzufolge Menschen sterbend im Bild oder im Gedicht verschwinden. Das ist jenes Stück Magie, das uns verzehrt, und das von uns etwas freigibt, dessen wir uns nicht bewußt sind; es hat die Kraft der Angst und der Lust, Pole, die das Leben der Menschen bezeichnen. Dieses Abgesunkene hervorzuholen, etwa durch die Kraft des Erzählens, ist Blochs Versuch. Deshalb hat er dem Band eine Zeile »Zuvor« gestellt, die ein Kürzel für sein gesamtes Werk ist – sie birgt den Traum des Menschen, den er von sich hat und den sich zu erarbeiten sein Leben währt; und mehr als nur das Sein: »Wie nun? Ich bin. Aber ich habe mich nicht. Darum werden wir erst.«

Fritz J. Raddatz

Sigmund Freud
Das Unbehagen in der Kultur

Sigmund Freuds große gesellschaftskritische Schriften (»Die ›kulturelle‹ Sexualmoral und die moderne Nervosität« 1908, »Zeitgemäßes über Krieg und Tod« 1915, »Massenpsychologie und Ich-Analyse« 1921, »Die Zukunft einer Illusion« 1927) finden mit »Das Unbehagen in der Kultur«, 1929 verfaßt und im gleichen Jahr, allerdings mit »1930« auf dem Titelblatt, noch veröffentlicht, ihren Höhepunkt – und ihren Abschluß. Die hektische, wilden Zwanziger Jahre boten einen besonders geeigneten Hintergrund für ein Denken, in dessen Mittelpunkt die Frage nach dem Sinn der kulturellen Entwicklung des Menschengeschlechts stand. Die aufklärerisch-optimistische Deutung geschichtlichen Fortschreitens als Fortschritt liegt Freud fern: »Das gern verleugnete Stück Wirklichkeit hinter alledem ist, daß der Mensch nicht ein sanftes, liebebedürftiges Wesen ist, das sich höchstens, wenn angegriffen, auch zu verteidigen vermag, sondern daß er zu seinen Triebbegabungen auch einen mächtigen Anteil von Aggressionsneigung rechnen darf. Infolgedessen ist ihm der Nächste nicht nur möglicher Helfer und Sexualobjekt, sondern auch eine Versuchung, seine Aggression an ihm zu befriedigen, seine Arbeitskraft ohne Entschädigung auszunützen, ihn ohne seine Einwilligung sexuell zu gebrauchen, sich in den Besitz seiner Habe zu setzen, ihn zu demütigen, ihm Schmerzen zu bereiten, zu martern und zu töten. Homo homini lupus; wer hat nach alle Erfahrungen des Lebens und der Geschichte den Mut, diesen Satz zu bestreiten?« Solche Klage darüber, daß der Mensch nach seiner Vertreibung aus dem Paradies des Menschen Wolf geworden sei, bedeutet für Freud allerdings keine *zeit*pessimistische Einsicht; sie ist auch nicht, wie bei Oswald Spengler, Teil eines geschichtsmorphologischen Kreislaufdenkens; es geht ihm nicht um den »Untergang des Abendlandes«, sondern um das »Unbehagen« in der Kultur schlechthin; ein »kulturzeitlicher« anthropologischer Tatbestand wird beschrieben: Der Mensch könne innerhalb der Tabus und repressiven Reglementierungen der Kulturgesellschaft nicht mehr sich selbst leben, sich nicht mehr aus-leben; so verstärke sich der aus der Vereitelung der ursprünglichen (natürliche) Ziele emporsteigende Aggres-

sionstrieb; das Gewissen mache Feindselige aus uns allen. Die Kultur, die ohne die Normen eines Über-Ichs als eine solche sich nicht ausbilde, stelle Idealforderungen auf, die nicht erfüllbar seien; der durch ethische Überforderung entstehenden Gewissensangst versuche sich der Mensch durchs Zurückfallen auf ursprünglichere Verhältnisse zu entziehen; aber da er nun einmal vom Baum der Erkenntnis gegessen habe, helfe ein »Zurück-zur Natur« wenig; die Regression mache nicht glücklich. Die Religion, die mit den Versprechungen eines besseren Jenseits zu trösten trachte, sei so wenig berechtigt, wie der Sozialismus, der die menschliche Natur idealistisch verkenne. Als Bürger seiner Zeit deutet Freud seine Zeit als Bürger: er, der so oft Tabugrenzen überschritt, vermag den fürs 19. und 20. Jahrhundert so charakteristischen, kapitalistisch unterlegten und von der Bourgeosie verinnerlichten Sozialdarwinismus nicht zu überwinden; daß es eine »libidinöse Moral«, ein »Behagen« in der Kultur geben könne, daß eine repressionsfreie Kultur-Gesellschaft unter anderen Verhältnissen möglich sei (reale Utopie bei Herbert Marcuse) – ein solches »Prinzip Hoffnung« war ihm nicht einmal frag-würdig. Es lag außerhalb seiner pessimistischen Grundbefindlichkeit, welche die Vision von der »Bruderschaftsgesinnung« (gegen Patriarchalismus) ausschloß.
Immer mehr verdichtete sich für Freud die Überzeugung, daß im Menschen zwei Triebe gleichmächtig am Werk seien; hatte er früher nur die Dominanz der Libido (des Sexualtriebs) gesehen, so war ihm schon seit »Jenseits des Lustprinzips«, 1920, deutlich geworden, daß es außer dem Trieb, die lebende Substanz zu erhalten und zu immer größeren Einheiten zusammenzufassen, einen anderen, ihm gegensätzlichen gebe, der diese Einheiten aufzulösen und in den uranfänglichen, anorganischen Zustand zurückzuführen strebe. Eros und Todestrieb – nur aus dem Zusammenwirken und Gegeneinanderwirken dieser beiden ließen sich die Phänomene des Lebens erklären. Der Aggressivität, die dem Sublimierungszwang der Kultur mit ihrer Libido-Unterdrückung entstamme, entspräche eine Aggressivität, die im Menschen grundsätzlich angelegt sei. »Die Kindlein, sie hören es nicht gerne, wenn die angeborene Neigung des Menschen zum ›Bösen‹, zur Aggression, Destruktion und damit auch zur Grausamkeit erwähnt wird«. Das

Programm der Kultur widersetze sich auch diesem natürlichen Trieb des Menschen (nämlich der Feindseligkeit eines gegen alle und aller gegen einen). »Und nun, meine ich, ist uns der Sinn der Kulturentwicklung nicht mehr dunkel. Sie muß uns den Kampf zwischen Eros und Tod, Lebenstrieb und Destruktionstrieb zeigen, wie er sich an der Menschenart vollzieht. Dieser Kampf ist der wesentliche Inhalt des Lebens überhaupt, und darum ist die Kulturentwicklung kurzweg zu bezeichnen als der Lebenskampf der Menschenart. Und dieser Streit der Giganten wollen unsere Kinderfrauen beschwichtigen mit dem ›Eiapopeia vom Himmel‹!«

Wie viele Schriften Freuds zeigt »Das Unbehagen in der Kultur« eine in sich widersprüchliche Argumentation. Der Autor bittet seine Leser um Entschuldigung, daß er »kein geschickter Führer« sei und »das Erlebnis öder Strecken und beschwerlicher Umwege« nicht ersparen könne. Der Kern des Problems aber liegt in der Antinomie des Denkansatzes. Dem vermag auch nicht der freundliche, gelassenausschweifende Stil abzuhelfen; er ist bilderreich, vermeidet jedoch konkrete Fallstudien oder Beispiele. Freud meint zwar, daß der gegenwärtige Kulturzustand Amerikas eine gute Gelegenheit böte, die befürchteten »Kulturschäden« zu studieren; aber er geht der »Versuchung«, empirische Soziologie bzw. Sozialpsychologie zu betreiben, aus dem Weg; er möchte nicht den Eindruck erwecken, »als wollte ich mich selbst amerikanischer Methoden bedienen«.

Während Ende der Zwanziger Jahre zelotische Irrationalisten (wie Ludwig Klages) den »Geist als Widersacher der Seele« bekämpften, erweist sich Freud als Rationalist der Irrationalisten. Er ist zwar davon überzeugt, daß Kultur eine Verfehlung des Menschlichen darstellt, weil sie die Triebwelt abkappt, aber er weiß auch, daß Kultur Erfüllung des Menschlichen bedeutet, weil sie dem geistigen Prinzip dient. Im gleichen Jahr, da das »Unbehagen in der Kultur« entstand, schrieb Thomas Mann einen bedeutsamen Aufsatz, in dem er »Freuds Stellung in der modernen Geistesgeschichte« ortet: Indem Freud auf Heilung, auf Wahrheit, auf Analyse bedacht sei, wirke er im Sinne echter Aufklärung und aufklärerisch-revolutionärer Gesinnung. Seine Lehre – in bedeutender Verwandtschaft zur Bewußtwerdungsphilosophie der Romantik – suche

die Gewissensempfindlichkeit gegen die Inhumanität des Dumpfheitskonservativismus zu erhalten, bejahe die Notwendigkeit der Auflockerung und Auflösung der auf Bewußtlosigkeit unsicher beruhenden Lebensformen. »Freuds Forscherinteresse fürs Affektive artet nicht in die Verherrlichung seines Gegenstandes auf Kosten der intellektuellen Sphäre aus. Sein Antirationalismus bedeutet die Einsicht in die tatsächlich-machtmäßige Überlegenheit des Triebes über den Geist; er bedeutet nicht das bewunderungsvolle Auf-dem-Bauch-liegen vor dieser Überlegenheit und die Verhöhnung des Geistes.«
Biographisch ist »Das Unbehagen in der Kultur« auf dem Hintergrund von Freuds jahrelangem schweren Leiden zu sehen. Die Krebserkrankung des Gaumens hatte zunehmend unerträgliche Schmerzen mit sich gebracht. Aber nichts davon vermag die Distanziertheit der Analyse zu beeinträchtigen; war für Freud auch die Gesellschaft ein »umfangreicher Mensch« – das eigene Ich blieb stets draußen; jeder Ecce-homo-Ton war ihm fremd. Der Fatalismus dem Tode gegenüber trat freilich verstärkt zutage. Weltentrückt nahm er dennoch tiefen Anteil am Schicksal der Welt – der leisen Stimme der Vernunft durchaus noch Chancen einräumend: »Die Schicksalsfrage der Menschenart scheint mir zu sein, ob und in welchem Maße es ihrer Kulturentwicklung gelingen wird, der Störung des Zusammenlebens durch den menschlichen Aggressions- und Selbstvernichtungstrieb Herr zu werden. In diesem Bezug verdient vielleicht gerade die gegenwärtige Zeit ein besonderes Interesse. Die Menschen haben es jetzt in der Beherrschung der Naturkräfte so weit gebracht, daß sie es mit deren Hilfe leicht haben, einander bis auf den letzten Mann auszurotten. Sie wissen das, daher ein gut Stück ihrer gegenwärtigen Unruhe, ihres Unglücks, ihrer Angststimmung. Und nun ist zu erwarten, daß die andere der beiden ›himmlischen Mächte‹, der ewige Eros, eine Anstrengung machen wird, um sich im Kampf mit seinem ebenso unsterblichen Gegner zu behaupten.« – 1931, als die Bedrohung durch Hitler immer deutlicher wurde, fügte Freud diesen Anschlußsätzen seiner Abhandlung noch die Frage hinzu: »Aber wer kann den Erfolg und Ausgang voraussehen?«

Hermann Glaser

Leo Trotzki
Mein Leben

»Unsere Zeit ist reich an Memoiren, vielleicht mehr als jede frühere. Das kommt daher, weil es viel zu erzählen gibt.«
So beginnt Leo Trotzki sein Buch »Mein Leben«, das er 1929 als 50jähriger im türkischen Exil auf der Insel Prinkipo im Marmara-Meer schrieb. Trotzki spricht nicht von Bericht oder Protokoll, und das ist kein Zufall; er wollte damit nicht Geschichte schreiben, sondern sein Leben *erzählen*. Dies sind nicht die Erinnerungen eines Staatsmannes, das Buch ist nicht einmal, wie er es bezeichnet, »die Autobiographie eines revolutionären Politikers«, sondern die politische Autobiographie eines Schriftstellers; subjektiv, polemisch – und dennoch nicht privat. Trotzkis großer Biograph Isaac Deutscher zitiert einmal die Bemerkung eines Jugendfreundes: »Trotzkis ganzes Verhalten wurde durch sein Ich beherrscht, aber dieses Ich wurde von der Revolution beherrscht.« Dies trifft auch für diesen »Versuch einer Autobiographie« zu. Privates fließt nur in vagen Umrissen hinein; Kindheit und Jugend werden zwar geschildert, doch nicht um ihrer selbst willen, sondern nur als Vorstufe, als Entelechie eines künftigen Revolutionärs. Wenig von ersten Beziehungen zu Frauen, wenig über seine erste kurze, aber auch über seine zweite, dann lebenslange Ehe. Frauen sind Kameradinnen, Genossinnen, keine privaten Partnerinnen.
Fast nichts auch über sein Judentum, obwohl diese Herkunft ihm – aufgrund der zaristischen Gesetze – Schwierigkeiten beim Schulbesuch bereitet hat. War das Milieu des Elternhauses wirklich so weit säkularisiert von der Religion der Väter, wie er meint? Gewiß, die Welt bäuerlicher Kolonisten in der südlichen Ukraine, nahe am Schwarzen Meer, in der er heranwuchs, war – nicht nur geographisch – weit entfernt von der des galizischen »Städtels«, mit dessen Handwerkern und Händlern, wie sie etwa Joseph Roth und Manès Sperber beschrieben haben. Gab es aber für den Knaben und Jüngling Lew Dawidowitsch Bronstein wirklich keine Probleme mit dem Antisemitismus? Der – gescheiterte – marxistische Revolutionär des Jahres 1929 hat sie jedenfalls verdrängt.
Die Sicht des Entstehungsjahres bestimmt Auswahl und Ak-

zente des ganzen Buches als Rechtfertigung und als Abrechnung zugleich: Rechtfertigung des konsequenten, des »reinen« Revolutionärs und Abrechnung mit den »Epigonen«. Denn Trotzki betrachtet sich als den legitimen Erben Lenins, verwischt die Gegensätze zu ihm in seiner menschewistischen, präbolschewistischen Periode. Die »Epigonen«, Sinowjew, Kamenjew, Bucharin und – Stalin, haben ihn um sein Erbe gebracht; Stalin ist für ihn nur einer von ihnen, der bösartigste, gemeinste gewiß, doch nicht von schärferer politischer Intelligenz als die anderen.

Aber ist Trotzki wirklich um sein Erbe gebracht worden, hat er es nicht selber verspielt? Die Antwort auf die Frage, ihm immer und immer wieder gestellt: »Wie konnten Sie die Macht verlieren?«, bleibt unbefriedigend. Seltsam blaß bleiben auch die Porträts Lenins und Stalins, Bewunderung und Haß trüben auch ihm den Blick. Lenin war keineswegs frei von politischen und menschlichen Widersprüchen, Trotzki aber schweigt darüber fast völlig; und Stalin war mehr als der bornierte Apparatschik, als der er hier erscheint. Das liegt nicht an Trotzkis mangelnder Kunst der differenzierenden Beschreibung: mit beiden ist er im Grunde nicht fertig geworden. Und im Fall Stalin entzieht sich der Groll des gestürzten Titanen fast jeder rationalen Kontrolle, wie fast nur in einer anderen klassischen Autobiographie der Weltliteratur, in Bismarcks »Gedanken und Erinnerungen«.

Wie einprägsam vermag Trotzki demgegenüber von anderen Menschen in wenigen präzisen Strichen ein Bild zu vermitteln. Das beginnt bei den Lehrern seiner Jugend, setzt sich über die Beschreibung westlicher, vor allem deutscher und österreichischer Sozialdemokraten fort bis hin zu den unvergeßlichen Porträts der Unterhändler der Mittelmächte bei den Friedensverhandlungen in Brest-Litowsk: des österreichischen Außenministers Graf Czernin, des deutschen Staatssekretärs v. Kühlmann und des deutschen Generals Max Hoffmann. Nicht minder eindringlich – bis eben auf Lenin und Stalin – die Konterfeis der führenden Genossen der bolschewistischen Partei.

Die Stilmittel eines großen Schriftstellers, über die Trotzki in allen seinen Büchern souverän verfügt, sind auch hier am Werke, nicht nur in der Beschreibung der Personen, sondern

auch in Auswahl und Reihung der erzählten Episoden. Ein durchgehendes Thema sind Verbannung, Exil und Flucht; Trotzki arbeitet hier mit dem Mittel der bewußten Parallelisierung und Wiederholung, von den beiden ersten – durch die zaristischen Behörden verfügten – Verbannungen nach Sibirien bis zu denen – nun von Stalin verordneten – in Alma Ata in Russisch-Asien und schließlich auf Prinkipo im Marmarameer. Eine Februarnacht 1929 in Odessa: »Als wir aus dem Waggonfenster auf den Dampfer, der für uns bestimmt war, blickten, erinnerten wir uns eines Dampfers, der uns ebenfalls einem Orte zuführte, den wir nicht erwählt hatten. Das war im März 1917, bei Halifax, als mich die englischen Kriegsmatrosen vor den Augen zahlloser Passagiere auf den Armen von dem norwegischen Dampfer ›Christianafjord‹ hinuntertrugen. Unsere Familie war damals in der gleichen Zusammensetzung, nur waren alle zwölf Jahre jünger.«
Ein weiteres Stilmittel ist das der Zusammendrängung vieler kleiner, diffuser Episoden auf einen Ort. Im Kapitel »Die Nacht, die entscheidet« ist es der Smolny in Petrograd, einst Institut adliger Fräuleins, jetzt Sitz und Nervenzentrum des »revolutionären Kriegskomitees« der bolschewistischen Partei, an dessen Spitze Trotzki den militärischen Ablauf der Oktoberrevolution organisatorisch vorbereitete und praktizierte. Und wie leicht hätte eine pure Aufzeichnung des schier endlosen Hin und Her der Kämpfe des Bürgerkrieges 1918 bis 1920 langweilig werden können. Der Schriftsteller Trotzki entgeht dieser Gefahr, indem er das ganze Geschehen jener Jahre in ein Kapitel von wenig mehr als zehn Seiten zusammendrängt und es mit »Der Zug« überschreibt. Dieser Eisenbahnzug war das rollende Hauptquartier des Oberkommandierenden der Roten Armee: Von hier aus lenkte Trotzki die Operationen und schlug die Angriffe der »weißen« Konterrevolutionäre und der ausländischen Interventionstruppen siegreich ab.
Auch ein drittes Charakteristikum dieses Buches gehört in den Bereich der Stilmittel: Es ist die nahezu ungebrochene Übernahme von Topoi der französischen, also der bürgerlichen Revolution. Trotzki überträgt immer wieder Begriffe wie »Jakobinismus«, »Thermidor« oder »Bonapartismus« auf die russische, die proletarische Revolution.

Mimesis aber taugt nur für die literarische und die bildende, nicht aber für die Staatskunst. Auch darin siegt der Schriftsteller über den Politiker Trotzki. Mit Anleihen bei der Französischen Revolution ist eine politisch-historische Interpretation von Triumph und Selbstverrat der russischen nicht zu leisten. Und vielleicht erklärt dieser Primat des Literarischen besser als alles andere Trotzkis Scheitern als Politiker. In den erbitterten Diadochenkämpfen nach Lenins Krankheit und Tod agierte und reagierte er stets verspätet und damit falsch. Zu lange unterschätzte er seine Feinde, Stalin vor allem. »Sie werden's nicht wagen«, das Wort des Büchnerschen Danton hatte er zu sehr im Ohr, und auch das ist ein literarischer, kein politischer Topos.

Christian Gneuss

William Faulkner
Licht im August

Eines Nachts spürt ihn Joe Christmas ganz deutlich: »den feuchten, üppigen Geruch der dunklen und fruchtbaren Erde«. Das ist das Aroma des tiefen Südens, einer imaginären, aber doch ganz wirklichen Gegend namens Yoknapatawpha County: ein gottverlassener Landstrich in Mississippi, 2400 Quadratmeilen groß, von 15 611 Menschen bewohnt, bis in seinen letzten Winkel sorgfältig vermessen und kartographiert, aber dennoch so fern wie ein anderes Sonnensystem. Die Leute hier heißen Compson und Sartoris (die alten, untergehenden Geschlechter), Sutpen und Snopes (die Neureichen, die Emporkömmlinge). Dies ist das Land der maßlosen Hure Temple Drake und des stolzen Schwarzen Lucas Beauchamp, des schwachsinnigen Benjy Compson und des weisen Ike McCaslin. Es ist ein Land weißer Dekadenz und schwarzer Beharrlichkeit, ein Land der Lynchmorde und des Inzests, ein verfluchtes, verlorenes Land. Und ein fruchtbares Land. »Den Süden«, sagt der junge Student Quentin Compson, der sich bald danach umbringen wird, in »Absalom, Absalom!« zu seinem Zimmergenossen in Harvard, »den Süden kannst du nicht verstehen. Dazu müßtest du dort geboren sein«.

In siebzehn Büchern hat William Faulkner die Chronik von Yoknapatawpha County entworfen, vom Bürgerkrieg, in dem der Süden seine alte Identität verlor, bis zur Gegenwart. Doch anders als in einem Geschichtsbuch fügen sich die einzelnen Episoden nicht zu einem sinnvollen, logischen Ganzen, sondern bleiben dem Leser bei aller Vertrautheit mit den genealogischen und topographischen Details so fremd und unheimlich wie eine Sage aus mythischer Vorzeit. Jede zeitliche Ordnung ist aufgehoben, die Chimären der Vergangenheit durchsetzen die brüchige Ordnung der Gegenwart. In der Gegend von Jefferson (der Hauptstadt von Yoknapatawpha County) prallen viele Geschichten und Überlieferungen aufeinander: die Folklore der Konföderierten, düsteres, fanatisches Christentum, heidnische, bukolische Riten, durchsetzt mit Spuren griechischer Mythologie.

Es ist durchaus ein Land zum Fürchten, aber wer es wagt, sich dorthin auf die Reise zu begeben – etwa mit dem Clan der

Bundrens, die ihre tote Mutter unter tausend Fährnissen nach Jefferson geleiten (»Als ich im Sterben lag«) –, dringt in eine Welt ein, die unvergeßlich bleibt. Am sichersten gelangt man vielleicht nach Yoknapatawpha County, wenn man sich Lena Grove anschließt, der schwangeren, naiven, unbesiegbaren Heldin von »Licht im August«, die von Alabama aus nach Jefferson aufbricht, um den Vater ihres Kindes zu finden. Manche Freunde Faulkners ziehen die komplexer konstruierte Compson-Sage »Schall und Wahn« vor, manche delektieren sich lieber an der wüsten Phantasie der »Freistatt«, wieder andere schätzen den abgeklärten Humanismus von »Griff in den Staub« am meisten. Aber in keinem anderen Roman zeigt Faulkner seine Kunst so unwiderstehlich wie in »Licht im August« (1932), dem fünften Buch des Yoknapatawpha-Zyklus, über das Gottfried Benn 1945 anmerkte: »Faulkners ›Licht im August‹ war mein letzter stärkster Eindruck vor dem Krieg.«
Zehn Jahre früher schon war Hermann Hesse anläßlich der deutschen Erstausgabe von »Light in August« hingerissen »durch die Kraft und Bilderfülle, durch die große Wirklichkeitsnähe und sinnliche Jugendlichkeit, mit welcher auch hier ein Stück amerikanischen Südens Stimme gewinnt«, auch wenn er sich, Thomas Wolfes »Schau heimwärts, Engel« vorziehend, an der »vielen Klugheit und der vielen kinohaften Erzähltechnik des Autors« störte.
»Kinohaft« indessen ist die Erzähltechnik William Faulkners (der ja einige Drehbücher für seinen Freund Howard Hawks geschrieben hat) nur vordergründig. Die Rahmenhandlung – Lenas Ankunft, ihre Begegnung mit Byron Bunch, der Mord von Joe Christmas an Miß Burden und sein makabrer Tod in der Küche des Reverend Hightower – nimmt nur wenige Tage in Anspruch. Dazwischen schieben sich viele Rückblenden, die wiederum andere Rückblenden auslösen: durchaus nicht in der übersichtlichen, ökonomischen Art eines Hollywood-Films, sondern eher verwirrend und labyrinthisch, scheinbar mehr von spontaner Intuition gesteuert als von einem überlegten Konstruktionsplan. So wie Faulkners Figuren Getriebene sind, Instinkten und Eingebungen folgend, ohne den klaren Verstand von Tatmenschen, so treiben auch die Handlungsstränge unvollständig verknüpft dahin. »Wen technische Pro-

bleme interessieren«, hat Faulkner gesagt, »der sollte lieber Chirurg werden oder Maurer. Es gibt keine Lehre von der Mechanik des Schreibens, genausowenig wie es eine Flugverbindung zur Kunst gibt.«
Mindestens drei gleichrangige Geschichten erzählt Faulkner in »Licht im August«: die der Lena Grove, die des verfemten, von den Gespenstern der konföderierten Vergangenheit heimgesuchten Reverend Gail Hightower und die des todgeweihten Joe Christmas, der nie seine Identität zwischen Weiß und Schwarz findet, der zugrunde geht an den historischen Widersprüchen des amerikanischen Südens.
Und mehr als Lena, die als Symbol der Fruchtbarkeit und einer trotz allem noch vorstellbaren Zukunft überlebt und am Ende mit ihrem Hofnarren Byron Bunch weiterzieht, bleiben Hightower und zumal Joe Christmas die beeindruckendsten, auch heute faszinierenden Gestalten des Romans: geprägt und zerstört von einer immer noch bedrängenden Vergangenheit; der eine – Hightower – ein resigniertes, der andere – Christmas – ein verzweifelt aufbegehrendes Opfer einer totalen kulturellen Entfremdung. Sartre und Pavese hießen sie einst als amerikanische Verwandte willkommen. Sie gehen immer noch um. Yoknapatawpha County – das ist die ganze Welt.

Hans C. Blumenberg

Franz Kafka
Erzählungen

Franz Kafka selbst hat, das sollte nicht vergessen werden, bloß Erzählungen veröffentlicht, und damit vor sich gelten lassen. Drei größere Geschichten: das »Urteil«, die »Verwandlung«, schließlich »In der Strafkolonie«; dazu drei Sammlungen mit kürzeren Texten. Alles andere, das heute in einer Kafka-Gesamtausgabe steht, wurde vom Autor verworfen, ausdrücklich nicht »autorisiert«. Darüber gab es Streit zwischen den Prager Freunden Kafka und Max Brod. Noch zu Lebzeiten des bewunderten Freundes veröffentlichte der damals viel gelesene und angesehene Erzähler Brod in der »Neuen Rundschau« des Jahres 1921 einen Aufsatz über den »Dichter Franz Kafka«, der im Grunde bereits ein Nachruf war. Da hieß es mit Hinweis auf »Kafkas größtes Werk«, nämlich auf den »Prozeß«: daß er »meiner Ansicht nach vollendet vorliegt, nach Ansicht des Dichters freilich unvollendet, unvollendbar, unpublizierbar«.

Genau so entschieden hat Kafka auch die beiden anderen Romanentwürfe abgelehnt: das (von Max Brod bei der postumen Publikation so benannte) »Amerika«-Fragment und »Das Schloß«. Unvollendet, unvollendbar, unpublizierbar. Der Todkranke hat die Vernichtung all seiner Manuskripte, also der Romanentwürfe, der nicht edierten Erzählungen, der Tagebücher, post mortem angeordnet. Freilich bestimmte er den Freund Max Brod zum Nachlaßverwalter und zum Vollstrecker der letztwilligen Verfügung. Wußte Kafka, daß er dadurch die – im Wortsinne – Vollstreckung des Todesurteils über die Manuskripte verhinderte? Brod hatte nie einen Zweifel daran gelassen, daß er nicht gehorchen werde. Er gab bereits ein Jahr nach Kafkas Tod den unpublizierbaren »Prozeß« heraus.

Kafka hatte durchaus nicht, gleichsam als ein zweiter Rimbaud, der Literatur entsagt. Die Korrekturfahnen zu den vier Erzählungen des Bandes »Ein Hungerkünstler« hat er noch in seinen letzten Tagen durchgesehen. Allerdings wurde eine sorgsame Scheidung vollzogen. Hier die legitimierten Bücher, sechs insgesamt, dort die verworfenen Fragmente, die abgeschlossenen, doch nicht publizierten Erzählungen, die Tagebü-

cher und raschen Notate. Alles war, wie man heute weiß, »bester Kafka«: auch das hat er selbst gewußt. Wie ein König Midas, dem alles zu Gold wird, stand er, wie er dem Tagebuch anvertraute, entsetzt vor der jedesmaligen »Vollendung«.
Trotzdem: der Gegensatz zwischen den akzeptierten und den – aus welchen Gründen immer – verworfenen Texten besteht, und er muß von den Nachlebenden, die sich mit Kafka einlassen, reflektiert werden.
Kann man, abgesehen von Gründen persönlicher Art, die Kafka veranlaßt haben mochten, den »Prozeß« nicht in Druck zu geben, von der Sprache her und der Thematik eine Deutung finden, die Kafkas strenge Selektion verstehen läßt? Das ist schwer auszumachen. Dem Umfang der Arbeiten nach ist der Gegensatz erstaunlich. Das vom Verfasser legitimierte Werk präsentiert sich als ein Band, der in Max Brods Edition von 1935 kaum mehr als dreihundert Druckseiten umfaßte. Alles andere, was die Kafka-Kassette anbietet, ist gewissermaßen illegal, ganz gewiß, von Kafka aus gesehen, entschieden illegitim. Bisher freilich ist es einer überreichen Kafka-Forschung nicht gelungen, mit überzeugenden Argumenten den Selektionsprozeß, der hier stattfand, nachzuvollziehen und erklärbar zu machen.
Die Forschung hat sich Zeit gelassen, ganz wie der Nachruhm. Ruhm hat Kafka, als er mit vierzig Jahren starb, genau einen Monat vor dem 41. Geburtstag, nicht spüren können. Er war ein Geheimtip auf Lebzeiten. Einige hatten rasch begriffen, wer da lebte und schrieb: der kluge Carl Sternheim etwa, der mitten im Krieg gerade ein Aufführungsverbot seiner Stücke in Preußen zur Kenntnis nehmen mußte, dafür aber, im Dezember 1915, mit dem Fontane-Preis ausgezeichnet wurde. Er nahm den Preis an, ersuchte jedoch die Jury, die Geldsumme des Preises an den Dr. Franz Kafka in Prag überweisen zu lassen.
Sonst aber? Im Tagebuch vom 1. August 1922 notiert Thomas Mann den Besuch des großartigen Rezitators Ludwig Hardt, »der mir Prosa eines Pragers, Kafka, vorlas, merkwürdig genug«. Immerhin gab es damals bereits, verlegt beim angesehenen Kurt Wolff, den größten Teil der Kafka-Bücher, darunter so »merkwürdige« Texte wie die »Verwandlung« und die »Strafkolonie«. Der Vielleser Thomas Mann hatte es überse-

hen. Freilich holte er die Lektüre nach dem Besuch von Hardt schleunigst nach. Bereits im September liest er »sehr interessiert« in den »Schriften Franz Kafka's, die der Recitator Hardt mir empfahl«. Seitdem ist dieser »Prager« in den Tagebüchern nahezu der einzige, den der Autor des »Zauberberg« vor sich und neben sich gelten läßt.

Sechs Bände der Gesamtausgabe, die Brod im Verlag Schocken ediert hatte, lagen in den dreißiger Jahren herum bei den Züricher Antiquaren, man konnte sie ganz billig erwerben. In Zürich erschien auch (1941) die erste wissenschaftliche Arbeit über Franz Kafka. Ich habe damals die Doktorarbeit Herbert Taubers besprochen: das Ereignis dieser ersten Kafka-Dissertation schien mir wichtig zu sein. Der Redakteur, er hieß immerhin Max Rychner, sah den Anlaß im Grunde nicht ein. War Kafka wirklich so wichtig?

Seitdem hat sich viel geändert: in ungefähr 35 Jahren. Joachim Kaiser dachte sich die Möglichkeit aus, daß ein gesund gebliebener Kafka in der Frankfurter Paulskirche mit dem Friedenspreis des deutschen Buchhandels ausgezeichnet wird, oder war es der Büchner-Preis? Allein das war nicht auszudenken. Seit dem Beginn der Kafka-Faszination gibt es das Eigenschaftswort »kafkaesk«. Der Verfasser einer Geschichte wie »Josefine, die Sängerin, oder das Volk der Mäuse« bei einer artigen Dankrede nach Empfang von Diplom und Scheck? Das wäre kafkaesk in der Tat.

Warum eigentlich? Die Interpreten und Interpretationen geben darauf keine Antwort, obwohl die Unausdenkbarkeit des Vorgangs, sieht man ab von der Fragwürdigkeit aller Überlegungen über ein »Was wäre, wenn«, offenbar mit der Substanz des Erzählerwerks zu tun haben muß, und mit den Impulsen aller nächtlichen Schreiberei dieses Prager Versicherungsjuristen.

Die theologischen Deutungen haben nicht weit geführt.Max Brod hatte das Werk des Freundes unter die Polaritäten der Gnade und des Gerichts gestellt. Folgerichtig konnte man eine Weile lang, eine lange Weile, kein Buch über Kafka zu Hand nehmen, ohne mit angeblich bei Kafka aufzuspürenden Kierkegaard-Zitaten traktiert zu werden. Daß sich die Tiefenpsychologie des Falles annahm, war evident. Viel ist dabei nicht eruiert worden, denn alles war bereits bei Kafka vorformuliert, der sich auskannte. Assoziationen zum Zionismus und zur Anarchie, zur Theologie aller Art und Doktrin wurde aufgedeckt, allein die Texte, die interpretiert werden sollten, verweigerten sich unverkennbar. Es konnte so sein, es konnte auch nicht sein.

Der Tübinger Germanist Friedrich Beissner betonte schließlich fast demonstrativ in einer Kafka-Studie, er gedenke sich über »den Dichter Franz Kafka« zu äußern. Heute ist man bei der Sekundärliteratur über die Sekundärliteratur angelangt: bei Bibliographien und bei Berichten über den Forschungsstand. Gar nicht zu reden vom Einfluß auf andere Autoren, immerhin von Camus bis zum frühen Dürrenmatt; von Dramatisierungen und Kafka-Filmen; der »Prozeß« als Oper und Klaus Kammers grandios gespielter »Bericht für eine Akademie«, der beim Erzähler Kafka so beginnt:

> »Hohe Herren von der Akademie!
> Sie erweisen mir die Ehre, mich aufzufordern, der Akademie einen Bericht über mein äffisches Vorleben einzureichen.«

Auch hier wieder die wohlvertraute Technik eines Erzählers, der alle Spannung bereits mit dem ersten Satz vereitelt. Eine jeweils unwahrscheinliche Prämisse, die wie beiläufig als selbstverständlich vorgetragen wird. Nimmt man sie an, so wird alles Weitere zur bloßen Folgerung. »Als Gregor Samsa eines Morgens aus unruhigen Träumen erwachte, fand er sich in seinem Bett zu einem ungeheuren Ungeziefer verwandelt.« So weit die Prämisse. Dann wird erzählt, wie unangenehm sich dieser Vorfall in einer Kleinbürgerfamilie auswirkt. Oder ein Eröffnungssatz, der ausdrücklich die kühle Sprache der »vermischten« Zeitungsnachrichten imitiert: »In den letzten Jahrzehnten ist das Interesse an Hungerkünstlern sehr zurückgegangen.« Das klingt wie ein Börsenbericht, und endet abermals letal, wie so oft bei diesem Erzähler.

Weltweite Forschung hat uns zwar (was erfreulich ist!) keine angeblich authentische Interpretation der Erzählungen oder Romane geliefert, doch eine Fülle der Fakten über dieses Leben zwischen bürgerlichem Alltag, Familienmisere und nächtlicher »Kritzelei«. Es ist nützlich und gut, daß man heute ziemlich genau die einzelnen Texte nach der Entstehungszeit datieren kann. Dadurch entfällt die wohlmeinende These, wonach Kafka mit düsteren Geschichten debütiert habe, um schließlich bei der utopischen und »irgendwie« optimistischen Vision des »Amerika«-Romans zu landen. Leider ist die Zeitfolge der Romane umgekehrt: Amerika, Prozeß, Schloß. Man kann heute die Tagebücher nach der Handschrift edieren, es gibt die Briefe an Milena und Felice Bauer, vieles andere noch. Doch je mehr man erfahren kann über diesen deutsch-jüdischen Schriftsteller aus Prag, über seine materiellen Konflikte und seine Neurosen, um so entschiedener scheinen sich die Texte einer Konfrontation mit solcher Fülle des Lebensmaterials zu verweigern.

Vielleicht hat Franz Kafka, mit Hilfe einer stets disponiblen Einbildungskraft und einer an Hebel wie Kleist geschulten Erzählersprache, immer bloß *über die Grunderfahrung seines Schreibens geschrieben.* Also über den ihm auferlegten, tief verstörenden Zwang zum Doppelleben. Man ist sogar so weit gegangen, die Erzählung »Elf Söhne« aus dem »Landarzt« als Selbstcharakteristik Kafkas zu interpretieren, der in den elf Söhnen eines Ich-Erzählers, der so beginnt: »Ich habe elf Söhne.«, eine Kennzeichnung der bereits geschriebenen und gebilligten elf Erzählungen verfaßt habe. Wobei die Interpreten freilich mit der Folge der Texte nicht ganz zurechtkommen.

Walter Benjamin, der zwei grundverschiedene Kafka-Deutungen verfaßte, zuerst 1934, dann vier Jahre später eine Zurücknahme, geht vom Scheitern des Schriftstellers Kafka aus. Gipfelpunkt seiner Analyse ist Kafkas Text über einen Sancho Pansa, der das Erzählschema des Cervantes ins Gegenteil verkehrte: Don Quijote ist eine Kunstfigur des behäbigen Bürgers Sancho. Ein Lebensdämon wird durch Niederschrift und Rollenspiel gebändigt. Benjamin folgert, Kafka habe ein einziges Mal das Gesetz der eigenen Schrift gefunden, »als es ihm glückte, ihre atemberaubende Schnelligkeit einem epischen Paßschritt anzugleichen, wie er ihn wohl sein Lebtag gesucht hat. Er hat es einer Niederschrift anvertraut, die nicht nur dadurch seine vollendetste wurde, weil sie eine Auslegung ist.« Freilich ist gerade dieser Text von Kafka nicht autorisiert worden. Er steht nicht in einem Buch, das Kafka zu Lebzeiten drucken ließ. Abermals scheint das Werk bei der Deutung nicht mitzumachen. »Unvollendet, unvollendbar, unpublizierbar«. Vielleicht hat Kafka insgeheim über all sein Schreiben so geurteilt. Unvollendbar heißt dann (vielleicht), daß eine jede Analyse der Texte, abgesehen von Mißverständnissen, für sich gültig sein kann: nämlich für den Leser oder Deuter, der sich stets selbst deutet, wenn er Kafka liest. Was auch für Benjamin galt, der das genau wußte.

Kafka schrieb einmal eine kurze Rezension über die Neuausgabe der »Anekdoten« von Kleist und begann so: »Das ist ein Anblick, wenn die großen Werke, selbst bei willkürlicher Zerteilung, aus ihrem unzerteilbaren Innern immer wieder leben, dann vielleicht besonders in unsere trüben Augen schlagend.« Dies gilt für Kafkas Erzählungen genauso wie für Kleists Anekdoten.

Hans Mayer

André Gide
Tagebücher

Das sieht nach einem Mißverständnis aus. Ein Taschenbuch, wenngleich von riesigem Umfang, berichtend über sechzig Jahre eines mehr als achtzigjährigen Lebens, soll gleichsam kanonisiert werden durch Aufnahme im Katalog der »Hundert Bücher«? Natürlich gibt es Tagebücher von weltliterarischer Bedeutung – das wurde nie bestritten. Doch kamen sie niemals in die engere Wahl, wenn nach den wichtigsten, weiterwirkenden Texten gefragt wurde.

Auch die deutsche Literatur des 20. Jahrhunderts kennt Tagebuchaufzeichnungen der großen Schriftsteller: Thomas Mann und Franz Kafka, Musil und Brecht. Trotzdem denkt man beim Werk Thomas Manns zuerst an die Romane und Erzählungen, nicht an die seit kurzem erst erschlossenen, hochmerkwürdigen Tagebücher. Das Arbeitsjournal von Brecht notiert Begegnungen, Tagesinformationen, Einfälle, manchmal auch Argumente, die nicht rechtzeitig vorgebracht werden konnten und nun im nachhinein formuliert werden. Ein Gemisch aus Chronik und Werkstattarbeit. Robert Musil gar trennt die Tagebucheintragungen, die mit seinem Leben zu tun haben, schon äußerlich dadurch von den Entwürfen zum Werk, daß er verschiedene Hefte mit den entsprechenden Aufschriften verwendet. Bei Kafka freilich können die Tagebücher durchaus als »Werk« betrachtet werden. Die vollendete Prosa ist gleichsam austauschbar. Was niedergeschrieben wurde im Tagebuch, könnte wiederkehren in einem der drei Romanentwürfe oder als Teil einer Erzählung. Trotzdem denkt man, wenn von Kafka die Rede ist, an den »Prozeß« und das »Schloß« oder die »Verwandlung«, nicht an die Sammlung der Tagebücher.

Bei André Gide ist alles anders. Freilich gibt es berühmte und erfolgreiche Romane oder Erzählungen: die »Nourritures Terrestres« und die »Verliese des Vatikan«; es gibt vor allem die »Falschmünzer« als einziges Erzählwerk, das sein Verfasser als »Roman« bezeichnet hat.

Allein die Struktur der »Falschmünzer« von 1926 wird bestimmt durch ein Tagebuch: das Tagebuch der wichtigsten Kunstfigur dieses sonderbaren Romans, eines Schriftstellers natürlich, namens Edouard. Der führt Tagebuch darüber, daß er einen Roman schreiben will mit dem Titel »Die Falschmünzer«. Warum der nicht entstehen kann, das erzählt der Roman des Autors André Gide. Nicht genug damit: Nach Erscheinen der »Faux-Monnayeurs«, die sehr erfolgreich starteten, gab Gide als gesonderte Publikation noch das »Tagebuch der Falschmünzer« heraus. Das Verwirrspiel war nun auf dem Höhepunkt. In diesem neuen Tagebuch des Schriftstellers André Gide nämlich wird berichtet, wie ein Roman entsteht, worin berichtet wird, daß ein Autor namens Edouard ein Tagebuch führt mit dem Blick auf einen Roman, der nicht entsteht.

Es gibt also Gründe, gerade nicht dieses angebliche Hauptwerk des Nobelpreisträgers André Gide, nämlich die »Falschmünzer«, in die Liste der Hundert Bücher aufzunehmen, sondern das Tagebuchwerk des französischen Autobiographen, Essayisten, Übersetzers – und auch Erzählers.

Die Tagebücher Thomas Manns und Kafkas und Musils sind notwendig, um das epische Werk entstehen zu machen. Das Tagebuch André Gides hingegen ist das Werk selbst. Nicht allein, weil Gide jedes Moment seines Erlebens durch Menschen, Landschaften, Kunstwerke und Bücher zu nutzen wußte für die literarische Arbeit, hinter welcher alles andere zurückzutreten hatte. So verkümmerten in diesem Leben, wie das Tagebuch nüchtern und unerbittlich demonstriert, alle Freundschaften und Leidenschaften, weil es kein Ehegatte oder Freund oder Liebhaber erträgt, immer nur insgeheim den Vorwand abzugeben für eine mögliche künftige Literatur. Das Tagebuch André Gides, stets hungrig und immer bedürftig der neuen Lebensmaterie, hat alles verspeist und nur noch skelettierte menschliche Beziehungen übriggelassen.

Aber ging es anders zu im Leben von Thomas Mann oder von Brecht? Der Unterschied freilich lag darin, daß sie beim Schreiben ihrer Tagebücher nicht an den Druck des soeben Formulierten dachten. Das nicht zur Publikation bestimmte Tagebuch sollte helfen bei der Publikation anderer Werke. André Gide hingegen schrieb sein Tagebuch von früh auf mit dem Ziel, dies von Tag zu Tag Niedergeschriebene so zu redigieren, daß es unmittelbar als sprachliches Kunstwerk veröffentlicht werden konnte.

Bisweilen rächte sich dann das Leben an diesem unablässigen Produktionsprozeß von Belletristik. Der wohl schrecklichste Moment seines Lebens, auch darüber hat Gide wahrheitsgemäß im Tagebuch berichtet, geschah als jäher und unerwarteter Schlag. Der unersättliche Schriftsteller und Tagebuchschreiber, der jedes Vertrauen anderer Menschen mißbrauchte, um sein besonderes Lebenswerk schaffen zu können, hatte unsinnigerweise das Vertrauen seiner Nächsten für unerschütterlich gehalten und für unbezweifelbar. Er hatte mit 26 Jahren seine Cousine Madeleine geheiratet, die er zu lieben glaubte, wenngleich er früh schon ahnte, daß sein Eros nicht den Frauen galt. Er hatte die Frau an seiner Seite verkümmern lassen und während des Ersten Weltkriegs mit einem jungen Freund, dem später bekannten Filmregisseur Marc Allegret, einige Vergnügungsreisen in die Schweiz und nach England unternommen. Er verweigerte seiner Frau die Mutterschaft, hatte dann aber ein Kind mit der jungen Tochter einer langjährigen Freundin. Derselbe André Gide, der in einem Traktat »Corydon« das Bekenntnis ablegt nicht etwa zur Homosexualität, sondern zur Päderastie, nicht zur Männerliebe also, sondern zur Knabenliebe, beendete sein Leben als Vater und Großvater. Unaufhörliche Kränkungen also, die Madeleine Gide ertragen muß. Trotzdem glaubte er, wie er nach dem Tode von Madeleine bekannte, im Verhalten der Frau zu ihm habe sich nichts ändern können.

Daher die Wucht des Schlages, als er wieder einmal autobiographisch schreiben möchte und dazu nun den Wortlaut der Liebesbriefe braucht, die er vor mehr als zwanzig Jahren an Madeleine gerichtet hatte. Er ist im Sommer 1918 mit Marc Allegret aus England zurückgekehrt und bittet seine Frau, die einstigen Briefe herauszusuchen. Sie antwortet kurz: die habe sie sämtlich vernichtet, und geht aus dem Zimmer.

Auch dies wird sogleich in Tagebuchliteratur verwandelt. Das Ereignis zerbricht ihn fast, den Mann und Schriftsteller André Gide. Die Akzente tiefen Leides sind echt. Aber beklagte er das Verdorren der Ehe oder den verhinderten Mißbrauch der Liebesbriefe?

In einem berühmt gewordenen Bonmot hat Oscar Wilde von sich behauptet: er habe sein Werk bloß mit Hilfe des Talents geschaffen, sein Genie aber auf das Leben verwandt. Freilich

stammte dieser Ausspruch noch aus der Zeit des Glanzes: vor dem Fall. André Gide hat Oscar Wilde noch in jener Zeit der Hybris gekannt. Er traf Wilde und Lord Alfred Douglas in Tunesien und hat später, als Lord Douglas sich »reinzuwaschen« suchte, als ernster und nüchterner Beobachter aufgeschrieben, was er damals erlebte. Er selbst aber, André Gide, hätte den umgekehrten Ausspruch tun können: er habe leidlich talentvoll sein Leben bewältigt, weil alles Genie gebraucht wurde für das Werk.
Merkwürdig übrigens, daß Gide immer wieder vergeblich darum bemüht war, das von Anfang an als literarisches Produkt gedachte »Tagebuch« vom wirklichen, aufrichtigen und intimen Journal zu unterscheiden. Das mißlingt immer wieder. Ganz bei sich selber ist er nur, wenn er alles niederschreibt, was ihm begegnete an Erfreulichem und – mit Vorliebe – an Unerfreulichem, denn Gide genießt als Schreibender seine Niederlagen. Dann weiß er gleichzeitig, daß er wahrheitsgemäß die Gewissenserforschung betreibt.
Er stammte von Vaters Seite her von hugenottischen Bauern ab, die in den Cevennen lebten. Die Mutter aber, die das einzige Kind aufzog nach dem frühen Tode des Rechtsprofessors Paul Gide, kam aus einer katholischen Honoratiorenfamilie der Normandie. André Gide erlangte schon früh eine erstaunliche Routine als protestantischer Erforscher des eigenen Tuns und Gewissens, unternahm ein paar kurze Ausflüge zum atheistischen Kommunismus, liebäugelte auch immer wieder mit dem Katholizismus. Der Briefwechsel zwischen Paul Claudel und André Gide dauerte von 1899 bis 1926. Dann brach Claudel die Beziehung ab: Er hielt sie für unernst. Das war sie gewiß nicht, allein es war eine Konfrontation zwischen dem katholischen Dichtertum eines Claudel und dem ästhetischen Protestantismus André Gides, der stets bereit war, wenn eine erotische Erfahrung lockte oder ein neues Denkerlebnis, auch den ererbten und freiwillig einbekannten Protestantismus zugunsten der Literatur zu opfern.
Deshalb konnte der frühe Versuch André Gides nur provisorisch sein, in seinem ersten Buch von 1891, den Aufzeichnungen und Tagebüchern und Gedichten eines »André Walter«, gleichzeitig ein Tagebuch zu redigieren *und* einen bewußt literarischen Text.

Auch dies hatte Gide natürlich erkannt und gewußt, wie er all seine »Ambivalenzen«, beginnend mit dem religiösen Dualismus seiner Eltern, durchschaute und für sein Werk nutzbar machte. Der Versuch mit den Tagebüchern von André Walter wird deshalb nicht fortgesetzt. Im Herbst 1889 beginnt bereits das eigentliche Journal. Im folgenden Jahr 1890 findet sich im Januar die nüchterne Eintragung: »Besuch bei Verlaine«. Es ist übrigens ein Besuch im Krankenhaus. Immer wieder wird dann im Verlauf von sechzig Jahren versucht, das Tagebuch als reines Kunstprodukt zu komponieren, um dem intimen Journal von neuem die Unschuld zurückzugeben. So kommt es, auf dem Höhepunkt des literarischen Schaffens, zum Dualismus zwischen dem romanhaften Tagebuch des Schriftstellers Edouard in den »Falschmünzern« und zum Tagebuch Gides über die Entstehung der »Falschmünzer«.
Thomas Mann hat das Modell André Gides übrigens im Jahre 1949 übernommen, als er die eigenen Tagebücher zur Entstehung des »Doktor Faustus« veröffentlichte mit dem Untertitel »Roman eines Romans«. Gide hingegen kehrte nach dem »Tagebuch der Falschmünzer« wieder zum authentischen Tagebuch zurück. Er veröffentlichte es, kurz vor Beginn des Zweiten Weltkriegs, noch selbst als »Journal 1889-1939«. Auch die Tagebuchaufzeichnungen des darauffolgenden Jahrzehnts – 1939 bis 1949 – hat er selbst noch redigiert und in Druck gegeben. Am 12. Juni 1949, kurz vor dem achtzigsten Geburtstag am 22. November, fast zwei Jahre nach Verleihung des Nobelpreises, notiert er im Tagebuch ein paar Anmerkungen zu einem Gedicht von Victor Hugo. Dann mag er offenbar nicht weiterschreiben. Am 25. Januar 1950 bezieht er sich auf jene Eintragung und schreibt: »Diese belanglosen Zeilen tragen das Datum des 12. Juni 1949. Alles läßt mich glauben, daß es die letzten dieses Journals sein werden.« (Das Wort Journal ist unterstrichen.) Dann folgt, gut lesbar geschrieben, das Datum, dann wird signiert: André Gide. Er hat sein literarisches Lebenswerk vollendet. Ein Tagebuch aus sechzig Jahren wurde abgeschlossen.
Der Rest ist bloß noch ein Warten auf den Tod. Am 19. Februar 1951 stirbt André Gide in Paris, wo er auch zur Welt kam. Irgendeine »Bekehrung« fand nicht statt, weshalb der treueste Freund in diesem Leben, der niemals verriet und auch

niemals von Gide verraten wurde, Roger Martin du Gard, ein großer Erzähler und selber Nobelpreisträger, den merkwürdigen Satz niederschreiben konnte: »Ich bin ihm dankbar dafür, daß er so gut zu sterben wußte.«
Wer sich mit dem Riesenœuvre dieser Tagebücher aus sechzig Jahren einläßt, wahrhaft einläßt, wird unweigerlich erfahren müssen, was man seit Brecht als »Verfremdung« zu bezeichnen pflegt. Alle Art der Einfühlung verbietet sich hier von selbst. Mit Identifizierung ist es nichts: weder beim Denken André Gides noch bei seinem Handeln, nicht in der Erotik und nicht in der Politik. Der Leser wird ständig gebeutelt von Empfindungen der Bewunderung und des Abscheus. So glaubt er, mit einem besonders schwierigen und widerspruchsvollen Menschen als Leser seinen Umgang zu haben, begreift aber sogleich, daß eben diese widerstreitenden Empfindungen höchst kunstvoll durch den Tagebuchschreiber André Gide kalkuliert und produziert wurden.
Wie so viele Autoren von heute hat bereits Gide in aller Bewußtheit geschrieben, um »Erwartungshaltungen« zu enttäuschen. In seinen klassizistischen, blendend geschriebenen, doch zu glatten Erzählungen wirkt er heute veraltet. Das riesige Kunstwerk aber einer Verfremdung, das er aus seinem Leben gemacht hat, nicht selten durch Mißbrauch, blieb erstaunlich und bestürzend.

Hans Mayer

Anna Seghers
Das siebte Kreuz

Anna Seghers ist mit ihrem Roman »Das siebte Kreuz«, der über den Terror der nationalsozialistischen Zeit handelt und den sie kurz vor dem Zweiten Weltkrieg schrieb, der eindeutige Beweis gelungen, daß es sich auch in der Zeit der totalen Unterdrückung lohnt, den Mut dazu zu haben, zur eigenen Meinung, zur eigenen Lebensideologie zu stehen, auch wenn ein solches Unterfangen eine große Gefahr für die eigene Person bedeutet; denn es ist immer noch besser, das eigene Leben für seine Überzeugung zu opfern, als sich hinter scheinheiligen Floskeln zu verstecken.

Genau diese Punkte hat die 1900 in Mainz geborene Autorin, die 1929 in die KPD eintrat und die 1933, als ihre Bücher in Deutschland verboten wurden, über Frankreich und Spanien nach Mexiko emigrierte, in ihrem Roman, der hauptsächlich die Flucht des Georg Heisler aus dem Lager Westhofen erzählt, aufgegriffen und mit Hilfe von charakteristischen Personen, Handlungsweisen und Gedanken aufgezeigt. Das gesamte Geschehen des Romans spielt auf drei verschiedenen Ebenen, die sich am Ende alle als eng miteinander verknüpft erweisen.

Die erste Ebene ist das Lager Westhofen, aus dem Georg Heisler mit sechs Mithäftlingen ausgebrochen ist und von denen ihm im Endeffekt als einzigem die Flucht gelingt. Mit der Existenz dieses Lagers hat die Autorin die Gelegenheit, die mächtigen Personen des Dritten Reiches zu beschreiben, die ihre Arbeit zwar einerseits aus Überzeugung ausführen, andererseits aber deshalb, weil sie an den wehrlosen Gegnern und Häftlingen ihre Kräfte, ihre Aggressionen ablassen können. »Macht über Leben und Tod, weniger tut's nicht. Ausgewachsene, starke Männer, die man vor sich hinstellen läßt, und man darf sie zerbrechen, rasch oder langsam, ihre aufrechten Körper werden vierbeinig, eben noch kühn und patzig, werden sie grau und sterben vor Todesangst.« Genau dies sind die Gedanken des Lagerkommandanten von Westhofen, der nach der Flucht mit der Angst leben muß, daß ihm diese Macht genommen wird: »Die letzte Meldung, die Auffindung des Pullovers, erschien ihm die Antwort auf alle Gebete der Nacht, ihm in der

Not beizustehen, die Gefangenen zurückzuführen, ihn nicht mit der furchtbarsten aller Strafen heimzusuchen – dem Entzug der Macht.« Alle Menschen, die so denken, haben ihre menschlichen Züge abgelegt, sie zeigen ein Gesicht, das nur noch durch den furchtbaren Wunsch nach bloßer Gewalt geprägt ist. Dabei kommt bei vielen der Standpunkt zum Vorschein, daß sie nach dem alten Sprichwort handeln, »nach oben buckeln, nach unten treten«, um dann dadurch noch mehr Macht zu erlangen und noch mehr treten zu können.

Die zweite Ebene spielt in der Umgebung des Lagers Westhofen; immer wieder werden in diesem Roman Kapitel eingeschoben, in denen Leute, die dort wohnen, aber hauptsächlich die Familie Marnet mit Georgs ehemaligem Freund Franz und der Schäfer Ernst die Hauptrollen spielen.

Auch auf der zweiten Ebene greifen die Ereignisse stark in das Leben der Leute ein, die durch die Flucht in Konflikte geraten, bei denen es heißt, sich für oder gegen eine bestimmte Richtung einzusetzen. Daß gerade dieser Konflikt sehr schwerwiegend sein kann, wird an dem Beispiel des Gärtnerlehrlings Fritz deutlich, dem Georg Heisler auf seiner Flucht die neue Jacke gestohlen hat. In seiner ersten Wut meldet Fritz das Geschehen mit allen Einzelheiten sofort, doch dann gerät er in einen starken Gewissenskonflikt, ob es in einem solchen Fall nicht besser ist, dem Flüchtling durch eine Falschaussage zu helfen.

In der dritten Ebene wird der Hauptakzent in die Flucht des Georg Heisler selbst gesetzt.

Der Fluchtweg führt Georg Heisler in seine Heimatstadt in der Nähe des Lagers. Er weiß, daß er, falls die Flucht gelingen soll, auf die Hilfe seiner ehemaligen Freunde angewiesen ist und darauf auch nicht verzichten kann, obwohl er diese Leute dadurch in Gefahr bringt.

Einer dieser Freunde, Paul Röder, bei dem er knapp zwei Tage verbringt, trifft dabei die wichtige Erkenntnis, daß es notwendig ist, sich über die wahren Freunde klar zu werden; denn solange man diese Freunde nicht braucht, interessieren einen auch deren Probleme nicht, das geschieht erst in dem Moment, wo man selbst Hilfe braucht, aber aus früherem Desinteresse das Mißtrauen derer geweckt hat, die nun als einzige helfen könnten.

Obwohl gerade in den Tagen der Flucht alle verdächtigen Personen überprüft und beschattet werden, finden sich dann in vertrauensvollen Bekannten und Arbeitskollegen Röders weitere bereitwillige Personen, die froh sind, wieder einmal helfen zu dürfen.
Dabei wird dem Leser dann bis zum Ende des Romans deutlich, daß es auch in der Zeit des Dritten Reiches heimliche Organisationen gab, die gegen das Naziregime gearbeitet haben. Durch diese Tatsache wird dann auch die Verbindung zwischen den drei Ebenen klar, da diese Helfer überall im Staat, gut getarnt durch ein alltägliches Auftreten mit den üblichen Floskeln, gegen die Unterdrückung gearbeitet haben. Ein Tapezierer, der sich trotz aller Geschehnisse für Heislers Frau interessiert, spricht darüber mit deren Vater und dabei sagt er dann, daß es auch für Georg besser sein müßte, sein Kind von ihm versorgt zu wissen: » . . . als daß es in die Hände von diesen Banditen gerät und dann selbst noch zu einem Banditen gemacht wird. Bis das Kind von dem Heisler selbst mit uns auf den Bau geht, wird die Banditenherrlichkeit ja doch aus sein«. Das dürfte eine Vorausahnung der Autorin sein, die schon vor dem Zweiten Weltkrieg das Ende für die Macht des Dritten Reiches erwartete.
So unwahrscheinlich war das ja auch gar nicht, denn gerade wenn man heute darüber nachdenkt, merkt man doch, daß damals viele Leute nicht mit der Herrschaft zufrieden waren und nur aus Angst schwiegen.
Vielleicht wäre es sogar möglich gewesen, die Herrschaft zu beenden, hätte man nur den Mut gefunden, sich zusammenzuschließen, denn auch die Kraft des Dritten Reiches ging nur soweit, daß zwar äußere Mächte tief und furchtbar in den Menschen eingriffen, bis in das Innere, daß es aber im Inneren auch etwas gab, das trotz allem unangreifbar war und unantastbar.

Susanne Schäfer, 17 Jahre

Albert Camus
Der Fremde

Als ich Peter Handkes erste exemplarische Erzählung »Die Angst des Tormanns beim Elfmeter« las, meinte ich noch während der Lektüre, diese Geschichte schon einmal gelesen zu haben. Damals, Ende der fünfziger Jahre, hieß sie »Der Fremde« und ihr Autor Albert Camus.

Hier wie dort die gleiche Konstellation: ein gleichgültiger Mörder, glücklich und fremd in einer ihm und sich selbst fremden Welt, eingeschlossen in ein Universum stummer, bedeutungsloser Dinge, Figuren und Bewegungen, das sich zwar beobachten, registrieren, aber nicht eigentlich mehr erleben, erfahren läßt. Dachte ich, vermutete ich, und die vage Ahnung, diese sogenannte Neue Sensibilität könnte nur der in seinen Umrissen und Motivationen aufgeweichte, in sensibler Gestik nachvollzogene Alte Existentialismus sein, ist seitdem immer wieder geäußert worden.

Ich jedenfalls bin damals dieser Vermutung nicht nachgegangen, habe den »Fremden« also erst jetzt wiedergelesen. Nun meine ich diese Prosa neben der Handkeschen liegen zu sehen wie einen grauen Stein neben einem Wolleknäuel: Camus erzählt einfacher, härter, verschwiegener, aber auch pathetischer.

Seine Erzählung, 1942 im besetzten Frankreich erschienen, gilt gemeinhin auch als ein Produkt der Situation, in der sie zuerst und mit großer Bewegung rezipiert wurde, so, als enthielte sie genau den Zeit- und Nullpunkt zwischen der illusionslosen Ohnmacht nach der französischen Niederlage und dem heroischen, zunächst aussichtslosen Entschluß zur französischen *Résistance*. In Wahrheit hat Camus den »Fremden« schon 1939/40 niedergeschrieben und genau 36 Stunden vor der Frankreich überrollenden Mai-Offensive der Nazi-Armeen zum Abschluß gebracht. Die Illusionslosigkeit, der zum Ende hin triumphal aufstrahlende Fatalismus dieser Prosa sind also eher prophetisch als reaktiv: auch das eine kräftige Unterscheidung gegenüber späteren oder gar heutigen existentialistischen oder pseudoexistentialistischen Literaturmanövern.

Erreicht uns diese kühle Wortmusik überhaupt noch?

»Heute ist Mama gestorben. Vielleicht auch gestern, ich weiß

es nicht. Aus dem Altersheim bekam ich ein Telegramm: ›Mutter verschieden. Beisetzung morgen. Vorzügliche Hochachtung.‹ Das besagt nichts. Vielleicht war es gestern.«
So lakonisch und programmatisch lautet der erste Abschnitt. In diesem alltäglichen, merkwürdig maulfaulen und doch metallischen Berichterstattungston wird nun eine graue Serie von Alltagsereignissen vor uns ablaufen – allerdings: der Tod einer Mutter, ist das noch ein alltägliches, ist das nicht vielmehr ein einmaliges Ereignis? Lakonik und Gleichmut des Vortragstons erfüllen also ein Programm: Schritt für Schritt, in jedem dieser atemlos knappen Sätze, soll ausgelöscht werden, daß sie »eigentlich«, für den Berichterstatter wie zunächst für den Leser unmerklich, ein Drama mitteilen. Ein Drama, das so natürlich und gleichmäßig wie ein leichter Regenfall auf diese Seiten tropft.
Meursault, der kleine Angestellte in Algier, wird also über Land ins Altersheim fahren, Totenwache am Sarg seiner Mutter halten, gleichmütig, scheinbar oder wirklich, jedenfalls Zigaretten rauchend und Milchkaffee trinkend, wird die Mutter begraben, zurück nach Algier fahren, sich einen Fernandel-Film ansehen, sich eine Geliebte nehmen und viele Sonnen- und Meerbäder, wird seinem Job nachgehen. Die Geste des gleich am Anfang eingeführten »Ich weiß nicht«, »Vielleicht«, »Das besagt nichts« wird alle seine unwillkürlichen Handlungen, also Nicht-Handlungen begleiten. Er »weiß« auch nicht, ob er seine Geliebte »liebt«. Aber heiraten würde er sie, »vielleicht«. In seinem Leben, so scheint es, kann nichts irgend etwas verändern. Anders gesagt: es hat keine Bedeutung, kennt keine Hoffnung. Jenseits von Glück und Unglück verläuft es in einer unheimlichen Stille. Es geschieht.
Aber dann geschieht Meursault eben etwas, was auch sein gelassener Vortragston als bedeutungs- und folgenlos nicht mehr ganz und gar auslöschen kann: am Strand bei Algier erschießt er einen Araber, den Feind eines beiläufigen Freundes. Er »weiß nicht«, warum. Die Hitze dieses Tages, die Sonne könnte schuld« daran gewesen sein, wird er im Prozeß sagen. Der ganze Gerichtssaal wird darüber lachen.
Bis zu diesem absichtslosen Mord ist die Erzählung ganz so eingerichtet, daß der Leser den Tagesläufen des »Fremden« genau und doch befremdet folgen kann, zugleich gespannt und

auf eine nervöse Weise gelangweilt. Camus hat zwischen seinen Figuren und uns, sagt Sartre, eine »gläserne Wand« errichtet: »Sie scheint alles durchzulassen, und doch hält sie eines zurück: den Sinn ihrer Bewegungen.« Wir sehen alles, aber alles bleibt undeutlich, fremd. So kommt es, daß wir Meursault zwar mit Anteilnahme, aber durchaus neutral beobachten. Camus bewegt ihn kunstvoll durch ein Niemandsland diesseits und jenseits unserer Sympathie.
Genau das ändert sich, sobald die Untersuchungshaft Meursault in einer Zelle isoliert, und noch einmal, noch heftiger, wenn der Prozeß sein bedeutungsloses Leben gewaltsam einer einzigen Bedeutung unterwirft, als typische Geschichte eines typischen Mörders, um den Geschworenen diesen »Fremden« als ein köpfbares Mitglied der menschlichen Gesellschaft anzuempfehlen. Kalt kann uns dieser kühle Mensch nun kaum noch lassen. Aber nicht nur unser Verhältnis zu ihm, auch er selber hat sich verändert.
Schon in seiner Zelle beginnt der vorher so gedankenleere Meursault plötzlich zu reflektieren, und wir erfahren, daß auch sein absichtsloses Leben eine Arbeit, eine Leistung und Haltung war, daß er fast nichts an Welt braucht, um doch leben zu können, also der ideale Gefangene ist: »Damals dachte ich oft: hätte ich in einem hohlen Baumstumpf hausen und immer nur den Himmel über mir betrachten müssen, ich hätte mich auch daran gewöhnt.«
Aber gegen sein Todesurteil wird er, um es hinnehmen zu können, revoltieren müssen. Er soll ja, so sieht er und sehen wir ein, vor allem deshalb hingerichtet werden, »weil er beim Begräbnis seiner Mutter nicht geweint« hat –, genau das gilt dem bürgerlichen Gerichtshof als wesentliches Indiz seiner Mörderseele. Plötzlich, auf diesen letzten Seiten, werden wir dazu bewegt, diesen zunächst durch nichts zu bewegenden Meursault, diesen Musterfall eines Anti-Helden, als eine Leit- und Beispielfigur aufzunehmen in unsere Sympathie. Den Gefängnispriester am Kragen seiner Soutane packend beginnt der Maulfaule wahrhaft zu predigen. Er sagt das Glaubensbekenntnis seines glaubenslosen, »dieses ganzen absurden Lebens« auf, er führt uns seine heroische Unterwerfung unter »die zärtliche Gleichgültigkeit der Welt« vor.
Merkwürdig: zweimal und jeweils auf ihren emphatischen Hö-

hepunkten durchbricht und verrät Camus den verschwiegenen, lakonischen Grundgestus seiner Geschichte, in der Beschreibung des Mordes am heißen Strand (die metapherntrunken zugedichtet, ja zudekoriert wird) und in dieser, steil in Botschaft ausbrechenden Schlußszene. Seine erzählende Prosa nämlich verbirgt nur, trotz und mit ihrer souveränen Technik, was sie im Grunde ist: moralistischer Diskurs. »Wenn du Philosoph sein willst, schreib Romane«, so notiert Camus schon mit 22 Jahren in sein Tagebuch, denn: »Man denkt nur in Bildern.« »Der Fremde« erfüllt zum erstenmal das Programm dieser erzählten Philosophie, der Gattung nach in der Tradition Voltaires und Diderots, den Gehalten nach in der Nachfolge Pascals, Kierkegaards, Nietzsches.

Und doch schlägt auch heute noch, durch eine traditionalistische Erzählweise und eine geerbte Philosophie, das unverwechselbare Pathos des Camusschen Lebens durch. Politisch nämlich war er den Illusionen und Desillusionen seiner Generation (und einiger folgender) um Jahre und Jahrzehnte voraus. Die KPF hatte er schon 1938, also im Jahr der Moskauer Prozesse, wieder verlassen. Seitdem versuchte er schreibend und handelnd, in der *Résistance* wie zwischen den Fronten des Kalten Kriegs, als linker Humanist das immer gleiche, unmögliche Experiment durchzustehen: ein konkretes und doch parteiloses Engagement, das seine »Reinheit« unweigerlich immer wieder bezahlen muß mit einer Neigung zu abstraktem Idealismus.

Solchen Widersprüchen sind wir, fürchte ich, wieder näher als vor zehn Jahren. Der gängige Neo-Existentialismus oder Sensibilismus führt sie zu schnell und leicht zur Versöhnung, in narzißtische Idyllen, und sei es auch nur für einen einzigen »Augenblick der wahren Empfindung«. Da ist Camus ein gutes, sprödes Gegengift. Er wußte immerhin: »Wenn ich Baum unter Bäumen wäre, dann hätte dieses Leben einen Sinn oder vielmehr: dieses Problem bestünde überhaupt nicht, denn dann wäre ich ein Teil dieser Welt. Ich wäre diese Welt.«

Die Welt ist aber immer noch draußen und ihr Sinn wieder einmal sehr fremd. Von dieser Erfahrung erzählt, radikal musterhaft, »Der Fremde«. Er gehört zu der seltenen Gattung von Büchern, die trostlos sind und doch nützlich.

Reinhard Baumgart

Heinrich Böll
Erzählungen

Es tut gut, darin zu lesen; und nachdem man darin gelesen hat, meint man, es täte manchem unter uns gut, seinerseits darin zu lesen. Diese ersten Geschichten Heinrich Bölls könnten alle so überschrieben sein, wie drei von ihnen betitelt sind: »Steh auf, steh doch auf«, »Die Essenholer«, »In der Finsternis«. Man könnte aus den drei Überschriften den Inhalt einer einzigen Geschichte machen: die, welche Essen holen sollten, können nicht aufsteh'n, denn sie sind in der Finsternis des Todes. Ohne daß ich es zunächst gemerkt habe, bin ich in diesem zusammenfassenden Satz aus der Vergangenheit in die Gegenwart gerutscht. Man könnte das so oder so erklären: das, was Böll da aufgeschrieben hat, fixiert nicht nur Begebenheiten aus dem 2. Weltkrieg und danach, vielmehr notiert es Vorgänge, die auch heute geschehen könnten, ja, geschehen, das heißt, sie ereignen sich in einem furchtbaren Kontinuum. Und was das Literarische daran betrifft, so scheint es mir notwendig zu sein, daß es dem einen oder andern jungen Autor einfiele, die Böllschen Sgraffiti (nicht nachzuahmen, sondern) zu variieren.

Die Böllschen Menschen in diesen Geschichten sind Menschen, nicht Menschlinge, wie, beispielsweise, in Offiziere, Feldwebel, Unteroffiziere und gemeine Soldaten (gemein? allgemein?) eingeteilte Millionen, wovon Böll einer war. Er war einer davon, und während er darüber schrieb, war er es immer noch: er hatte immer noch seine Fußlappen an. Waren sie seine eigenen? Nein, sie hätten auch irgendeinem andern Schützen Arsch gehören können. Indes, seine Geschichten waren seine Geschichten (doch hatte auch Bruno Hampel »Das mit dem Mais« und Franz Josef Schneider »Die Ziege hat ein weißes Fell« veröffentlicht). Bölls Menschen waren winzig gegenüber dem riesigen Loch, das sie fast verschluckt hatte, sie, die grad eben noch aus der Erde gekommen waren. Sie befanden sich in einer apokalyptischen Angst; ich glaube, daß am meisten von dieser Angst die Rede ist, die eine immerwährende Furcht entstehen läßt, und, vielleicht, bloß hier und da ein Quentchen Hoffnung freigibt (»1 Minute Hoffnung und 23 Stunden und 59 Minuten«). Alle waren in den Erdlöchern gefangen, dann in den Ruinen. Manche von ihnen sind übriggeblieben, als

Schwarzhändler zum Beispiel. Jetzt, falls es überhaupt ein Jetzt gab, lebten sie in einem Leben, das nicht das ihre war, kaum anders als im Krieg, als sie lebten, wie wenn sie tot wären. Manche von ihnen, viele, hatten bestahlhelmte Köpfe oder Niemandsgesichter, ähnlich wie damals, das erst gestern war, als ihnen befohlen wurde, zu singen (ein Lied! aber was für Lieder), damals, als sie mit Jawohl auf den armen Lippen krepierten, das jedes Nein ausschloß, denn wie konnte man auf Wirdsbald mit Nein oder einem Fragezeichen antworten?
Indem Böll wiederholt, befreit er sich: indem er sich befreit, hat er nicht wiederholt. »Ich wurde nachdenklich«, schreibt er in einer von diesen Geschichten. Er erkennt, daß seine Erfahrungen aus der »Wurmperspektive« des Drecks und der Läuse bloß eine »sogenannte Wirklichkeit« sind. Er nimmt sich vor, die Fußlappen auszuziehen, und verwirklicht es. Er geht barfuß. Die Barfüßigkeit, die Nacktheit, springt in die Tastatur und verursacht eine neue, authentische Wirklichkeit. Abermals erfolgt ein Sprung: das Notierte, das So-war-es, die Materialien, teilt der Autor mit. Wem? Den einen Lesern, denen der Krieg eine Entmenschlichung war, und den andern Lesern, denen der Krieg eine Mannhaftigkeit war; aber was ist schon eine Mannhaftigkeit, die den Menschen verschüttet oder verbrennt und, danach, in Totenhäusern hausen läßt? Der barfüßige Böll und die barfüßigen Leser, von denen manche von den Stiefeln der Vergangenheit und von den Lackschuhen der Zukunft träumen, kriegen schmutzige Füße, und es ist gut so, sage ich, und respektiere den Autor (dem ich ähnliche Geschichten aus der Gegenwart wünsche, nicht vom Krieg, Gott behüte, sondern von den Miserabilitäten allenthalben). Böll (und Wolfgang Borchert) hat schmutzige Füße gemacht, weil er, und wir alle, im Schmutz waten mußten, in einem Schmutz, den viele von uns zu meiden versuchten, indem sie die Carossas lasen. Das war was Schönes. Na und? Das Schöne klebte das Gemeine zu (nicht absichtlich, aber sein Vorhandensein versteckte, wenn auch nur während der Lektüre und durch die folgende Infiltration, die Schrecken). Böll hingegen legte bloß (nicht anders als Andreas Gryphius während des Dreißigjährigen Kriegs und Emile Zola im »Germinal«): Versklavungen und Leiden der kleinen Individuen, die, in Wahrheit, gleich allen, also groß sind. Man redete von Bölls »Trümmerlitera-

tur«, und das war eine abfällige Rederei. Böll indes rekognoszierte die Trümmer, die von den Herren verursacht worden waren, und da er sie – die Wahrheit um der Wahrheit willen – vermittelte, sie und nichts andres, mußte er auch die Grammatik in Trümmer schlagen. Die Trümmer der Diktion hießen Subjekt und Prädikat und Objekt: folglich waren sie gar keine Trümmer, sondern Steine (keine Edelsteine), woraus Böll Gehäuse machte, worin man wieder wohnen konnte: eben seine Geschichten von der Unordnung des Kriegs und seiner Folgen, und von der freieren Ordnung des Friedens.
Doch muß man auch dem Frieden auf die Finger sehen. Oder schlagen.

Wolfgang Weyrauch

Jean Genet
Querelle

Dieses Buch ist eines der kompliziertesten Wunderwerke der modernen Weltliteratur, ein schwarzes Märchen, ein Kosmos, eine gigantisch grinsende Gegenwelt, in der das Gute der Parasit des Bösen ist. Die Biographie des Autors ist hier untrennbar Teil des Werkes.

Als Genet 1947 mit dem *Prix de la Pléïade* ausgezeichnet wird, in dessen Jury Malraux, Sartre, Camus und Paul Eluard sitzen, ist es die Ehrung für einen Verbrecher. Seit seinem 15. Lebensjahr, als er aus der Besserungsanstalt ausbrach, irrt er als Fremdenlegionär, als Flüchtling, diebischer Vagabund oder jugendlicher Prostituierter durch das Abseits der Welt der Normalität. Zwischen 1937 und 1943 war er dreizehnmal zu Gefängnis verurteilt und aus fünf Ländern ausgewiesen. Sein erster Roman »Notre-Dame-des Fleurs«, 1942 im Gefängnis geschrieben, ist einem Mörder gewidmet. Eine Petition Sartres und Cocteaus an den französischen Staatspräsidenten erreicht die Begnadigung – und der Ruhm des modernen »poète maudit« gipfelt 1952 in Sartres 560 Seiten umfassender Analyse »Saint Genet – Comédien et Martyr«: »Vielleicht beginnt man zu verstehen, was er ist, dieser dämonische Rhetor – ein Dichter.«

Der Roman »Querelle« gilt als sein Hauptwerk. Es ist das funkelnd-gleißnerische Porträt des Matrosen Querelle, der in den dunklen, nebelverhangenen Wällen der Festung Brest sich hingibt, dem Polizisten Mario; dort, wo er verscharrt, wen er ermordet; dort, wo er versteckt die Beute seiner Raubzüge; dort, wo er verbirgt den, den er liebt, der gemordet hat, den er verrät.

Denn die krebswuchernde Schönheit der Genetschen Finsterwelt entsteht aus dem Bösen. Schon als junger Mann beschloß der homosexuelle Einbrecher, dem Urteil der Welt – ihrer Verurteilung – nicht zu trotzen, sondern sie trotzig auf sich zu nehmen durch Übersteigerung. »Ihr sagt, ich sei homosexuell und ein Dieb – ich sage: ich bin *der* Homosexuelle, *der* Dieb.« Die Gestalten Genets können sich der Schönheit nur nähern, indem sie sie vernichten, können lieben nur, indem sie die Liebe verzehren (also morden oder verraten); ihr Eros ist

züngelnd-verzehrendes Feuer, das aus einem Krater von Haß und Selbsthaß hervorbricht – und ihr Leben ist ein ständiges Stückchen Sterben (oder Töten). »Das einzige Mittel, dem Entsetzen zu entgehen, besteht darin, sich dem Entsetzen zu überlassen.« Als Querelle am tiefsten erniedrigt war – durch den Bordellwirt Nono, der ihn hergenommen hatte –, schien er seinem ihn begehrenden Offizier an Deck schön wie ein surreales Heiligenbild: »Damals bräunte seine Haut jener Goldton, der dem Teint der Blonden eigen ist. In einem arabischen Garten hatte er einige mit Mandarinen beladene Zweige gebrochen, und da er beim Gehen freie Hände haben wollte, um sich unbeschwert in den Schultern wiegen zu können, hatte er die Mandarinenzweige in den Ausschnitt seiner weißen Jacke gesteckt, wo sie unter der schwarzseidenen Krawatte hervorlugten und um sein Kinn strichen. Der Anblick dieser Zweige war für den Offizier eine jähe Enthüllung Querelles. Dieses aus seiner Jacke sprießende Laubwerk war sicherlich das, was der Matrose an Stelle eines Felles auf seiner breiten Brust trug. Vielleicht war jeder dieser verborgenen, köstlichen Zweige mit glänzenden, runden, süßen Hoden behangen.«
Die Gewalt dieses Gegenentwurfs wird eben dadurch deutlich: eine ver-wendete Moral, eine eigene – nicht teuflische, das bliebe zu nahe am vorgegebenen Modell – Theologie gleichsam neuer Formeln, die aus Gewalttätigkeit Zärtlichkeit, aus der Prostitution Reinheit gewinnt und aus Mord Heiligkeit; eine Theologie des Verbrechens. Nie zuvor ist diese Welt überzeugender verworfen worden: indem sie einfach bejaht wird, nicht angeklagt, sondern angenommen.
Der Akt des Verbrechens – benachbart immer dem Liebesakt, wie Eros und Tod einander benachbart sind – ist ein Akt der Befreiung, mehr noch: der Transsubstantiation. So, wie für Genet das Wunder des in Brot und Wein verwandelten Leibes des Herrn darin besteht, daß es sich schließlich – chemisch untersucht – doch nur um Brot und Wein handelt, also nur eine metaphorische, keine wirkliche Verwandlung eingetreten ist, so liegt für ihn umgekehrt das Wunderbare seiner Verbrecher, Huren und Strichjungen darin, daß sie verwandelt sind. Das Profane ist das Wunder – und das Wunder bleibt profan. »Se déhumaniser« – sich entmenschlichen, heißt sich befreien, heißt sich dem Göttlichen anverwandeln. »Affranchi« – be-

freit – ist Divine, nachdem sie des Nachbarn Kind dazu brachte, vom Balkon zu fallen, »um alles Gute in sich zu töten. Nun war sie übermenschlich – das Gute in ihr war tot«. Übermenschlich ist gleich unmenschlich, eine neue Qualität. So heißt der Leutnant auf Querelles Schiff, der als der skrupelloseste von allen geschildert wird, Seblon – ein Anagramm; richtig gelesen ist es das Wort »Vornehmheit«. Mignon in »Notre-Dame-des Fleurs« »gefiel es, sich zu verkaufen, denn das entmenschlichte ihn. Mich entmenschlichen ist mein tiefstes Verlangen«.

Die Geschichten der Morde sind Schöpfungsgeschichte, denn Schöpfung ist Vernichtung, so, wie der unfruchtbare, sehr monomane Liebesakt der Homosexuellen Befruchtung und Verwandlung bedeutet. Querelle, nach jener inzwischen berühmten, ganz und gar nicht obszönen Szene mit dem Wirt in der Féria, ist ein anderer, neuer Mensch; er hat sich zum erstenmal von einem Mann besitzen lassen. Diese Szene – für Genet, den passiven Homosexuellen, der aus Selbsthaß Präzision und Schönheit münzt, fraglos eine Schlüsselszene – wird entwickelt auf einem Raster Genetscher »Haupt«-Worte:

1. Autorität gibt es nur *in* einem Menschen, nicht außerhalb, die Gesellschaft hat keine. Die Wahl, der Sprung, die Entscheidung – ganz im klassischen Sinne des Sartreschen Existentialismus – liegt im einzelnen. Was der Mensch empfängt oder erhält, muß er gewollt haben.

2. Der Begriff Zärtlichkeit wird denunziert; er fällt nur im Zusammenhang mit Blindschleiche, Vogel, Scharfrichter oder Henker; wahre Zärtlichkeit im Genetschen Kosmos kristallisiert sich an Begriffen der Härte: Glas, Stahl, Waffe, Metall, Messer, Muskeln, Penis. Zärtlichkeit also ist Tun, Aggressivität.

Folgerichtig »existiert« bei Genet kaum der Ermordete, interessant ist der Mörder, der Täter, der im Koitus Aktive. Théo oder Vic im »Querelle«-Roman sind Hilfsfiguren. Der Akt ist entscheidend – er ist die Chance zur Befreiung. (Querelle erlebt zwar im passiven Koitus die »neue Natur«, aber das wird ihm quasi nur erlaubt, weil er Mann bleibt. Querelle ist kein Homosexueller.) Diese Befreiung vollzieht sich, bezeichnenderweise, innerhalb eines Trinitätsmythos: der Mörder, der Mord, das Urteil. Das Urteil ist dabei nicht etwa das Gesetz,

sondern meist die »Übernahme« des Ermordeten: Querelle wird Vic, so wie er bislang in einer rücklaufenden Dialektik immer überwältigt wurde von der Persönlichkeit seines jeweiligen Opfers.
Mord ist ein Akt monumentaler Aufgabe der Persönlichkeit – und der Inbesitznahme, auch Ent-Wertung des Opfers. Tod oder Mord birgt das Göttliche, Liebe birgt das, was man verabscheut; Leben heißt, sich in eine vorgegebene (böse) Existenz hineinzuwerfen, um sich selber zu begegnen.
»J'ai décidé d'être ce que la crime a fait de moi« (ich habe mich entschlossen, der zu sein, den das Verbrechen aus mir gemacht hat), ist Genets Credo. Seine Bücher sind in jedem Detail minuziös gebaute Predigten einer großen, schwarzen Messe, sie haben bewußt die Architektur der Demonstration: »Wer darüber erstaunt ist (wir sagen lieber erstaunt als erregt oder entrüstet, um deutlicher zu zeigen, daß dieser Roman demonstrativ sein will), daß Querelle bei Gils Verhaftung, die er den Abend zuvor veranlaßt hatte, Schmerz empfand, der möge den Ablauf seiner Abenteuer überblicken. Er tötet, um zu rauben. Wenn der Mord vollbracht ist, ist der Diebstahl zwar nicht gerechtfertigt – eher möchte man die Meinung wagen, daß der Mord durch den Diebstahl gerechtfertigt sein könnte –, aber er ist geheiligt. Offenbar ließ der Zufall Querelle die moralische Kraft des Diebstahls, der vom Mord gekrönt und zunichte gemacht wird, erfahren. Wenn der Diebstahl, mit Blut zugerüstet und verherrlicht, so von seiner scheinbaren Bedeutung verliert, daß er manchmal ganz unter dem Opferfest des Mordes begraben wird – obwohl er nicht völlig vernichtet ist, denn sein üblicher Dunst wird auch weiterhin den reinen Akt des Tötens verderben –, so kräftigt er doch den Willen des Verbrechers, wenn das Opfer sein Freund war. Schon die Gefahr, die dem Täter droht (es geht um seinen Kopf), würde genügen, in ihm ein Gefühl für Besitz zu erzeugen, dem wenige Argumente wiederstehen könnten. Aber eine Freundschaft, die ihn mit dem Opfer verbindet – und es zum Anhängsel der Persönlichkeit des Mörders macht –, erzeugt ein magisches Phänomen.«
Warum dieses Buch hier auftaucht? Warum eine Jury es empfiehlt, auch jungen Lesern, statt davor zu warnen? Von Beginn an, als wir unsere »ZEIT-Bibliothek der 100 Bücher« vorstellten, wollte diese Jury keinen Gang durch ein Bildungsgärtlein

empfehlen, keinen Besitz des »Guten, Schönen, Wahren« verabfolgen. Wir wollten vorschlagen, sich dem Appell fremder Phantasie auszusetzen, die Fährnis zu wagen, sich Mythen und Verschlingungen und auch Räuschen zu öffnen, die dem Leben des einzelnen eine Dimension vorführt, die der Supermarkt »Lernprogramm« nicht im Angebot führt.

Fritz J. Raddatz

Ernest Hemingway
Der alte Mann und das Meer

Man müßte lange suchen in der Weltliteratur, um auf eine Erzählung zu stoßen, die beides zugleich ist; völlig realistisch und völlig parabelhaft. Parabeln werden konstruiert; sie spielen in einem Niemals- und Nirgendsland, oder besser: immer und überall. Die realistische Erzählung wiederum muß sich mit so vielen zufälligen Umständen plagen, daß sich die eine beispielhafte Bedeutung, auf die die Parabel aus ist, nur schwer einstellt. Ernest Hemingways Kurzroman »Der alte Mann und das Meer« ist der rare Fall einer durch und durch realistischen und ganz und gar parabelhaften Erzählung, und wäre es nur darum, so verdiente er schon seinen Platz in einer Bibliothek der 100 Bücher.

Als die Erzählung 1952 erschien, war sie ein ungeheurer Erfolg. Von der Illustrierten »Life«, in der sie vorabgedruckt wurde, waren in zwei Tagen fast fünfeinhalb Millionen Exemplare verkauft. Wenn Hemingway 1954 den Nobelpreis erhielt, dann vor allem um ihretwillen. Später dann stieß sie, zusammen mit dem ganzen Hemingwayschen Werk, zunehmend auf Reserve und Ablehnung. Natürlich, er verherrlichte ja schließlich auch immer so scheinbar absolute Eigenschaften wie Mannesmut vor wilden Tieren; während er für die soziale Bedingtheit seiner Figuren herzlich wenig Interesse aufbrachte und ihnen politische Erweckungserlebnisse vorenthielt. Und in eben dieser Erzählung brachte er seine maskuline Durchhalteideologie schließlich auf ihre bündigste Formel, auf den Kalenderspruch für Mannschaftsunterkünfte: »Ein Mann kann zerstört werden, aber nicht besiegt.« Eine Formel, die all den Besiegten, Gescheiterten sozusagen ihre Anerkennung als Mann und Mensch entzieht. Inzwischen jedoch sollte genug Zeit vergangen sein, um die Erzählung auch dann wieder als Meisterwerk gelten zu lassen, wenn diese ihre Moral einem fremd ist.

Die knappe Geschichte von dem alten kubanischen Fischer, der nach einer langen Unglückssträhne weit draußen im Golfstrom mit Geduld, List und einer Willensstärke, die die völlige physische Erschöpfung überwindet, einen riesigen Marlin fängt, und der dennoch mit leeren Händen nach Hause

kommt, weil die Haie ihm seinen wunderschönen Fisch bis aufs Skelett abfressen, eine Geschichte, die Hemingway erstmals 1936 in einem Artikel über Hochseefischen (»On the Blue Water«) skizzierte und die angeblich auf einem wahren Vorfall beruht – wofür aber ist sie eigentlich eine Parabel?
Hemingway selber war stolz darauf, daß »die Emotion nur von der Handlung hervorgebracht« werde; daß das Meer ist und kein Symbol für irgend etwas, die Haie nur die Haie, der Marlin nichts als er selber. Es hinderte manchen Leser, darunter seinen Werkbiographen Philip Young, nicht daran, die Geschichte als eine Art Selbstporträt des Autors zu lesen, in dem der Marlin das große schöne Buch, der Fischer den Dichter und die Haie die schnöden Kritiker verkörpern. Und im Gefolge von Melvin Backman wurde vor allem christologische Deutung betrieben: Heißt der alte nicht Santiago, nach Christi Jünger Jakobus, der auch Fischer war? Sind seine Hände von den Leinen nicht sozusagen stigmatisiert? Verbringt er nicht drei Tage und Nächte auf dem Meer wie Jesus im Grab? Liegt er nicht wie gekreuzigt am Mast? »Der gekreuzigte Torero«, lautete die knappste Formel.
Mir scheint jedoch, daß weder Gleichnisse für die Durchsetzungsnöte alternder Künstler noch solche für gepeinigte quasi-religiöse Kämpfergestalten so faszinieren könnten, wie diese einfache Alltagsabenteuergeschichte es tatsächlich tut. Und ich habe eine Vermutung, warum sie so fasziniert und wofür sie eine Parabel ist, ob es Hemingway bewußt war oder nicht. Nicht schlechterdings für jede Anstrengung überhaupt und auch nicht, was naheliegt, für den Kampf des Menschen gegen die Natur; sondern für den Prozeß, der den Menschen im Laufe der Jahrmillionen zu dem heutigen Wesen seines Namens gemacht hat und der nicht nur ein Kampf gegen die Natur war, sondern ein Kampf in der Natur und mit ihr. Der Alte ist weder der gleichgültige Schlächter des Fisches noch sein Feind – er achtet und bewundert ihn und weiß, daß er ihn töten muß, um selber zu leben. Er ist viel schwächer und verletzlicher als der Marlin – sein einziger Vorteil ist seine Intelligenz, sein von der menschlichen Intelligenz erdachtes Gerät, sind die überlieferten Techniken, deren er sich bedient und die die Anthropologie einfach als seine Kultur bezeichnen würde. Und sein Verhalten wiederholt und bekräftigt, was das

Grundprinzip der menschlichen Evolution gewesen sein muß: immer noch ein Stück weiterzugehen, nichts Versuchbares unversucht zu lassen. Er scheitert dabei allerdings, wird nicht zerstört, aber besiegt – das jedoch, weil er ein anderes Grundprinzip der menschlichen Evolution außer acht läßt: daß ein so schmächtiges Wesen wie der Mensch nur dann eine Chance hat, wenn er sich zusammentut. Sein Fehler ist, alleine versuchen zu wollen, was ihm in Gemeinschaft gelingen könnte.
In diesem Sinne erlaube ich mir, nicht jenen berühmten Spruch zur moralischen Erbauung des wehrhaften Mannes für die Kernstelle des Buches zu halten, sondern diese Sätze: »Der Fisch ist auch mein Freund‹, sagte er laut. ›Solch einen Fisch habe ich noch nie gesehen, von solchem Fisch habe ich noch nie gehört. Aber ich muß ihn umbringen. Ich bin froh, daß wir nicht versuchen müssen, die Sterne umzubringen . . . Ich verstehe diese Dinge nicht, dachte er. Aber es ist gut, daß wir nicht versuchen müssen, die Sonne oder den Mond oder die Sterne umzubringen.«

Dieter E. Zimmer

Max Frisch
Stiller

1954 erschien der »Stiller«-Roman des damals 43jährigen Max Frisch. Das Buch wurde sogleich als bis dahin gewichtigstes Werk des Schweizer Autors begriffen und interpretiert. In der Form einer keineswegs risikolosen, sondern manchmal recht gewaltsam durchgeführten und abgeschlossenen »Ich«-Erzählung (deren Abrundung das »Nachwort des Staatsanwaltes« besorgte) schien ein Roman gelungen, mit dem Frisch – der damals schon recht berühmte Autor einiger Dramen und vor allem des »Tagebuchs 1946-1949« – die Erfahrungs- und Kunst-Summe seiner bisherigen Existenz gezogen hatte. Und da die beschreibende, die plastische, die manchmal rauschhaft metaphorische Kraft von Frischs anstrengungslos vergegenwärtigender, oft zwingend ironisch-kritischer Sprache stets weit über das hinausreichte, was der Autor an sehr ich-bezogener (damals sagte man dafür »existentieller«) Daseinserkundung mitzuteilen offenbar beabsichtigte, war der »Stiller« von Anfang an nicht nur als Frischs »chef d'œuvre« erkennbar, sondern auch als ein wichtiges Datum unserer neuen Literaturgeschichte. Ein Problem-Roman mit faszinierendem Überschuß an Sprach- und Bild-Kraft. Eine Prosa, die alles zu gestalten vermag, was sie angreift, *und dazu noch den Zweifel an sich selber*. Das war 1954 ein Ereignis (und ist es bis auf den heutigen Tag).

Natürlich veränderte »Stiller« die literarische Landschaft. Eben erst hatte ja Bölls »Und sagte kein einziges Wort« oder Ingeborg Bachmanns Lyrik-Bändchen »Die gestundete Zeit« gewisse Umrisse einer entstehenden »modernen« deutschsprachigen Nachkriegsliteratur erkennen lassen. Aber den Günter Grass, den Kluge, den Uwe Johnson, den Hochhuth oder den Peter Weiss »gab« es sozusagen noch gar nicht – und Bücher wie Elisabeth Langgässers »Unauslöschliches Siegel«, wie Thomas Manns »Dr. Faustus«, oder wie die »Strahlungen« von Ernst Jünger waren noch jung und vieldiskutiert, auch wenn sie aus einer anderen Epoche herübergekommen schienen. So lag damals die Annahme nahe, daß die Kontinuität des literarischen Lebens in der seinerzeit begreiflicherweise vielbeneideten (unzerstörten) Schweiz es Autoren wie Frisch und

Dürrenmatt (der die Bühne zu erobern begann) möglich gemacht habe, jene literarische Kontinuität weiterzuführen, die in der Bundesrepublik abgerissen schien.
Anatol Stiller, der Bildhauer, bemüht sich, seiner Vergangenheit zu entrinnen. Er gibt sich einen neuen Namen, wird aber – dies die Handlung des Romans – auf der Durchreise durch die Schweiz verhaftet. Und zwar unter dem Verdacht, er sei eben nicht der vorgebliche Mister White, sondern jener verschollene Herr Stiller, der überdies noch seine Frau verlassen und sich anscheinend sogar in eine Spionage-Affäre zugunsten der UdSSR verwickelt hat.
»Ich bin nicht Stiller«, mit dieser ebenso entschiedenen wie auf die Dauer hoffnungslosen Lüge versucht das erzählende Ich, der Identifikation mit jenem einstigen Stiller zu entkommen. Denn dieses Ich will nicht auf das festgelegt werden, was Stiller gewesen zu sein scheint, was aber in Wirklichkeit oder Idealität der wahre Stiller nicht sei! Der Autor benutzt – mit der Frische des »zum ersten Mal« – Techniken, die er in seinen späteren Werken (»Homo Faber«, »Mein Name sei Gantenbein«, »Biographie« usw.) noch oft anwenden wird. Auch der Stiller-Roman ist also eine *tagebuchartige* Aufzeichnung von Geschehnissen und Erinnerungen.
Um sich erkennbar zu machen, genügt dem erzählenden Ich die Totenmaske der sogenannten Fakten nicht. Darum flunkert Stiller, er erfindet, windet sich, antwortet beispielsweise seinem sich über »Märchen« beschwerenden Verteidiger, er könne nur mit »Märchen« verteidigt werden, was diesen Juristen in einige Verlegenheit versetzt.
Doch die Vergangenheit, in Gestalt der ehemaligen Gattin, des Bruders, einer Geliebten (sie ist die Frau des sympathischen Staatsanwaltes) holt Stiller ein. Zum Schluß resigniert er. Er »nimmt« sich – anscheinend auch sein Schweizertum – »an«, und er verliert Julika (mit der das Zusammenleben natürlich auch beim zweitenmal mißlang) endgültig, bleibt erstarrt allein.
Frisch müßte nicht der große Schriftsteller sein, der er war und ist, wenn er aus dieser Konstellation nicht die Spannungen und Funken mannigfacher lebensphilosophischer Einsichten und Zuspitzungen hätte herausholen können. Stiller, der aktive Antifaschist, der im Spanienkrieg dabei, dort aber ein »Versa-

ger« war, Stiller, der charmante Freund und Gatte, der liebt – aber nicht glücklich zu machen weiß. (Kein Wunder, da die schöne Gattin wie ein frigides, schamlos selbstbezogenes Meertier erscheint); Stiller, das »Ich«, das sich nicht festgestellt wissen will, weil es in oder neben dem stets versagenden, leibhaftig handelnden Ich ein anderes Ich gibt, das eine andere Vorstellung von sich hat: darüber hat die Lese-Öffentlichkeit, die Literaturkritik und auch die akademische Frisch-Forschung heftig zu analysieren und zu spekulieren gehabt, bis sich die Borde der Frisch-Sekundärliteratur bogen.
Glücklicherweise wurde unterhalb dieser manchmal anstrengenden, partiell neuromantischen Lebensphilosophie die konkrete Meisterschaft eines tiefbetroffenen Erzählers erkennbar, der die Probleme menschlicher Zweisamkeit unübertrefflich darzustellen vermochte, und zwar aus der Warte eines verirrten Bürgers mit guten Manieren. Etwa: »Niemand geht gerne zu einem Ehepaar in Krise, versteht sich, es liegt in der Luft, selbst wenn man nichts davon weiß, und der Besucher hat das Gefühl, einem Waffenstillstand beizuwohnen, er kommt sich als Notbrücke vor, er fühlt sich irgendwie mißbraucht . . . es ist ungemütlich wie auf einem Minenfeld, ein solcher Besuch bei einem Ehepaar in Krise, und wenn nichts platzt, so riecht es doch allenthalben nach heißer Beherrschung. Und wenn es auch zutreffen mag, was die Gastgeber sagen, nämlich daß es für sie der netteste Abend seit langem gewesen ist, man kann es verstehen; aber man lechzt nicht nach der nächsten Einladung, und die Hindernisse häufen sich unwillkürlich, in der Tat, man hat kaum noch einen freien Abend.«
Charakteristisch erscheint auch die Metapher, welche die Geliebte (Sybille) findet für Menschen, die zwar nicht an den Sinn der Ehe glauben, sondern nur aus Konvention ihr Verhältnis legalisieren, aber doch zu feige sind, sich notfalls scheiden zu lassen. Sybille fixiert diesen Sachverhalt mit dem Bild einer Großbürgerin, die zwar Haus und Garten besitzt, sich darinnen aber unnatürlich verhält. »Das kommt mir vor«, sagt sie geistreich über solche ehe-ungläubigen, aber ängstlichen Scheidungs-Vermeider, »wie wenn jemand eine Vogelscheuche aufrichten würde und nachher selber nicht mehr wagt, in seinen Garten zu treten«.
Alle diese Funde und Vorzüge des Romans erschließen sich –

wenn man ihn nur liest – von selbst. Auch ist fast unübersehbar, daß Frisch der Schweiz eine beklommene Angst vor der Zukunft vorhält, nachdem sie einst fortschrittlich gewesen sei (im 19. Jahrhundert) oder daß er eine tiefsinnige Kulturkritik entfaltet im Zusammenhang mit unserer hauptsächlich reproduktiven Zeit. Wie soll der Unterschied zwischen Erfahrung, Flunkerei und Lüge überhaupt sinnfällig zu machen sein, wenn es möglich und üblich ist, alles aus zweiter Hand zu erleben?

II.

Mag die Fülle dieser Themen und Betroffenheiten auch noch so imponierend wirken: die eigentliche Kraftquelle des Romans liegt anderswo. Aber das konnten wir 1954, ja auch 1964 eigentlich noch nicht ahnen. Erst das letzte Jahrzehnt lehrte, warum »Stiller« in Wahrheit so aufregend ist! Man unterschätzt nämlich den Roman, wenn man meint, unterhalb der lebensphilosophischen Allgemeinheiten handele er doch nur – ebenso fesselnd wie privat – davon, wie Mann und Frau für einander zum Schicksal, zum Kreuz werden können oder müssen. Das allein ist es nicht. Stillers subjektives Nicht-Können geriet zur Prophetie objektiver Frustration. Ich will das stichworthaft zu begründen versuchen. Stiller ist ein Gegner des Faschismus, des chauvinistischen Geredes und jener Schweizer Selbstvergottung, die – wenn alle anderen einigenden Motive ausbleiben – sich wenigstens am gemeinsamen und selbstverständlichen Antikommunismus orientiert. Stillers Kritik geht dabei *nicht* gegen einige beamtete oder aktive Schwachköpfe und Opportunisten, sondern zielt auf das System. Warum müssen idiotische Gesetze sein – wenn man doch Demokratie ist und sie ändern könnte.
In Stiller steckt also ein Revolutionär und ein Aktivist. Darum hatte er ja auch im Spanischen Bürgerkrieg mitgekämpft, 1937. Nun liest sich die im Roman oft erwähnte »Spanien«-Episode (wo Stiller unfähig war, auf Gegner, die er als Menschen erkannte, zu schießen) immer etwas erklügelt, wie Hemingway aus zweiter Hand, zur Anekdote geronnen. Schon die Formulierung: »sonst wäre er ja nicht als Freiwilliger in den Spanischen Bürgerkrieg *gefahren*«, klingt seltsam zivil, urlauberhaft. Und auch die Revolutionärin, die sich dortselbst

Stillers nebenher annimmt, scheint weniger aus Fleisch und Blut – als aus Lubitschs »Ninotschka«.
Unvergleichlich viel ernsthafter, zur Kenntlichkeit und Prophetie verändert, liest sich dieser Bericht vom Nicht-kämpfen-Können des Intellektuellen, wenn man ihn nicht als undeutliche Vergangenheitsbewältigung versteht, sondern als Parabel für Zukünftiges! Stiller ist zwischen zwei entscheidende Formulierungen gesperrt: Der eine, der *revolutionäre* Satz, lautet: »ein Mensch . . . wird stets geistlos, wenn er nicht mehr das Vollkommene will.« Und die andere, *alles revolutionäre Versagen* umschreibende Einsicht lautet: »Seine Persönlichkeit ist vage; daher ein Hang zu Radikalismen . . . Er ist ein Moralist wie fast alle Leute, die sich selbst nicht annehmen.«
In Stiller trifft also der Wunsch, gewalttätig sein zu können, mit der Unfähigkeit zusammen, es zu sein. Daraus ließen sich beliebig viele Neurosen ableiten. Doch Frisch wandelt ganz unauffällig Stillers »Schwäche« in eine nicht mehr *logisch*, sondern fast schon *metaphysisch* motivierte Stärke um. Wenn Stiller ein Geschöpf als »Geschöpf« erkennt – dann kann er (nicht mehr?) töten. Das gilt hier nicht nur für ein paar Franco-Faschisten, die auch Menschen sind, sondern sogar für eine Katze, die Stiller nicht umzubringen vermag, und für Träume, in denen ihm dergleichen erst recht nicht gelingt.
Anerkennung der Geschöpflichkeit als handlungshemmendes Motiv? Das ist aufregender als der aberwitzige Satz aus Frischs »Öderland«-Drama, wo ein Alptraum-Staatsanwalt-Diktator sagt: »Ich könnte nie einen Menschen umbringen, einen lebendigen, aber eine Uniform ohne weiteres. Einen Zöllner: ohne weiteres! Einen Gendarm: ohne weiteres! – meinetwegen sogar drei.«
Im »Stiller« ist Frisch über diese banale Kasuistik hinaus: nicht zum Vorteil seines Helden, wohl aber zum Vorteil seiner Wahrheit.
Wenn man diesen Gedankengängen eines jungen (verzweifelten, jedoch zum »absolut« kämpferischen Einsatz nicht fähigen) Schweizer Bildhauers und Steppenwolfs einige Triftigkeit zubilligt, dann lesen sich die häufigen Hinweise auf den unkonkretisierten »Engel«, der (wie die »Dame« der Heiligen Johanna) etwas befohlen oder verboten habe, plötzlich anders, bedenkwürdiger. Und auch das unaufhörliche, ziemlich pein-

liche, meist besoffene Gerede vom Beten, das die letzten Seiten bestimmt, nimmt sich anders aus. So flapsig der Ton, so heftig die ironische Rationalität: die Figur des Stiller ist mitgeprägt – und dadurch auch zum Versagen in einer kriegerischen Welt bestimmt! – von einer eben doch nicht spurlos wegdrängbaren Welt-Frömmigkeit. Das erklärt ihre Symbolkraft, ihre verzweifelt bürgerlich-antibürgerliche Inaktivität bei höchster Leidens-, Kritik-, Schimpf- und Sauffähigkeit. Und ihren Reichtum. Ein wohlbekannter Typ.

Vom so begriffenen Stiller aus verstehen wir Frischs lebenslänglichen Kampf ums Engagement neu. Nicht weil hier jemand andauernd vergeblich ersehnt, was etwa Goethes mit fabelhafter Finalität ausgestattete Helden in Bewegung setzt – nämlich die »Verwandlung« – ist »Stiller« ein großer, moderner, überprivater Roman, sondern die Stiller-Figur vermag die Misere vieler Intellektueller auf das Bild eines ebenso komischen wie verständlichen Individuums zu bringen! Darum verrät der Roman nicht nur über Frisch, die gegenwärtig unterschätzten 50er Jahre und die Schweiz etwas, sondern auch über gescheite Versager und gescheiterte Revolutionen.

Joachim Kaiser

Claude Lévi-Strauss
Traurige Tropen

Wenn es denn erlaubt ist, in diesem einen Falle mit einer persönlichen Bemerkung einzusetzen:
Als die vielbelesenen Mitglieder der übrigen Jury dieses Buch gelassen dem elitären Stock unserer Hundert zuschlugen, da widersprach ich nicht, sondern bat es mir zur Rezension aus: denn ich kannte es nicht.
Heute schätze ich mich glücklich, auf diese Weise von unserer Liste profitiert zu haben. Denn die »Traurigen Tropen« des Claude Lévi-Strauss sind, ich weiß was ich sage, ein großes Buch der Weltweisheit, des Lebenswissens. Ein Buch freilich, um auch dies gleich zu sagen, dessen Lektüre das Moment des Trostes (oder des Tröstlichen) allenfalls in dem Sinne enthält, als jede Einsicht und Erfahrung ein unser Bewußtsein von uns selbst stabilisierender Akt sein können; als auch die Konfrontation mit dem Traurigen und der Traurigkeit hellsichtig machen kann.
Denn die »Tristes Tropiques« sind ein trauriges Buch, und die Trauer gehört dem Gegenstand wie dem sie erkennenden Subjekt. Es handelt vom Menschen und dem Menschlichen, wie es in seiner Ursubstanz angelegt sein mag, und wie es – durch den Menschen – verloren, vernichtet wurde.
Lévi-Strauss gilt als der Begründer der »Strukturalen Anthropologie« (dies der Titel eines großen zweibändigen Werks, deutsch 1967 und 1975, aus seiner Feder). Einer Wissenschaft, angesiedelt auf dem Grenzgebiet von Philosophie, Ethnologie und Anthropologie (und anderer Disziplinen mehr), und inspiriert von der modernen Sprachwissenschaft, wie sie ausgeht von Ferdinand de Saussure und wie sie über deren »Prager Schule« (Roman Jakobson) auch unmittelbar auf Lévi-Strauss eingewirkt hat. Der »Strukturalismus« als Erkenntnissystem setzt, um es mit gebotener aber heikler Vereinfachung zu sagen, an Stelle des »diachronischen« Prinzips der historischen Betrachtung das »synchrone« Prinzip der Untersuchung des jeweils Gleichzeitigen. Eine Methode, der es um die Entdeckung von Vergleichbarem geht, um den Aufweis also von ähnlichen Strukturen (daher der Terminus »Strukturalismus«), die überall und zu jeder Zeit das Zusammenleben der

Menschen bestimmen, ihre »Interaktionen«, ihre Bräuche, Riten, Verhaltensformen. Eine Methode, die das allen Menschen Gemeinsame, also in diesem Sinne das ›Allgemein Menschliche‹ zu begreifen versucht und die es durch die systematische Zuordnung von Ähnlichem und Ähnlichkeiten erfaßt.

Nun mag die folgenreiche Philosophie des Strukturalismus ihre Bedeutung haben, – es wäre dennoch zu fragen, ob ihr ein Platz in unserem weltlichen Heiligtum der Hundert Bücher zukäme; und die Antwort, meine Antwort wäre: Nein. Wohl aber gehört ein Buch zu diesem Bestand, das von strukturalistischem Denken bestimmt, indes sehr viel mehr ist als ein Kapitel Gelehrsamkeit. Denn die »Traurigen Tropen« sind ein Tagebuch, ein Reisebericht, sind Bekenntnis-Niederschrift und poetische Reflexion: Wissenschaft und Kunst und sehr persönliches Zeugnis ineins.

Ihr Verfasser, 1908 in Brüssel geboren, von Haus aus Philosoph und Lehrer, ging 1935 an die neugegründete Universität von São Paulo, lehrte Soziologie und unternahm von dort aus in jenen Jahren mehrere Expeditionen zu den Indianerstämmen des Mato Grosso: Unternehmungen, ebenso mühsam wie gefährlich wie öde wie faszinierend, und auf ihnen wurde der Philosoph und Soziologe zum Anthropologen. In den Jahren 1942 bis 1945 lehrte Lévi-Strauss dann in New York, ab 1950 in Paris. Seit 1973 ist er Mitglied der Académie Française.

Zwanzig Jahre nach jenen brasilianischen Abenteuern hat der Forschungsreisende ihnen ein Buch gewidmet. Es setzt ein mit dem Satz: »Ich verabscheue Reisen und Forschungsreisende«. Es wurde dennoch geschrieben, – allen denen zu Dank, die es lesen mögen. Der erste Teil ist überschrieben »Das Ende der Reisen«, der letzte: »Die Rückkehr«, und obwohl dieser Schlußteil nicht mehr und nicht weniger ist als eine Studie in vergleichender Religionsgeschichte, endet das Ganze mit der persönlichsten aller Notizen, mit der melancholisch-zarten Erwägung einer »Chance« für den Menschen und seine Gattung jenseits aller geschichtlich-gesellschaftlichen Korrumpierung: Chance, die darin besteht, sein eigentliches Wesen zu erfassen »zum Beispiel bei der Betrachtung eines Minerals, das schöner ist als alle unsere Werke; im Duft einer Lilie, die weiser ist als unsere Bücher; oder in dem Blick – schwer von Geduld, Heiterkeit und gegenseitigem Verzeihen – den ein unwillkürliches Einverständnis zuweilen auszutauschen gestattet mit einer Katze.«

Zwischen diesen beiden Sätzen aus tiefstem Konfessionsgrund vierzig Kapitel Menschenkunde, gewonnen aus dem gefahrvollen, geduldigen, befremdlichen und vertrauten Umgang mit jenen »Wilden«, jenen »Primitiven«, die auf solche Weise abwertend zu bezeichnen wir uns längst zwar schon scheuen, deren eigenständiges Wesen aber zu erkennen und anzuerkennen uns nicht gelingen will. Uns nicht gelingen kann, bevor wir nicht einen Zugang erhalten dank jenem Aufweis des Gemeinsamen, das zurückführen mag auf den allgemein menschlichen Bodensatz eines »kollektiven Unbewußten«, einer tiefen Identität also, die allem menschlichen Verhalten und Denken zugrundeliegt und die sich uns offenbart in jenem »Wilden Denken«, »Pensée Sauvage«: Plateau einer universellen Logik des Handelns, Seins und Fühlens.

Nicht also geht es darum, in den Wilden die besseren Menschen zu erkennen und sich geekelt abzuwenden von Europens übertünchter Höflichkeit. Noch geht es darum, die Kategorien des historischen Denkens zu mißachten, die zu den großen Leistungen und Errungenschaften dessen gehören, was man Abendland nennt. Die Abkehr von einem monomanen und verabsolutierenden Eurozentrismus des Denkens ist längst vor Lévi-Strauss schon vollzogen worden, – was er geleistet hat, und was er nirgendwo intensiver, poetischer und in solchem Sinne präziser leistet als in diesem privatesten aller seiner Bücher, ist die Erkenntnis einer allgemeinverbindenden Kultur, die jenseits aller Zeit und Zeitlichkeit liegt und die uns hinführen kann auf die alle Philosophie, seit es sie gibt, bewegende Frage nach dem Menschen, was er sei.

Ob dieser Schritt des einsichtigen Erkennens vollzogen werden kann in einer Welt, die kraft des Übergewichts der einen (nämlich der westlichen) Kultur die andere zerstört und auf diese Weise die Erfahrung der einen durch die andere verhindert hat: diese Frage zu beantworten, überläßt der Autor des Buches dem, der es liest und versteht. Denn es ist mit dem Bücherlesen wie mit dem Reisen: der eine findet in der Ferne nur das, was er schon hat, der andere aber bringt ein, was ihm fremd ist und was er, da es ihn aus alten Sicherheiten heraus-

nimmt, um so sicherer an die eigene Substanz heranführen kann.
Wer indessen meint, es hätten solche Gedanken allzu viel mit Ewigkeit und nicht genügend mit Gegenwart und ihrer Aktualität zu tun, der werfe einen Blick in das Kapitel vom »Besuch im Kyong«, – und dann in die Weltlage des Jahres 1980:
»Die Menschen haben drei große religiöse Versuche unternommen, um sich von der Verfolgung der Toten, der Boshaftigkeit des Jenseits und den Ängsten der Magie zu befreien. In einem Abstand von etwa einem halben Jahrtausend haben sie nacheinander den Buddhismus, das Christentum und den Islam konzipiert; und es fällt auf, daß jede dieser Etappen in bezug auf die vorherige keinen Fortschritt, sondern vielmehr einen Rückschritt bedeutet. Für den Buddhismus gibt es kein Jenseits; alles beschränkt sich auf eine radikale Kritik, deren sich die Menschen nie wieder fähig erweisen sollten und an deren Ende der Weise zu einer Verweigerung des Sinns aller Dinge und Wesen gelangt: einer Disziplin, die das Universum und sich selbst als Religion aufhebt. Das Christentum, von neuem der Angst nachgebend, stellt die andere Welt wieder her, ihre Hoffnungen, ihre Drohungen, und ihr Jüngstes Gericht. Dem Islam bleibt nichts mehr zu tun übrig, als daran anzuknüpfen: die zeitliche Welt und die geistige Welt sind vereint. Die soziale Ordnung schmückt sich mit dem Prestige der übernatürlichen Ordnung, die Politik wird zur Theologie.«
Ein Buch des Lebenswissens. Und mehr.

Peter Wapnewski

Samuel Beckett
Das letzte Band

Ein alter Mann mit weißem Gesicht und roter Nase, ein alter Mann mit viel zu großen Schuhen versucht, auf einen Stuhl zu steigen. Mißtrauisch betrachtet er das Möbel, aus der Nähe, aus der Ferne, dreht es auch einmal vorsichtig herum. Dann hebt er ein Bein, setzt an zur Besteigung, zögert, zieht das Bein wieder zurück. Nach vielen Anläufen, vielen Minuten hat er es endlich geschafft – oben auf dem Stuhl breitet der alte Mann die Arme aus, eine Gebärde des unerhörten Triumphes.
Ein anderer alter Mann mit weißem Gesicht, roter Nase und viel zu großen Schuhen hockt in einem dunklen Zimmer, kramt in alten Pappschachteln, hantiert an einem Tonbandgerät, wirft die Schachteln vom Tisch; ißt Bananen, rutscht auf den Schalen aus und fällt beinahe zu Boden.
Der eine komische alte Mann ist der Clown Charlie Rivel, bei einer seiner letzten großen Nummern, Anfang der siebziger Jahre. Der andere komische alte Mann heißt Krapp, ist eine Figur von Samuel Beckett und hat seinen Auftritt *»eines Abends, spät, in der Zukunft«*.
Zwei alte Leute, ein Pennerpaar, im Zoo; sie sitzen nebeneinander auf einer Bank im Affenhaus, vor der Heizung; gegenüber im Käfig die Schimpansen. Die Frau, eine Strickmütze auf dem aufgedunsenen Kopf, starrt regungslos vor sich hin. Der Mann kramt geschäftig in einem Koffer, der vollgestopft ist mit vollgestopften Plastiktüten. Die Schimpansen, drei Meter weiter, turnen akrobatisch, lausen sich das Fell, spielen mit zerrissenen bunten Tüchern; einer kratzt sich das Geschlechtsteil.
Ein zermürbter alter Mann: Speckige schwarze, enge Hose, die ihm zu kurz ist. Speckige schwarze, ärmellose Weste, vier weite Taschen. Schwere silberne Uhr mit Kette. Schmieriges weißes Hemd, am Hals offen, ohne Kragen. Auffallendes Paar schmutzig-weißer Schnürstiefel, mindestens Größe 48, sehr eng und spitz. Weißes Gesicht. Purpurne Nase. Wirres graues Haar. Unrasiert. Sehr kurzsichtig (aber ohne Brille). Schwerhörig. Krächzende Stimme. Eigentümlicher Tonfall. Mühsamer Gang.
Das verwahrloste alte Paar habe ich am ersten Weihnachtstag gesehen, im Hamburger Tierpark Hagenbeck. Der verwahr-

loste alte Mann heißt Krapp, ist eine Figur von Samuel Beckett und tritt auf im Theaterstück »Das letzte Band«, uraufgeführt am 28. Oktober 1958 in London.
Becketts Krapp ist ein Clown. Becketts Krapp ist ein Clochard. Die beiden Sätze widersprechen einander nicht. Spätestens seit Chaplin weiß man, daß die beiden Figuren ein und dieselbe sind. In seinem Film »Circus« ist Chaplin zuerst ein hungernder Herumtreiber, dann ein gefeierter Clown, am Ende wieder ein Tramp. Von allen verlassen, hebt er in der letzten Szene des Films ein Stück Papier vom Boden auf, knüllt es zur Kugel, kickt den Ball mit der Hacke fort und watschelt zum Horizont davon.
Charles Chaplins Filme und Samuel Becketts Dichtungen beschreiben das Elend und die Grazie, die es bezwingt. Das gedankenreichste Buch über Beckett, die »kritische Studie« von Hugh Kenner (1961), erklärt seinen Helden so: »Samuel Becketts dauernde Beschäftigung mit Fahrrädern, Verstümmelten, zerbeulten Hüten und dem Buchstaben M, seine Vorliebe für unbewegliche Helden, sein Beharren auf belanglosen Fragen, für deren Lösung keine rechte Notwendigkeit besteht, sein Sinn für kurze Sätze, seine Houdini-ähnliche Virtuosität (am liebsten mit gefesselten Händen und Füßen, ohne Handlung, Dialog und Schauplatz): Dies alles bildet ein einzigartiges komisches Repertoire, wie das eines europäischen Clowns. Die Vorläufer seiner Stücke finden sich nicht in der Literatur, sondern – um eines der seltenen amerikanischen Beispiele zu nennen – in Emmett Kellys hingebungsvoller Anstrengung, einen Lichtfleck auf eine Kehrichtschaufel zu fegen ... Die Welt seiner Romane gleicht in ihrer Strenge jener des Zirkus, wo Virtuosität um ihrer selbst willen ein Lebensprinzip ist ...«
»Das letzte Band« ist das einzige Theaterstück, das auf die Liste der »100 Bücher« geraten ist. Man kann über den Text nicht reden, ohne über das Theater zu reden. Deutschlands erster Krapp war Walter Franck, »anzusehen wie ein tragischer Milchbruder Grocks« (Friedrich Luft). Der zweite Fritz Kortner. Der erfolgreichste Martin Held in Becketts eigener Inszenierung. Der unheimlichste Bernhard Minetti bei Klaus Michael Grüber in Bremen.
Held und Minetti: sie verkörpern exemplarisch die beiden Seiten der Figur, Held den ewigen Clown, Minetti den grotes-

ken alten Mann. Helds Vergnügtheit (und Komödianten-Selbstvergnügtheit), sein lauter, lebensfroher Baßbariton dementierten ständig den Verfall, den das Stück behauptet. Minetti beschrieb den Verfall (und tanzte ihn); huschte auf gespenstisch behenden Altmännerbeinen über die riesige, leere, dunkle Bühne. Wenn Martin Held Bananen aß (Krapps letzte Leidenschaft), die Frucht streichelte und schälte, sah das sehr akkurat aus – ein Virtuose an seinem Instrument. Wenn Minetti Bananen verschlang, erinnerte er auch an einen alten gierigen Schimpansen. So zeigten Grüber und Minetti mehr von Beckett als Beckett selber: »Das letzte Band« ist auch ein Spiel über die Menschwerdung des Affen, das Affewerden des Menschen.

»Das letzte Band« ist ein großer Monolog: Krapp, 69 Jahre alt, lebt allein in seiner »Bude«, seit vermutlich dreißig Jahren. Manchmal packt ihn der Jammer: »Nichts mehr zu sagen, nicht einmal Piep. Was ist schon ein Jahr, heutzutage? Bitteres Wiederkäuen und steinharter Stuhl.« Manchmal tut er heroisch: »Hörte mir soeben den albernen Idioten an, für den ich mich vor dreißig Jahren hielt, kaum zu glauben, daß ich je so blöde war. Gott sei Dank ist das wenigstens alles aus und vorbei.« »Das alles«: damit meint Krapp die verlorene Zeit, als er noch mit anderen Menschen in Berührung kam.

»Das letzte Band« ist ein großer Dialog: Krapp lebt zusammen mit seinen Tonbändern, die er in seiner Jugend (wenn er je eine hatte) besprochen hat. Er lebt zusammen nur noch mit Gegenständen, und auch seine Erinnerungen sind welche: Er spielt und spricht mit den Bändern, wie andere alte einsame Leute mit Tagebüchern, Photoalben, Andenken Zwiesprache halten. Wenn Krapp das Tonbandgerät bedient, erwacht er sofort aus seinem Dämmern, seine Nummer beginnt.

»Das letzte Band« ist Monolog, Dialog – und Drei-Personen-Stück. Mit Hilfe des Tonbandgerätes erleben wir dreimal Herrn Krapp: den alten Mann, der die Bänder des 39jährigen Herrn K. abhört, der wiederum sich an den jungen Krapp erinnert. Schon Krapp 39 redet wie ein Greis, feiert Abschied von seinem Leben: »Kaum zu glauben, daß ich jemals dieser junge Dachs war. Diese Stimme! Mein Gott! Und die Sehnsüchte . . . Pläne für ein weniger . . . *Er zögert* . . . aufreibendes Geschlechtsleben . . . Erlahmen der Jagd nach dem Glück . . .

Hohngelächter über das, was er seine Jugend nennt, und Dankgebete dafür, daß sie vorbei ist.«
Nach diesem Ende hat Krapp das Ende dreißig Jahre lang, bis zu jenem *»Abend, spät, in der Zukunft«*, immer wieder repetiert, ritualisiert, das heißt: zur Theaternummer gemacht. Durch die ständige Wiederholung wird alles komisch, selbst das Entsetzen. »Das letzte Band« ist ein Stück zum Lachen.
Eine Stelle aus seinen Bändern (»Schachtel drei ... Spule fünf«) hört sich der alte Krapp immer wieder an, seine letzte Liebesgeschichte: »Ich sagte noch einmal, ich fände es hoffnungslos und verfehlt, weiterzumachen, und sie nickte, ohne ihre Augen zu öffnen. *Pause.* Ich bat sie, mich anzuschauen, und nach einem Moment – *Pause.* – nach einem Moment tat sie es, aber ihre Augen waren nur Schlitze, der grellen Sonne wegen. Ich beugte mich über sie, damit sie im Schatten wären, und sie öffneten sich. *Pause. Leise:* Ließen mich ein. *Pause.* Wir trieben mitten im Schilf und blieben stecken. Wie die Rohre sich seufzend bogen unterm Bug! *Pause.* Ich sank auf sie nieder, mein Gesicht in ihren Brüsten und meine Hand auf ihr. Wir lagen regungslos da. Aber unter uns bewegte sich alles und bewegte uns, sanft, auf und nieder und von einer Seite zur anderen. *Pause. Krapps Lippen bewegen sich lautlos.* Nach Mitternacht. Nie erlebte ich solche Stille. Die Erde könnte unbewohnt sein. *Pause.*«
Wenn Krapp diese Geschichte zum drittenmal gehört hat, sagt er nichts mehr, und das Stück ist zu Ende: *»Krapp starrt regungslos vor sich hin. Das Band läuft weiter, in der Stille.«* Das Clownsstück und Greisendrama vom »letzten Band« ist auch eine Romanze, eine der bittersten, schweigsamsten, schönsten in der Literatur.
Man könnte das Stück natürlich auch anders interpretieren. Man könnte es auch überhaupt nicht interpretieren und hätte dabei Beckett gewiß auf seiner Seite: »Mein Stück will bloßes Spiel sein. Nichts weniger. Von Rätseln u. Lösungen also kein Gedanke. Es gibt für solches ernstes Zeug Universitäten, Kirchen, cafés du commerce usw.« Beckett schrieb diese (jede Interpretation verweigernde) Selbstinterpretation für ein Programmheft zu »Endspiel«; sie paßt genauso zu »Krapp's Last Tape«. Der alte Krapp haßt, wie sein Autor, alle metaphysischen Botschaften.

Also keine Bedeutung! Keine Bedeutung? Man kann den Text tatsächlich lesen und hören wie ein Stück vollkommener Musik, seine Genauigkeiten, Heiterkeiten genießen – auch wenn es eisige Heiterkeiten sind. Man kann das Stück ganz aus der Ferne betrachten, wie es sein Autor tut – und wie es das Theater heute mit Beckett tut, dessen Stücke seltsam entrückt sind, schweigsam und weit weg vom derzeit herrschenden, wortreichen Wehleid. Doch man muß nur einem großen Clown begegnen (wie Rivel und Minetti) oder auch nur einem armen Trinker in der Untergrundbahn – schon merkt man, daß das letzte Band weiterläuft, *in der Stille,* unüberhörbar.
Samuel Beckett, 1963: »Für mich ist das Theater keine moralische Anstalt im Schillerschen Sinne. Ich will weder belehren noch verbessern noch den Leuten die Langeweile vertreiben. Ich will Poesie in das Drama bringen, eine Poesie, die das Nichts durchschritten hat und in einem neuen Raum einen neuen Anfang findet. Ich denke in neuen Dimensionen, und im Grunde kümmert es mich wenig, wer mir dabei folgen kann.«

Benjamin Henrichs

Günter Grass
Die Blechtrommel

Nun wird er verfilmt – und wird ein ganz neues, anderes Publikum anlocken, eine neue Generation seit dem Erscheinen 1959: dieser Gaurisankar von Roman (der in einer Gesamtauflage von knapp 3 Millionen Exemplaren, in 20 Sprachen übersetzt wurde), den Hans Magnus Enzensberger das Werk eines Prosaschriftstellers ersten Ranges nannte, der die Aufmerksamkeit des Auslands erstmals nach dem Krieg wieder auf die deutsche Literatur lenkte. (Das US-Magazin *Time* schrieb 1970 in seiner ersten Titelstory, die es einem deutschen Nachkriegsautor widmete: »Mit 42 sieht Grass wohl nicht so aus wie der größte lebende Romancier der Welt oder Deutschlands, aber er mag beides durchaus sein«. »Le nouveau Céline allemand« nannte ihn die französische Kritik.) Und der ein zutiefst deutsches Buch ist. Unabhängiges Chaos von Phantasie und strotzende Sprachkraft, barocke Sinnenlust und abwägende politische Vernunft sind zusammengefügt zu einem einmaligen Kunstbau. Ein deutscher Entwicklungsroman, gewiß. Aber die hießen »Simplicissimus« oder »Wilhelm Meister«, »Der grüne Heinrich« oder »Buddenbrooks«; der Name der Helden gab den Titel. Es ist kein Zufall, daß zum erstenmal ein *Gerät* das Individuum aus dem Buchtitel verdrängte, ein gemeinhin martialisches noch dazu. Grass' Buch, das nicht »Der Blechtrommler« heißt, ist ein Anti-Entwicklungsroman. Historie, nicht Psyche.

Oskar Matzerath, entsprungen den kaschubischen Kartoffeläckern – dort, wo seine Großmutter Anna Bronski, spätere Koljaiczek, in den vierfach übereinandergetürmten Röcken hockte, unter die einer floh, der selbigen Ortes familiengründend tätig wurde –, Oskar Matzerath also beschloß, vom dritten Lebensjahr an nicht mehr zu wachsen. Der Gnom, das Murkel, die Mißgeburt: Oskar, der zwar klein bleibt, aber rasch einen großen Verstand und bald auch ein anderes großes Körperteil hat, sieht die Welt aus einer Perspektive, die sie nicht verzerrt, sondern ins Lot rückt. Der Blick von unten entkleidet die Erwachsenen aller Würde, wird ihnen gerecht, indem er ihr Unrecht, ihre Ungerechtigkeit wahr-nimmt. Verweigerung (erwachsen zu werden) als Kraftakt mit der beson-

deren artistischen Pointe, daß der Held eines Romans nicht spricht. Die eigenwillige Konstruktion des Buches, eine moderne Variante des pikaresken Romans, läßt eine Entwicklung abweisende Figur durch die Verwucherungen der Geschichte wandern. Sie zeckt sich ein und klinkt sich aus, ein Zirkuszwerg, der sich mit der Welt nicht durch Sprache, sondern mit seiner Trommel »verständigt«. Eine Larve, die entlarvt.
Das Geniale des Buches – ein Episodenroman ohne Fabel – besteht darin, daß es Lehrbuch und Spielbuch und Märchenbuch in einem ist. Das hat die erneute Lektüre nach vielen Jahren erwiesen, und das gibt ihm seinen sehr berechtigten Platz auf dieser Liste von Lektürevorschlägen: Ob deftig oder traurig, ob erschreckend oder den Schrecken erklärend, ob potent oder bizarr – dieser aus phantasmagorischen Kaskaden sich ergießende surreale Bilderbogen hört nie, auf keiner Seite, auf, vergnüglichen Spaß zu bereiten. Ähnlich dem Spaß, den der Kretin bei Rasputin, seinem ersten »Bildungserlebnis« empfand: »Rasputins Tod ging mir nach: Man hat ihn mit vergifteter Torte, vergiftetem Wein vergiftet, dann, als er mehr von der Torte wollte, mit Pistolen erschossen, und als ihn das Blei in der Brust tanzlustig stimmte, gefesselt und in einem Eisloch der Newa versenkt. Das taten alles männliche Offiziere. Die Damen der Metropole Petersburg hätten ihrem Väterchen Rasputin niemals giftige Torte, sonst aber alles gegeben, was er von ihnen verlangte. Die Frauen glaubten an ihn, während die Offiziere ihn erst aus dem Weg räumen mußten, um wieder an sich selbst glauben zu können.«
Und ist doch alles von großem Ernst. Oskar berichtet von einem, der Oskar heißt – und erzählt zugleich als ich, Oskar. Dieser merkwürdige Kunstgriff spaltet Erfahrung, gibt mal flirrende Ironie preis und gleich wieder düsteren Bericht; vom Überfall auf Polen, das Grass liebt und dem mitunter die schönsten Wortsetzungen gewidmet sind: »Während man hierzulande das Land der Polen mit der Seele sucht – halb mit Chopin, halb mit Revanche im Herzen –, während sie hier die erste bis zur vierten Teilung verwerfen und die fünfte Teilung Polens schon planen, während sie mit Air France nach Warschau fliegen und an jener Stelle bedauernd ein Kränzchen hinterlegen, wo einst das Getto stand, während man von hier aus das Land der Polen mit Raketen suchen wird, suche ich

Polen auf meiner Trommel und trommle: Verloren, noch nicht verloren, schon wieder verloren, an wen verloren, bald verloren, bereits verloren, Polen verloren, alles verloren, noch ist Polen nicht verloren«; von der Feigheit und dem Versagen derer, die dann gegen Aussiedlertransporte protestierten: »Zwei Frauen mit sechs Kindern wurden noch in den Waggon eingewiesen. Der Sozialdemokrat soll dagegen protestiert haben, weil er krank war und als Sozialdemokrat von vor dem Kriege her Sonderbehandlung verlangte. Aber der polnische Offizier, der den Transport leitete, ohrfeigte ihn, als er nicht Platz machen wollte, und gab in recht fließendem Deutsch zu verstehen, daß er nicht wisse, was das bedeute, Sozialdemokrat. Er habe sich während des Krieges an verschiedenen Orten Deutschlands aufhalten müssen, während der Zeit sei ihm das Wörtchen Sozialdemokrat nie zu Gehör gekommen«; oder von etwas, das »Nachfolge Christi« benannt wird und in dem der Katholik Grass seine Scham über eben diese Nachfolger so behutsam wie eindringlich vorträgt. In diesem schrecklich-schönen Kapitel (doch, das gibt es!), in dem Oskar seine Blechtrommel dem Jesusknaben der Herz-Jesu-Kirche leiht, und der wirbelt nun wirklich, »was damals in aller Leute Mund war, ›Es geht alles vorüber‹, natürlich auch ›Lili Marlen‹«, und der fragt schließlich herrisch: »Liebst du mich, Oskar?«, in diesem Kapitel voll Bizarrerie und voller katholischer und nichtkatholischer Wunder heißt es dann schließlich: »Es war früher Abend. Die Ostarbeiterinnen auf dem Bahndamm waren weg.«
Das wäre nicht genug? Doch, das ist genug – und diese traurige Schönheit gilt es, sich zu erarbeiten. Hier wird keine »Faschismustheorie hinterfragt« und werden nicht die »relevanten sozio-ökonomischen Strukturen der Restauration der Adenauer-Ära bloßgelegt«: Hier taumelt ein bucklicht Männlein, ein Däumling, ein Jonas ohne Wal durch den Irrwitz dessen, was wir uns angewöhnt haben, Geschichte zu nennen, und da zischt das Brausepulver im Bauchnabel einer Maria, die bei diesem Spiel schließlich schwanger wird; und da frißt eine, die gerne mit zwei Männern lebte, aus Ekel vor den aasfressenden Aalen sich an Aalen in Öl zu Tode; und da beginnt der Krieg mit dem Zerstören der polnischen Post (also mit dem Zerstören der Kommunikation zwischen den Menschen), aus der sie

schließlich Oskars zweiten, den polnischen Vater abführen zum Erschießen; und da kommt Oskars dritter Trommelstock bei Frau Gemüseladeninhaber Lina Greff zu Ehren – »Ach du best es, Oskarchen. Na komm beßchen näher und wenn de willst inne Federn, weil kalt is inne Stube und der Greff nur janz mies jehaizt hat!« –; aber der Greff, wo nich jehaizt hat, hängt inzwischen im Keller, denn er liebte die Damen nicht so sehr und das durfte man damals nicht, und so wog er sich auf, in seiner Pfadfinderuniform, gegen fünfundsiebzig Kilo Kartoffeln, weniger 100 Gramm.
Dieser Tod am Schwebebalken der Händlerwaage ist in seiner entsetzlichen Choreographie Leitmotiv von Grass' erstem Roman – und wird es bleiben sein Werk hindurch. Grass weiß, daß die Narrenkappe seiner Dichtung auch Tarnkappe ist; durch sie hindurch – denn er leiht sie dem Leser – kann man erblicken, mit welch Scheußlichkeit und Schönheit, Gemeinheit und Erhabenheit wir Menschen uns in einer gemäßen Welt eingerichtet haben. Wem gemäß?

Fritz J. Raddatz

Jean-Paul Sartre
Die Wörter

Sartres Autobiographie teilt ihren Doppelcharakter mit allen Büchern dieses Genres: schonungslos schonend, unumwunden ehrlich und unverhohlen eitel. Gewiß ist in allem Schreiben ein Stück *confessio* eingepuppt, und bei Jean Paul Sartre allemal – ob in seinen Romanen oder Stücken oder den großen Studien über Genet und Flaubert. Seine wie diese Riesen-Essays unvollendet gebliebenen »Memoiren« verzichten jedoch auf diesen Gattungsbegriff, sind auch nicht die Nacherzählung etwa eines abenteuerlichen Lebens. Keine Lebensbeichte also, kein Lebensbericht – vielmehr eine intensive Untersuchung über: Literatur; denn Sartres Autobiographie ist eine Studie über die Not und die Wollust des Schreibens, über den Hochmut und die Verfallenheit des Schriftstellers. Sie heißt nicht »Ma Vie«, sondern »Les Mots«. Wenn hier einer je verführt wurde, sein Leben lang, dann von den Wörtern.

»Mein Liebchen wird Schriftsteller werden«, dieser bigotte Jubelruf einer jungen Mutter steht am Beginn einer Autoren-Karriere ohne Beispiel, einer Wortsucht und Literaturgefräßigkeit, die nicht zufällig an Chateaubriands Satz erinnert: »Ich weiß sehr gut, daß ich nur eine Maschine zum Büchermachen bin.« Tatsächlich als rettende Variante einer bewußt empfundenen Lebensuntüchtigkeit, beschließt der junge Sartre, flüchtig produziertes Kind eines Verwandten von Albert Schweitzer, vaterlos aufgewachsen und früh die »Dichtigkeit der Welt« nicht in den Dingen, sondern in ihrem Abbild erfassend, Schriftsteller zu werden. Er beschließt es. Ein Willensakt. Ein Lebensziel als Gegenentwurf, »ich bin kein Chef und begehre auch nicht, einer zu werden . . . weil ich eben nicht von der Machtkrätze befallen bin«. Und zu demselben absurd frühen Zeitpunkt, noch vor Schulbeginn, erkennt der Junge, daß ein Element von Hochstapelei dabei ist, eine Mischung von Größenwahn und moralischer Indifferenz. Die Geschichte, daß Kaiser Karl V. sich nach Tizians Pinsel gebückt habe, hörte er oft und glaubte es gern; »Fürsten sind dazu da«. Doch die eigene Tugendhaftigkeit ist Schauspielerei, die Rolle gefällt ihm – und sie ist im übrigen leichter zu spielen als das Böse. Lieber träumt man sich fort und in etwas – jemanden –

anderes hinein, als die Mühsal des Widerstandes auf sich zu nehmen: »Gute Freundinnen sagten meiner Mutter, ich sei traurig, man habe mich beim Träumen ertappt. Meine Mutter schloß mich lachend in die Arme: ›Du bist doch so heiter, Du singst doch so gern! Worüber beklagst Du Dich denn? Du hast doch alles, was Du willst.‹ Sie hatte recht. Ein verwöhntes Kind ist nicht traurig. Es langweilt sich königlich. Hündisch. Ich bin ein Hund: ich gähne, bis ich spüre, wie mir die Tränen hinunterrollen. Ich bin ein Baum, der Wind hängt sich in meine Äste und schaukelt sie ein bißchen. Ich bin eine Fliege, ich klettere an einer Scheibe empor, ich purzele hinunter, ich klettere von neuem.«

Selten ist das sonderbar Lügnerische von Literatur so kühl und genau beschrieben worden, ihre Schlupf-Funktion im Sinne des Schmetterlings, der der Raupe entschlüpft, aber auch im Sinne des Schlupflochs; also der Flucht. Es mag dieser Doppel-Charakter von Kunst sein, der den Künstler in den Augen des »Normal-Bürgers« immer leicht verdächtig macht. Sartre erzählt, wie sein Großvater den stinkbesoffenen Verlaine aus einer Kneipe hatte torkeln sehen und wie das seine Verachtung aller Berufsschriftsteller gefestigt habe, jener lächerlichen Wundermänner, die stets vorgäben, einem für ein Goldstück den Mond zu zeigen, um schließlich für fünf Franken den Hintern zu zeigen. Das war die Einstellung der Erhabenheit, der Sartre eine hübsche Sottise entgegenhält: die Erhabenheit nämlich eines Mannes des 19. Jahrhunderts, der sich, wie viele andere Männer, Victor Hugo selbst nicht ausgeschlossen, für Victor Hugo hielt.

Sartre, zeitlebens, hielt sich nie für Sartre. Auf die Bescheidenheit und die Gleichgültigkeit gegen Ruhm, Geld, Ehren seines Freundes angesprochen, sagte einer seiner engsten Mitarbeiter noch kurz vor dem Tode des weltberühmten Philosophen: »Sartre weiß nicht, daß er Sartre ist.« Dieser Satz enthält viel, ist gar eine Lebenssumme. Setzt er doch einmal voraus, *daß* da einer Sartre *ist,* es wissen könnte; daß die anderen es wissen – er es also für andere ist; daß er Wirkung hatte, anderer Menschen Leben beeinflußte. Und das, indem er nichts anderes tat, als ganz und gar sein eigenes Leben zu leben.

Diese Entscheidung fiel im Leben Jean-Paul Sartres früh, war die Grundentscheidung – und wurde schließlich, Grundthese des von ihm entwickelten Existentialismus, sein Credo wie sein

Postulat: Entscheide Du! Damit war sein Werk ganz auf das Individuum hin gerichtet, setzte das Subjekt zu eigener Gefährdung wie eigener Chance frei; von Irrtum nicht, aber von Lüge. Diese Hinwendung zum Menschen hat seinem literarisch-interpretatorischen Werk eigene Schönheit und seinen kreativen Arbeiten Zärtlichkeit verliehen; und sei es in der Geste des Verstehens, des Verzeihens, der Solidarität.
Insofern ist es nur wenig übertrieben, »Die Wörter« einen Schlüssel zum Verständnis zu Welt und Werk Jean-Paul Sartres zu nennen. Da sein Œuvre gemeinhin für schwierig gilt, kann man diesen schmalen Band in Hans Mayers grandioser Übersetzung getrost benutzen, um Zugang zu den Kriterien und Impulsen des Schriftstellers Sartre zu bekommen. Die Einsamkeit, die wohl Voraussetzung für den schöpferischen Akt ist, hat er hier präzise beschrieben: »Einem Eigentümer spiegeln die Güter dieser Welt das eigene Dasein wider; mich lehrten sie erkennen, was ich nicht war: Ich war nicht substantiell und dauerhaft; ich war nicht die künftige Fortsetzung des väterlichen Werks; ich war nicht nötig für die Stahlproduktion. Mit einem Wort: ich hatte keine Seele.«
Dieser Passus faßt die zentralen Begriffe des Sartreschen Denkens zusammen: Bekenntnis und Identität, also Selbsterkenntnis als Prozeß sinnvollen Lebens. Daß ein Autor, der sich von so früher Zeit des eigenen Lebens an jeglicher Entfremdung entgegenstellte, als reifer Mann vom Marxismus fasziniert sein mußte, bedarf keiner Erläuterung. Daß ein Denker wiederum, in dessen Begriffswelt die Selbstbestimmung des Individuums als seine einzige Glücks-Chance förmlich herbeigeschrieben wurde, sehr bald die hermetische Soziologie des hergebrachten Materialismus wieder verlassen mußte, liegt im Entwicklungsgesetz seines Denkens. Jean-Paul Sartre hat immer in die Hoffnung die Vergeblichkeit mit eingedacht, in den Aufbruch den Absturz: »Lange hielt ich meine Feder für ein Schwert. Nunmehr kenne ich unsere Ohnmacht. Trotzdem schreibe ich Bücher und werde ich Bücher schreiben; das ist nötig; das ist trotz allem nützlich. Die Kultur vermag nichts und niemanden zu erretten, sie rechtfertigt auch nicht. Aber sie ist ein Erzeugnis des Menschen, worin er sich projiziert und wiedererkennt; allein dieser kritische Spiegel gibt ihm sein eigenes Bild.«

Fritz J. Raddatz

Bertolt Brecht
Geschichten vom Herrn Keuner

Herr K. ist ein Mann ohne Gesicht. Ohne Alter, ohne Beruf, ohne Biographie. Man könnte ihn für ein Phantom halten, zeigte er, der Mann ohne Eigenschaften und ohne Unterleib, nicht eine höchst vitale Regung: er denkt. Herr K. ist Denker – dies ist sein einziger Beruf und seine einzige Wollust.

Herr K., der »Denkende«, ist Titelheld in den knapp hundert »Geschichten vom Herrn Keuner«, deren erste Bertolt Brecht 1930 publizierte, deren letzte er kurz vor seinem Tod (1956) schrieb. Daß Denken ein sinnliches Vergnügen ist, hat Brecht immer wieder behauptet, am radikalsten bei Herrn K. – für den ist es nämlich das einzige Vergnügen, bis in die Träume hinein:

»Jemand erzählte vom jungen Keuner, er habe ihn einem Mädchen, das ihm sehr gefiel, eines Morgens sagen hören: ›Ich habe heute nacht von Ihnen geträumt. Sie waren sehr vernünftig‹.«

Man kann die Prosageschichten vom Herrn Keuner auch als Lehrstücke lesen – es sind die kürzesten und unfeierlichsten, die Brecht geschrieben hat: gleich weit weg von der finsteren Strenge der »Maßnahme« wie von den welt- und altklugen Erbauungssprüchen der großen Parabeln. Es sind Lehrstücke ohne Lehre, außer dieser einen: daß nicht nur der Starke, sondern auch der Denkende am mächtigsten allein ist. Fern aller Sozialfrömmelei, die viele von Brechts »Hauptwerken« so schwer erträglich macht, wird in diesen Neben- und Gelegenheitsarbeiten vom Herrn K. das Denken als eine auch arrogante, auch asoziale Tätigkeit beschrieben. »Der Denkende verrät. Der Denkende verspricht nichts, als daß er ein Denkender bleibt.« »Alles kann besser werden«, sagte Herr Keuner, »außer dem Menschen.«

Von jenen Tugenden, die der Bürger schätzt (oder heuchelt), hält Herr K. nichts. Zwar lobt Herr K. wie Brecht die »Freundlichkeit« sehr, doch daß diese Freundlichkeit mit Nützlichkeit mehr zu tun hat als mit Herzlichkeit, sagt Keuner schroffer und deutlicher als Brecht: »Die richtige Art, Freunden einen Dienst zu erweisen«, sei diejenige, »die keine besonderen Opfer verlangt.« Mit beträchtlicher Eitelkeit achtet Herr K. darauf, nicht sympathisch zu sein, sondern klug, den Men-

schen hilfreich, nicht angenehm. Die längste Keuner-Geschichte, »Wenn Haifische Menschen wären«, heißt entschlüsselt natürlich: daß die Menschen Haifische sind, Bestien mit Kultur.
Der kultivierte Bürger schätzt die Aufrichtigkeit, Herr K. glaubt erst gar nicht daran. »Ein Mitarbeiter K.s wurde beschuldigt, er nehme eine unfreundliche Haltung zu ihm ein. ›Ja, aber nur hinter meinem Rücken‹, *verteidigte ihn Herr K.«* Der Bürger macht Projekte, Herr K. kennt nur die »Mühsal der Besten«: »›Woran arbeiten Sie?‹, wurde Herr K. gefragt. Herr K. antwortete: ›Ich habe viel Mühe, ich bereite meinen nächsten Irrtum vor.‹« Der Bürger verehrt am Dichter das Genie, das Geheimnis, die Inspiration, Herr K. setzt mehr auf Kenntnisse – also gehört seine Gunst einem »Buch von hunderttausend Wörtern, das zu neun Zehnteln aus Zitaten bestand. Solche Bücher können bei uns nicht mehr geschrieben werden, da der Geist fehlt.«
Der gute Mensch ist tapfer, der kluge Mensch ist klug; »vorsichtig und kühn«, »listig und stark«. Sehr dezidiert besteht Herr K. darauf, unzuverlässig zu sein und alles andere als heroisch: »Ich habe kein Rückgrat zum Zerschlagen. Gerade ich muß länger leben als die Gewalt.« Herr K., »der Denkende«, ist also eine in jedem Sinne zweifelhafte, zwiespältige Figur; und wenn ich mir, Brecht zum Trotz, ein Bild von ihm mache, dem Denkenden ein Gesicht, einen Körper und Kleider gebe, dann sieht er einem gewitzten, überlebensschlauen Kleinbürger durchaus ähnlicher als dem Sokrates, dann wirkt er auf mich wie ein Schwejk, der Hegel gelesen hat.
Herr K. ist ein Phantom, eine Kunst-, Spiel- und Denkfigur. Doch man würde das Interesse an ihren immer graziösen Schritten und Pirouetten rasch verlieren, wäre Herr K. nicht auch Herr B., die Kunstfigur nicht auch ein Doppelgänger ihres Erbauers, unter Brechts zahllosen Selbstporträts vielleicht das aufrichtigste. Denn jene Fiktion vom »frühen« und vom »späten«, vom »anarchistischen« und vom »marxistischen« Brecht, an der auch der Denker und Dichter selber beharrlich gearbeitet hat, wird in den Keuner-Geschichten mehr als zweifelhaft. Herr K., der Mann ohne Gesicht, hat mindestens zwei: den wüsten Schädel Baals und die Weisheitsmaske Brechts. So sind die Keuner-Geschichten, obwohl sie

sich jede subjektive Gebärde verbieten, doch ganz und gar subjektive Prosa. Und Herr K., der nichts von sich verraten will: eine verräterische Figur.
Man kann sich vom fast schwerelosen Witz dieser moralischen Geschichten verzaubern lassen. Man kann sich über ihre Kälte, ihre Kokettheit, ihre dandyhafte Beziehung zur Pointe (nur das Ausgefallene ist gut genug) ärgern. Man kann aber auch die Keuner-Geschichte, die Brecht-Geschichte, in anderen Büchern weiterlesen. Zwei Vorschläge: Marieluise Fleißers Erzählung »Avantgarde« und Peter Handkes Tagebuch »Das Gewicht der Welt«.
Die Fleißer: weil sie in ihrer grandiosen Erzählung alle Keuner-Selbstverliebtheit schroff und endgültig korrigiert, Brecht, den Denkenden, als Liebenden beschreibt: »Es ging zuvor um die Sache. Der Mensch war so wichtig nicht, der Mensch ließ sich ersetzen. Das sagte er ihr dürr ins Gesicht, ganz bewußt stieß er sie ab. Das waren die Fröste der Freiheit, sie mußte lernen zu frieren. Der Mensch lehnt sich nicht an.«
Und Handke: weil sein Tagebuch eine Art Anti-Keuner ist, nicht nur wegen ein paar abfälliger Sätze über Brecht. »Ich dachte so lange nach, bis ich mich fühlte«, schreibt Handke. »Ich dachte so lange nach, bis ich nichts mehr fühlte«, hätte Keuner wohl gesagt. Herrn K. ist das Denken Leben genug. Also interessiert er sich nur für die Leichtigkeit des Gedankens und nicht für das Gewicht der Welt.

Benjamin Henrichs

Uwe Johnson
Jahrestage

Wie bitte? Uwe Johnsons noch gar nicht abgeschlossenes Romanwerk »Jahrestage – Aus dem Leben von Gesine Cresspahl« soll schon zu den »100 Büchern der Weltliteratur« zählen?

Als 1970 der erste Band dieses erst auf drei, inzwischen auf vier Bände geplanten Romans erschien, höhnte der *stern:* »Für jeden, der Langeweile zu kultivieren vermag, ist dies ein ungeheuer spannendes Buch.« Nach Lektüre des zweiten Bandes kam Günter Blöcker zu einem ganz anderen, nicht weniger extremen Urteil: »Johnson läßt mit diesem Band alle der mit ihm angetretenen Autoren seiner Generation hinter sich zurück, einen Grass ebenso wie einen Walser.«

Ruhig ist über ein so gelassen, manchmal fast behaglich erzählendes Buch aus dem letzten Drittel des zwanzigsten Jahrhunderts offenbar nicht zu reden. »Schwerfälligen Satzbau«, »prätentiösen Tonfall«, »steife und altbackene Sprache« kreidet ein Leser der älteren Generation (Reich-Ranicki) der von ihm als »ledern, nein, kunstledern« geschmähten »mecklenburgischen Chronik« an, während ein jüngerer Kritiker (Urs Jenny) die »bewegende Lebendigkeit« eines Buches rühmt, das »niemand außer Uwe Johnson schreiben könnte: so stur, so skrupelvoll, so geduldig und so sensibel«.

Vergessen wir alle Superlative (»das umfangreichste Werk eines deutschen Romanciers nach dem Zweiten Weltkrieg« – so »Kindlers Literatur-Lexikon«), lesen wir einfach die bis jetzt erschienenen 1360 Seiten eines Buches, das sich mit virtuoser Sicherheit zwischen Raum und Zeit bewegt: in der Kleinstadt Jerichow an der Ostsee während Nazi-Herrschaft und Krieg – und in New York während des Vietnamkrieges – in zwei Städten am Meer.

Es ist kein Zufall, daß die drei bisher erschienenen Bände als eine der Haupt-»Figuren« schon im ersten Satz das Meer beschwören: Wasser als Symbol der fließenden Zeit. »Lange Wellen treiben schräg gegen den Strand« – mit diesen Worten beginnt Johnsons Roman-Tetralogie im »August 1967«. »Das Wasser ist tief unter der Straße versteckt, wo sie über einen Felsbuckel muß, chlorgrünes, laues, pralles Wasser in einem

Fliesenkasten unter dem Hotel Marseille an der West End Avenue, Manhattan, Obere Westseite, New York« – so beginnt, am Mittwoch, 20. Dezember 1967, der zweite Band. Zu Beginn des dritten Bandes lesen wir, unter dem Datum »20. April 1968, Sonnabend« an einem See, diese Eintragung: »Das Wasser ist schwarz.« Dieser dritte, bis jetzt letzte Band, 1973 erschienen, endet mit der knapp eine halbe Seite füllenden Notiz vom »Mittwoch, 19. Juni 1968«. Da uns im Titel »Jahrestage« versprochen sind, wissen wir, womit wir zu rechnen haben, wenn je der vierte, letzte Band erscheinen sollte: mit den Tages-Kapiteln vom 20. Juni bis zum 20. August 1968.
Das Zieldatum nennen, heißt die Schwierigkeiten andeuten, deretwegen »Jahrestage« – vielleicht – Fragment bleiben wird: Als der damals in New York lebende Schriftsteller am 20. August 1967 einen Tagebuch-Roman mit dem Titel »Jahrestage« begann, konnte er nicht ahnen, daß der 20. August 1968, an dem er das Buch beenden wollte, ein »historisches Datum« sein werde: Damals besetzten die sozialistischen »Bruderarmeen« die Tschechoslowakei, in der Dubček und Svoboda den bisher letzten Versuch gewagt hatten, dem Sozialismus ein »menschliches Antlitz« zu geben. Seither – und seit dem Pariser Mai '68 und dem im selben Sommer zu datierenden Ende der deutschen Studentenbewegung in Karrierismus und Bürokratismus – liegt Resignation wie ein Leichentuch über Europa.
Warten wir auch deshalb schon länger auf den Abschluß des Romans als vor fast einem Jahrzehnt auf ein neues Buch von Johnson? Damals hatte der am 20. Juli 1934 im pommerschen Cammin geborene Erzähler nach den beiden Romanen »Mutmaßungen über Jakob« (1959), »Das dritte Buch über Achim« (1961) und den beiden Prosabänden »Karsch« (1964) und »Zwei Ansichten« (1965) seine Leser fünf Jahre auf ein neues Buch hoffen lassen.
Was mit dem ersten Band der »Jahrestage« erschien, zeigte einen neuen Johnson: Da waren Personen und Themen der früheren Bücher noch einmal, wie in einer »Summe«, versammelt – zugleich aber ging der Erzähler auf neue Art mit ihnen um: voll Ironie, mit hintersinnigem Humor. Da runzelten manche Kritiker die Stirn: War das nicht die Rückkehr eines einstmals avantgardistischen Romanciers zu den alten Mu-

stern des neunzehnten Jahrhunderts und der von Lukács geforderten epischen Totalität des allwissenden Erzählers? Läßt sich möglicherweise auch deshalb dieser Roman zweier Zeiten, zweier Welten nicht zu Ende bringen, weil aus der Perspektive eines (mit Dokumenten und Zitaten) nach realistischer Vollkommenheit strebenden Erzählers die widerspruchsvolle Wirklichkeit der ersten Nazijahre in der deutschen Provinz und des amerikanischen Vietnamdebakels sich nicht mehr darstellen läßt?

Die Fragen drängen sich auf – und machen doch die Lektüre dieses eigenwilligen Romans als Tagebuch nur um so mehr spannend.

Was für Joyce Dublin, für Grass Danzig-Langfuhr, ist für Johnson Jerichow, die mecklenburgische Kleinstadt, »einwärts der Ostsee, zwischen Lübeck und Wismar«. Dort, und in der Vergangenheit der Jahre 1930 bis 1949, spielt der eine Teil der Handlung, dessen anderer der Chronologie der Tage des Jahres 1967/68 in New York folgt.

Es hat seinen kompositorischen Sinn, daß einige der schönsten Kapitel auf dem Wasser erzählt werden, auf dem Atlantik, während des samstäglichen Ausflugs mit dem Fährboot von Manhattan nach Staten Island und zurück. Dem Skelett des Tagebuch-Romans entspricht für Auge, Nase, Ohr die atmosphärische Gliederung: mal Sonne, oft Nebel, »eine Mütze Schnee«, viel Regen, immer Wind. Ein Roman zu Wasser und zu Lande. Amphibien-Roman auch in dem Sinn, daß Doppeldeutigkeit, Parallelismus, antithetische Kontrastierung, Echowirkung Strukturelemente dieses Werkes sind.

Zwiegesichtig schon der Titel: »Jahrestage«. Das ist Gegenwart der Tage eines Jahres, gelebt zu Ende der sechziger Jahre in New York. Das ist aber auch Vergangenheit erinnerter Tage. Das Gedächtnis feiert Jahrestage. Gesine Cresspahl, vertraute Hauptfigur aus Johnsons erstem Buch, ist in beiden Welten zu Hause. Die da Morgen für Morgen in ihr Büro im Bankenhochhaus hetzt, schickt ihre Gedanken zurück in die alte Heimat.

Manhattan und Mecklenburg: dies die Pole von Johnsons amphibolischer Erzählung. An das von Verbrechen erschütterte Millionenquartier fesselt uns Johnson durch das Datum über jedem Kapitel und durch Zitate oder ironische Nacher-

zählung von Meldungen aus der *»New York Times«:* Vietnamkrieg, Rassenunruhen in Amerika, Nazi-Prozesse in Deutschland, die in zwei ideologische Blöcke gespaltene Welt – und immer wieder die Frage: »Was machen die Chinesen?«
Von diesem Sprungbrett erlebter Gegenwart aus: der Gleitflug des erinnernden Gedenkens zurück in Raum und Zeit, in die Vergangenheit, ins eigene Leben, in die Familiengeschichte der Cresspahls, in die Alte Welt, nach Jerichow in Mecklenburg. Über alle Literatur hinaus, jenseits allen Provinzialismus werden Rang und Wert dieses Buches auch dadurch bestimmt, daß hier eine menschliche Landschaft und ihre Sprache bewahrt werden, im Gesprächston des »nölenden Mecklenburgischen«. Denn Gesine erzählt der zehnjährigen Tochter Marie oder spricht ihr abends aufs Tonband – »für wenn ich tot bin«.
»Für wenn ich tot bin«: mit diesem Wort ist einer der Impulse allen Erzählens, aller künstlerischen Arbeit benannt, das Aufbewahren des vergehenden Lebens in Worten, Bildern, Werken. Johnson erzählt – auch – ein Märchen, aber er bleibt irritierend hart an der Wirklichkeit. Da wird zwar, auf kritisch erhellende Art, »in der Zeit durcheinander erzählt«, aber Gesine hat recht, wenn sie die lauschende Tochter daran erinnert: »Hier wird nicht gedichtet. Ich versuche, dir etwas zu erzählen.«
Dieses noch nicht abgeschlossene – vielleicht gar nicht zu vollendende – Werk mag man auf viele Arten lesen: als zeitkritischen Roman aus den unruhigen Jahren des Vietnamkrieges, als die bisher beste Beschreibung des Aufkommens der Nazis in deutscher Provinz, als behäbigen Familienroman aus einem liebenswürdigen Winkel einer durch den Eroberungsrausch der Nazis verlorengegangenen deutschen Landschaft, als Liebesroman oder als ersten Versuch eines Simultan-Epos der nach 1945 auf Gedeih und Verderb aufeinander angewiesenen Kontinente (Nord-)Amerika und (West-)Europa. Hinter all den (oft schematisch) konstruierten spiegelbildlichen Szenen aber gärt lustvolle Anarchie. Johnson findet dafür das Bild von der »Katze Erinnerung: Unabhängig, unbestechlich, ungehorsam.«

Rolf Michaelis

Miguel de Cervantes Saavedra
Don Quijote

Gibt es heutzutage viele, welche dies Werk, über tausend Seiten, hintereinanderweg lesen? Kaum; es wäre denn, sie wollten was darüber schreiben. Es besteht ja aus einer langen Kette vereinzelter Abenteuer, aus Episoden. Wiederholungen fehlen nicht, da wo Steigerung nicht mehr möglich war; diese Unmöglichkeit stellt ziemlich früh sich ein. Also mag man darin lesen, da und dort, man mag überschlagen.

Übrigens setzt es sich aus zwei Teilen zusammen, der zweite wurde zehn Jahre nach dem ersten geschrieben. Wüßte man das nicht, so würde man es vielleicht nicht merken; da man es weiß, merkt man es. Der erste handelt durchaus von der Spannung zwischen dem irrenden Ritter und seiner Umwelt, zwischen Illusion und Wirklichkeit. Die kommt auch im zweiten noch vor, aber matter und matter; sie tritt zurück hinter großem Welttheater. Die Erweiterung zeigt sich, neben Wichtigerem, im schieren Raum. Seine erste Ausfahrt, die der Ritter noch alleine macht, ohne seinen Knappen Sancho Pansa, wird nach wenigen Kilometern innerhalb der Mancha abgebrochen. Die zweite, Hauptsache des Ersten Teils, dehnt sich über die Mancha und die Berge von Estremadura aus, westlich nebenan. Die dritte Ausfahrt, also der Zweite Teil, führt den Leser durch das weite Spanien: Castilien, Aragon, Catalanien, die große Stadt Barcelona und ihren Hafen; zum ersten Mal sehen die beiden Irrenden das Meer, befahren es sogar. Der schieren Entfernung nach verhalten sich Ausfahrten eins bis drei ungefähr wie eins zu zehn zu hundert.

Unter allen romantischen Einschaltungen oder Verschachtelungen des Romans ist das die sonderbarste: Don Quijote ist ein berühmter Mann, als er das drittemal auszieht. Denn mittlerweile ist der Erste Teil erschienen und war ein ungeheurer Erfolg, viele Auflagen, viele Übersetzungen in fremde Sprachen, und Don Quijote, in dessen Bibliothek sich nebenbei auch das Werk eines gewissen Miguel de Cervantes befindet, weiß es, man hat es ihm erzählt. Zudem würde er es bald erfahren, denn allenthalben nimmt man ihn nun ehrenvoll auf, zum Beispiel an jenem shakespearehaften, opernhaften Herzogshof im Aragonischen. Da bleibt dann wieder die Frage in der Schwebe, ob man ihn im Ernst als das nimmt, was er sein will, oder ihn so sieht wie der Vizekönig von Barcelona. Dieser Grande bedauert, daß der Ritter sich zuletzt gezwungen sieht, von seinen Abenteuern zu lassen und sich ins Privatleben zurückzuziehen: Damit, leider, verliere Spanien seinen besten Spaßmacher . . .

Im Großen Welttheater wird mit dem Faktor Zeit noch freier umgesprungen als im Ersten Teil; was die Irrealität des Ganzen erhöht. Die erste Ausfahrt dauert sechs Tage, soviel ist sicher. Da ist Don Quijote nahe an Fünfzig, seine Haushälterin vierzig, seine Nichte zwanzig. Während der zweiten Ausfahrt wird es schon undeutlicher, was an der Zahl der Kapitel liegt, einige vierzig, und an der Fülle der Abenteuer. Letztere bewirkt, daß Sancho Pansa glaubt, man sei schon einen Monat unterwegs, während es in Wirklichkeit drei Tage sind und nach weiteren zehn Kapiteln vier Tage. Soll man etwa einen Monat für die zweite Ausfahrt rechnen? Und zwei Monate für die dritte, also den Zweiten Teil? Etwa in dessen Mitte behauptet Don Quijote, der genauer zählt als der Knappe, man sei jetzt 25 Tage unterwegs.

Die Kernfrage der Dauer, wenn es denn sinnvoll ist, sie zu stellen, liegt aber zwischen dem Ersten Teil und dem Zweiten: an der langen Pause, die der Autor machte und an welcher er, darauf kommt es an, seine Helden partizipieren läßt. Denn der Erste Teil mußte ja *geschrieben* werden, von jenem sagenhaften Mauren, Hamet Ben-Engeli, der, laut Cervantes, ihn auf arabisch schrieb, oder, wie Don Quijote vorzieht, von jenem bösen Zauberer, der ständig ihn verfolgt und täuscht und eben darum auch von allen seinen Abenteuern weiß, den kläglich gescheiterten und den einigermaßen geglückten. Das Werk also mußte geschrieben werden und so berühmt werden wie sein Held. Wieviel Zeit das in Anspruch nahm? Wie lange Ritter und Knappe in ihrem namenlosen Heimatdorf saßen, ehe sie noch einmal auszogen, damit ein Zweiter Teil geschrieben werden könnte? Genau gesagt wird das nicht, viel weniger gezeigt. Immerhin bemerkt Sancho, Anfang Teil zwei, er sei jetzt zu alt geworden, um noch Gouverneur jener Insel zu sein, die Don Quijote ihm am Anfang aller Anfänge versprochen hatte. Und die habe er ihm versprochen vor zwanzig Jahren. Dann müßte der Ritter jetzt siebzig sein, die Haushälterin sechzig, und entsprechend älter die wohlmeinenden, kritisch besorgten Dorfkumpane, die alle noch leben, der Pfarrer, der Barbier, der Magister Samson Carrasco und die unverheiratete Nichte.

Von solchen zwanzig Jahren erfahren wir nichts. Ohne Bedeutung? Doch nicht ganz. Wer so mit der Zeit umspringt, gesteht Irrealität ein; Irrealität trotz aller Erdnähe, Menschennähe im einzelnen: diese beinahe sechshundert mit Namen, Gesicht, Charakter im Roman erscheinenden Spanierinnen und Spanier, von den Kollektivgruppen, Hirten, Eseltreibern, Banditen, Sänftenträgern, Strafgefangenen, Mönchen und Priestern, Bürgern, Kaufleuten, Schauspielern und so weiter nicht zu reden; die Hitze des Nachmittags und die Geräusche der Nacht in Wald und Berg; das Schmerzen der Wunden und der Prügel, Hunger und Durst, Essen und Saufen, Krachen und Stinken; Musik und Gelächter und Tränen.

Die Fülle des Wirklichen überwältigt den ursprünglichen Vorsatz, läßt ihn oft oder nahezu in ihr ertrinken. Der Vorsatz: die im Spanien des 16. Jahrhunderts gängige Ritter-Helden-Literatur durch Parodie lächerlich zu machen. Ein guter Zweck, wenn wir den Historikern glauben dürfen; aber eines *solchen* Unternehmens doch nicht wert, so wenig wie anderthalb Jahrhunderte später die Verspottung von Leibnizens Theodizee – Voltaires »Vorsatz« – für sich allein den »Candide« hätte hervorbringen können.

Auch Don Quijote ist ein Utopist. Keineswegs will er nur fahrender Ritter und Held sein. Er will der Welt den Frieden schenken, Gerechtigkeit, Freiheit. Er will das versunkene Goldene Zeitalter zurückbringen, anstelle des Eisernen, in dem man jetzt lebt und leidet. Wie schön er darüber zu reden weiß, schön, traurig und gar nicht komisch. Bevor er jene Missetäter befreit, die man im Begriff ist, auf die Galeeren zu bringen, widerspricht er mit Nachdruck: kein Mensch dürfe festgehalten werden gegen seinen Willen, der König werde für seine Schiffe schon freiwillige Ruderer finden. Es gelingt dann unserem Emanzipator wirklich, die Banditen zu befreien: Ritter »von der Traurigen Gestalt« zwar – eine Erfindung des Sancho –, aber Ritter im Ernst, mutig, im Angriff so schnell wie stark, des öfteren Sieger gegen lächerliche Übermacht. Aber immer betrogen, nachdem er der guten Natur des Menschen vertraut hatte. Einer der eben befreiten Schurken stiehlt zum Dank dem Sancho seinen Esel. (Der Esel ist aber demnächst wieder da, ohne daß gesagt würde, wo er sich denn gefunden habe; eine der zahlreichen Schlampereien, wie ein großer Herr sie sich leistet.) Solches immer wieder aufflammende, immer wieder getäuschte Vertrauen ist eine der Variationen des Themas, der Spannung zwischen Illusion und Wirklichkeit, geträumtem Mittelalter und gemeiner Moderne.

Kämpfer für das Gute, stiftet der Ritter nur zu oft Schaden, in Zorn und Verblendung. Er wütet in einer Hammelherde. Er befreit Räuber, die ihr Handwerk alsbald wieder aufnehmen werden. Er ist imstand, die allerunschuldigsten Leute zu verwunden, ohne nachher viel Bedauern zu zeigen, denn immer ist er im Recht. Wäre er am Ende ein Ahne jener spanischen Terroristen, die heute wieder das Land quälen, um ihrem Volk Freiheit und Glück zu bringen? Ein Vergleich, der nahe genug liegt, um verneint zu werden. Jene Mörder sind böse. Don Quijote ist gut. Gäbe es seinesgleichen heute, was schwer vorzustellen ist, er würde *gegen* die Terroristen zu Feld ziehen, ihre Geiseln befreien, sie zum Frieden zu überreden suchen – und ihren Versprechungen trauen, falls sie ihm welche gäben ...

Eine andere Variation des Themas ist der Gegensatz zwischen Ritter und Knappe, zwischen dem Romantiker und dem Skeptiker, pfiffigen Realisten, der so feig ist wie sein Herr mutig, so gierig auf Essen und Trinken und Geld wie sein Herr ein Asket. Aber Sancho ist auf die Dauer viel mehr als der, als welcher er uns anfangs präsentiert wird: ein Bauer »mit wenig Grütze im Kopf«. (Im spanischen Text: »Mit wenig Salz unter der Hirnschale«.) Nicht nur gibt er gern kernige Bauernweisheiten von sich: »Die Angst hat gute Augen«; »Viel Weniges macht ein Vieles.« Er kann auch zu Tränen gerührt werden von seines Herrn Edelmut, ebenso wie er sich recht unverschämt über ihn lustig machen kann. Er ist listenreich. Bald kann er vorzüglich erzählen, beinahe so gut reden wie sein Herr. Im Zweiten Teil gar wächst er über sich hinaus ins schier Unglaubliche, hier aber durchaus ernst Gemeinte. Besonders geschieht dies, als jener Opern-Herzog ihn wirklich zum Gouverneur der längst versprochenen Insel ernennt. In Wahrheit ist's freilich keine Insel, sondern bloß eine kleine Festungsstadt. Da, belehrt durch Don Quijote, der ihm den allerweisesten, scharfer Sozialkritik nicht entbehrenden Fürstenspiegel predigt, da fällt Sancho binnen zehn Tagen, länger dauert seine Regierung nicht, so viele weise Urteile wie kaum der König Salomon und Harun Al Raschid zusammengenommen. Danach, vertrieben durch eine Revolution oder Schein-Revolution, zieht er wieder ab mit seinem Esel, so bettelarm, wie er gekommen. Spanische Gouverneure erfahren wir, pflegen das ganz anders zu treiben ... Hier wird Traum Wirklichkeit, obgleich flüchtige.

Und das wird sie oft genug. Damit die bloße Satire zum Roman Spaniens in der Zeit König Philipps II., damit sie zum Menschheits-Epos werden kann, muß die immer wieder aufgelöste Illusion immer wieder hergestellt werden. Das kann sie aber auf die Dauer nicht, so würde es monoton werden bis zum Unerträglichen, würde ihr nicht durch ein gutes Stück Wirklichkeit nachgeholfen. Die beiden Irrenden finden wirklich einen Goldschatz und treffen dann auch, kraft eines Zufalles der »Schicksal« ist – »Schicksal für jene, die nicht an Gott glauben« –, den in den Bergen umherirrenden Liebeswahnsinnigen, dem das Gold gehörte und der von seiner unglücklichen Liebe wunderschön erzählen kann, bis ein neuer Anfall von Wahnsinn ihn überwältigt.

Immer wieder, im Zweiten Teil noch stärker als im Ersten, waltet »Schicksal«, logisch unmögliches nicht, aber im allerhöchsten Grade unwahrscheinliches. Wir müssen es glauben. Einfache Berghirten machen Gedichte und tragen sie vor, so kunstvoll gereimte wie von humanistischer Gelehrsamkeit zeugende; auch das sollen wir glauben.

Oft wird Don Quijote für verrückt gehalten, gleich anfangs; ebenso oft nicht, weil er es nicht ist. Wir hören ihn reden mit den Leuten, sich erzählen lassen, scharfsinnige Kritik üben, gute Ratschläge erteilen ... Immer wieder Spott und Gelächter; immer wieder Ernst und das heißt: Vergessen des »Vorsatzes«.

Der wurde im Grunde schon während der ersten Sechstage-Ausfahrt erfüllt. Hier ist in der Nußschale schon alles da: die Kläglichkeit der Illusion, der derbe Spott der einen, das lachende Mitmachen der anderen, die erste edle Tat, die nichts als üble Folgen hat, weil der Ritter vertraut, die zweite schon nicht mehr so edle Tat, die mit schrecklichen Prügeln für den

Täter endet, obendrein bezieht er sie mit den Stücken seiner eigenen zerbrochenen Lanze.
Danach die Rückkehr. Als satirisch-tragikomische Novelle hätte es genügt. Nicht dem großen Cervantes. Was auch ihm, seinen Vorsatz betreffend, hätte genügen dürfen, das sind die ersten großen Abenteuer der zweiten Ausfahrt: der Kampf gegen die Windmühlen, von allem bis zum heutigen Tag das Berühmteste, der Kampf mit der Hammelherde, jener mit den Begleitern des Toten in der Kutsche, die Befreiung der Strafgefangenen und so fort. Sie gehören alle noch zum Anfang der zweiten Ausfahrt. Sie nennt der Magister Carrasco dort, wo er dem Don Quijote vom Erfolg des Buches erzählt: es seien die Kapitel, welche den stärksten Eindruck gemacht hätten. Was sicher zutraf. Folglich mußte der Dichter seine Strategien ändern, sollte aus der Satire das Epos werden; so schon im Ersten Teil, so erst recht im Zweiten.
Da alle guten Dinge einmal ein Ende nehmen müssen, wie konnte er dazu gelangen? Der Form nach mittels einer Niederlage, welche der Magister, von den besorgten Dorffreunden ausgesandt und als Ritter verkleidet, dem Don Quijote im Zweikampf beibringt: Herr über den Besiegten, kann er ihm befehlen, von seinen Irrfahrten abzulassen und nach Hause zurückzukehren. (Ein gleiches hatte er am Anfang von Teil Zwei schon einmal versucht und war da selber der Besiegte gewesen; daß er es noch einmal probiert, muß der Leser glauben, wohl oder übel.) Also zieht Don Quijote nachhaus, mit dem alten Knappen, dem alten Pferd, dem alten Esel, wird krank, kaum daß er zu Hause ist, diktiert sein Testament und stirbt. Seiner Nichte als Generalerbin wird aufgegeben, niemals einen Mann zu ehelichen, der auch nur ein einziges Mal eines jener verruchten Ritterbücher zur Hand nahm; ließe sie diese Verpflichtung außer acht, so verlöre sie ihr Erbe. Eine Rückkehr zum Anfang, den der Leser über der Opernfülle von Teil Zwei fast vergessen hatte: zum Fluch der Ritterbuchlektüren. Ihnen schwört der Sterbende ab, dem im Traum die Erleuchtung kam; er ist nicht mehr Don Quijote de la Mancha, er ist, was er vorher war, der schlichte Hidalgo, der Landjunker Alonzo Quijano. Als der will er sterben. »Ich war verrückt, nun bin ich vernünftig.« *Yo fui loco, y ya soy cuerdo.*
Wird er vernünftig, weil er im Begriff ist zu sterben, oder stirbt

er, weil er vernünftig wurde, er begriffen hat, daß für seinesgleichen auf dieser Welt nichts auszurichten ist? Diese Frage verträgt keine Antwort; auch gilt sie nur, solange man sich innerhalb des Romanes hält. Bezieht man sie auf Cervantes selbst, im biographischen Sinn, so wage ich folgendes zu erraten. Es geschah dem Autor, was später noch so manchem anderen geschehen sollte. Die Gestalt, die er zuerst als eine tragikomische, nur erbarmenswerte konzipiert hatte, verwandelte sich, je länger er mit ihr umging, in etwas ganz anderes, mehr und mehr teilte er ihr von sich selber mit, er verliebte sich in sie und schob sie so lange vor sich her und im Lande herum, bis er sie töten mußte, um sie endlich los zu sein. Beinahe war es ein Selbstmord, und tatsächlich starb Cervantes im Jahr darauf.

Golo Mann

Inhalt

Inhalt (alphabetisch)

NF 266/1/10.00

- Trotzdestonichts oder Der Wendehals. st 3180. 160 Seiten

Truman Capote. Die Grasharfe. Roman. Übersetzt von Annemarie Seidel und Friedrich Podszus. st 3135. 208 Seiten

Paul Celan. Gesammelte Werke in sieben Bänden. Sieben Bände in Kassette. st 3202-st 3208. 3380 Seiten

Marguerite Duras. Der Liebhaber. Übersetzt von Ilma Rakusa. st 1629. 194 Seiten

Hans Magnus Enzensberger. Der Fliegende Robert. Gedichte, Szenen, Essays. st 1962. 350 Seiten

Max Frisch
- Homo faber. Ein Bericht. st 354. 203 Seiten
- Stiller. Roman. st 105. 438 Seiten

Norbert Gstrein. Der Kommerzialrat. Bericht. st 2718. 148 Seiten

Peter Handke. Mein Jahr in der Niemandsbucht. Ein Märchen aus den neuen Zeiten. st 3084. 632 Seiten

Hermann Hesse.
- Das Glasperlenspiel. Versuch einer Lebensbeschreibung des Magister Ludi Josef Knecht samt Knechts hinterlassenen Schriften. st 2572. 616 Seiten
- Siddhartha. Eine indische Dichtung. st 182. 136 Seiten

Ludwig Hohl. Die Notizen oder Von der unvoreiligen Versöhnung. st 1000. 832 Seiten

Yasushi Inoue. Das Jagdgewehr. Übersetzt von Oskar Benl. st 2909. 98 Seiten

NF 266/2/10.00

NF 266/3/10.00

Unterhaltsames
im Suhrkamp Verlag
Eine Auswahl

Ernst Augustin. Gutes Geld. Roman in drei Anleitungen. st 2771. 170 Seiten

Antonia S. Byatt. Besessen. Roman. Übersetzt von Melanie Walz. st 2376. 632 Seiten

Guillermo Cabrera Infante. Drei traurige Tiger. Roman. Übersetzt von Wilfried Böhringer. st 1714. 535 Seiten

Andrew Crumey. Die Geliebte des Kartographen. Roman. Übersetzt von Klaus Pemsel. st 2942. 221 Seiten

Karen Duve. Keine Ahnung. Erzählungen. st 3035. 168 Seiten

Jürg Federspiel. Geographie der Lust. Roman. st 1895. 202 Seiten

Herbert Genzmer. Die Einsamkeit des Zauberers. Roman. st 2871. 181 Seiten

Norbert Gstrein. Einer. Erzählung. es 1483. 118 Seiten

James Hamilton-Paterson. Die Geister von Manila. Roman. Übersetzt von Esther und Udo Breger. st 3067. 432 Seiten

Marcus Hammerschmitt. Target. Roman. st 2847. 122 Seiten

NF 203/1/4.00

Joachim Helfer. Cohn & König. Roman. st 3120. 240 Seiten

Peter Henning. Tod eines Eisvogels. Roman.
st 2908. 135 Seiten

W. H. Hodgson. Stimme in der Nacht. Unheimliche Seegeschichten. Übersetzt von Wulf Teichmann. st 2709. 212 Seiten

Angeles Mastretta. Emilia. Roman. Übersetzt von Petra Strien. st 3062. 416 Seiten

Thomas Meinecke. Tomboy. Roman. st 3118. 256 Seiten

Eduardo Mendoza. Die Stadt der Wunder. Roman
Übersetzt von Peter Schwaar. st 2142. 503 Seiten

Doron Rabinovici. Suche nach M. Roman in zwölf Episoden. st 2941. 270 Seiten

João Ubaldo Ribeiro. Das Lächeln der Eidechse. Roman.
Übersetzt von Karin von Schweder-Schreiner.
st 2556. 362 Seiten

Ralf Rothmann. Stier. Roman. st 2255. 372 Seiten

Wolfgang Stauch. Brubecks Echo. Roman.
st 3095. 272 Seiten

Hubertus von Thielmann. Forbes Park. Roman.
st 3008. 320 Seiten

Ich biete der Stadt meine Haut. Geschichten aus dem Reich der Sinne. Herausgegeben von Rainer Weiss.
st 2514. 256 Seiten

NF 203/2/4.00